Martina Kriener / Kerstin Petersen (Hg.)

Beteiligung in der Jugendhilfepraxis

Sozialpädagogische Strategien zur Partizipation in Erziehungshilfen und bei Vormundschaften

VOTUM

Grevener Straße 89–91 · D–48159 Münster

Umschlaggestaltung: Klippel Jauczius Manitzke, Münster
Druck: Fuldaer Verlagsanstalt, Fulda

ISBN 3-933158-15-X

Die Deutsche Bibliothek – CIP-Einheitsaufnahme

Beteiligung in der Jugendhilfepraxis : sozialpädagogische Strategien zur Partizipation in Erziehungshilfen und bei Vormundschaften / Martina Kriener/Kerstin Petersen (Hg.). – Münster : Votum, 1999
ISBN 3-933158-15-X

Inhalt

Anhang

Vorwort der Herausgeberinnen

Dieses Buch soll Fachkräften der öffentlichen und freien Jugendhilfe die Umsetzung eines demokratischen Verständnisses von Sozialpädagogik erleichtern. Ausgehend von der rechtlich und sozialpädagogisch begründeten Notwendigkeit der Beteiligung von Mädchen und Jungen in der Jugendhilfe werden Ansätze und Strategien zur Stärkung der Beteiligungsrechte von Kindern und Jugendlichen vorgestellt. Die damit verbundenen Aktivitäten wurden zum großen Teil vom *Kinder haben Rechte e. V.* im Rahmen des Praxisprojektes „Stärkung der Rechte von minderjährigen Mädchen und Jungen sowie ihrer Sorgeberechtigten in der Erziehungshilfe“ durchgeführt. Priorität hatten dabei die Jugendhilfebereiche Vormundschaften, Erziehungshilfen und Jugendhilfeplanung. Die Laufzeit des Projektes betrug drei Jahre im Zeitraum vom 1.9.1996 bis zum 31.8.1999. Gefördert wurde das Projekt durch die Stiftung Deutsche Jugendmarke e. V. und das Ministerium für Frauen, Jugend, Familie und Gesundheit NRW. Beiden sei hiermit gedankt. Durch sie war es möglich, dass *Kinder haben Rechte e. V.* sich auch mit hauptamtlicher Kraft für die Stärkung der Rechte von Kindern und Jugendlichen in der Jugendhilfe einsetzen konnte.

Ebenso unverzichtbar während der gesamten Projektlaufzeit war der Vorstand des *Kinder haben Rechte e. V.*, vertreten durch den 1. Vorsitzenden Wolfgang Rüting und die stellvertretenden Vorsitzenden Mareile Kalscheuer und Matthias Westerholt sowie die Vorstandsmitglieder Ullrich Gintzel, Peter Hansbauer und Remi Stork. Ihre Impulse und engagierte solidarische sowie fachliche Unterstützung waren das notwendige Fundament für die erfolgreiche Durchführung des Projektes.

Begleitet und unterstützt wurde das Projekt durch einen Projektbeirat, dem Menschen verschiedener Disziplinen angehörten, die sowohl bei freien und öffentlichen Trägern als auch auf kommunaler, Landes- und Bundesebene tätig waren. Die Zusammenarbeit mit dem Beirat bot die Möglichkeit, Vorgehensweisen im Projekt zu reflektieren und konzeptionelle Ideen zur Weiterführung zu entwickeln. Allen Mitgliedern des Beirates gilt unser Dank: Professor Dr. Jürgen Blandow (Universität Bremen), Friedhelm Güthoff (Deutscher Kinderschutzbund LV-NRW), Ortrud Herter-Bischoff (Frechen), Dr. Erwin Jordan (Institut für soziale Arbeit e. V.), Maria Loheide (Diakonisches Werk Westfalen), Matthias Münnig (Landesjugendamt Westfalen-Lippe), Dr. Wolfgang Raack (Richter am Amtsgericht Kerpen), Markus Schnapka (Landesjugendamt Rheinland), Wolfgang Trede (IGFH), Rosa Wagner-Kröger (Ev. Jugendhilfe Bockenem), Ulrike Werthmanns-Reppekus (Paritätisches Jugendwerk NRW), Dr. Reinhard Wiesner (Bundesministerium für Familie, Senioren, Frauen und Jugend).

Um die vielfältigen Aktivitäten in der geplanten Weise umzusetzen, waren wir auf die Kooperation und Anregungen von Jugendämtern, Fach-/Verbänden und Einrichtungen der Jugendhilfe angewiesen. Wir danken allen Fachkräften der Jugendämter und freien Träger, die uns unterstützt, mit uns diskutiert und manchmal noch ungewohnte Wege beschritten haben. Ganz besonderer Dank gilt den vielen Mädchen und Jungen, die in unseren Veranstaltungen engagiert mitgewirkt und uns häufig beeindruckt haben.

Außerdem danken wird Magdalena Megler für ihre Unterstützung. Sie hielt uns mit viel Engagement und Einsatz den Rücken von wichtigen und zeitaufwendigen Verwaltungs- und Büroarbeiten frei.

Münster, im Juni 1999
Martina Kriener und Kerstin Petersen

Einleitung

Das Thema Beteiligung von Kindern und Jugendlichen erfährt im Zusammenhang zwischen sozialpädagogischen Ansprüchen und der Praxis der Jugendhilfe eine bemerkenswerte Diskrepanz. Einerseits erhält Beteiligung im Kinder- und Jugendhilfegesetz (KJHG) und in weitestgehend akzeptierten Konzepten wie der lebensweltorientierten und der dienstleistungsorientierten Jugendhilfe einen zentralen Stellenwert. Andererseits zeigen Untersuchungen und Praxiserfahrungen, durch die die Einschätzung von Kindern und Jugendlichen Aufmerksamkeit erhält, dass ihre Beteiligungschancen tatsächlich gering sind, diese aber von ihnen eingefordert werden. Einen Beitrag zur Auflösung der beschriebenen Diskrepanz zu leisten, ist das Anliegen dieses Buches.

Es wird davon ausgegangen, dass die Qualität sozialpädagogischen Vorgehens in der Jugendhilfe davon abhängt, ob es gelingt Kinder und Jugendliche sowie ihre Sorgeberechtigten in umfassenden Maße an der Gestaltung und Ausführung der Jugendhilfe zu beteiligen.

Beteiligung von Mädchen und Jungen in der Jugendhilfe ist dabei nicht wie eine jeweils gewährte zusätzliche Vergünstigung – quasi die Sahne zum Kaffee – zu verstehen, sondern als fester Bestandteil in einer Kultur der Gruppen, Einrichtungen, Verbünde und des Jugendhilfesystems als Ganzem. Insofern ist Beteiligung in den Organisationen zu verankern und sollte gleichzeitig handlungsleitend für die Fachkräfte sein. Ohne eine solche Beteiligungsstruktur und -kultur – das zeigt sich vor allem in der Erziehungshilfe – laufen die Bemühungen der Jugendhilfe ins Leere und sie bleibt erfolglos, weil die Kinder und Jugendlichen sich eher als Objekte des Handelns von „ExpertInnen" erleben und nicht als zunehmend eigenverantwortlich für das eigene Handeln und für die Gestaltung ihres Lebens und ihrer Zukunft.

Soll Beteiligung von Mädchen und Jungen in die Jugendhilfepraxis implementiert werden, setzt das voraus, dass es auch Formen der Beteiligung von MitarbeiterInnen an den Hilfeangeboten gibt. Werden auf der Basis von Aushandlungsprozessen Lösungen gefunden und Entscheidungen getroffen, dann heißt das, dass die Ideen und Bedürfnissen aller Personen, die von einer Lösung oder einer Entscheidung betroffen sind, sich darin wiederfinden lassen. Insofern steht Beteiligung für das Aushandlungsprinzip in der Jugendhilfe und ein demokratisches Verständnis in der Sozialpädagogik.

In dem hier vorgelegten Buch wird Beteiligung von Mädchen und Jungen sowie ihrer Eltern an ausgewählten Handlungsfeldern der Jugendhilfe verdeutlicht. Dahinter steht die Erkenntnis, dass das „Prinzip Beteiligung" handlungsleitend für alle Bereiche der Jugendhilfe sein muss, für die klassische Heimerziehung ebenso wie für flexible Hilfen, für die Sozialen Dienste des Jugendamtes und für die Jugendhilfeplanung. Nur dann wird die Jugendhilfe ihrer Aufgabe gerecht werden können und wirksame Lebenshilfe und Unterstützung für junge Menschen und ihre Familien verwirklichen können.

Eine grundsätzliche Einführung in das Thema Beteiligung, das verbunden ist mit einem Perspekivwechsel von einem expertokratischen zu einem demokratischen Verständnis von Jugendhilfe, nehmen die Herausgeberinnen in ihrem ersten Beitrag vor. Zudem geben sie hier einen pointierten Überblick über Schwerpunkte und Erfahrungen aus dem Modellprojekt „Stärkung der Rechte von minderjährigen Mädchen und Jungen und ihrer Personensorgeberechtigten in der Erziehungshilfe".

Das Buch enthält Beiträge von unterschiedlichen AutorInnen, die das Projekt unterstützt oder darin mitgewirkt haben. Ihre jeweiligen konzeptionellen und praktischen Perspektiven prägen die Vielfalt der Beiträge. Insofern werden neben Grundlagenbeiträgen zur Beteiligung vor allem Berichte über konkrete Schritte zur Aktivierung der Beteiligung von Kindern und Jugendlichen in den Jugendhilfebereichen Erziehungshilfen und Vormundschaften dargestellt. Im Rahmen des Modellprojektes von *Kinder haben Rechte e. V.* sind diese Aktivitäten realisiert worden. Mit dem Projekt wollte der Verein insgesamt die Rechtsposition von Mädchen und Jungen und ihren Sorgeberechtigten nach dem KJHG stärken sowie ein Klima in der Jugendhilfe fördern, in dem die Rechte von Mädchen und Jungen aus fachlicher Einsicht und aus der Anerkennung der Rechtsposition berücksichtigt werden. Dies geschah in vier Arbeitsschwerpunkten:

- *Einzelberatung:* Durch die Beratung im Einzelfall wurden Jugendliche, Eltern, Fachkräfte und andere Interessierte in Sachen Beteiligungsrechte in der Jugendhilfe direkt unterstützt. In einigen Fällen wurden Jugendliche in Hilfeplangesprächen und Gerichtsverhandlungen begleitet.
- *Loseblattsammlung:* Die Veröffentlichung einer aktualisierbaren Dokumentation gerichtlicher Urteile zu KJHG-relevanten Sachverhalten soll es ermöglichen, die derzeitige Rechtsprechung für die Praxisanwendung zur Verfügung zu stellen.
- *Partizipation in der Erziehungshilfe:* Die Entwicklung und Erprobung von Modellen zur Beteiligung von Mädchen und Jungen in der Erziehungshilfe sollte in der Heimerziehung und in der Jugendhilfeplanung dazu beitragen, dass sich Informations-, Begegnungs- und Beteiligungsprojekte für Kinder und Jugendliche etablieren können.
- *Vormundschaft/Pflegschaft:* Die Entwicklung von Alternativmodellen zur Amtsvormundschaft sowie die Erarbeitung eines Leistungsprofils für VormünderInnen sollte erstmalig die Perspektive der Mündel als Ausgangspunkt des professionellen Handelns in diesem Aufgabenbereich der Jugendhilfe aufnehmen.

Mit diesem Buch wird das erwähnte Modellprojekt abgeschlossen. In zwei Hauptkapiteln sind Konzepte, Erfahrungsberichte, Strategien, Ergebnisse und Auswertungen aus den Praxisschwerpunkten zusammengestellt worden. Zusätzlich haben wir Beiträge aus anderen Aktivitäten und Ansätzen, die das Thema Beteiligung betreffen, aufgenommen.

Hauptkapitel I enthält vier Grundlagenbeiträge, aus denen die Bedeutung von Partizipation aus rechtlicher und sozialpädagogischer Sicht hervorgeht. In diesem Kapitel werden die unterschiedlichen Aspekte von Beteiligung, auch unter Berücksichtigung der neueren Qualitätsdebatte, beleuchtet sowie eine inhaltliche Bestimmung des Begriffs Partizipation bzw. Beteiligung vorgenommen. Das Hauptkapitel II bildet den zweiten Schwerpunkt des Buches. Aufgeteilt in vier Themenbereiche (1–4.) werden unterschiedliche Praxisbeispiele, -berichte und Auswertungen dargestellt, in denen aus der Sicht von Fachkräften und Jugendlichen von möglichen Wegen zu mehr Beteiligung von Kindern und Jugendlichen in der Jugendhilfepraxis die Rede ist. Den Herausgeberinnen ist es ein zentrales Anliegen, Exempel zu statuieren, die zur Nachahmung in der Jugendhilfepraxis anregen sollen.

Zu Beginn unternehmen *Martina Kriener* und *Kerstin Petersen* in Kapitel I.1 den Versuch, den seit langem angekündigten Paradigmenwechsel weg von einem expertokratischen hin zu einem leistungsbezogenen Jugendhilfeverständnis unter besonderer Berücksichtigung des Begriffs der Beteiligung konkreter zu fassen. Dabei leiten sie aus rechtlichen und sozialpädagogischen Grundlagen die mögliche Reichweite und eine konkrete Begriffsbestimmung von Partizipation ab. Vor dem Hintergrund der festzustellenden Lücken in bezug auf die Umsetzung von Beteiligung in die Jugendhilfepraxis wird das Praxismodell des *Kinder haben Rechte e. V.* als notwendiger Schritt zur Praxisentwicklung vorgestellt.

Jürgen Blandow analysiert den Begriff Partizipation als Qualitätskriterium in der Heimerziehung in seinem pädagogischen Sinn. Funktionen, Aufgaben und „Für und Wider" werden herausgearbeitet und auf die derzeit aktuelle Qualitätsdebatte bezogen. Schlussendlich beschreibt der Autor die Vorstellung von einer durch PädagogInnen zu entwickelnden „Partizipationskultur", in der Partizipation von Kindern und Jugendlichen in den Erziehungshilfen als „wertvolles Gut" und Prozessqualität anerkannt wird. Aus dieser Idee heraus werden konkrete Vorschläge zu möglichen Inhalten von Qualitätsbeschreibungen der Rahmen- und Einzelvereinbarungen gemäß § 78 b KJHG formuliert, um ein „Mehr" an Partizipation in der Heimerziehung erreichen zu können.

Der dritte Grundlagenbeitrag von *Hubertus Lauer* befasst sich mit Partizipation als zentralem Aspekt des Leitbildes von Erziehung, wie es sich aus dem Familienrecht und dem KJHG ergibt. Ausgegangen wird davon, dass Partizipationserfahrungen von Kindern und Jugendlichen am ehesten zu deren eigenverantwortlichen und gemeinschaftsfähigen Persönlichkeitsentwicklung beitragen. Dies bestätigt sich durch die §§ 5, 8, 9, 36 und 37 KJHG, in denen präzise Beteiligungsrechte von Kindern und Jugendlichen zugrunde gelegt werden. In seiner Konsequenz bedeutet das nach Ansicht des Autors die Notwendigkeit eines Umdenkens in der Jugendhilfe dergestalt, dass Kindern und Jugendlichen grundsätzlich eine Begleitung zur Verfügung gestellt wird, die ihnen in allen wichtigen Belangen zur Seite steht.

Klaus Schäfer stellt die Beteiligungsrechte in der Erziehungshilfe in den Zusammenhang der Gesamtdebatte um Kinderrechte. Zunächst wird nochmals unterstrichen, dass sowohl die UNO-Kinderrechtskonvention als auch das Kinder- und Jugendhilfegesetz die Stärkung der Kinderrechte fordern. Diese Forderung war immer wieder Gegenstand im Reformprozess der Jugendhilfe, was der Autor u. a. durch die Erinnerung an den Referentenentwurf von 1978 deutlich macht. Dass sich die Bemühungen um mehr Beteiligung bislang kaum auf die Erziehunghilfe beziehen, sieht er in der starken Betonung des Erziehungsrechts der Eltern begründet. Da die erzieherischen Hilfen eigenständige Sozialisationsleistungen sind, gilt es die Kinderrechte in der Erziehungshilfe offensiv auszubauen.

Nach den Grundlagenbeiträgen, die den Begriff und die Bedeutung von Partizipation eher in einem konzeptionellen Sinne für die Jugendhilfepraxis handhabbar machen, folgen im *Haupttkapitel II* Berichte und Auswertungen konkreter Umsetzungsstrategien von Partizipation junger Menschen in der Jugendhilfe. In *Kapitel II.1* geht es um zwei Beiträge, die sich mit der Stärkung der Rechte von Kindern in Zusammenhang mit gerichtlichen Verfahren beschäftigen.

Sandra (Name verändert) ist Jugendliche und Autorin, im Alter von 16 Jahren. Sie lebt heute in einer eigenen Wohnung und wird „flexibel“ betreut. Sandra zeichnet in ihrem Beitrag die Höhen, vor allem aber die Tiefs nach, durch die sie auf ihrem fast zwei Jahre andauernden Weg zu dieser von ihr gewünschten Jugendhilfemaßnahme gegangen ist. Geschildert wird hier beispielhaft, wie Jugendliche eine Jugendhilfe wahrnehmen, in der sie keine Beteiligungsmöglichkeiten erhalten und wie sich dadurch die Gefahr des Scheiterns für Jugendliche erhöht. Die regelmäßige Begleitung von *Kinder haben Rechte e. V.* und die Unterstützung eines Rechtsanwaltes trugen letztendlich maßgeblich dazu bei, dass Sandra heute nicht mehr auf der Straße leben muss.

Matthias Westerholt und *Mareile Kalscheuer* haben zehn unterschiedliche Gerichtsurteile gesichtet und ausgewertet, in denen über KJHG-relevante Konflikte entschieden worden ist. Der Beitrag enthält die verständliche Darstellung der zehn Ausgangssituationen für die Konflikte, der Motive der KonfliktpartnerInnen und der Art und Weise der Gerichte, den Konflikt zu lösen. Interessant für die LeserInnen, die sich für die Interessen und Wünsche von Kindern und Jugendlichen einsetzen wollen, sind insbesondere die inhaltlichen Argumentationen der Streitparteien von sozialpädagogischen Diagnosen und Hilfekonzepten, die sich z. B. auf die Frage beziehen, was der geeignete Lebensort der Kinder, Jugendlichen oder jungen Erwachsenen ist.

Das *Kapitel II.2* befasst sich mit dem Thema Beteiligung von Kindern und Jugendlichen in der Heimerziehung. Die AutorInnen beleuchten in fünf Beiträgen das Thema vor dem Hintergrund ihrer Erfahrungen und fachlichen Positionen.

Eingeleitet wird das Kapitel mit dem Beitrag von *Martina Kriener*. Vor dem Hintergrund sowohl der aktuellen Diskussion um Partizipation in der Erziehungshilfe als auch der Aufgaben und Zuständigkeiten von Heimerziehung wird die Notwendigkeit von mehr Beteiligung und Demokratie in diesem Jugendhilfebereich unterstrichen. Dabei wird Beteiligung zunächst im Spannungsfeld von Partizipation und den Eigenheiten der „Institution Heimerziehung" ausgeführt. Anhand einer Trägerbefragung wird die Wahrnehmung des Themas in Einrichtungen der Erziehungshilfe beschrieben. Anschließend wird die Sicht von Mädchen und Jungen dargestellt, die sich in verschiedenen Veranstaltungen mit *Kinder haben Rechte e. V.* über ihre Beteiligungsmöglichkeiten und Wünsche auseinander gesetzt haben.

Petra Walta und *Kaus-Peter Pfeiffer* beschreiben als LeiterInnen einer Jugendhilfeeinrichtung ihre Erfahrungen im Prozess der Auseinandersetzung mit den Rechten und Beteiligungsmöglichkeiten von Mädchen und Jungen. Dieser begann zunächst als Diskussion in der MitarbeiterInnenschaft, angeregt durch eine Broschüre der IGfH zu Kinderrechten in der Erziehungshilfe, und setzte sich in Beteiligungsseminaren fort, in denen PädagogInnen und Jugendliche sich gemeinsam über ihren Alltag austauschten. Diese direkte Auseinandersetzung mit den jeweiligen, durchaus unterschiedlichen Sichtweisen wurde von allen Beteiligten als sehr konstruktiv und bereichernd erfahren und findet entsprechend als deutlicher Wert Eingang in die aktuelle Qualitätsentwicklungsdiskussion.

Petra Sohst-Westphal stellt das Modell „Gerechte Gemeinschaften" vor. Mit diesem Ansatz, basierend auf der Theorie des Entwicklungspsychologen Kohlberg, wurde ein demokratisches Konfliktlösungsmodell in Wohngruppen etabliert. Die Autorin berichtet von ihren Erfahrungen als Mitarbeiterin einer dieser Wohngruppen, wobei für sie am einschneidensten die Neustrukturierung der Machtverhältnisse zwischen den PadagogInnen und den Mädchen war. Hinzu kommen Erfahrungen, die die Autorin als Multiplikatorin dieses Konzeptes gemacht hat.

Daniela Peters ist Jugendliche und Redakteurin der Infobörse des Landesheimrates Hessen. Als solche bietet sie mit ihrem Beitrag Einblicke in die Arbeit des Landesheimrates, dem Mädchen und Jungen angehören, die in den Einrichtungen, durch die sie betreut werden, in Kinder- und Jugendvertretungen aktiv sind. Der Landesheimrat will die Situation von Kindern und Jugendlichen in hessischen Einrichtungen verbessern und ihre Interessensvertretungen aktivieren. Insbesondere hat der Landesheimrat sich in den letzten Jahren um eine Neufassung des Erlasses „Grundrechte und Heimerziehung" bemüht, bislang allerdings ohne Erfolg. Die aktuelle Fassung hat Daniela ihrem Beitrag angefügt.

Theo Boomgaarden setzt sich kritisch mit kollekiven Beteiligungsformen von Kindern und Jugendlichen aus der Heimerziehung auseinander. Aus der Perspektive eines entschiedenen Vertreters von sozialräumlich orientierten flexiblen Hilfen hält er die Fokussierung auf Formen kollektiver Partizipation ausschließlich in Einrichtungen der Erziehungshilfe für eine unzulässige Verkürzung nur auf Kinder und Jugendliche in stationärer Unterbringung. Damit würde eine Form von Heimerziehung verstetigt, die er für abschaffungswürdig hält. Vielmehr gilt es, Aushandlungsprozesse im Alltag stärker konzeptionell zu verankern. Die Ausführungen regen zu einer Auseinandersetzung mit Reichweite und Ausgestaltung von kollektiven Partizipationsmöglichkeiten an.

Im *Kapitel II.3* wird das Thema Beteiligung von Mädchen und Jungen aus Hilfen zur Erziehung in der Jugendhilfeplanung behandelt.

Ullrich Gintzel beginnt mit einem grundsätzlichen Beitrag. Darin begründet er, warum Partizipation insbesondere von Mädchen und Jungen aus der Erziehungshilfe ein unverzichtbarer Bestandteil der Jugendhilfeplanung ist. Die Gestaltung und die Qualität der Jugendhilfelandschaft kann dadurch entscheidend verbessert werden. Der Autor beschreibt das neue Jugendhilfeverständnis und die Konsequenzen, die es für die Praxis der JugendhilfeplanerInnen, aber auch für andere sozialpädagogische Fachkräfte in der Jugendhilfe hat, sehr eindrücklich. „Die Kultur der Beteiligung", die als Basis dazu notwendig ist, bringt mit sich, dass Kinder und Jugendliche tatsächlich in Planungsprozesse einbezogen werden, d. h. dass mit ihnen Seminare veranstaltet, Befragungen durchgeführt werden u .v. m.

Im Rahmen der Jugendhilfeplanung hat das Beteiligungsprojekt stattgefunden, dessen Verlauf und Ergebnisse *Maria Muhle* in ihrem Beitrag dokumentiert. Als Jugendhilfeplanerin eines kleinstädtischen Jugendamtes war ihr daran gelegen, die Adressatenbeteiligung, die das Jugendamt in den anderen Planungsbereichen schon realisiert hatte, auch im Bereich der Erziehungshilfe fort zu führen. In diesem Beteiligungsprojekt hatten Mädchen und Jungen aus dem Zuständigkeitsbereich des Jugendamtes Gelegenheit, ihre Erfahrungen in der Zusammenarbeit mit dem Jugendamt und mit den betreuenden Einrichtungen zu schildern. Die zentralen Ergebnisse wurden als Arbeitsschwerpunkte in der weiteren Planung und Qualifizierung im Jugendamt aufgegriffen.

Für *Maria Bitzan* und *Claudia Daigler* ist Beteiligung von Mädchen an der Jugendhilfeplanung kein Extra-Thema. Vielmehr sollte es für die Jugendhilfe selbstverständlich sein, dass Kinder und Jugendliche geschlechterdifferenziert wahrgenommen und dementsprechend an der Planung von Jugendhilfeangeboten beteiligt werden. Die Autorinnen entwickeln ein Beteiligungskonzept für die Jugendhilfeplanung und zwar auf der Basis von Erkenntnissen aus der Mädchenforschung und der Praxis der Mädchenarbeit. Widersprüche, wie sie in Lebenszusammenhängen von Mädchen auftreten, kommen oft gar nicht oder als Nebensächlichkeiten zum Ausdruck. Es ist notwendig sie durch Professionelle in entsprechenden Räumen und mit angemessenen Zeitressourcen aufzudecken und für die Jugendhilfeplanung zu übersetzen.

Die Beiträge des *Kapitels II.4* haben den Schwerpunkt auf den in der Fachöffentlichkeit der Jugendhilfe selten beachteten Bereich der Vormundschaften gelegt. In sechs Beiträgen werden die aktuellen Entwicklungen aus verschiedenen Perspektiven nachgezeichnet.

Der das Thema Vormundschaften und Pflegschaften einleitende Beitrag von *Kerstin Petersen* versucht die aktuelle Situation des Vormundschaftswesens aufzuzeigen. Dass diese sich in den letzten Jahren zu verändern beginnt, dazu haben die Anstrengungen des *Kinder haben Rechte e. V.*, die im Rahmen seines Modellprojektes unternommen wurden, beigetragen. So werden Ergebnisse in bezug auf aktuelle Organisations- und Handlungsformen der Amtsvormundschaften präsentiert, ein von AmtsvormünderInnen entwickeltes Leistungsprofil vorgestellt und notwendige Schritte zur Qualitätsentwicklung im Bereich Vormundschaften herausgearbeitet.

Wolfgang Rüting beschreibt den Verlauf und die Ergebnisse einer Veranstaltung mit Jugendlichen und jungen Erwachsenen, die einen Vormund haben oder hatten. In diesem Mündel-Seminar, das im Rahmen eines Kooperationsprojektes zwischen *Kinder haben Rechte e V.* und dem Stadtjugendamt Wesel als Zukunftswerkstatt durchgeführt wurde, stellte sich heraus, dass junge Menschen engagiert und kompetent konkrete Vorstellungen von ihrem Vormund formulieren und vertreten. Als die Jugendlichen die von ihnen erarbeiteten Ergebnisse vor einem Plenum von VormünderInnen und der Jugendamtsleiterin vorstellten, brachte das die Fachkräfte nicht nur zum Erstaunen. Die Veranstaltung war wichtiger Impuls für konkrete professionelle und strukturelle Veränderungen im Jugendamt.

Aus der Perspektive einer Amtsvormünderin wird im Beitrag von *Christa Wolf* das berufliche Engagement für eine verbesserte Aufgabenwahrnehmung der Interessenvertretung von Kindern und Jugendlichen vorgetragen. Die Autorin beschreibt die Mühen, die sie aufgrund der auftretenden Barrieren im eigenen Jugendamt auf sich nahm, mit einer Portion Humor. Bei ihren Versuchen fachliche Kriterien der Vormundschaft in der Literatur zu finden, selbst zu entwickeln und schließlich durchzusetzen – beispielsweise den Kontakt zum Mündel – stößt sie auf die Idee des *Kinder haben Rechte e. V.* einen überregionalen Arbeitskreis von AmtsvormünderInnen zu gründen. Der Beitrag regt die AmtsvormünderInnen unter den LeserInnen dazu an, sich für mehr Fachlichkeit im Bereich Vormundschaften einzusetzen.

Ila Brix-Leusmann geht in ihrem Beitrag auf den Veränderungsprozess ein, der in dem von ihr geführten Jugendamt in Sachen Vormundschaften während der Kooperation mit *Kinder haben Rechte e. V.* einsetzte. Die Wahrnehmung der Vormundschaftsaufgaben soll sich zukünftig auf eine/n MitarbeiterIn des Jugendamtes konzentrieren und sich nicht wie bisher auf mehrere Fachkräfte verteilen. Außerdem ist es geplant, Amtsvormundschaften an freie Träger zu delegieren, also in Vereins- oder Einzelvormundschaften zu verwandeln. Die engagierte Autorin und Jugendamtsleiterin, die sich die Zeit nahm, die Vorträge der Mündel (siehe

Rüting) anzuhören, beschreibt Möglichkeiten und Hindernisse auf diesem Weg der Praxisentwicklung.

Auch *Wolfgang Raack* befasst sich mit dem Thema Einzelvormundschaften, allerdings auf eine ganz andere Art und aus einer anderen Perspektive. Als Vormundschaftsrichter und Direktor eines Amtsgerichts bestellt er BerufbetreuerInnen zu EinzelvormünderInnen. Raack geht davon aus, dass in der Amtsvormundschaft generell eine „Strukturschwäche“ stecke, die es schwierig mache, den Aufgaben der Interessensvertretung des Kindes gerecht zu werden. Ausgehend von positiven Erfahrungen mit EinzelvormünderInnen wird die Frage aufgeworfen, wie Gerichte dazu veranlasst werden können, den Einzelvormund/die Einzelvormünderin einzusetzen.

Am Ende des Vormundschaftskapitels zeichnet *Peter Hansbauer* die Vision eines Berufsvormundes als neues Professionsmodell. Ausgehend von den sich verändernden Anforderungen, die aufgrund von gesellschaftlichen Entwicklungen an VormünderInnen gestellt werden, skizziert der Autor ein ideenreiches Bild für einen Aufbau eines funktionierenden Vormundschaftswesens. Dabei lehnt er sich an soziologische Professionsmodelle an. Auf diese Weise werden die Kompetenzen und der mögliche Kompetenzerwerb an Fachhochschulen ebenso diskutiert wie die Funktion einer Standesorganisation des Berufsvormundes.

Das im Anhang abgedruckte „Leistungsprofil der Amtsvormünderin und des Amtsvormundes“ beschäftigt sich in vier Kapiteln mit dem Wesen der Vormundschaft, der Leistungsbeschreibung des Arbeitsfeldes, den fachlichen Qualifikationen und wichtigen Fragen, die sich auf die Qualitätsentwicklung in diesem Bereich beziehen.

Wir wünschen den Leserinnen und Lesern, dass das Buch ihnen interessante Impulse und konkrete Unterstützung gibt, wenn sie Kindern und Jugendlichen mehr Chancen zur Beteiligung an Entscheidungsprozessen in der Jugendhilfe geben wollen. Haben wir Sie darüber hinaus dazu angeregt, über ihre professionelle Haltung nachzudenken, wären unsere Ziele, die wir mit dieser Veröffentlichung anvisierten, voll und ganz erfüllt.

Wir danken Ihnen für Ihr Interesse!

Kapitel I

Qualifizierung der Jugendhilfe durch Beteiligung von Mädchen und Jungen

Partizipation* von Mädchen und Jungen als Recht *und* als sozialpädagogische Handlungsmaxime – Ziel eines Praxisprojektes in der Jugendhilfe

Martina Kriener & Kerstin Petersen

Mädchen und Jungen aus Hilfen zur Erziehung äußern sich im Rahmen eines Projektes über Kinderrechte erstaunt darüber, was sie für (Beteiligungs-)Rechte haben und wünschen sich mehr Veranstaltungen, in denen sie sich informieren und austauschen können. Zahlreiche Fachkräfte bestellen ein Ratgeberhandbuch für Jugendliche in Erziehungshilfe, um sich – nach eigenen Angaben – erstmal selbst über deren Rechte zu informieren. Ein Jugendamt versucht einen 17-jährigen Jungen, für den es zuständig ist und der seit zwei Jahren stabil in einer eigenen Wohnung betreut wird, gegen seinen Willen aufgrund einer jugendpsychiatrischen Stellungnahme, die vor seiner Aufnahme in die aktuelle Betreuung erstellt wurde, in die Zuständigkeit der Sozialhilfe und damit in eine andere Einrichtung zu überantworten; seine Amtsvormünderin, die Zweifel an diesem Vorgehen hat, aber selbst beim zuständigen Jugendamt beschäftigt ist, stellt sich nicht gegen ihren Arbeitgeber.

Diese und ähnliche Erfahrungen waren Anstoß zum Projekt „Stärkung der Rechte von minderjährigen Mädchen, Jungen und ihren Personensorgeberechtigten in der Erziehungshilfe“ des *Kinder haben Rechte e. V.* Sie standen sogar nicht im Einklang mit dem Kinder- und Jugendhilfegesetz (KJHG), das zugleich rechtlicher Ausdruck eines Paradigmenwechsel in der Jugendhilfe ist. Durch diesen ist von einer sozialdisziplinierenden Orientierung, verbunden mit einer auf Normalisierung und Kontrolle ausgerichteten, relativ starren Angebotsstruktur der Jugendhilfe Abstand zu nehmen. Vielmehr geht es heute um ein Verständnis von Jugendhilfe als Sozialleistung, durch die Kinder und Jugendliche sowie ihre Eltern bedarfsgerechte und alltagsnahe Unterstützung erfahren können. Eine expertokratische Denkweise, die HilfeadressatInnen als zu behandelnde Personen mit Defiziten und geringen eigenen Problemlösungsfähigkeiten sieht, tritt zurück zugunsten von

* Die Begriffe „Partizipation“ und „Beteiligung“ werden synonym verwendet.

Hilfeprozessen, die auf der Basis von Aushandlung durch die Beteiligung der AdressatInnen und das Zusammenwirken der Fachkräfte geführt werden. AdressatInnen sind nicht länger Objekte sozialfürsorglichen Handelns, sondern eigenverantwortliche Personen, für die die Jugendhilfe sozialpädagogische und deren eigene Vorstellungen respektierende Unterstützungen anzubieten hat. Dazu hat der Gesetzgeber den Sorgeberechtigten einen Rechtsanspruch auf geeignete und notwendige Hilfe bei der Erziehung ihrer Kinder eingeräumt und für die Kinder und Jugendlichen umfassende Beteiligungs- und Mitwirkungsrechte. Das KJHG hat „erstmals in der Geschichte der Sozialgesetzgebung sozialpädagogisches Handeln als gesetzlichen Leistungsanspruch normiert" (Maas 1994, S.1).

Paxiserfahrungen, wie die einleitend beschriebenen, machen deutlich, dass – acht Jahre nach Inkrafttreten des KJHG – die Umsetzung der Beteiligungsrechte hinter den gesetzlichen Vorgaben zurückbleibt. Dass insbesondere die Partizipation und Rechte von Kindern und Jugendlichen nur unzureichend umgesetzt sind und endlich mehr zur Geltung gebracht werden müssen, betont der Zehnte Bundesjugendbericht mehrfach und eindrücklich (vgl. Zehnter Jugendbericht 1998). Schließlich ist Partizipation in den Diskussionen und Ansätzen, die in den letzten Jahren die Theorie, Konzepte sowie die Praxis der Jugendhilfe bestimmen, von zentraler Bedeutung. Zwei sozialwissenschaftlich fundierte Konzepte, die in der Fachöffentlichkeit der Jugendhilfe häufig erwähnt und allgemein akzeptiert werden, heben den Beteiligungsaspekt besonders hervor:

Erstens wird Partizipation als Strukturmaxime im lebensweltorientierten Jugendhilfe-Konzept betont (vgl. Achter Jugendbericht 1990).

Partizipation gilt zweitens als zentrales Merkmal der dienstleistungsorientierten Jugendhilfe (vgl. Petersen 1996 und 1999).

Beide Konzepte betonen, dass ohne die Realisierung von Partizipation Hilfe und Unterstützung nicht effektiv ist, zu kurz greift oder gar an den AdressatInnen vorbei geht. Dies unterstreicht auch der Zehnte Bundesjugendbericht: Der Erfolg einer Hilfe hängt wesentlich davon ab, ob und inwieweit es gelingt, Kinder und Eltern zu beteiligen (Zehnter Jugendbericht 1998, S. 261). So erstaunt es denn, dass in der gegenwärtig geführten Qualitätsdebatte Partizipation keine große Rolle spielt. Dabei zielt doch auch die Qualitätsdebatte zum einen auf die Steigerung von Effektivität und zum anderen auf die Identifizierung von eindeutigen und überprüfbaren Qualitätskriterien. Vor dem Hintergrund der sozialpädagogischen Bedeutung und rechtlichen Verankerung von Partizipation ist Qualität ohne Beteiligung nicht denkbar.

Die Konkretisierung von Beteiligung als Qualitätsmerkmal setzt voraus, dass Partizipation inhaltlich genauer bestimmt wird und so von den Beteiligten beurteilt werden kann, ob Beteiligung stattgefunden hat. Die genauere Definition sowie Prämissen und Bedingungen bzgl. der Realisierung von Partizipation im Rahmen der bestehenden Verfahren und Hilfeleistungen leisten die genannten Konzepte so nicht bzw. sie betrachten dies als implizite Leistung bei der Konkretisierung der Konzepte in den einzelnen Aufgabenfeldern der Jugendhilfe. Dabei kommt es zentral darauf an, ob beide Perspektiven, Recht und Sozialpädagogik, miteinander in Verbindung gebracht und entsprechend ihrer Anforderungen, die damit an die Jugendhilfe gestellt werden, in die Praxis umgesetzt werden. Es reicht nicht aus, wenn Beteiligung von Kindern und Jugendlichen in der Hilfeplanung formalrechtlich durch ihre Anwesenheit realisiert wird, wenn AmtsvormünderInnen die rechtliche Vertretung ihrer Mündel wahrnehmen, den persönlichen Umgang aber anderen Fachkräften anheim stellen oder wenn BetreuerInnen Mitbestimmungsmöglichkeiten für Mädchen und Jungen vorwiegend zu ihrer eigenen fachlichen Entscheidung machen. Nur wenn jeweils die sozialpädagogischen und rechtlichen Prämissen berücksichtigt werden – das ist hier unsere These –, kommt Partizipation tatsächlich und umfassend zur Wirkung.

In diesem Sinne die Rechte von Kindern und Jugendlichen vermehrt zur Umsetzung zu bringen, war Anliegen des Projektes „Stärkung der Rechte von minderjährigen Mädchen, Jungen und ihren Sorgeberechtigten in der Erziehungshilfe". Angesichts der Feststellung, dass die Partizipation in der Umsetzung hinter bestehenden sozialpädagogischen und rechtlichen Ansätzen zurückbleibt, zielte das Projekt hierzu auf Praxisinnovationen ab. Auf der Basis von Praxiserfahrungen wurden gezielt Schwerpunkte gesetzt und zwar in Bezug auf Partizipation und Rechtswahrung in Zusammenarbeit mit dem Jugendamt, der Heimerziehung und der Amtsvormundschaft. Bevor wir das Projekt mit seinen Fragestellungen, Schwerpunkten und Erfahrungen vorstellen, wird Partizipation zunächst als konstitutive Prämisse in den sozialwissenschaftlichen Konzepten zur Jugendhilfe und anschließend in ihrer rechtlichen Verankerung beschrieben und eingeordnet. Als dann wird Partizipation in Bezug auf ihre Inhalte und Reichweite näher bestimmt.

1. Partizipation als konstitutives Element in Konzepten der Jugendhilfe

Die aktuell bestimmenden Konzepte zur Jugendhilfe, die Lebensweltorientierung und die Dienstleistungstheorie, nehmen jeweils für sich in Anspruch mit ihrem Verständnis zu einem Umbau der Jugendhilfe beizutragen, durch den die AdressatInnen umfassend an der Jugendhilfe als Sozialleistung partizipieren.

1.1 Partizipation als Strukturmaxime in der lebensweltorientierten Jugendhilfe

Das Konzept der lebensweltorientierten Jugendhilfe stellt die aktuelle Konzeption und Handlungsorientierung in der Jugendhilfe dar. Es ist das Ergebnis der fast 30-jährigen Diskussion zur Reform der Jugendhilfe. Mit diesem Konzept hat die Kommission des Achten Bundesjugendberichtes eine längst überfällige Bilanz zur

Jugendhilfe vorgelegt, in die sie Trends, Problemsichten und Arbeitsentwicklungen der letzten Jahre aufgenommen und zu einen gemeinsamen Verständnis von Jugendhilfe gefasst hat (vgl. Thiersch 1995). Entsprechend finden sich die zentralen Prämissen des Konzeptes im Kinder- und Jugendhilfegesetz wieder oder anders ausgedrückt, der Ansatz der lebensweltorientierten Jugendhilfe stellt die sozialpädagogische Grundlage des Kinder- und Jugendhilfegesetzes dar.

Partizipation kennzeichnet bereits das Verständnis von Sozialer Arbeit, dem sich die lebensweltorientierte Jugendhilfe verpflichtet: „Soziale Arbeit ist ein Moment des modernen Sozialstaates und damit Ausdruck dessen, worauf sich die moderne Gesellschaft verpflichtet hat, nämlich auf soziale Gerechtigkeit, ausgelegt als Anspruch um Bemühungen für hinreichende, angemessene Lebensressourcen, um Partizipation für alle" (Thiersch 1997, S. 17). Dabei geht Soziale Arbeit auf die je eigenen Deutungsmöglichkeiten und Verhältnisse ein, um in ihnen Lernhilfen zur Lebensbewältigung, zum „empowerment" zu vermitteln, um Verhältnisse zu verändern und ein freieres Leben zu ermöglichen. Lebensweltorientierung als Konzept ist folglich dadurch gekennzeichnet, dass die Sicht Sozialer Arbeit radikal von der Lebenswelt, von ihren Strukturen, von ihren Problemen und Ressourcen aus praktiziert wird. Das heißt, Partizipation kann zum einen als Ziel der lebensweltorientierten Jugendhilfe gefasst werden, nämlich dazu beizutragen, dass Mädchen, Jungen und ihre Familien an den gesellschaftlichen Ressourcen angemessen teilhaben. Insofern versteht sich lebensweltorientierte Jugendhilfe auch als ein sozialpolitisch ausgewiesener Ansatz, der dazu beitragen will, Ungleichheiten, die Lebenswelten prägen, abzubauen. Dazu gehören Ungleichheiten zwischen Arm und Reich und die dazu gehörigen Chancen am Bildungswesen, Arbeitsmarkt und Gesundheitswesen zu partizipieren, Ungleichheiten in Bezug auf die Geschlechtszugehörigkeit, die Nationalität und auch auf die Generationszugehörigkeit. (vgl. ebd.)

In diesem Sinne will lebensweltorientierte Jugendhilfe Kinder, Jugendliche und ihre Familien in ihren je eigenen Lebensmöglichkeiten und Schwierigkeiten – wie sie im Alltag erfahren werden – unterstützen und dafür regional angemessene soziale Infrastrukturen schaffen. Dabei sind die AdressatInnen eigenverantwortlich handelnde Subjekte, für die die Jugendhilfe sozialpädagogische und deren eigene Vorstellung respektierende Unterstützungen anzubieten hat. Um diesen Anspruch der lebensweltorientierten Jugendhilfe in der Angebotsstruktur, der Organisation, der Aufgabengestaltung und den Handlungsorientierungen zu präzisieren, sieht das Konzept fünf Strukturmaximen vor, die in der Realisierung gleichzeitig und wechselwirkend zum Tragen kommen:

- *Prävention* meint eine Orientierung an lebenswerten, stabilen Verhältnissen und Hilfe bei der Bewältigung kritischer Lebensphasen und -ereignisse.

- *Dezentralisierung/Regionalisierung* verlangt von der Jugendhilfe eine Arbeit in gewachsenen lokalen Strukturen und die Entwicklung tragfähiger kleinräumiger Förderungs- und Unterstützungsstrukturen.

- *Alltagsorientierung* bezieht sich auf die Respektierung der unterschiedlichen Lebenserfahrungen und Handlungsadressaten, bedeutet leichte Zugänglichkeit der Hilfen im Alltag der Kinder und Familien und ganzheitliche Konzeption der Hilfen.
- *Integration* impliziert die Erwartung, dass Menschen in der Akzeptanz von unterschiedlichen Lebensverhältnissen und Verschiedenheiten nicht ausgegrenzt und ausgeschlossen werden.
- *Partizipation:* „Wenn lebensweltorientierte Jugendhilfe darauf hinzielt, daß Menschen sich als Subjekte ihres eigenen Lebens erfahren, ist Partizipation eines ihrer konstitutiven Momente." (BMJFFG 1990, S. 88). Partizipation konkretisiert sich in Freiwilligkeit, Mitbestimmung, Selbstbestimmung und ist eine Frage von Rechtspositionen und institutionellen Regelungen, damit die Betroffenen sich gegenüber der Institution die Möglichkeit haben, sich in ihren Rechten, Problemen und Einspruchsmöglichkeiten Gehör zu verschaffen.
  (Achter Jugendbericht 1990, Thiersch 1997)

Wurde Partizipation oben zum einen als Ziel lebensweltorientierter Arbeit herausgestellt, so wird hier deutlich, dass Partizipation zum anderen auch der Weg ist. Das heißt, dass in den Unterstützungs- und Hilfeprozessen Handlungsorientierungen, Methoden und Verfahren so gestaltet sein müssen, dass die AdressatInnen sich als Subjekte ihrer Verhältnisse erleben können. Dabei müssen die Verhältnisse oder Lebenswelten von Kindern und Familien komplex und vielschichtig bestimmt werden. Kindheits- und Jugendphasen in unserer Gesellschaft sind charakterisiert durch das, was unter den Stichworten Individualisierung von Lebensverhältnissen und Pluralisierung von Lebenslagen zusammengefasst wird, also durch Auflösungen, durch Umbrüche in traditionellen Lebensselbstverständlichkeiten (vgl. ebd.). Diese Entwicklungen führen dazu, dass Menschen sich als für sich selbst zuständig erfahren, zu entscheiden, was sie wollen und was Sinn macht, selbst für alltägliche Selbstverständlichkeiten zu sorgen, Strukturen aufzubauen und zu erhalten. Individualisierung ist aber auch ambivalent. Die Aufgabe, sich zu orientieren wird eine eigene, aufwendige und schwierige, sie bedeutet in der Zumutung der Selbstbehauptung zugleich Chance und Überforderung. (vgl. Thiersch 1992, S. 21)

In Orientierung an den Lebenswelten sind die aufgezeigten Strukturmaximen in den einzelnen Aufgabenfeldern der Jugendhilfe und in Bezug auf den jeweiligen Alltag in den unterschiedlichen Institutionen und Handlungsmustern zu konkretisieren. Konsequenterweise verlangt lebensweltorientierte Jugendhilfe „partizipative Arbeitsformen und Strukturen. Mit einem Ansatz, der vom Alltag und der Lebensumwelt der Betroffenen ausgeht, werden Kinder und Jugendliche, Eltern, aber auch ehrenamtliche und hauptamtliche MitarbeiterInnen ermutigt, ihre Vorstellungen, ihre Anliegen und ihre Widersprüche einzubringen, sie gegenüber anderen zu vertreten und gemeinsam mit anderen für sie zu streiten. (...). Dies erfordert in unterschiedlichen Bereichen der Jugendhilfe Arbeitsformen, die jeweils eine möglichst weitgehende Beteiligung von Kindern und Jugendlichen im Alltag vorsehen." (Achter Jugendbericht 1990, S.201) Konkreter wird die Umsetzung von Partizipation nicht ausgeführt, sondern den AkteurInnen in den jeweiligen Aufgabenfeldern überlassen. Wie stellt sich diese nun aktuell dar?

Die Umorganisation der Jugendhilfe ist in den letzten Jahren stark durch Prozesse der Dezentralisierung und Regionalisierung geprägt. Die Konkretisierung von Partizipation auf der Grundlage der Beteiligungsrechte im KJHG steht dagegen noch weitgehend aus bzw. ist bislang kaum in den Blick genommen worden. Da wo dies zunehmend geschieht, z. B. in Bezug auf die Hilfeplanung nach § 36 KJHG wird denn auch deutlich, das die genannte Forderung des Achten Jugendberichtes eben noch nicht ausreichend realisiert worden ist. Dies gilt ebenso für die Qualifizierung der Praxis in Bezug auf mehr Geschlechterdemokratie. Die Lebenswelt, der Alltag ist der Ort, an dem sich die entscheidenden Konfliktdimensionen des Geschlechterverhältnisses entfalten und tagtäglich reproduzieren. Dass auch dies in der Alltagspraxis der Jugendhilfepraxis zu wenig Berücksichtigung findet und Partizipation in ihrer konkreten Ausgestaltung auf Geschlechterdemokratie zielen muss, betonen Frauenforscherinnen nach wie vor (vgl. Bitzan 1998). Seit Inkrafttreten des KJHG hat der Zehnte Jugendbericht (1998) erstmalig die Partizipationspraxis in allen Aufgabenbereichen der Jugendhilfe in den Blick genommen. Für alle Jugendhilfebereiche werden Partizipationsdefizite für Mädchen und Jungen benannt und eine entsprechende Entwicklung und Qualifizierung gefordert.

1.2 Partizipation als Charakteristikum einer dienstleistungsorientierten Jugendhilfe

Nicht nur im Konzept der lebensweltorientierten Jugendhilfe hat Partizipation einen wichtigen Stellenwert. Ebenso wichtig ist Partizipation für den Dienstleistungsansatz in der Jugendhilfe. Zwar wird dieses Merkmal in den marktorientierten Entwürfen der Dienstleistungsansätze mit wirtschaftlichem Interesse gar nicht oder nur wenig beachtet (vgl. Banner 1991, Eichmann 1993, KGSt 1994), im Grunde ist jedoch die Bezeichnung der Jugendhilfe als Dienstleistung, orientiert man sich an den sozialwissenschaftlichen Dienstleistungsansätzen mit gesellschaftspolitischem Interesse, ohne den Begriff Partizipation einzuführen, nicht gerechtfertigt. Dies begründet sich darin, dass in den sozialwissenschaftlichen Dienstleistungskonzepten davon ausgegangen wird, dass Dienstleistungen prinzipiell durch eine „Koproduktion" mit ihren NutzerInnen entstehen (vgl. Badura/Gross 1976; Gartner/Riesman 1978, Olk 1994). Für die Jugendhilfe heißt das, nur wenn Kinder und Jugendliche an der Gesamtgestaltung der Jugendhilfe als „KoproduzentInnen" beteiligt werden, kann auch von einer Jugendhilfe als Dienstleistung die Rede sein.

Doch was genau wird unter Dienstleistungen und was wird im dienstleistungstheoretischen Sinne unter Partizipation verstanden?

Dienstleistungen sind besondere Angebote von beruflich (evt. auch ehrenamtlich tätigen Personen (oder Organisationen), die anderen Personen (oder Organisationen) mit besonderen Anliegen und Bedürfnissen einen Dienst erweisen. Bei *personenbezogenen Dienstleistungen* handelt es sich um Dienste am Menschen, um Dienste, die der Person unmittelbar zu gute kommen (vgl. Häußermann/Siebel 1995). Um die Qualität des 'Zu-Gute-Kommens' gewährleisten zu können, müssen die beruflich tätigen Personen, die Dienstleistungen anbieten und die Personen, die Dienstleistungen in Anspruch nehmen zum selben Zeitpunkt an einem Ort zusammenkommen. Sie müssen in einen wechselseitigen Interaktionsprozess eintreten, in dem beide Parteien aus einer fachlichen und einer Laiensicht gemeinsam klären, wie die Dienstleistung gestaltet und ausgeführt werden soll. Somit fällt die Herstellung und die Inanspruchnahme der Dienstleistung in einem Akt zusammen (*uno-actu-Prinzip*). Dabei ist die Person, die die Dienstleistung in Anspruch nimmt, KoproduzentIn dieser Dienstleistung, weil nur sie wissen kann, welche Art und welches Ergebnis des Dienstes ihrem Bedürfnis oder Interesse entspricht. Ein viel verwendetes Beispiel für die personenbezogene Dienstleistung ist die Tätigkeit der FriseurInnen, die sich mit ihren KundInnen über den gewünschten Haarschnitt verständigen müssen, um die Dienstleistung im Interesse der KundInnen und zu ihrer Zufriedenheit ausführen zu können. Die KundInnen werden als KoproduzentInnen an der Dienstleistung beteiligt, in dem sie ihre Vorstellungen einbringen und u. U. in dem Gespräch mit der/dem FriseurIn konkretisieren. Die FriseurInnen als DienstleisterInnen werden in ihrer Dienstleistung tätig, indem sie sich im Detail mit ihren KundInnen über fachliche Argumente und Möglichkeiten sowie individuelle Wünsche und Vorstellungen austauschen. Diese Wechselseitigkeit, die durch die Beteiligung der KundInnen in der Interaktion mit den DienstleisterInnen ermöglicht wird, ist ein wichtiges Qualitätsmerkmal einer personenbezogenen Dienstleistung. Mit anderen Worten: Die Einbeziehung bzw. die Beteiligung der KundInnen als KoproduzentInnen der Dienstleistung ist Voraussetzung für ihre Effektivität.

Innerhalb der Gruppe personenbezogener Dienstleistungen, in der die dienstleistende Person und die Person, die die Dienstleistung in Anspruch nimmt, in einen wechselseitigen Interaktionsprozess mit einander eintreten, werden die sozialen Dienste unterschieden. Diese werden deshalb *personenbezogene soziale Dienstleistungen* genannt. Sie richten sich an hilfebedürftige oder abhängige Personen, z. B. Kinder und Jugendliche, Pflegebedürftige, Personen mit Sucht, Beziehungs- oder Familienproblemen. Die Jugendhilfe gehört in die Gruppe der personenbezogenen sozialen Dienstleistungen. Analog zu personenbezogenen Dienstleistungen gibt es bei personenbezogenen sozialen Dienstleistungen ebenfalls den beschriebenen wechselseitigen Zusammenhang zwischen Nachfrage und Angebot. Ohne die Beteiligung der Personen, die die Jugendhilfeleistung in Anspruch nehmen, kann das Angebot nicht gezielt auf die AdressatInnen zugeschnitten werden.

Die Gemeinsamtkeit der beiden erwähnten Dienstleistungsbereiche besteht nur auf einem sehr abstrakten Niveau. Sie darzustellen ist jedoch hilfreich, um ein Verständnis für das Grundprinzip der Dienstleistung vermitteln zu können. Denn aus diesem Grundprinzip ergibt sich, dass Beteiligung der NutzerInnen von Dienstleistungen mit zugestandenen Entscheidungskompetenzen verbunden ist.

In der Jugendhilfe ist der Gegenstand, um den es sich zu verständigen gilt, kompliziert und die Zusammenhänge, in den die Interaktionsprozesse eingebettet sind, stellen sich komplex dar:

- Gegenstand der Interaktionsprozesse zwischen SozialpädagogInnen und Kindern, Jugendlichen und ihren Eltern ist die Erziehung junger Menschen. Sie haben laut § 1 KJHG das Recht auf Förderung ihrer Entwicklung und auf Erziehung zu eigenverantwortlichen und gemeinschaftsfähigen Persönlichkeiten. Dieses Ziel anzustreben, bedeutet, dass die persönlichen, biografischen und sozialen Besonderheiten der Kinder und Jugendlichen zu berücksichtigen sind, d.h. diese sollten an den Interaktionsprozessen in der Jugendhilfe beteiligt werden, damit sie ihre Interessen, Wünsche und Bedürfnisse als Aspekte der Koproduktion in die Dienstleistung einbringen können.
- Die Zusammenhänge, in die der Kern der Dienstleistungstätigkeit – die Interaktion zwischen Kindern bzw. Jugendlichen und SozialpädagogInnen – eingebettet ist, sind komplex. Soll auf dieser Ebene eine wechselseitige und flexible Annäherung von Nachfrage und Angebot der Jugendhilfe erreicht werden, dann sind u. a. folgende unterschiedliche Bereiche ebenfalls angesprochen: Der Bereich Familie, in der Veränderungen zugunsten der Sorge für die Kinder angestrebt werden, der Bereich Organisation der Jugendhilfeinstitutionen, die Rahmenbedingungen für die Interaktionsebene herstellt, der Bereich Jugendhilfeplanung, in dem bestehender und zukünftiger Jugendhilfebedarf ermittelt wird, der sozialpolitische Bereich, in dem über das soziale Unterstützungs- und Verteilungssystem beraten und entschieden wird sowie der gesamte gesellschaftspolitische Bereich, durch die ein demokratisches und rechtsstaatliches Verständnis zugrunde gelegt wird.

Partizipation von Kindern und Jugendlichen in der Jugendhilfe als Dienstleistung erhält – wird sie von der Interaktionsebene in die mit ihr zusammenhängenden Bereiche transportiert – eine umfassende Reichweite. Ob Partizipation stattfindet, kann letzlich nur aufgrund der subjektiven Einschätzung der Beteiligten, hier der jungen Menschen erfasst werden. Genau dies war Thema einer empririschen Studie, in der über 300 junge Menschen im Alter zwischen 14 und 26 Jahren direkt nach ihrem Gespräch mit einer/einem SozialarbeiterIn im Bereich des Sozialdienstes interviewt wurden (vgl. Petersen 1996, Petersen 1999). Sie wurden u. a. gefragt, inwieweit sie die Themen des Gesprächs mit den SozialarbeiterInnen mitbestimmen können, inwieweit sie Problemlösungen selbst finden und inwieweit sie vom Jugendamt getroffene Entscheidungen revidieren können. Bei der Auswertung der Antworten zeigt sich, dass 25 % der befragten Jugendlichen ihrer Meinung nach Beteiligungsmöglichkeiten im Jugendamt erhalten. 33 % werden nur scheinbar und 44 % werden nicht beteiligt (zur Begriffsbestimmung von Beteiligung s. u.). Es kann also empirisch belegt werden, dass nur eine Minderheit der jungen Menschen, die Leistungen des Jugendamtes in Anspruch nehmen, an den Entscheidungen, die dort getroffen werden, beteiligt werden. Somit ist ebenso nachgewiesen worden, dass sich eine generelle Dienstleistungsorientierung im Jugendamt noch längst nicht durchgesetzt hat.

Ein weiteres zentrales Ergebnis der Studie ist die Verifizierung der These, dass ein Zusammenhang zwischen Beteiligung und der Effektivität der erhaltenen Leistung besteht. Diejenigen Jugendlichen, die ihre Beteiligungschancen hoch einschätzen (25 %), bewerten die Jugendamtsleistungen nicht nur positiver als die anderen Befragten. Beteiligte Jugendliche geben an, dass sich ihre Lebensbedingungen durch das Jugendamt verbessert haben. Demgegenüber sind Befragte, die sich an Entscheidungen des Jugendamtes nicht beteiligt fühlen, der Ansicht, dass sich ihre Lebenssituation durch das Jugendamt sogar verschlechtert haben.

Wichtig ist zudem festzuhalten, dass Jugendliche die Gründe für ihre Beteiligungschancen vor allem auf das Verhalten der SozialarbeiterInnen zurückführen. Deren Haltung gegenüber Jugendlichen, ihre Zeitkontingente, die Art des Zuhörens und auf Themen einzugehen, die den Jugendlichen wichtig sind, gehören zu den Gründen, die die Befragten als hemmende oder fördernde Faktoren für Beteiligung angeben.

Insgesamt bestätigen die Ergebnisse aus der Befragung junger Menschen in Jugendämtern die Bedeutung von Partizipation für die Effektivität der Jugendhilfeleistungen. Wenn SozialarbeiterInnen Jugendliche am Hilfeprozess des Jugendamtes beteiligen, d. h. sie bei der Auswahl der Gesprächsthemen, beim Finden der Problemlösung mitentscheiden lassen sowie die Möglichkeit geben, getroffene Entscheidungen wieder rückgängig machen zu können, dann bewerten Jugendliche den Prozess und das Ergebnis der Jugendhilfe positiv. Partizipation trägt demnach zur Prozess- und zur Ergebnisqualität bei. Partizipation ist Qualitätskriterium und ist Merkmal einer dienstleistungsorientierten Jugendhilfe.

Letztendlich zeigen die Untersuchungsergebnisse jedoch, dass Partizipation von Kindern und Jugendlichen im Interaktionsprozess mit SozialarbeiterInnen in Jugendämtern nicht ausreichend und umfassend genug aktiviert wird. Da nur ein Viertel der Befragten im Jugendamt beteiligt wird, ist es notwendig, praxisnahe Beteiligungsmodelle zu erarbeiten und umzusetzen, um die Jugendhilfe als personenbezogene soziale Dienstleistung etablieren und um tatsächlich eine Wechselseitigkeit zwischen Nachfrage und Angebot auch auf den Ebenen der Organisation, der Jugendhilfeplanung und der Jugend- und Sozialpolitik erreichen zu können.

2. Beteiligung von Mädchen und Jungen und ihre rechtliche Verankerung im Kinder- und Jugendhilfegesetz

Der Gesetzgeber hat Partizipation durchgehend im KJHG verankert. Sowohl vor dem Hintergrund des beschriebenen sozialpädagogischen Verständnisses von Jugendhilfe, als auch aus Respekt vor der Subjektstellung und der Grundrechtsfähigkeit sind hier auf rechtlicher Ebene für Mädchen und Jungen eine Reihe von Beteiligungsmöglichkeiten eingeräumt (siehe auch Lauer in diesem Band). Erfahrungen im Verein *Kinder haben Rechte e. V.* haben immer wieder bestätigt, dass diese Rechte bei den Fachkräften nicht durchgängig bekannt sind oder sie Partizipation bisher eher als eine sozialpädagogische Orientierung bewertet haben, deren Umsetzung sie nach eigenen Gutdünken mehr oder weniger verbindlich verfolgen.

Bereits im Rahmen der allgemeinen Vorschriften des KJHG ist in § 8 KJHG die Beteiligung von Kindern und Jugendlichen festgeschrieben. Mit diesem Paragraphen gleicht der Gesetzgeber aus, dass das KJHG das Persönlichkeitsrecht des Kindes dem elterlichen Erziehungsrecht nicht gleichstellt. Satz 1 enthält einen inhaltlichen Programmsatz, der sich auf die gesamte öffentliche Jugendhilfe bezieht. Verbindlich wird hier die Beteiligung von Kindern und Jugendlichen entsprechend ihrem Entwicklungsstand an allen sie betreffenden Entscheidungen der öffentlichen Jugendhilfe vorgeschrieben (vgl. Münder u. a. 1998, S. 134). Beteiligung ist dabei mehr als das Recht auf persönliches Gehör. Das Beteiligungsrecht verpflichtet die öffentliche Jugendhilfe, Minderjährige überall dort, wo sie in irgendeiner Weise von Entscheidungen der Jugendhilfe betroffen sind, inhaltlich einzubeziehen (vgl. ebd., S. 135). Die Jugendhilfe ist zudem verpflichtet, Mädchen und Jungen entsprechend ihrem Entwicklungsstand zu beteiligen. Die Beteiligungsrecht bezieht sich also auf alle Altersstufen und verpflichtet die Fachkräfte der Jugendhilfe jeweils geeignete Ansätze, Methoden und Verfahren zu entwickeln, damit Kinder und Jugendliche hier zu ihrem Recht kommen.

Das Beteiligungsrecht der Kinder und Jugendlichen wird unterstrichen durch die Pflicht der Jugendhilfe, sie in geeigneter Weise auf Rechte in Verwaltungs- und Gerichtsverfahren hinzuweisen (§ 8 Abs. 1 Satz 2), durch das Recht sich in allen Fragen der Erziehung und Entwicklung an das Jugendamt wenden zu können (§ 8 Abs. 2) sowie durch das Recht sich in Not- und Konfliktlagen ohne Kenntnis der Sorgeberechtigten beraten lassen zu können, solange die Mitteilung den Beratungszweck vereitelt. Neben dem Beteiligungsrecht der Mädchen und Jungen steht die Verpflichtung der Jugendhilfe zur Berücksichtigung der wachsenden Selbständigkeit (§ 9 Abs. 2) und der unterschiedlichen Lebenslagen von Mädchen und Jungen (§ 9 Abs. 3). Hier verpflichtet der Gesetzgeber die Jugendhilfe zudem Benachteiligungen abzubauen und die Gleichberechtigung von Mädchen und Jungen zu fördern. Damit muss die Jugendhilfe in all ihrem Handeln die Mädchen und Jungen, vor dem Hintergrund der jeweiligen geschlechtsspezifischen Lebens- und Problemlagen, zum Ausgangspunkt ihres Handelns machen.

Bezogen auf die Hilfen zur Erziehung konkretisiert der Gesetzgeber im § 36 KJHG die Beteiligungsrechte der Mädchen und Jungen. Danach sind Sorgeberechtigte und die Kinder oder Jugendlichen vor ihrer Entscheidung über die Inanspruchnahme einer Hilfe umfassend zu informieren und bei der Auswahl der Einrichtung oder der Pflegestelle zu beteiligen (§ 36 KJHG Abs. 1). Abs. 2 legt fest, dass als Grundlage für die Ausgestaltung der Hilfe gemeinsam mit den Sorgeberechtigten und Kindern oder Jugendlichen ein Hilfeplan aufzustellen und fortzuschreiben ist. Hervorzuheben ist, dass bei der Hilfeentscheidung, -auswahl und -ausgestaltung Mädchen und Jungen neben den Personensorgeberechtigten gleichberechtigt zu beteiligen sind, obwohl die Sorgeberechtigten Inhaber des Anspruch auf Erziehungshilfen sind.

Im § 36 KJHG wird die „Entscheidungs-Philosophie" des KJHG, die Entscheidungen als demokratisch-rechtsstaatliches Aushandlungsmodell vorsieht, besonders deutlich. Häufiger wird mittlerweile Kritik geübt, dass die Hilfeplanung als Aushandlung zwischen gleichberechtigten Subjekten, die sich über Verlauf und Ergebnisse des Hilfeprozesses verständigen, in der Praxis zu Problemen und Überforderung der Beteiligten führen könne (vgl. Schwabe 1996, Münder 1998, S.325). Die Sachverständigenkommission sieht gar in den „kommunikativ gesteuerten Aushandlungsverfahren des KJHG (...) als organisatorische Umsetzung des Ziels 'Partizipation' die eigentliche Schwachstelle" (Zehnter Jugendbericht 1998, S. 185). Die Schwierigkeiten in der Umsetzung der Mitwirkung der HilfeadressatInnen werden in strukturellen Ambivalenzen der Jugendhilfe gesehen, zum einen in der Spannung zwischen Hilfe und Eingriff/Kontrolle (vgl. Merchel 1998, S.60) und zum anderen darin, dass sowohl Fachlichkeit und ExpertInnenwissen als auch das Wissen und die Wünsche der beteiligten Kinder, Jugendlichen und Eltern die erreichten Vereinbarungen bestimmen sollen (vgl. Münder 1998, S. 325). Wenn in der Praxis die Anforderungen der Beteiligungsrechte von Mädchen und Jungen bisher nur teilweise eingelöst werden, kann dies nicht als Argument dienen – und da sind sich die AutorInnen einig -, die Zielorientierungen bzgl. Partizipation zu entwerten. Dies muss gerade als Hinweis und Verpflichtung gesehen werden, dass noch erhebliche Anstrengungen notwendig sind, um die Diskrepenz zwischen Handlungsrealität und Gesetzesanspruch in der Praxis der Jugendhilfe zu überwinden (vgl. ebd.; Zehnter Jugendbericht 1998, S. 261).

Diese Perspektive gilt ebenso für die mittelbaren Beteiligungsrechte, die das KJHG für Mädchen und Jungen enthält. Bereits der § 1 Abs. 3 Nr. 4 KJHG verpflichtet die Kinder- und Jugendhilfe insgesamt dazu beizutragen, positive Lebensbedingungen für junge Menschen und ihre Familien sowie eine kinder- und familienfreundliche Umwelt zu schaffen. Hier erhält die Jugendhilfe das Mandat, sich über ihren engeren Zuständigkeitsbereich hinaus in andere Politikfelder im Interesse von Kindern und Jugendlichen einzumischen. Der Jugendhilfeausschuss hat sich dem § 71 KJHG nach mit der Erörterung aktueller Problemlagen junger Menschen und ihrer Familien zu beschäftigen. Die Bestimmungen zur Jugendhilfeplanung verpflichten die Träger der öffentlichen Jugendhilfe im Rahmen ihrer Planungsverantwortung den Bedarf unter Berücksichtigung der Wünsche, Bedürfnisse und Interessen der jungen Menschen und der Personensorgeberechtigten zu ermitteln (§ 78 KJHG). Die hier genannten Ausschnitte verpflichten die Jugendhilfe jeweils dazu sich mit Belangen von Mädchen und Jungen zu beschäftigen und die dazu notwendigen Entscheidungen zu treffen. In Verbindung mit dem § 8 KJHG, der als allgemeine Vorschrift ebenfalls zum Tragen kommt, sind auch hier die Kinder und Jugendlichen zu beteiligen. Im Bereich der Jugendhilfeplanung haben sich mittlerweile unter dem Begriff „Betroffenenbeteiligung" in einigen Arbeitsfeldern Partizipationsmöglichkeiten für Kinder und Jugendliche etabliert, in der Erziehungshilfe sind dies bisher allerdings Ausnahmen. Auch für die mittelbaren Beteiligungsrechte gilt es die gesetzlichen Vorgaben viel stärker in die Praxis umzusetzen und Partizipationschancen für Mädchen und Jungen zu organisieren. Wie offensiv die Fachkräfte die Beteiligung von Kindern und Jugendlichen auslegen und wie sie sie jeweils ausgestalten, hängt natürlich auch vom Verständnis dessen ab, was unter Partizipation verstanden wird.

3. Inhalt und Reichweite von Partizipation in der Jugendhilfe

Beteiligung, Mitbestimmung, Mitwirkung, Teilhabe oder Teilnahme sind Begriffe, die als Synonyme von Partizipation benutzt werden. Sie alle können unterschiedlichen Inhalten zugeordnet werden, zusammengenommen bringen sie eine mehr oder weniger starke Aktivität von Menschen oder Gruppen zum Ausdruck, wobei es darum geht Einfluss auf die Verteilung von Ressourcen zu erhalten und zu nehmen. Was genau diese Aktivität der Beteiligung beinhaltet und wie weit ihre Wirkungen reichen, wird ebenso unterschiedlich beantwortet.

In der Jugendhilfe sind Partizipationsrechte und -möglichkeiten von Kindern und Jugendlichen laut Kinder- und Jugendhilfegesetz (KJHG), Teil eines umfassenden und ausdifferenzierten Hilfe- und Unterstützungssystems mit einem demokratischen Erziehungsverständnis. In diesem Sinne hat Partizipation folgende weitreichenden Funktionen: Sie soll – wie oben beschrieben – einen Beitrag zur Ausgestaltung des Jugendhilfesystems und seiner Angebote sowie zur Erfüllung der Hauptaufgaben der Jugendhilfe leisten, nämlich die Hilfe und Unterstützung der Kinder und Jugendlichen, damit sie sich zu eigenverantwortlichen und gemeinschaftlichen Persönlichkeiten entwickeln können. Entsprechend sind Organisations- und professionelle Handlungsformen umzusetzen, durch die Beteiligung gefördert und aktiviert wird (vgl. Zehnter Jugendbericht 1998). Letztendlich würden Partizipationserfahrungen von Kindern und Jugendlichen ebenfalls Politik und Gesellschaft beeinflussen können, wenn entsprechende Vorkehrungen dafür getroffen würden. Die schleswig-holsteinische Gemeindeordnung hat beispielsweise eine mit der Kinder- und Jugendhilfe „korrespondierende" Regelung in ihrem Ausführungsgesetz aufgenommen, in der festgehalten wird, dass die Gemeinden auch in Verantwortung für die zukünftigen Generationen handeln und dass deshalb angemessene Beteiligungsverfahren an Planungen und Vorhaben der Gemeinden zu entwickeln sind (vgl. Zehnter Jugendbericht 1998).

Partizipation von Kindern und Jugendlichen als Aspekt eines demokratischen Erziehungsverständnisses hat ebenso weitreichende Ziele: Zum einen geht es darum, dass Kinder und Jugendliche Selbstbewusstsein entwickeln und Erfahrungen mit demokratischen Umgangsformen machen, d. h., dass sie lernen, sich selbst und die eigenen Wünsche, Interessen und Bedürfnisse, aber auch die der anderen zu erkennen und in Aushandlungsprozessen ernst zu nehmen. Das Selbstbewusstsein und die Erfahrungen der Kinder und Jugendlichen können zweitens als Basis für eine Kultivierung demokratischer Umgangsformen und damit als Basis für eine gerechtere Machtverteilung und Toleranz von gesellschaftlicher Vielfalt gelten.

Insoweit als Partizipation mit diesen weitreichenden Funktionen und Zielen in Zusammenhang gebracht wird, prägt der Begriff ein Menschenbild, in dem das Vertrauen in die Fähigkeiten von Kindern und Jugendlichen im Vordergrund steht und weniger ihre Defizite beachtet werden. Das Menschenbild integriert außerdem eine Prozess- und Lösungsorientierung in das professionelle Handeln. Lösungsversuche sind in pädagogischen Bereichen mit einem Wandel und einer Offenheit im Ergebnis verbunden.

Um Partizipation für die beteiligten Personen fassbar zu machen, ist es hilfreich, die Interaktions- und Handlungsebene in den Blick zu nehmen, und von dieser Ebene aus zu klären, wer wie an was partizipiert. Diese Eingrenzung verdeutlicht bereits, dass es um Personen geht (wer), die in einer bestimmten Weise oder Form (wie), an einem Verhältnis mit anderen (an was) teilnehmen. Es geht demnach um ein Verhältnis, in dem auf zwei oder mehr Personen oder Personengruppen Ressourcen, Kräfte, Rechte und Möglichkeiten der Beteiligung unterschiedlich oder gleich verteilt sind. Partizipation weist auf ein Machtverhältnis hin und zielt zugleich auf dessen Ausgleich. Partizipation steht also für den Hinweis auf ein ungleiches Machtverhältnis, in dem die Personen, die an gemeinsamen Entscheidungsprozessen partizipieren, in unterschiedlicher Weise von einander abhängig bzw. unabhängig sind.

In der Erziehung ist das ungleiche Verhältnis zwischen Erwachsenen und Kindern, zudem geprägt durch die Ungleichheit im Geschlechterverhältnis, besonders eindeutig. Dies gilt natürlich ebenso für die Betreuungsverhältnisse in der öffentlichen Erziehung der Jugendhilfe. Ziel ist es einen Kompetenzzuwachs bei Mädchen und Jungen zu fördern, damit sie Verantwortung für ihr eigenes Leben und das gemeinsame Leben mit anderen übernehmen können (§ 1 KJHG). Dafür ist es notwendig, das Abhängigkeitsverhältnis zwischen pädagogischen Fachkräften und Kindern bzw. Jugendlichen in der Jugendhilfe näher zu betrachten, denn um Machtunterschiede aufzuheben, sind zunächst die Gründe für ihre Entstehung zu berücksichtigen. Für die Heimerziehung zeigt eine Untersuchung auf, dass sieben

Machtquellen eine besondere Bedeutung für das Maß der Abhängigkeit junger Menschen von ihren ErzieherInnen haben: Erstens materielle Leistungen und Versorgung, zweitens Zuwendung und Zuwendungsentzug, drittens Sinnkonstruktion und Sinnentzug, viertens Orientierungsmittel wie Wissen und Werte, fünftens körperliche Stärke, sechstens das staatliche Erziehungs- und Sanktionssystem. (vgl. Wolf 1998)

Vor dem Hintergrund dieser Ergebnisse und auf die gesamte Jugendhilfe bezogen, würde die Stärkung von Partizipation der Kinder und Jugendlichen bedeuten, dass diese zu all den genannten Themen ernst genommen, ausreichend informiert, beraten und beteiligt werden, um eine ausgewogenere Machtbalance herzustellen. Dabei darf Teilhabe nicht mit Abschieben von Verantwortung oder Autonomie im Sinne von allein lassen verwechselt werden. Bezüglich der Frage, an was partizipiert wird, geht es in der Jugendhilfe also um die Information, Beratung und Mitbestimmung an Entscheidungen in Bezug auf die Auswahl und Gestaltung der 'richtigen' Hilfe bzw. auf die weiteren Lebensbedingungen und Zukunftsperspektiven sowie letztlich auch bezogen auf die Gestaltung des Hilfesystems. Schwieriger ist das wie zu beantworten, also die Fragen nach der Art und Weise, den Formen und den Instrumenten für eine Ausweitung der Beteiligung an Entscheidungen bezüglich Auswahl und Gestaltung der Hilfen. Diese Fragen werden uns im weiteren ausführlicher beschäftigen.

Um sich der Beantwortung dieser Fragen anzunähern, wird im folgenden zunächst ein Partizipationsmodell dargestellt, das sich auf die Umverteilung von Macht bezieht und in diesem Zusammenhang eine Hierarchie von Partizipations-Stufen beschreibt (vgl. Arnstein 1966, Petersen 1999). Auf diese Weise wird Partizipation/Beteiligung von Schein-Beteiligung und Nicht-Beteiligung unterschieden, so dass eine klare Definition des Begriffs vorgenommen werden kann. Gleichzeitig zeichnet das Stufenmodell einen Prozess nach, in dem sich gesteigerte Formen von Beteiligung herausbilden:

Stufen der Partizipation

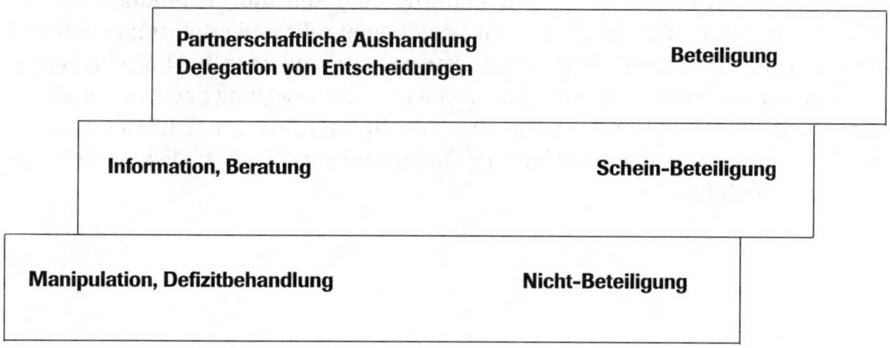

Bezogen auf die Jugendhilfe und hier konkret auf das Verhältnis zwischen SozialarbeiterInnen einerseits und Mädchen und Jungen anderseits, lassen sich die drei Beteiligungs-Ebenen wie folgt beschreiben:

- Die beiden ersten Stufen beschreiben die Ebene der Nicht-Beteiligung, deren Zweck darin besteht, die Mitwirkung von Kindern und Jugendlichen in der Jugendhilfe zu verhindern. Mittels 'Manipulation', d. h. durch Täuschung und Vorenthalten wichtiger Informationen oder mittels der Hervorhebung und 'Behandlung von Defiziten' werden Kindern und Jugendlichen Beteiligungschancen verweigert.
- Die Stufen 'Information' und 'Beratung' bezeichnen das Niveau der 'Schein-Beteiligung' als Vorstufen der Partizipation. Kinder und Jugendliche dürfen Ansichten äußern, erhalten aber keine Möglichkeit mitzuentscheiden oder Entscheidungen zu revidieren. Sie werden lediglich allgemein, z. B. über ihre Rechte und Möglichkeiten informiert und/oder individuell beraten.
- Während die Ebenen der Nicht-Beteiligung und Schein-Beteiligung ein starkes ungleiches Machtverhältnis zwischen SozialarbeiterInnen und Kindern bzw. Jugendlichen erhalten bleibt, in dem SozialarbeiterInnen einseitige Entscheidungen treffen, wird auf den Stufen der 'Partnerschaftlichen Aushandlung' und der 'Delegation von Entscheidungen' die Macht umverteilt. In einem Aushandlungsprozess kommen die Ansichten und das Wissen beider Seiten gleichermaßen zum Tragen. Am Ende des Informations-, Beratungs- und Aushandlungsprozesses steht dann ein auf Vertrauen aufbauendes Verhältnis zwischen SozialarbeiterInnen und Kindern bzw. Jugendlichen, in dem die SozialarbeiterInnen Entscheidungen gemeinsam mit den Minderjährigen treffen und – verstanden als Zielperspektive – an sie delegieren.

Das Niveau der Beteiligung auf den beiden zuletzt genannten Stufen kennzeichnet Formen der Partizipation. In Bezug gesetzt zu den o. a. Machtquellen, die die Machtungleichheit im pädagogischen Betreuungsalltag begründen, wäre denkbar, dass Fragen und Themen zu den genannten Aspekten mit den Kindern und Jugendlichen besprochen und entschieden werden. Geht es z. B. um die Gestaltung eines Spielplatzes, um Ferienfreizeiten, um Ausgangszeiten in einer Wohngruppe, um die Fortschreibung einer Hilfeplanung oder um die Zuständigkeit einer Bezugsbetreuung, sind die für die Entscheidungen relevanten Informationen und Bedingungen durch die PädagogInnen transparent zu machen und Entscheidungsbereiche zunehmend zur Disposition zu stellen. Voraussetzung dafür ist vor allem, dass diese bereit und in der Lage sind, Macht abzugeben, um Kinder und Jugendliche zu beteiligen und dafür ihre Fachkompetenz diesbezüglich immer wieder neu zu reflektieren.

4. Praxisinnovationen zur Beteiligung von Mädchen und Jungen in der Erziehungshilfe

Beteiligung als Recht und als sozialpädagogische Prämisse stärker als bisher in die Praxis erzieherischer Hilfen umzusetzen war und ist Ziel der Arbeit im *Kinder haben Rechte e. V.* Im Rahmen konkreter Praxisstrategien, sollte es dann auch darum gehen, wie Partizipation von den Beteiligten wahrgenommen und inhaltlich gefüllt wird, welche Reichweiten jeweils damit verbunden werden und welche Umsetzungsstrategien verfolgt werden. Im Mittelpunkt aller Aktivitäten stehen daher zwei Fragestellungen:

- Wie werden die Rechte von Mädchen, Jungen und ihren Sorgeberechtigten in Erziehungshilfen aktuell wahrgenommen?
- Welche fachlich-konzeptionellen, welche organisationsbezogenen-strukturellen und welche sozialpoltitischen Maßnahmen sind geeignet und erforderlich, damit Minderjährige in Erziehungshilfen nicht „Objekte staatlichen Handelns", sondern PartnerInnen gerade in denjenigen Aushandlungsprozessen sind, die ihre unmittelbare Lebenssituation und -perspektive betreffen?

Mädchen und Jungen kommen zumeist aufgrund familiärer und damit einhergehender individueller und sozialer Krisen in die Situation, Erziehungshilfen in Anspruch zu nehmen. Aus ihrer Perspektive ist es daher umso erforderlicher, dass sie bei allen Entscheidungen über erzieherische Hilfen (in Jugendamt, Sozialen Diensten, Einrichtungen, Pflegefamilien und Maßnahmen) mit ihren eigenen Erfahrungen und Wünsche objektiv beteiligt werden und Kinder und Jugendliche dies auch subjektiv erleben können. Gleichzeitig ist die subjektive Einschätzung der Mädchen und Jungen ein Prüfkriterium für das realisierte Maß an Lebensweltbezug. Entsprechend beziehen sich die zentralen Fragen, die im Mittelpunkt der Praxisinnovation stehen, auf erfahrbare Aspekte in der Umsetzung der Mitwirkungsrechte für Mädchen und Jungen:

1. In welcher Form sind Mitwirkungsrechte der Kinder und Jugendlichen in den Entscheidungsprozessen verwirklicht, wenn es um Art und Umfang erzieherischer Hilfen im Einzelfall geht?
2. Welche Chancen haben Kinder und Jugendliche, eigene Vorstellungen zu ihrem zukünftigen Lebensort, ihre Wünsche und Präferenzen gegenüber Fachkräften in Jugendämtern zu artikulieren und durchzusetzen?
3. Wie ist Mitbestimmung bei der Gestaltung des Lebens in Einrichtungen verankert?
4. Welche Qualitäten hat in der Praxis der gesetzliche Anspruch von Mündeln auf persönliche Wahrnehmung des Sorgerechts, wenn ihren Eltern diese Personensorge entzogen wurde?
5. In welcher Form kann im Rahmen kommunaler Jugendhilfeplanung Mädchen

und Jungen die Chance eröffnet werden, Konzepte, Arbeitsweisen und Infrastruktur der Hilfen zur Erziehung beteiligungsorientiert zu beeinflussen?

Diese Fragen wurden im Praxisprojekt in den folgenden Arbeitsschwerpunkten aufgegriffen, die anschließend in der jeweiligen Zielsetzung, Durchführung und den jeweils gewonnenen Ergebnissen vorgestellt werden:

- Beratung und Unterstützung von Jugendlichen, jungen Volljährigen und Sorgeberechtigten im Einzelfall
- Dokumentation von Gerichtsurteilen
- Qualifizierung der Wahrnehmung von bestellten Vormundschaften und -pflegschaften
- Förderung von Beteiligungsmöglichkeiten von Mädchen und Jungen in Einrichtungen der Erziehungshilfe und im Rahmen der Jugendhilfeplanung.

Mit seinen Aktivitäten wandte sich das Projekt an die in der Praxis beteiligten und relevanten AkteurInnen, als dies wären die Fachkräfte und Leitungen der Jugendämter im Bereich der Erziehungshilfen, Fachkräfte und Leitungen der Einrichtungen der Erziehungshilfe, Vormundschaftsgerichte, AmtspflegerInnen und AmtsvormünderInnen, Fortbildungsträger und -verbände, JugendhilfeplanerInnen und JugendpolitikerInnen und insbesondere betroffene Mädchen und Jungen und ihre Sorgeberechtigten.

4.1 Beratung und Unterstützung von Mädchen, Jungen und Sorgeberechtigten im Einzelfall

Mit dem Schwerpunkt der Einzelberatung verband sich das Angebot an Kinder, Jugendliche und Sorgeberechtigte sich mit verschiedenen Fragen und Anliegen, die sich aus der Hilfeplanung und -entscheidung sowie im Rahmen der Hilfeleistung ergeben, an den Verein zu wenden. Zudem bot die Einzelberatung unmittelbare Einblicke in die Praxis der Umsetzung der Rechte von AdressatInnen. Problempunkte konnten identifiziert werden und Ansatzpunkte für eine längerfristige Unterstützung Ratsuchender gefunden werden.

Im Rahmen der dreijährigen Projektlaufzeit erreichten den Verein ca. 120 Anfragen. Zu etwa je einem Drittel meldeten sich Jugendliche/ junge Volljährige, überwiegend Mädchen, die in Einrichtungen leben bzw. lebten, Erwachsene, die als Eltern, Verwandte oder Pflegepersonen für Kinder und Jugendliche zuständig sind, und Fachkräfte aus Einrichtungen und Beratungsstellen. Die Anfragen erreichten eine breite Streuung und reichten von Fragen zur Hilfeentscheidung (z. B. Können die gegen meinen Willen entscheiden? Was kann ich gegen die Entscheidung des Jugendamtes tun?), zum Hilfeplanverfahren (z. B. Worum geht es dabei? Wer ist alles beteiligt? Was kann ich da mitbestimmen?), zum Betreuungsalltag in Einrichtungen (z. B. Welche Sanktionen sind erlaubt? Umgang mit

Taschengeld?) über das Kindschaftsrecht (z. B. Besuchs- und Umgangsregelungen? Verfahrenspflegschaften?), zu Sorgerechtsregelungen und -verfahren bis hin zu unterschiedlichen Einzelfragen (z. B. zur Finanzierung von Hilfen, zu Erbschaftsangelegenheiten, zu unterschiedlichen Finanzierungsmodalitäten verschiedener Jugendämter, bzgl. Zuständigkeiten von Behörden, Umzüge etc.). Je nach Anliegen wurden die Anfragen in einmaligen oder mehrmaligen Telefongesprächen erledigt. Bei ca. einem fünftel der Beratungen kam es zu persönlichen Kontakten und vereinzelt zur Begleitung bei Jugendamts- und Gerichtsverfahren.

Mit Blick auf eine Bestandsaufnahme zur Rechtsumsetzung lassen sich die Beratungsinhalte und -erfahrungen in drei Komplexen bündeln:

- *Information:* Insgesamt wurde deutlich, dass der Kenntnisstand über vorhandene Rechte und Verfahrensweisen recht gering ist. Dies trifft insbesondere auf die Mädchen, Jungen und ihre Eltern zu, die nur unzureichend über das Hilfeplanverfahren, über Zuständigkeiten und über verschiedene Hilfemöglichkeiten informiert waren. Zum einen scheinen Jugendämter nicht ausreichend oder angemessen zu informieren, obwohl es zur gesetzlichen Aufgabe gehört. Zum anderen fällt es Kindern, Jugendlichen und/oder ihren Eltern in belasteten Lebenssituationen nicht leicht, sich nachhaltig um Informationen zu bemühen. Aber auch bei Fachkräften wurde ein recht hoher Informationsbedarf deutlich. Dieser bezog sich vor allem auf das Hilfeplanverfahren, auf die Zusammenarbeit mit dem Jugendamt und auf Kinderrechte .
- *Unterschiedliche Einschätzungen und Konflikte bezüglich Erziehungshilfen und Sorgerechtsfragen:* Der Großteil der Anfragen basierte auf Konflikten über unterschiedliche Einschätzungen bezüglich erzieherischer Hilfen oder Sorgerechtsfragen. Deutlich wurde in diesen Fällen, dass es dem Jugendamt oder den sozialen Diensten hier nicht gelungen ist, unterschiedliche Interessen in einem Aushandlungsprozess zu moderieren. Entweder fühlten sich die Eltern oder die Kinder und Jugendlichen nicht ernstgenommen und entmündigt, vertrauten dem Jugendamt nicht mehr und fühlten sich dann „draußen" und allein gelassen. Wobei es für Mädchen und Jungen, sofern sie mit Eltern und Jugendamt im Konflikt sind, besonders schwierig wird. Selten haben dann Fachkräfte aus Diensten, die bereits mit den Eltern oder den Kindern zu tun hatten, deren Interessen wahrgenommen. Dies zumeist aus der Sorge nachhaltig Probleme mit dem Jugendamt zu bekommen und z. B. nicht mehr belegt zu werden.
- Rechtskenntnisse: Insbesondere dann, wenn Interessen und Rechte im Widerspruchsverfahren oder vor Gericht durchgesetzt werden mussten, waren juristische Kenntnisse, die das übliche Repertoire von SozialpädagogenInnen übersteigen, sowie anwaltliche Vertretung notwendig.

Die Erfahrungen aus der Einzelberatung machen zum einen deutlich, dass Ansätze und Möglichkeiten zur Information und Beratung ausgebaut werden müssen. Hier sind die Jugendämter durch die §§ 8.1 und 36 KJHG ohnehin verpflichtet, kommen dem aber noch nicht genügend nach. Auch die Dienste und Einrichtungen sind gefordert, Information und Beratung parteilich und offensiv im Sinne der AdressatInnen zu realisieren. Zum anderen wurde deutlich, dass ebenso fundierte juristische Kenntnisse wie sozialpädagogisches „Know how" gefragt sind. Ähnlich wie im sog. „Tandem-Verfahren", das in Groß Britanien bereits seit Jahren praktiziert wird (vgl. Salgo 1996), bewährte sich bei der Einzelberatung von *Kinder haben Rechte e. V.* die Zusammenarbeit zwischen PädagogInnen und RechtsanwältInnen (siehe auch Kapitel II.1). Insofern kann als ein zentrales Ergebnis nicht nur die Notwendigkeit des Angebotes einer unabhängigen Informations- und Beratungsmöglichkeit gewertet werden. Eine entsprechende Initiative zur Gründung eines Arbeitskreises „Soziale Rechtsberatung für AdressatInnen in der Jugendhilfe", in dem sozialpädagogische Fachkräfte mit RechtsanwältInnen kooperieren und eine kombinierte sozialpädagogische und juristische Beratung anbieten, ist vom *Kinder haben Rechte e. V.* eingeleitet worden. In einem regionalen Arbeitskreis kooperieren hier Soziale Fachkräfte und Rechtsanwälte/innen und bieten eine kombinierte sozialpädagogische und juristische Beratung an. Zunächst hat es der Kinderschutzbund in Münster übernommen, diese Initiative nach Projektabschluss weiterzuführen.

4.2 Informationen über KJHG-relevante Gerichtsurteile

Die Zusammenarbeit mit Jugendämtern, Einrichtungen und Einzelpersonen, die im Bereich der Hilfen zur Erziehung arbeiten, hat gezeigt, dass ein großer Bedarf an Informationen über Gerichtsentscheidungen besteht, die sich mit dem Kinder- und Jugendhilfegesetz beschäftigen. In strittigen Fällen, die Fragen der Gewährung bzw. Nicht-Gewährung erzieherischer Hilfen aufwerfen, kann es für pädagogische und psychologische Stellungnahmen sowie für Anträge und das Einlegen von Rechtsmitteln von entscheidender Bedeutung sein, wie und mit welchen fachlichen Argumenten diese Fragen gerichtlich bereits an anderer Stelle entschieden worden sind. Die Gerichtsurteile können erfahrungsgemäß wichtige Anhaltspunkte für den eigenen Streit liefern. Dies zeigt deutlich, dass weitreichende Informationen über die eigenen Möglichkeiten eine wichtige Voraussetzung für die Umsetzung von Beteiligungsrechten sind.

Es werden gesammelt:

- Urteile von Verwaltungsgerichten: Bundesverwaltungsgericht (VG), Oberverwaltungsgerichte und Verwaltungsgerichtshöfe, Sozialgerichte soweit Bestimmungen des BSHG, die für den Bereich des KJHG analog gelten betroffen sind.
- Kommentierte Gerichtsurteile aus folgenden Zeitschriften: Der Amtsvormund (DAVorm), Zeitschrift für das gesamte Familienrecht (FamRZ), Juristische Wochenschrift (JW), Nachrichtendienst des Deutschen Vereins (NDV), Zentralblatt für Jugendrecht (ZfJ), Recht der Jugend (RdJ) u. a.

Um der Fachöffentlichkeit möglichst viele Gerichtsentscheidungen zugänglich machen zu können, werden die Urteile, die juristisch und sozialpädagogisch die Rechte von Mädchen und Jungen absichern, gesammelt und in einer Loseblattsammlung veröffentlicht. Dazu werden die Urteile auf das Wesentliche gekürzt, mit einer Übersicht und mit Anmerkungen ausgestattet, die es auch den nicht juristisch geschulten LeserInnen erleichtern, das Urteil sachlich richtig einzuordnen und zu erkennen, in welchem Rahmen die dort entschiedene Rechtsfrage überhaupt von Bedeutung für die eigene Problematik sein kann.

Für die Loseblattsammlung gibt es ein Grundlagenwerk. Um den Informationsdienst längerfristig zur Verfügung stellen zu können, kann das Grundlagenwerk in bestimmten Zeitabständen aktualisiert werden, indem die neuen Gerichtsurteile aufbereitet als „Lose Blätter" zur Verfügung gestellt werden.

4.3 Vormundschaften und Pflegschaften

VormünderInnen und PflegerInnen führen das staatliche Wächteramt nach Artikel 6 II GG aus. Sie übernehmen anstelle der Eltern die rechtliche Vertretung für deren Kinder, wenn die elterliche Sorge ruht oder durch eine richterliche Entscheidung (teilweise) entzogen worden ist. Diese verantwortungsvolle Aufgabe, die verbunden ist mit der Bestimmung des Aufenthalts des Kindes oder Jugendlichen sowie mit Entscheidungen in Bezug auf seine Pflege und Erziehung, soll gemäß BGB und KJHG vorrangig von EinzelvormünderInnen ausgeführt werden. Trotz dieser Priorität werden für Kinder und Jugendliche in Erziehungshilfen in der Regel AmtsvormünderInnen bzw. AmtspflegerInnen bestellt, die entsprechend der unterschiedlichen Organisationsformen der Jugendämter, ihre Aufgaben unterschiedlich wahrnehmen. Zum Beispiel entscheiden AmtsvormünderInnen häufig von ihrem Schreibtisch aus, ohne die Mündel zu kennen, in Zusammenarbeit mit den zuständigen SozialarbeiterInnen. Oder nicht selten liegt die Verantwortung für Amtsvormundschaften auch formal beim ASD oder den zuständigen Fachdiensten, die dann für die Beantragung und die Gewährung von Leistungen der Jugendhilfe gleichzeitig zuständig sind.

Die Vorgehensweisen der Jugendämter gehen häufig zu Lasten der Kinder und Jugendlichen, vor allem wenn diese eigene Vorstellungen einbringen wollen, wozu sie gemäß § 36 KJHG ein Recht haben. Aus diesem Grunde ist es erforderlich Alternativmodelle zur Amtsvormundschaft zu entwickeln und zu erproben. Wenn Jugendämter, insbesondere die Vormundschaftsabteilungen die systematische Gewinnung und ausreichende Unterstützung von EinzelvormünderInnen übernehmen würden, ließe sich eine Qualifizierung und rechtmäßige Umsetzung der Vormundschaftsaufgaben vornehmen.

Eine Qualitätsentwicklung wurde durch *Kinder haben Rechte e. V.* auf zwei Ebenen initiiert:

- *Auf regionaler Ebene:* In Kooperation mit vier Jugendämtern wurden die bestehenden regionalen Besonderheiten der Organisationsstrukturen und Formen der Aufgabenwahrnehmungen im Bereich Vormundschaften erfasst und daran anknüpfend in regionalen Arbeitsgruppen konkrete Verbesserungsmöglichkeiten erarbeitet. Insgesamt kann die Unterschiedlichkeit in der Struktur und Aufgabenwahrnehmung bestätigt werden. Dementsprechend unterschiedlich gestalten sich auch die einzelnen Verbesserungsschritte in den Jugendämtern. In den Arbeitsgruppen der AmtsvormünderInnen konnte der eigene fachliche Anspruch vor allem hinsichtlich der sozialpädagogischen Anforderungen und der Kontakte zu den Mündeln, deutlich gesteigert werden. Es kristallisierte sich heraus, dass die Organisationsstrukturen des Jugendamtes z. B. hohe Fallzahlen, Überschneidungen der Zuständigkeitsbereiche, das Fehlen konkreter aktueller Leistungsbeschreibungen, die Ausblendung einer systematischen Werbung und Beratung von EinzelvormünderInnen, die Aufgabenwahrnehmung im Sinne der Mündel faktisch hemmen. Zudem fehlte es an regelmäßgem fachlichen Austausch auf regionaler und überregionaler Ebene sowie an Fortbildungsangeboten zu den Themen Sozialpädagogik, Psychologie, Rechte und Verwaltung.
- *Auf überregionaler Ebene:* Im Oktober 1997 initiierte der *Kinder haben Rechte e. V.* die Gründung des Überregionalen Arbeitskreises der AmtsvormünderInnen. In diesem Arbeitskreis sind seitdem 18 Fachkräfte, überwiegend AmtsvormünderInnen aus 13 verschiedenen Jugendämtern, VertreterInnen aus zwei Landesjugendämtern, der Universität Frankfurt und von *Kinder haben Rechte e. V.* aktiv. Schwerpunkt war es zunächst die Gelegenheit für einen fachlichen Austausch zu nutzen, mit dem Ziel, ein fachliches Leistungsprofil der Amtsvormünderin und des Amtsvormundes zu erarbeiten. Dieses Leistungsprofil wird in einer Fachzeitschrift publiziert, um es einer breiten Fachöffentlichkeit zugänglich zu machen. Zudem ist es im Anhang dieses Buches abgedruckt. Das Papier dient als Arbeits- und Orientierungshilfe für eine qualifizierte Aufgabenwahrnehmung der Vormundschaften.

4.4 Beteiligungsmöglichkeiten von Mädchen und Jungen in Erziehungshilfen

Das Ziel, Rechte von Mädchen und Jungen in der Erziehungshilfe zu stärken, lenkt den Blick unweigerlich auf die Praxis der Beteiligung von Kindern und Jugendlichen, die durch Einrichtungen der Erziehungshilfe betreut werden. Umso mehr Partizipation für sie im Lebens- und Betreuungsalltag erfahrbar wird, ihre (Beteiligungs-)Rechte durch die Einrichtungen gewahrt werden, werden sie die Betreuungshilfen als Unterstützung erleben. Die Frage danach, welche Beteiligungschancen Kinder und Jugendlichen erfahren, wie die Mädchen und Jungen ihre Beteiligungsmöglichkeiten erleben und subjektiv einschätzen, war auch hier von besonderem Interesse. Ebenso wurde gefragt, wie die Einrichtungen der Erziehungshilfe sowie die Fachkräfte das Thema Partizipation wahrnehmen, welche Angebote sie den Mädchen und Jungen machen und welche Strategien zur Sicherung der (Beteiligungs-)Rechte sie verfolgen. Als relevant erwies sich zudem schnell die Frage, wie Jugendämter die Beteiligung von Kindern und Jugendlichen realisieren und wie sie Partizipation im Verlauf der Betreuungen wahrnehmen. Da seit Jahren in der Erziehungshilfe nur punktuell eine Diskussion bezüglich Partizipation geführt wird und auch nicht, wie in anderen Jugendhilfebereichen Praxismodelle von sich Reden machen, bezog sich dieser Projektschwerpunkt darauf, die Partizipationspraxis in den Einrichtungen der Erziehungshilfe – insbesondere vor dem Hintergrund der Entwicklungen, die die Erziehungshilfe in den letzten Jahren erlebt hat – zu erkunden und Initiativen und Perspektiven anzuregen.

Um den genannten Fragen und Zielen nachzugehen, wurden folgende Aktivitäten realisiert:

- *Regionale und überregionale Veranstaltungen zum Thema Beteiligung mit Mädchen und Jungen*, die durch verschiedene Einrichtungen der Erziehungshilfe (überwiegend stationär) betreut werden,
- *Beteiligungsseminare in Einrichtungen*, an denen ganze Wohngruppen – Kinder, Jugendliche und ihre BetreuerInnen – teilgenommen hat sowie in einem Fall Jugendliche aus der Einzelbetreuung mit ihrem BetreuerInnenteam,
- *Durchführung einer aktivierenden Befragung* in Einrichtungen der Erziehungshilfe in mehreren Bundesländern,
- *Fachveranstaltungen und -tagungen mit Fachkräften* aus dem Bereich Erziehungshilfe,
- *Beteiligung von Mädchen und Jungen aus Erziehungshilfen im Rahmen der Jugendhilfeplanung* in Form von Beteiligungsseminaren.

Die Erfahrungen und Ergebnisse, die durch diese Aktivitäten gewonnen wurden, beschreiben recht umfassend die aktuelle Wahrnehmung von Partizipation und Beteiligungsrechten aus Sicht der Mädchen und Jungen, der Einrichtungen der Erziehungshilfe sowie der Jugendämter.

Aus der Perspektive der Mädchen und Jungen können als zentrale Ergebnisse zusammengefasst werden, dass sie insgesamt schlecht über ihre Rechte informiert sind, vor allem bezogen auf das Hilfeplanverfahren, auf eigene Entscheidungsmöglichkeiten, auf Informations- und Beschwerdestellen. Die Kinder und Jugendlichen wünschten sich insgesamt mehr Beteiligungsmöglichkeiten, vorrangig bezogen auf stärkere Einflussmöglichkeiten im eigenen Lebens- und Betreuungsalltag, aber auch bezogen auf die Einrichtung, durch die sie ihre Betreuung erhalten. Die jungen Menschen wünschten sich mehr Möglichkeiten zum einen zur Reflexion über ihren Betreuungsalltag und die Zusammenarbeit mit dem Jugendamt und zum anderen bzgl. des Austausches mit Mädchen und Jungen, die ähnliche Erfahrungen haben.

Mit Blick auf die Einrichtungen lässt sich feststellen, dass das Thema (Beteiligungs-)Rechte von Mädchen und Jungen wenig Gegenstand der Diskussionen in den Einrichtungen ist. Entsprechend wenig werden die Kinder und Jugendlichen auch über Partizipationsmöglichkeiten informiert, die sie auch als Rechte haben. Vielmehr scheint ein pädagogisches Verständnis mit einer fürsorgerischen Grundhaltung vorzuherrschen, indem BetreuerInnen bemüht sind etwas für die Kinder zu erreichen, von dem sie überzeugt sind, das es das Beste ist. Entsprechend werden häufig die PädagogInnen als alleinige Garanten für die Wahrung der Rechte und für die Realisierung von Partizipation benannt und entsprechend wenig sind institutionalisierte Formen der Partizipation vorhanden. Vereinzelt wurde institutionalisierte Beteiligung in stationären Einrichtungen der Erziehungshilfe in Form von Heimräten oder gewählten Gruppensprechern realisiert, wobei die Kompetenzen hier sehr unterschiedlich waren. Einrichtungen, die sich in den letzten Jahren dezentralisiert haben und ihre Angebote flexibel gestalten, haben bisher kaum entsprechende kollektive Beteiligungsmodelle entwickelt. Die von *Kinder haben Rechte e. V.* entwickelten und durchgeführten Beteiligungsseminare eignen sich als Ansätze zur Etablierung kollektiver Beteiligung in flexiblen Betreuungsformen.

Wenn, dann nehmen Jugendämter die Beteiligung von Kindern und Jugendlichen bisher im Rahmen von Hilfeplanung wahr, wobei hier ein deutlicher Entwicklungsbedarf bzgl. des wie festgestellt werden muss, damit sich Beteiligung nicht nur als Anwesenheit realisiert (vgl. BMFSFJ 1998). Partizipation von Mädchen und Jungen durch die betreuenden Einrichtungen wurde von den kooperierenden Jugendämtern bislang kaum wahrgenommen. Als eine effektive Möglichkeit für Jugendämter, Beteiligung mit den betroffenen Kindern und Jugendlichen zu reflektieren und zu entwickeln, haben sich Beteiligungsseminare im Rahmen der Jugendhilfeplanung erwiesen, die ebenfalls als modellhaft gelten.

Schlussbemerkung

Das Ziel Partizipation in die Jugendhilfepraxis implementieren zu wollen, berührt die Grundprinzipien sozialen Umgehens miteinander wie Gerechtigkeit, Pluralität, Solidarität, Respekt, Toleranz, Vertrauen u.a.m. Ein Jugendhilfeverständnis, das – wie wir anfangs beschrieben haben – auf Aushandlung mit eigenverantwortlichen Personen als Trägern von Rechten abzielt, hat weitreichende Konsequenzen für Grundprinzipien sozialpädagogischen Handelns. Dieses begründet sich nicht darin, zu wissen, welches Jugendhilfeangebot für Kinder und Jugendlichen oder ihre Eltern gut und richtig ist. Vielmehr bestimmen sie bei der Wahl und Gestaltung dieses Angebots mit bzw. sind sie dazu zu befähigen dies zu tun. Auch in Konfliktfällen z. B. in Bezug auf eine Gefährdung des Kindeswohls ist es notwendig, den AdressatInnen immer wieder neu mit einer offenen Haltung zu begegnen und diese Begegnungen auch herbeizuführen, zu informieren, zu beraten und zu unterstützen. Das hier vorgestellte Projekt hat in den Bereichen Erziehungshilfe und Vormund-/Pflegschaften beispielhaft konkretisiert, Initiativen und Anstösse entwickelt, wie Rechtssicherheit, Beteiligungsmöglichkeiten und Interessensvertretung von Mädchen, Jungen und ihren Sorgeberechtigten unterstützt und gestärkt werden kann. Dass dabei Partizipation immer als Recht und als sozialpädagogische Prämisse zum Tragen kommen muss, hat sich ebenfalls in allen Schwerpunkten bestätigt und kann somit in der weiteren Entwicklung der Jugendhilfe zur Lebensweltorientierung und Sozialleistung als handlungsleitend gelten.

Im weiteren Verlauf dieses Buches werden eine Reihe von Praxisideen eines demokratischen Grundverständnis der Jugendhilfe aufgezeigt.

Literatur

Arnstein, S.R. 1966: A Ladder of Citizen Participation. In: Journal of the Amercan Institute of Planner, July 1966, Vol. 35, p. 216-224

Badura, B./Gross, P. 1976: Sozialpolitische Perspektiven. Eine Einführung in Grundlagen und Probleme soziale Dienstleistungen, München

Banner, G. 1991: Von der Behörde zum Dienstleistungsunternehmen. In: VOP 1/1991, S. 6-11

Bitzan, M. 1998: Zwischen Struktur und Person: Geschlechtsdifferenzierende und sozialpolitische Handlungskompetenz als Grundlage für sozialraumorientierte Hilfen. In: Wolff, M/Schröer, W./ Möser, S. 1997: Lebensweltorientierung konkret – Jugendhilfe auf dem Weg zu einer veränderten Praxis, Frankfurt am Main

Bundesministeriium für Jugend, Familie, Frauen und Gesundheit 1990: Achter Jugendbericht. Bericht über Bestrebungen und Leistungen der Jugendhilfe, Bonn

Bundesministerium für Familie, Senioren, Frauen und Jugend 1998: Zehnter Kinder- und Jugendbericht: Bericht über die Lebenssituation von Kindern und die Leistungen der Kinderhilfen in Deutschland, Bonn

Eichmann, R. 1993: Neue Steuerung in der Jugendhilfe. In: SOCIALmanagement, 1993, H.4

Gartner, J./Riessman, F. 19978: Der aktive Konsument in der Dienstleistungsgesellschaft. Zur politischen Ökonomie des tertiären Sektors. Frankfurt am Main

Häußermann, H./Siebel, W. 1995: Dienstleistungsgesellschaften, Frankfurt am Main

Kommunale Gemeinschaftsstelle für Verwaltungsvereinfachung (KGSt) 1994: Outputorientierte Steuerung der Jugendhilfe. Bericht Nr. 9/1994 Köln

Maas, U. 1994: Probleme der Konkretisierung der Hilfe zur Erziehung als jugendhilferechtliche Individualleistung. In: Beiträge zum Recht der sozialen Dienste und Einrichtungen (RsDE), Heft 25, S. 1-22

Merchel, J. 1998: Hilfeplanung bei den Hilfen zur Erziehung, § 36 SGB VIII, Stuttgart, München, Hannover, Berlin, Weimar, Dresden

Münder J. u. a. 1998: Frankfurter LPK-KJHG,3. Aufl., Münster

Olk, Th. 1994: Jugendhilfe als Dienstleistung – Vom öffentlichen Gewährleistungsauftrag zur Markorientierung. In: Widersprüche 53, 4/94, S. 11-34

Petersen, K. 1996: Partizipation als Indikator responsiver Sozialer Arbeit. Die AdressatInnenperspektive in der Jugendhilfe. In: Flösser, G./Otto, H.-U. 1996: Neue Steuerungsmodelle für die Jugendhilfe, Neuwied

Petersen, K 1999: Neuorientierung im Jugendamt. Dienstleistungshandelns als professionelles Konzept Sozialer Arbeit, Im Erscheinen

Salgo, L. 1996: Der Anwalt des Kindes. Die Vertretung von Kindern in zivilrechtlichen Kinesschutzverfahren. Eine vergleichende Studie, Köln

Schwabe, M. 1996: Das Hilfeplangespräch nach § 36 KJHG: eine „bescheidene Übung" zwischen ideologischer Überfrachtung und strukturellen Widersprüchen. In: Forum Erziehungshilfe 4/1996, S. 164-172

Thiersch, H. 1992: Lebensweltorientierte Soziale Arbeit. Aufgabne der Praxis im sozialen Wandel. Weinheim/München

Thiersch, H. 1995: Lebensweltorientierte Soziale Arbeit. 2. Aufl.; Weinheim, München

Thiersch, H. 1997: Lebensweltorientierung konkret – Jugendhilfe auf dem Weg zu einer veränderten Praxis. In: Wolff, M/Schröer, W./ Möser, S. 1997: Lebensweltorientierung konkret – Jugendhilfe auf dem Weg zu einer veränderten Praxis, Frankfurt am Main

Wolf, K., 1999: Machtprozesse in der Heimerziehung. Forschung & Praxis in der Sozialen Arbeit, Bd. 2, Münster

Beteiligung als Qualitätsmerkmal in der Heimerziehung

Jürgen Blandow

1. Zum Kontext des Themas

Die zum 1.1.1999 dem § 78 KJHG hinzugefügten §§ 78 a–g fordern von den Trägern stationärer und teilstationärer Einrichtungen oder von dem hiermit beauftragten Spitzenverband den Abschluss von Leistungs-, Entgelt- und Qualitätsentwicklungsvereinbarungen. Die hier interessierenden Letzteren haben „Grundsätze und Maßstäbe für die Bewertung der Qualität der Leistungsangebote, sowie über geeignete Maßnahmen zu ihrer Gewährleistung" (§ 78 b Abs. 3) zu enthalten. Im Vorfeld der Einzelvereinbarungen zwischen den Einrichtungsträgern und den letztzuständigen örtlichen Trägern der Jugendhilfe sind zwischen den kommunalen Spitzenverbänden auf Landesebene und den Verbänden der freien Jugendhilfe und den Vereinigungen sonstiger Leistungserbringer Rahmenvereinbarungen zu treffen, über die für die nachfolgenden Einzelvereinbarungen eine gewisse Orientierung geschaffen werden soll. Solche Rahmenvereinbarungen wurden in einigen Bundesländern bereits abgeschlossen, in anderen befinden sie sich noch in der Abstimmung.

Unabhängig davon, wann schließlich Einzelvereinbarungen abgeschlossen werden können: Künftig werden die örtlichen Träger der Jugendhilfe, die rund 620 Jugendämter im Bundesgebiet, sowie die große Zahl der Einrichtungsträger genötigt sein, sich mit Fragen von Qualität und Qualitätsentwicklung intensiv zu befassen, wobei die Einrichtungen ihre künftige pädagogische Arbeit an den Ergebnissen der Vereinbarung zu orientieren haben. Da sich die Vereinbarungen nicht nur punktuell mit der Qualitätsfrage befassen müssen, sondern auch Vereinbarungen über die Qualitätsentwicklung getroffen werden sollen, wird die Frage zeitlich über die Erstkontrakte hinausgehen und zu einer Daueraufgabe werden.

Nähere Bestimmungen zum Begriff von Qualität und Qualitätsentwicklung enthalten die Bestimmungen nicht, so dass den VertragspartnerInnen ein großer Definitionspielraum gelassen wird. Es zeichnet sich allerdings bereits ab, dass „Beratung, Anleitung, Supervision, Fortbildung und die systematische Dokumentation der erbrachten Leistungen" (Münder u. a. 1998, § 78 Rz. 2) als die entscheidenden Instrumente zur Sicherung der Qualität betrachtet werden und Qualität ansonsten nach den inzwischen klassischen Dimensionen Struktur-, Prozess- und Ergebnisqualität bestimmt werden wird.

In diesem Beitrag wird davon ausgegangen, dass mit dem Rückgriff auf ohnehin schon meist Vorhandenes (Beratung, Anleitung ...) kein wesentlicher Beitrag zur Bestimmung von Qualität und Qualitätssicherung geleistet werden kann und der Rückgriff auf die Qualitätsdimensionen eine unnötige Einschränkung bedeutet. Im Besonderen wird in dem Beitrag aber danach gefragt, ob und wieweit sich Betroffenenbeteiligung, „Partizipation", als eigenständiges Qualitätsmerkmal begründen lässt, wie sie zu konkretisieren wäre und wie sie überprüfbar gemacht werden kann. Hiernach zu fragen ist nicht einem beliebigen Interesse geschuldet, sondern entspricht den Intentionen des KJHG[1], dem gegenwärtig besonders hohen Interesse an Fragen der Betroffenenbeteiligung in Politik und Verwaltungen[2] und dem besonderen Interesse, das der Frage in der fachlichen Diskussion – zum Beispiel im Rahmen von Dienstleistungsdiskursen – entgegengebracht wird. Häufig zitiert und bislang unwidersprochen ist ferner die Aussage des Achten Jugendberichts (1995, S. 88), Partizipation sei ein grundlegendes Merkmal der Jugendhilfe. Eine Qualitätsdiskussion, die ein solches nicht berücksichtigt, dürfte kaum möglich sein.

2. Warum es nur eine schleppende Praxisdiskussion gibt

Faktisch wird allerdings weder in den bereits vorliegenden Rahmenvereinbarungen noch in einzelnen Leistungsbeschreibungen mehr als nur marginal auf Beteiligungsrechte, Beteiligungsformen und -prinzipien im Alltag der Einrichtungen verwiesen.[3] Auch in der Heimliteratur oder in den konzeptionellen Papieren einzelner Heimträger finden sich nur selten explizite Auseinandersetzungen um die Frage der Betroffenenbeteiligung, schon gar nicht zur Partizipation als Qualitätsmerkmal.[4] Möglicherweise liegt der Schlüssel zur Aufklärung dieses Missverhältnisses darin, dass die Diskurse über Qualität und Partizipation im vergangenen Jahrzehnt eine Akzentuierung erfahren haben, die den PraktikerInnen der Jugendhilfe wenig schmeckt. Denn der Qualitätsdiskurs steht ja zunächst für Rationalisierungs- und Ökonomisierungstendenzen in allen Bereichen sozialstaatlicher Leistungserbringung, so dass die fachlichen Begründungen, z. B. mittels des Dienstleistungsbegriffs, der Praxis oft lediglich als nachgeschobene Argumente erscheinen. Ähnliches dürfte für den Komplex Partizipation gelten, dessen „boomhafter Aufstieg" im letzten Jahrzehnt (Winkelhofer/ Schneider 1997, S. 125) in einem merkwürdigen Kontrast zur Entdemokratisierung und Entsolidarisierung der Gesellschaft und der politischen Institutionen steht. Und zumindest bei der älteren Generation von JugendhilfepraktikerInnen und -theoretikerInnen rufen die Begriffe „Partizipation“ und „Selbstorganisation“ gewisse Erinnerungen danach wach, dass da schon mal was war, was denn aber nicht mehr sein sollte (vgl. Almstedt/Munkwitz 1982, S. 54 ff.; Bülow 1987, S. 54 ff.). Es stellen sich Gedanken zu den vielfachen Debatten um Selbstverwaltung und Selbstorganisation in Jugendzentren, Wohnkollektiven, Kinderläden etc. in der Nach-Studentenbewegungszeit ein, zu den vielfachen Diskussionen über den Begriff der Emanzipation und der Autonomie in den 70er und 80er Jahren, sogar zu Rahmenrichtlinien für Heime, die Heimbeiräte vorschrieben, Beschwerderechte für Heimkinder oder gar die „Selbstverwaltung der Heime“ forderten.[5] Manch einer erinnert sich auch noch daran, dass man damals begierig nach Büchern griff, die bereits über vorbildhafte Versuche der Demokratisierung der Heimerziehung in der Weimarer Republik und manchmal auch früher berichteten: Makarenkos Konzeption der Kollektiverziehung (Makarenko Werke Bd. 5, 1974), Korzcaks wegweisende Ideen zu und Erfahrungen mit „Kameradschaftsgerichten“, Versammlungen, Plebiszit und Parlament in seinem Warschauer Waisenhaus *Dom Sierot* (Korczak 1929/1992), Karl Wilkers Jugendgerichten im Lindenhof bei Berlin (Wilker 1921/1962) oder Siegfried Bernfelds sensible Reflexionen über das Verhältnis von pädagogischer Leitung und Selbstbestimmung in der „Schulgemeinde“ des Wiener Kinderheims Baumgarten (Bernfeld 1921/1974). In Erinnerung kommt schließlich auch, dass Partizipation schon seit den 70er Jahren keineswegs immer mit Emanzipation und Befreiung in Verbindung gebracht wurde, sondern auch als „Partizipations-Technokratie“ und „Didaktik auf dem Weg zur formierten Gesellschaft“ gegeißelt wurde.[6] Der inflationäre Gebrauch im politischen Raum (vgl. Winklhofer/Schneider, S. 125) und der Argwohn in der Praxis könnte dann gerade hiermit zu tun haben: Mit der Verrechtlichung und Bürokratisierung des Begriffs, mit seiner „top-down-Einführung“ im Kontext Neuer Steuerungsmodelle und mit seinem häufig schon im Befehlston vorgebrachten Impetus: Pflicht zur Mitwirkung.

3. Warum Partizipation in der Heimerziehung wichtig ist

Aber selbst wenn der Argwohn berechtigt ist: Er entbindet nicht davon, immer wieder neu zu bedenken, wie es mit der Beteiligung von Kindern und Jugendlichen in der Heimerziehung steht, welche Funktion ihr im Bereich der Heimerziehung zukommt, in welchen Formen sie realisiert werden kann, welche Bedeutung sie für die Entwicklung der Kinder und Jugendlichen hat und welche sie für eine qualitätvolle Arbeit haben kann.

Zu der noch allgemeineren Frage nach der Funktion und Bedeutung der Beteiligung junger Menschen an Entscheidungsprozessen haben die jüngeren Debatten vor allem zwei Argumente hervorgebracht (vgl. Pallentien/Hurrelmann 1997):

Ein erster Begründungszusammenhang bezieht sich auf jugendsoziologische

Erkenntnisse über die Veränderung der Jugendphase. Mit den Stichworten „Individualisierung", „Pluralisierung" und „Entstrukturierung" und mit Verweis auf die vielen Anforderungen, die bereits ältere Kinder als KonsumentInnen, MediennutzerInnen, SchülerInnen, Mitglieder von Szenen und Cliquen und „patchworker" ihrer Identität zu erfüllen haben, wird von PädagogInnen gerne darauf verwiesen, dass Jugendliche auf das ihnen Abverlangte vorbereitet werden müssen. Kinderrechtler betonen demgegenüber, dass der faktischen Selbständigkeit von Jugendlichen in einigen Lebensbereichen noch immer die Beschneidung von Rechten zur Mitentscheidung vorenthalten wird.

Im zweiten Begründungszusammenhang geht es um die vielbeklagte „Politikverdrossenheit" der Jugendlichen und ihre zunehmende Entfremdung von den etablierten gesellschaftlichen Institutionen sowie um die damit verbundenen Gefahren für die Stabilität der Demokratie. In diesem Zusammenhang neue Partizipationsmodelle als Rezept zu empfehlen, mag zwar angesichts der desolaten Situation vieler Jugendlicher und des Zustandes vieler gesellschaftlicher und politischer Institutionen etwas zynisch sein, es kann aber auch nicht übersehen werden, dass es hier große Probleme gibt. Gerade für Heimkinder, die man ja häufig der Gruppe der „Individualisierungsverlierer" wird zurechnen müssen und die häufig eher in Situationen der Hilflosigkeit gebracht wurden, als dass sie zu einem selbstbestimmten Leben ermuntert wurden, gilt dieses im besonderen Maße.

Man muss allerdings gar nicht auf so allgemeine Begründungen zurückgreifen. Das Konstrukt (Heimerziehung) oder – wie dies Trede und Winkler (1995) genannt haben – die „Erziehung an einem anderen Ort" bietet an sich bereits vielfältige Anlässe für ein Nachdenken über Beteiligung und demokratische Kontrolle. Bereits aus dem besonderen Charakter der Heimerziehung als ein öffentlich verantwortetes und nach rechtlichen Standards organisiertes Gebilde lässt sich einiges ableiten. Das einfachste und plausibelste ist, dass sich eine öffentliche Institution (die sie auch bleibt, wenn sie von einem freien Träger organisiert wird) es sich kaum leisten kann, dass gegen grundgesetzlich geschützte Rechte verstoßen wird. Nachdem das Bundesverfassungsgericht bereits 1968 entschieden hat, dass auch Kinder eigene Grundrechtsträger sind[7], versteht es sich darum von selbst, dass Heimkinder nicht in ihren Grundrechten beschnitten werden dürfen, was auch heißt, ihnen ein Recht auf freie Meinungsäußerung zu geben, ihre Menschenwürde zu achten und ihnen ein Recht auf Entfaltung ihrer Persönlichkeit einzuräumen. Ohne Zweifel geht dieses nicht, wenn Kinder und Jugendliche nicht zumindest in ihren Meinungsäußerungen ernst genommen und als PartnerInnen im Erziehungsprozess betrachtet werden. Nachhaltige Unterstützung findet dies auch durch Art. 12 der UN-Kinderrechtskonvention von 1989, in dem es heißt: „Die Vertragsstaaten sichern dem Kind, das fähig ist, sich eine eigene Meinung zu bilden, das Recht zu, diese Meinung in allen das Kind berührenden Angelegenheiten frei zu äußern, und berücksichtigen die Meinung des Kindes angemessen und entsprechend seinem Alter und seiner Reife."[8] Darüber hinaus sichert die Konvention Kindern Meinungs- und Informationsfreiheit (Art. 13), Gedanken-, Gewissens- und

Religionsfreiheit (Art. 14), Vereinigungs- und Versammlungsfreiheit (Art. 15) und Schutz der Privatsphäre und Ehre (Art. 16) zu. Obwohl die Konvention auch Undeutlichkeiten und Widersprüche enthält – ein Pendeln zwischen Eltern-, Kindes- und Staatsrechten und zwischen Kinderschutz- und Kinderrechtsgedanken (vgl. Thery 1994) –, lässt sie sich streckenweise auch als „Dienstanweisung" an HeimpädagogInnen lesen.

Aus der Bestimmung der Heimerziehung als öffentliche Erziehung lässt sich ferner schließen, dass ihr eine besondere Aufmerksamkeit gebührt. Hierzu gehört auch, dass sie sich öffentlich legitimieren muss und Vorsorge dafür getroffen werden muss, dass mit ihr kein Missbrauch betrieben wird. Diesem Zweck dient u. a. die Heimaufsicht. Da die Erfahrung aber lehrt, dass sie keineswegs immer ausreicht, Machtmissbrauch zu verhindern und Kindern ihre Rechte zu sichern, läge es nahe, den von öffentlicher Erziehung Betroffenen so etwas wie ein Beschwerderecht einzuräumen, mit dem sie sich gegen Missbrauch wehren können. Ein Vorbild hierfür könnte der britische Children Act von 19899 sein, in dem formalisierte Beschwerderechte festgelegt sind (vgl. Hansen 1999).

Aber nicht nur aus rechtlichen Positionen, sondern auch aus der pädagogischen Aufgabe, die erzieherische Hilfen haben oder sich anmaßen, lassen sich Begründungen für Partizipation ableiten. Denn zweifelsohne hat Erziehung – oder besser Sozialisation – immer etwas mit Beziehungen, und zwar mit guten und tragfähigen zu tun. Diese sind etwas Zweiseitiges. Sie setzen nicht nur die freundliche Geneigtheit von PädagogInnen zum Kind voraus, sondern auch den umgekehrten Fall. Dazu kommt, dass gute Beziehungen nicht nur ihren Zweck in sich selbst haben. Sie sollen zu einem guten Ergebnis führen, nämlich jenem, dass ein Mensch eines Tages unabhängig von Pädagogik leben kann, also autonom und selbstregulativ handelt. Hieraus ergibt sich dann notwendigerweise, dass dem Kind, auch noch dem Jugendlichen, Gelegenheit gegeben werden muss, sich in Selbständigkeit zu erproben, und dies wiederum bedeutet, dass es ohne seine Bereitschaft, selbst etwas zu tun und in eigenen Angelegenheiten zunehmend Verantwortung zu übernehmen, gar nicht geht.

Aus dem öffentlichen, nicht privaten und professionellen Charakter erzieherischer Hilfen ergibt sich allerdings auch, dass Beziehungsaufbau unter erschwerten Bedingungen erfolgen muss. Selbst wenn PädagogInnen über die angemessene „innere Haltung" für den Aufbau einer Beziehung verfügen, bleibt, dass sie außerhalb dieser Beziehung über wichtige andere, private, Beziehungen verfügen und sie diese oft „mit Haut und Haar" fordern. Es ist dieses das alte Problem der „Lohnerziehung", das in seinem Kern besagt, dass professionelle PädagogInnen kein grundsätzliches Interesse an den „Kids" haben, dieses jedenfalls angesichts der Konkurrenz zu ihren privaten Bedürfnissen gebrochen und ambivalent ist. Hinzu kommt: Auch das Kind verfügt über „richtige" Beziehungen und diese schieben sich gerne störend zwischen die Person des Kindes und die Beziehung zu den PädagogInnen. Der Beziehungsaufbau in der „Erziehung am anderen Ort" hat jedenfalls immer mit Übertragungen und Gegenübertragungen zu rechnen, mit nicht bewältigten Beziehungsszenen aus der eigenen Herkunftsfamilie und mit privaten Beziehungsansprüchen und Verstrickungen des Erziehungspersonals. Dazu kommen dann noch die institutionell vorherrschenden Beziehungs- und Konfliktlösungsmuster. In Gruppenarrangements schlägt sich dies alles in einem höchst komplexen Gefüge unterschiedlichster Verstrickungen, Übertragungen und Beziehungsansprüchen nieder (vgl. Wedekind 1987, S. 80 ff.). Obgleich es für das „Händeln" dieser Probleme gewiss auch mehr oder weniger gute professionelle Lösungsmöglichkeiten gibt, die Art des Umgangs mit Verstrickungen, gruppendynamischen Prozessen und unbewussten Umgangsformen also als Qualitätsmerkmal gelten kann, ist es kaum zu vermeiden, dass dies häufig – und in der gängigen Praxis wohl i.d.R. – nicht oder nur unvollständig gelingt. In jedem Arrangement erzieherischer Hilfe ist damit zu rechnen, dass sich einer der Beteiligten vernachlässigt und ungerecht behandelt fühlt, in seinen Bedürfnissen verkannt wird, mit dem anderen nicht zurechtkommt, zwischen die Fronten verschiedener Beziehungen gerät usw. Alles dieses ist ein gewichtiges Argument für eine demokratische Kontrolle, für Verfahren zum Interessenausgleich und der Konfliktlösung und für Prozeduren, mit denen die Notbremse gezogen werden kann, wenn alles schief zu laufen droht.

Für Partizipation sowohl als pädagogisches Prinzip als auch als notwendiges Korrektiv zu dem institutionellen, herrschaftlich-öffentlichen Charakter erzieherischer Hilfen und zu dem Prinzip der Lohnerziehung gibt es also gewichtige Gründe. Die Beteiligung von Kindern und Jugendlichen an den sie betreffenden Entscheidungen und Angelegenheiten, ebenso wie ihr Schutz vor institutionellen Regelungen und Interessen anderer, die Notwendigkeit, ihnen Möglichkeiten zur Beschwerde zu geben, sind – aus welcher Perspektive auch immer betrachtet – nicht nur irgend etwas „auch-noch-zu-Beachtendes", sondern – soweit institutionelle Erziehung Legitimation für sich in Anspruch nehmen will – etwas, ohne das es nicht geht. Ohne Partizipation und demokratische Kontrolle kann es nicht einmal ein Minimum an Qualität geben.

4. Gegenargumente und was zu ihnen zu sagen ist

Manche PädagogInnen glauben, dass Beteiligung von Kindern gar nicht machbar ist – sie sind zu klein, zu „blöde", zu „gestört", zu desinteressiert, zu verantwortungslos –, oder aber, dass man über Beteiligung gar nicht reden muss, weil die ja ohnehin selbstverständlich ist im erzieherischen Alltag. Wer das erste Argument benutzt, sitzt schlicht einem Missverständnis auf. Er verwechselt Verantwortlichkeit, Selbständigkeit und Autonomie mit Teilhabe. In welchem Alter und in welcher Entwicklungsstufe einem Kind oder Jugendlichen Verantwortung übertragen oder zugetraut wird, ist von Gesellschaft zu Gesellschaft unterschiedlich, an Entscheidungs- und Verantwortungsbereiche gebunden und insoweit auch immer von Erwachsenen definiert[10]. Es wäre auch falsch, Kindern und Jugendlichen zu früh Verantwortung aufzubürden, da sie für ihre Entwicklung auch „verantwortungslose" Bereiche brauchen (vgl. Salgo 1994). Dies gilt gerade in der „postmodernen" Jugendhilfe, in der Jugendlichen in Formen ambulanter Betreuung häufig viel zu viel zugemutet wird (vgl. Sladek 1998)[11].

Kinder an Entscheidungen teilhaben zu lassen, ist gewiss ein bedeutsames Mittel zur Unterstützung von Kindern und Jugendlichen, zunehmend mehr und in zunehmend mehr Bereichen Verantwortung für sich, für andere und die Gesellschaft zu übernehmen; auf Kinder zu hören ist aber unabhängig hiervon. Eine „gute Mutter" hört auch schon auf ihren Säugling und beteiligt ihn am Aufbau einer seiner Entwicklung zuträglichen Beziehung. Die Fähigkeit, Verantwortung für etwas zu übernehmen, hat also nichts damit zu tun, ob man auf ein Kind hört, es mit dem, was es zu sagen hat, ernst nimmt und es „bemächtigt" („empowered"). Allenfalls ließe sich sagen, dass – z. B. weil das Kind noch nicht den vollen Überblick hat – das von ihm Gesagte und Gewünschte nicht allein handlungsbestimmend sein kann und dass es neben seiner Meinung möglicherweise andere gewichtige Meinungen gibt. Es gibt aber auch niemanden auf der Welt, der ernsthaft behaupten würde, dass auf jemanden hören gleichbedeutend ist mit sich einem Diktat zu unterwerfen. Und nicht einmal die radikalsten „kiddy-libs" (die radikalen Kinderrechts-Vertreter) behaupten, dass es nicht Situationen geben könnte, in denen sogar gegen den ausdrücklichen Wunsch eines Kindes aus Gründen des Schutzes und der Erwachsenenverantwortung zu entscheiden wäre.

Obwohl also dieses Argument keinen Boden hat, könnte dies eine Variante des Arguments sein, nämlich jene, dass Kinder, vor allem auch Heimkinder, gar nicht wissen, was sie wollen, und sie also schlechterdings gar nicht sinnvoll nach ihren Wünschen befragt werden können. Ortmann und Grimm (1978, S. 77) haben dieses Problem einmal in die Frage gekleidet, „wie man eigentlich die Bedürfnisse und Interessen der Betroffenen sozialpädagogischen Handelns erkennt, wenn doch in den Artikulationen der Individuen in einer entfremdeten Gesellschaft nur entfremdete Bedürfnisse formuliert werden." In anderen Zusammenhängen – z. B. von Paulo Freire – ist das Problem als Herr-Knecht-Dialektik, als Selbstunterdrückung unterdrückter Menschen durch die Übernahme der Perspektive des Unterdrückers (Freire 1973, S. 31 ff.) beschrieben worden. Auch Sozialarbeiter in Hilfekonferenzen fragen möglicherweise zu Recht, wieso eigentlich ausgerechnet Menschen, Kinder und ihre Eltern, die sich in einer Situation der Hilflosigkeit an sie wenden, wissen können sollten, was sie brauchen und was sie wünschen. Schließlich muss auch damit gerechnet werden, dass Menschen Beteiligung als „Zumutung" erleben, weil sie Schwierigkeiten damit haben, für sich selbst eine Richtung und ein Ziel zu formulieren und dieses lieber den Profis überlassen[12].

Auch mir erscheint das Wissen hierum eine unabdingbare Voraussetzung, allerdings nicht dafür, um Nicht-Partizipation zu begründen, sondern zur Begründung von Partizipation. Denn wenn wir Mündigkeit, Autonomie, Emanzipation als etwas betrachten, was – wie Walter Gehres (1997) es für die Heimerziehung beschrieben hat – gerade damit zu tun hat, das bislang Unverstandene als mir Angetanes verstehen zu lernen und in einen Zusammenhang zu bringen, um sich selbst verorten zu können, dann schreit dies ja geradezu danach, das jeweils noch Unverstandene verstehbar werden zu lassen. Und Menschen, die Teilhabe an ihren eigenen Angelegenheiten als „Zumutung" erleben, zeigen, dass ihnen in der Vergangenheit zu wenig oder keine Möglichkeiten der Teilhabe gegeben wurden. Insoweit: Es kann zwar notwendig werden, zunächst Erklärungen oder – wie es in der modernen Methodenlehre für die Sozialarbeit heißt – „stellvertretende Deutungen" anzubieten, damit die Betroffenen sozialpädagogischer Aktivitäten ihre Bedürfnisse verstehen lernen. Aber ebenso klar ist, dass die Deutung eben nur eine stellvertretende bleiben darf, ein Angebot, über dessen Annahme und über dessen Konsequenzen für das eigene Handeln der Betroffene selbst entscheiden muss, wenn er aus einer Situation der Abhängigkeit und Hilflosigkeit befreit werden soll (vgl. Gildemeister 1992). Nichts von dem ist leicht zu realisieren; andererseits ist es genau das, worum es in der Sozialpädagogik geht.

Das andere Argument, jenes, in dem gesagt wird, dass Kinder zu beteiligen, ohnehin zu den Selbstverständlichkeiten einer aufgeklärten Pädagogik gehört, hört sich sehr gut an. Tatsächlich weist alles darauf hin, dass HeimpädagogInnen – wie im Übrigen inzwischen auch eine Mehrheit von Eltern – freundlich, liberal und „parteiisch" denken und sich um einen demokratischen Erziehungsstil bemühen. Dennoch ist das Argument problematisch. Zum einen gibt es, wie die empirische Forschung zeigt, eine gewisse Diskrepanz zwischen dem Selbstverständnis der PädagogInnen und ihrem tatsächlichen Handeln, zum zweiten erschöpft sich Heimpädagogik, wie oben schon begründet, eben nicht in einer „face-to-face"-Beziehung. Für die Entwicklung von Autonomie und Selbstverantwortlichkeit ist Partizipation als pädagogisches Prinzip im Alltag und in den „face-to-face"-Beziehungen zwar eine gewichtige Voraussetzung, aber keineswegs eine hinreichende Bedingung. Heimerziehung ist eben auch öffentliche Erziehung, auch Lohnerziehung, auch Leben unter Fremden, auch Leben in Abhängigkeit von den Entscheidungen anderer, z. B. der Entscheidung von PädagogInnen, den Arbeitsplatz zu wechseln; der Entscheidung, eine „Maßnahme" nicht zu verlängern; der Entscheidung, die Gruppe aus organisatorischen oder pädagogischen Gründen neu zu strukturieren oder der Entscheidung, dass eine Verlegung unabdingbar ist. Erziehung an einem anderen Ort ist ferner Buhlen um die Gunst der ErzieherInnen und Hass auf sie, weil sie die anderen bevorzugen. Sie ist Streit bis aufs Blut mit den KonkurrentInnen in der Gruppe und Leiden daran, dass die KlassenkameradInnen das „Heimkind" schneiden. Sie beinhaltet die Angst vor und die Hoffnung auf die Entlassung zu den Eltern oder in die Selbständigkeit.

Wenn Heimerziehung mehr ist als eine Zweierbeziehung, dann muss auch Partizipation im Heim, Partizipation als Qualitätsmerkmal der öffentlichen Erziehung, mehr sein. Partizipation muss sein: Die Chance sich zu wehren und zu beschweren; die Chance, auf Regelwerke und die Gestaltung des Alltags Einfluss zu nehmen; die Chance, über die Gruppenzusammensetzung mitzuentscheiden und darüber, wer „BezugspädagogIn“ wird; auch noch die Chance, sich der gesellschaftlichen Voraussetzungen seines Heimkindstatus bewusst zu werden und für sich und spätere Heimkinder Einfluss darauf zu nehmen, wie das Gebilde „Erziehung an einem anderen Ort“ insgesamt organisiert ist, die Chance also zu einer öffentlichen Vertretung gemeinsamer Interessen.

5. Warum einige Qualitätsbegriffe für die Partizipations-Diskussion geeigneter sind als andere

Dass Partizipation in der Diskussion um Qualität unentbehrlich ist, wer hätte daran jetzt noch Zweifel? Die Diskussion ist aber auf den § 78 b KJHG zu beziehen, muss also mit einem akzeptierbaren Qualitätsbegriff in Verbindung gebracht werden können. Zu fragen ist, welcher der verschiedenen, stark miteinander konkurrierenden Qualitätsbegriffe für die Partizipationsdebatte am anschlussfähigsten ist. Da gibt es zunächst die Total Quality Management [TQM] Verfahren à la ISO EN 9000 ff. Sie werden in der Regel vom Management (einer Verwaltung, einer Einrichtung) eingeführt und sind schon deshalb schwer mit dem Gedanken der Partizipation zu vereinen. Dem scheint zwar zu widersprechen, dass alle diese Verfahren auch Maßnahmen zur Förderung der MitarbeiterInnen- und „KundInnenzufriedenheit“ enthalten, diesen kommt aber lediglich die Funktion zu, die „Produktions“verfahren und -bedingungen zu vereinfachen und vereinheitlichen; wenn weniger Partizipation und Bedürfnisorientierung auch zu einem guten „output“ führt, ist es auch in Ordnung (vgl. Berker 1998, S. 150 f.). Es gibt also keinen in das Verfahren eingebauten Diskurs zur inhaltlichen Bestimmung von Qualität, auch nicht darüber, was „Kundenzufriedenheit“ ist und meint und was Bedürfnisse sind und meinen. Problematisch an ihnen ist ferner, dass es keine demokratische Kontrolle über das Verfahren gibt, etwas, was in einem Bereich, der sich „öffentliche Erziehung“ nennt, aber unabdingbar ist. Fairerweise sollte man aber auch sehen, dass TQM-Systeme, gerade weil sie sich lediglich als Verfahren verstehen und dieses als solches keine inhaltlichen Bestimmungen enthält, der Betroffenenbeteiligung einen hohen Wert zuschreiben können und ein Qualitätshandbuch auch die Aufforderung enthalten kann, sich regelmäßig öffentlicher Kritik und Kontrolle zu stellen; wenn es dann jemand will.

Ein zweiter, in sich aber sehr widersprüchlicher Diskurs rückt in der Qualitätsdiskussion den „Dienstleistungscharakter“ sozialer Dienste in den Mittelpunkt. In seiner schlichtesten Version kupfert er einfach einige betriebswirtschaftliche Rezepte zur Dienstleistungsproduktion ab, indem er „Kundenorientierung“ oder „Bürgernähe“ als für sie konstitutiv betrachtet und darum „Kundenbefragungen“ als Optimierungsmittel empfiehlt. Die Dienstleistungstheorie wird aber auch im

Kontext modernisierungstheoretischer Ansätze diskutiert. Angesichts erodierender Normalitätsannahmen kommt den Einstellungen und Orientierungen der AdressatInnen eine zunehmende Bedeutung zu. Ihre Einbeziehung in den Prozess der Leistungserbringung wird unabdingbar (vgl. Engel u. a. 1996, S. 51 f.). Nicht mehr die Bewachung und Reproduktion von „Normalzuständen" steht im Vordergrund, sondern deren Herstellung durch Unterstützung der Individuen bei der Entwicklung und Aufrechterhaltung ihrer Kompetenzen der Selbststeuerung und Selbstregulierung, wobei die Frage nach Qualität in diesem Zusammenhang den zunehmenden Bedarf an Beratung, Hilfe und Unterstützung bei der Gestaltung des individuellen Alltags aufgreift (Engel u. a. 1996, S. 52).

Die Anknüpfungspunkte für einen Partizipationsdiskurs verstärken sich noch dort, wo die Dienstleistungstheorie für Humandienstleistungen spezifiziert wurden. Als deren entscheidendes Merkmal gilt das „uno actu-Prinzip", ein Prinzip, das besagt, dass die „Ko-Produzentenschaft", die Beteiligung des „Konsumenten" an der Produktion einer gelingenden humanen Dienstleistung, konstitutiv ist. ErzieherInnen werden sich vergeblich abrackern, wenn es ihnen nicht gelingt, die AdressatInnen der pädagogischen Intervention nicht nur irgendwie, z. B. über Zwang oder moralischen Druck, zur Mitarbeitsbereitschaft zu motivieren, sondern so, dass sie sich freiwillig auf einen Lernprozess einlassen. Gerade für Prozesse, wie sie für die Heimerziehung typisch sind – Beratungsprozesse, therapeutische Interventionen etc. –, wurde allerdings auch darauf verwiesen, dass Partizipation da an ihre Grenzen stößt, wo die Rahmenbedingungen für pädagogisch-therapeutisches Handeln durchschlagen (vgl. Gross 1983).

Ein anderer Qualitätsdiskurs, der „konstruktivistische", geht davon aus, dass Qualität eine relative Größe ist, multi-dimensional bestimmt ist und als soziale Konstruktion zu gelten hat. Was als Qualität betrachtet ist, ist abhängig von den Werthaltungen in einer Gesellschaft, von der Definitionsmacht wichtiger Personen und Gruppen wie PolitikerInnen oder HeimleiterInnen, aber möglicherweise auch von der „Gegenmacht" von BürgerInnen oder Betroffenen. Die Auseinandersetzung um Qualität ist damit immer auch eine Auseinandersetzung darum, welche Kriterien zu ihrer Bestimmung als relevant betrachtet werden und welche sich in der Konkurrenz gegen andere durchsetzen. Ein „partizipatives", demokratisches Denken kann zu einer Zeit oder in einer Organisation dann durchaus das dominante Prinzip für die Bestimmung von Qualität sein. Ob es dies ist und in welchem Verhältnis es zu anderen, möglicherweise auch konkurrierenden Prinzipien steht, kann aber nur empirisch bestimmt werden (vgl. Pollitt 1998, S. 339 ff.). Mit der konstruktivistischen Perspektive lässt sich damit dann auch begründen, dass sich der Versuch lohnen könnte, der eigenen Überzeugung nach dem Wert demokratischer Strukturen in der Heimerziehung und einem partizipativen Alltag zum Durchbruch zu verhelfen; hierbei muss aber auch mit Gegenmacht gerechnet werden. Diese kann sowohl aus der Umwelt stammen, z. B. aus den Jugendhilfeverwaltungen, als auch von innen, z. B. weil es Widerstand bei der Heimleitung oder bei einem Teil der KollegInnen gibt oder sogar bei den Kindern und Jugendlichen.

Eine konstruktivistische Perspektive, die man gleichzeitig als „parteilich" kennzeichnen könnte, nimmt auch Klatetzki (1998) ein, wenn er Qualität als „Qualität der Organisation" bezeichnet. Klatetzki schlägt vor, Organisationen bzw. hilfedurchführende Einrichtungen der Jugendhilfe als Kulturen aufzufassen und die Qualität einer solchen Einrichtung daran zu bemessen, ob sie eine Form gefunden hat, die den Umgang mit vieldeutigen und komplexen Problemen, wie sie pädagogische Probleme eben sind, ermöglicht. Konstruktivistisch ist dieser Ansatz, weil auch hier davon ausgegangen wird, dass es die „richtige" Lösung nicht geben kann, wohl aber die „gute". Eine Lösung ist umso besser, je perspektivenreicher die Lösungsvorschläge sind, was auch heißt, dass qualifizierte Entscheidungen und Lösungsvorschläge diskursiv erarbeitet werden müssen. Klatetzki betont dabei insbesondere die Rolle der PädagogInnenteams, von denen er erwartet, dass sie möglichst viele unterschiedliche Perspektiven einbringen. Anschlussfähig für die Partizipationsdebatte wird der Vorschlag, wenn auch die Rolle der Kinder und Jugendlichen als Beteiligte an der Schaffung einer „guten" Lösung hervorgehoben und wertgeschätzt wird. Auch noch in einer anderen Hinsicht ist Klatetzkis Vorschlag gut anschlussfähig. Mit Recht verweist er nämlich darauf, dass auf Meinungsvielfalt und Perspektivenaustausch setzende pädagogische Diskurse eine Organisationskultur voraussetzen, die ein ausreichendes Maß an Sympathie und Kooperation zwischen den MitarbeiterInnen sichert. Für die „Kultivierung" von Kinder- und Jugendlichenbeteiligung hieße dies dann auch, dass erst unter der Voraussetzung einer die ganze Organisation bestimmenden „Partizipationskultur" Partizipation zu einem den Alltag der Kinder bestimmenden Merkmal werden könnte. Es handelte sich um eine Kultur, in der das Gesamt der Organisationsmittel und der organisierbaren Prozesse, das Gesamt der pädagogischen Haltungen des Personals und das Gesamt der Alltagsarrangements unter die Prämisse gestellt wird, dass Partizipation ein „wertvolles Gut" ist, weil erforderlich, um Dispartes in einem fairen Prozess des Aushandelns und der Beteiligung für die Betroffenen durchschaubar zu machen und damit erst aneignungsfähig.

Jenseits und teils quer zu diesen grundlegenden Perspektiven liegen Qualitätsdebatten, die sich pragmatisch, wie die einen sagen, einem „Maschinendenken" verhaftet, wie andere meinen (Klatetzki 1998; Bauer 1996), an der inzwischen berühmten Unterscheidung von Struktur-, Prozess- und Ergebnisqualität abarbeiten. Auch wenn es keinen Anlass dafür gibt zu glauben, dass Strukturqualität unmittelbar etwas mit Partizipation zu tun hat, verweist der Begriff immerhin auf zweierlei:

Erstens darauf, dass eine gute Strukturqualität, also insbesondere ein gut qualifiziertes Personal und ein anständiger Personalschlüssel, aber auch die Gestaltung einer pädagogisch hilfreichen inneren und äußeren Atmosphäre und einer pädagogischen Prozessen angemessenen Organisationsstruktur für die Entwicklung einer Partizipationskultur förderlich ist (und das Gegenteil also nicht förderlich).

Der Begriff verweist zum zweiten darauf, dass Qualität in dieser Dimension davon abhängt, was ein öffentlicher Kostenträger oder „die Gesellschaft" zu geben bereit ist. Weil Strukturqualität das Ergebnis eines Aushandlungsprozesses um Finanzen ist, wird immer mit Kompromissen zu rechnen sein, die der Entwicklung von Standards für eine partizipativ-demokratische Heimstruktur eher hinderlich sind.

Der Begriff „Prozessqualität" kommt dem Gedanken der Partizipation sehr nahe, weil er eben nahelegt, dass pädagogische Prozesse gestaltet werden müssen. Wenn gleichzeitig davon ausgegangen wird, dass es in pädagogischen Prozessen immer um Beziehungen und Beziehungsgestaltung geht und Beziehung nicht ohne Ernstnehmen des Anderen, eine verstehende Haltung, ein selbstreflexives Verhalten der PädagogInnen usw. zustande kommen kann, und dass eine Institution in ihren Ablaufprozessen auch so gestaltet sein muss, dass solche pädagogischen Prozesse zustande kommen können, dann hat Prozessqualität tatsächlich viel mit Beteiligung zu tun. Hier wäre dann nur das Problem, dass der Begriff in der Praxis zumeist eher formalistisch, auf unmittelbar Messbares bezogen, diskutiert wird. Dass ein Dokumentationssystem, die Teambesprechung, die regelmäßige Dienstbesprechung, die Fortbildung und die Supervision etwas mit Partizipation zu tun haben könnten, muss man zwar nicht ausschließen, darf dies aber auch nicht voraussetzen (vgl. Merchel 1998). Es kommt darauf an, was dokumentiert wird und in welchem Geist und mit wessen Beteiligung und mit wie fundierten Begründungen und mit welcher Außenkontrolle. Wichtig wäre auch, ob Teambesprechungen dazu dienen, über Zugangswege zu den Jugendlichen zu diskutieren und darüber, wie man Franz oder Elli ermuntern kann, ihre apathisch-depressive Haltung aufzugeben und Verantwortung für das eigene Leben zu übernehmen, oder ob es nur um die Neuverteilung der „Schichten" geht. Auch die anderen als Qualitätsmerkmale geltenden Kriterien von Prozessqualität lassen sich mit nur ein wenig Fantasie so diskutieren.

Um die letzte Ergebnisqualität gibt es einen langen Streit. Nachdem in älteren Ansätzen zur Bestimmung des Erfolgs von Heimerziehung die Messung der Legalbewährung, der sozialen Integration, der beruflichen Eingliederung und ähnlicher auf die „Lebensbewährung" verweisender Kriterien nicht mehr ernsthaft als – alleinige – Erfolgskriterien gewertet werden, ist man in der Bestimmung von „Erfolg" entweder sehr bescheiden geworden oder sehr anspruchsvoll. Bescheiden geworden sind vor allem jene, die behaupten, dass sich pädagogische Prozesse und Erfolge ohnehin nicht messen lassen, da Pädagogik schließlich etwas sehr individuelles ist. Andere, die eine konstruktivistische Perspektive vertreten, gehen davon aus, dass Ergebnisqualität und „Erfolg" wiederum relative Größen sind, abhängig von gesellschaftlichen und institutionellen Setzungen, von der vom Klientel mitgebrachten Voraussetzungen und von dem Umfeld, in das hineinsozialisiert wird. Am „radikalsten" in der Bestimmung von Erfolg ist eine Position, die sich konsequent allen Relativierungen verweigert und sich ausschließlich am „Kindeswohl" orientiert. Am überzeugendsten, allerdings auch sehr anspruchsvoll, erscheint mir hierzu die etwa von Gehres vertretene Position zu sein, die Erfolg daran bemisst, ob es den Heimkindern (zunehmend) gelingt, die „disparaten Erfahrungsfelder ihres Lebens selbst in Beziehung zu setzen", sie also in der Lage sind, ihre bisherigen Erfahrungen zu einem Zusammenhang zu verknüpfen, ihrer eigenen Lebensgeschichte einen Sinn abzugewinnen und sich selbst zu verorten" (Gehres 1997 b, S. 178). Überzeugend ist diese Position, weil sie das Versprechen jeder Form öffentlicher professionell gestalteter Erziehung ernst nimmt, dass ihnen die Erziehung an einem anderen Ort einen Zugewinn an persönlicher Stabilität, Selbstaneignung und Lebensglück gibt und überzeugend auch, weil sie Erfolg radikal an der Subjektivität der Betroffenen bemisst: Etwas, was vom Betroffenen selbst nicht als gelungen oder zumindest als Zugewinn betrachtet werden kann, kann schlechterdings nicht als Erfolg bewertet werden.

Allerdings bleibt auch diese Bestimmung an eine Wertentscheidung gebunden. Es gibt keinen Ausweg aus einer „konstruktivistischen" Perspektive auf Qualität und Partizipation, es gibt nur die Möglichkeit, um einen an der Subjektivität orientierten Qualitätsbegriff und um die Entwicklung einer „Partizipationskultur" zu streiten. Qualitätsentwicklung nach § 78 b KJHG hieße dann, Schritte zu entwickeln, die geeignet sind, ein „Mehr" an Partizipationskultur zu schaffen und ein „Mehr" an Möglichkeiten für die Kinder und Jugendlichen, sich ihre Biografie anzueignen. Hierbei wäre dann auch zu beachten, dass Heimerziehung als öffentliche, institutionelle und professionelle Erziehung immer in der Gefahr steht, von der pädagogischen Aufgabe sachfremden Interessen vereinnahmt zu werden und das sich selbst gesetzte Ziel zu verfehlen. Bedingung einer „guten" Heimerziehung ist darum auch, dass den Kindern und Jugendlichen ein Einfluss auf die Gestaltung des Heimes zugestanden wird; dass sie darin unterstützt werden, den Einfluss auch faktisch geltend machen zu können und dass ihnen, wenn es schief läuft oder zu laufen droht, die Möglichkeit eingeräumt wird, sich zu beschweren und ihre Rechte einzufordern.

6. Wie Rahmen- und Einzelvereinbarungen gestaltet werden könnten, um ein „Mehr" an Partizipation zu erreichen

Lassen sich – immer vorausgesetzt, dass es hierfür eine Wertentscheidung gibt – Schritte zu einem „Mehr" an Partizipationskultur, zu einem „Mehr" an Orientierung an einer Aneignungsperspektive und zu einem „Mehr" an „Notbremsen" gegen die mit institutioneller Erziehung verbundenen Restriktionen operationalisieren?

Einfach ist dieses nicht; denn wenn die „Partizipationskultur" das entscheidende ist, sind Indices für etwas zu finden, was sich der Zählbarkeit entzieht. Die Qualitätsbeurteilung hätte sich deshalb primär daran festzumachen, wie weit die Leistungsbeschreibung einer Einrichtung Aufschluss über organisationskulturelle (statt nur strukturelle) Dimensionen gibt. Anhaltspunkte könnte dann zum Beispiel sein:

a. Es könnte in Qualitätsbeschreibungen darauf geachtet werden und von ihnen erwartet werden, dass sie überhaupt und ausführlich auf organisationskulturelle und partizipationskulturelle Fragen eingehen. Hierzu würden z. B. „dichte" Beschreibungen über den „Geist" des Hauses und die Atmosphäre gehören, über die Organisation des Alltags vom Wecken bis zum Insbettbringen, über Rituale, über Festgestaltung usw.

b. Sie sollten ferner Aussagen darüber enthalten, wie mit „Störungen" im Alltag, also z. B. Konflikten zwischen Kindern und ErzieherInnen, aber auch zwischen ErzieherInnen und diesen und der Heimleitung umgegangen wird. Und sie sollten Hinweise darauf enthalten, an wen sich ein Kind, das mit seiner Situation unzufrieden ist, wenden kann und wie ihm dies mitgeteilt wird.

c. Sie sollten drittens Aussagen darüber enthalten, wie und mit welchen pädagogischen Mitteln dem Kind vertraute, ihm „natürlich" verbundene Personen außerhalb des Heimlebens – Eltern, Geschwister, Großeltern, frühere Freunde, ein ehemaliger Erzieher – zur Verfügung stehen oder zur Verfügung gebracht werden.

d. Sie sollten ferner Aussagen darüber enthalten, wie in der Einrichtung systematisch „Irritationen" gesetzt werden, mit denen Verkrustungen, Mythenbildungen und Routinisierungen vermieden werden können, also etwa darüber, welchen Umgang man mit Fortbildungen und der Supervision pflegt und wie die neuen Erkenntnisse an die KollegInnen weitergegeben werden (nicht nur, dass beides vorhanden ist) und wie und mit welcher Ernsthaftigkeit man sich der Umweltkritik stellt bzw. die relevante Umwelt überhaupt Einblick nehmen lässt.

Ebenfalls nicht einfach zu operationalisieren sind jene Merkmale einer Organisation, die den Kindern die Chance eröffnen, sich ihre Biografie anzueignen. Einen Hinweischarakter hätten aber zunächst solche Faktoren, die etwas über Kontinuitäten für das Kind und die Chance zur Beziehungsaufnahme zu den PädagogInnen aussagen: Personalwechsel, Krankheitsstand des Personals, Dienstplangestaltung, Betreuungsdichte in kritischen Tagesstunden (Wecken, Insbettgehen, Feiertage etc.), das Vorhandensein eines Bezugserziehersystems, die Zufriedenheit des Personals, vor allem die Wechsel, welche die Kinder innerhalb und zwischen Organisationen hinnehmen müssen. Ebenfalls Hinweischarakter hätten Faktoren, die darauf verweisen, ob den jungen Menschen im Heim weitere Beziehungen außerhalb des Heims erhalten, gefördert und ggf. neu geschaffen werden. Kriterium hierfür könnte nicht einfach sein, dass ein Heim auf „Elternarbeit" verweist; darzulegen wäre vielmehr, wie Angehörige und Freunde in den Erziehungsprozess einbezogen werden und mit welchem Verständnis man ihnen begegnet. Am entscheidendsten aber wäre es, die Kinder und Jugendlichen in regelmäßigen Abständen nach ihren Beziehungserfahrungen im Heim (in der Gruppe, zu den PädagogInnen), zu außerheimischen Bezugspersonen (Eltern; Schule; peer-group) sowie zu formellen Personen und Institutionen (Jugendamt; fallführende SozialarbeiterInnen, Erfahrungen in Hilfekonferenzen) zu befragen, dieses zu dokumentieren und für die Institution, die einzelne Gruppe und das einzelne Kind auszuwerten (vgl. Gehres 1997 a, S. 197).

Schließlich wird die Beurteilung von Qualität unter Gesichtspunkten von Partizipation auch konkret nachfragen müssen, wie und in welchen Bereichen Beteiligung möglich und organisiert ist. Wiederum im Sinne einer „dichten Beschreibung" ist es nicht ausreichend zu sagen, dass man die Kinder „überall und ohnehin" beteiligt. Darzulegen ist, auf welche Relevanzbereiche sich Beteiligung bezieht (vgl. hierzu Pollitt 1998, S. 345): Beteiligung im Alltag; Selbstbestimmungsrechte im Hinblick auf Aussehen, Kleidung, Zimmergestaltung; Beteiligung bei Neuaufnahmen, Neueinstellungen und Entlassungen; Beteiligung in Fragen von Besuchs- und Angehörigenkontakten; Beteiligung über die Planung des Hilfeprozesses zwischen Aufnahme und Entlassung, incl. Schulfragen, Mitwirkung an Hilfekonferenzen, „Verlegungen" und Entlassungszeitraum; Mitwirkung an den institutionellen Regelungen in der Gruppe und der Gesamtinstitution über Gruppenbesprechungen, Heimbeiräte, Planungsbeteiligungen. Ebenfalls Auskunft zu geben ist über den Grad der Beteiligung in jedem dieser Bereiche, so dass auch ein Außenstehender beurteilen kann, in welchen Bereichen es „Nicht-Beteiligung", „Scheinbeteiligung" und Grade tatsächlicher „Beteiligung" im Sinne von eingeräumten Mitentscheidungsrechten gibt (vgl. Petersen 1996; Markert/Petersen 1997).

Kern der Anregungen ist: Qualitätsbeschreibungen sollten danach beurteilt werden, was sie über den Alltag berichten, wie sie über ihn berichten und wie begründet das Mitgeteilte ist. Konzeptionspapiere rein normativen oder formalen Inhalts („wir wollen die Kinder zur Selbständigkeit erziehen" oder „regelmäßige Fallbesprechungen sichern unsere Qualität") sind inhaltsleer und lassen keine Aussagen darüber zu, was wirklich „abgeht". Qualitätsbeschreibungen sollten sichtbar machen, dass die PädagogInnen ihren „Job" mögen, dass die Kinder geliebt und als Inhaber von eigenständigen Rechten gewürdigt werden, dass man auf sie hört und dass man sich um sie sorgt. Wo dieses sichtbar wird, ist Partizipation und ist Qualität vorhanden. Ein Autor aus den 70er Jahren, Pirsig, der von jemandem als der „Philosoph" der Qualität bezeichnet wurde, hatte Qualität als Liebe zur Sache definiert. Dem ist nichts hinzuzufügen.

Anmerkungen

1 Das KJHG spricht in verschiedenen Wendungen die Beteiligung von Kindern und Jugendlichen an: „Wunsch und Wahlrecht" (§ 5), „Beteiligung" (§ 8), „Mitbestimmung und Mitgestaltung", „Mitverantwortung" (§§ 11 Abs. 1 und 12); „Mitwirkung" (§ 36)

2 Siehe hierzu z. B. Stellungnahme der Bundesregierung zum 10. Jugendbericht; Zf. 53 sowie BAG der Landesjugendämter, Vorlage Nr. 766 zur 84. Arbeitstagung vom 6.-8. Mai 1998.

3 Eine Ausnahme unter den uns bislang bekannt gewordenen Rahmenvereinbarungen ist jene des Landschaftsverbandes Rheinland, die Fragen der Beteiligung einen relativ breiten Raum gibt; dies dann allerdings doch nicht so, dass sich hieraus operationalisierbare Kriterien für die Qualitätsbeschreibung ohne weiteres ableiten ließen.

4 Dieses wurde uns durch Anfragen bei Fachverbänden bestätigt. Auch die Durchsicht von Heimverzeichnissen mit Einzelbeschreibungen zu den Einrichtungen gibt kaum Hinweise darauf, dass Partizipation als ein besonders zu betrachtender Bereich gewertet wird.

5 Vgl. dazu den „Berliner Heimbericht" aus dem Jahr 1970, die Richtlinien über „Grundrechte und Heimerziehung" des Hessischen Sozialministers von 1972 sowie die „Allgemeinen Richtlinien zur Durchführung der öffentlichen Erziehung in Heimen" des Landschaftsverbandes Rheinland aus 1972. Alle Texte finden sich in Bäuerle/Markmann (Hg.) 1978.

6 Eine fundierte Auseinandersetzung zum Partizipationsbegriff und seiner Ambivalenz zwischen Integration und Emanzipation findet sich – mit weiterführender Literatur – bei Stork, R. (1995), S. 11-26.

7 BVG, Beschluss vom 29.7.1968. In: Recht der Jugend 1968, S. 342 ff.

8 Übereinkommen über die Rechte des Kindes vom 20. November 1989 (UN-Kinderrechtskonvention) im Wortlaut der amtlichen Übersetzung; Art. 12 Abs. 1

9 Der *Children Act* entspricht dem KJHG und ist auch im Wesentlichen an den gleichen Kriterien orientiert.

10 Zu den entwicklungspsychologischen Voraussetzungen für Verantwortungsübernahme und Beteiligung in formalen Angelegenheiten vgl. Oerter, R. (1997); Schröder, R.(1995); Stork, R. (1995); Zehnter Jugendbericht (1998), Abschnitt B 10.

11 Sladek weist in seiner Dissertation über Jugendliche in „Single-Apartments" aus der Perspektive Jugendlicher nach, dass das Wohnen in Einzelwohnungen für viele Jugendliche – besonders wenn erst 14- bis 16-jährig und mit einer vorangegangenen Jugendhilfekarriere – eher die Eskalation ihrer Probleme bedeutet, als dass es zu neuen produktiven Erfahrungen führte.

12 Solche Phänomene der „Zurückweisung der ‚Zumutungen' der Empowerment-Arbeit durch die Adressaten" sowie andere Grenzen des Empowerments hat Norbert Herriger (1998, S. 200 f.) beschrieben.

Literatur

Almstedt, M./Munkwitz, B. 1982: Ortsbestimmung der Heimerziehung. Geschichte, Bestandsaufnahme, Entwicklungstendenzen. Weinheim und Basel

Bäuerle, W./Markmann, J. (Hg.) 1974/1978: Reform der Heimerziehung. Weinheim und Basel. Neuauflage 1978

Bauer, R. 1996: „Hier geht s um Menschen, dort um Gegenstände". Über Dienstleistungen, Qualität und Qualitätssicherung. In: Widersprüche, Heft 61, S. 11-49

Berker, P. 1998: Entwicklung durch Beteiligung. In: Schrapper, Christian (Hg.): Qualität und Kosten im ASD. Münster, S.144-162

Bülow, A. von 1987: Heimerziehung in der Bundesrepublik Deutschland. Zum Wandel der Konzepte stationärer Erziehung. München

Engel, M./Flösser, G./Gensinck, G. 1996: Qualitätsentwicklung in der Dienstleistungsgesellschaft. Perspektiven für die Soziale Arbeit. In: Heiner, M. (Hg.): Qualitätsentwicklung durch Evaluation. Freiburg i. Br., S. 48-67

Freire, Paulo 1973: Pädagogik der Unterdrückten. Reinbeck

Gehres, W. 1997a: Das zweite Zuhause. Lebensgeschichte und Persönlichkeitsentwicklung von Heimkindern. Opladen

Gehres, W. 1997b: Wirkungen von Heimunterbringungen. In: Neue Praxis, 27, H. 2, S. 176-181

Gildemeister, R. 1992: Neue Aspekte der Professionalisierungsdebatte. In: Neue Praxis, 22, S. 207-215

Gross, P. 1983: Die sozialen Verheißungen der Dienstleistungsgesellschaft: Soziale Befreiung oder Sozialherrschaft? Opladen

Hansen, E. 1999: „Mehr als Kummer- und Meckerkasten". In: Sozial Extra, 23, H. 3, S. 2-6

Herriger, N. 1997: Empowerment in der Sozialen Arbeit. Ein Einführung. Stuttgart; Berlin; Köln

Klatetzki, Th. 1998: Qualitäten der Organisation. In: Merchel, J. (Hg.): Qualität in der Jugendhilfe. Kriterien und Bewertungsmöglichkeiten. Münster, S. 61-75

Korczak, Janusz 1992: Wie man ein Kind lieben soll. Hg. von E. Heimpel und H. Ross. Göttingen, 10. Aufl.

Makarenko, A. S. 1974: Methodik der Organisation des Erziehungsprozesses. In: Makarenko Werke. Fünfter Band, hg. von der Akademie der Pädagogischen Wissenschaften der RSFSR. Berlin (Ost)

Markert, A./Petersen, K. 1997: Adressatinnen-Partizipation – alltäglich in den Erziehungshilfen? In: AFET-Bundesvereinigung. Sonderveröffentlichung 3/1997. Hannover, S. 9-17

Merchel, J. 1998: Zwischen Effizienzsteigerung, fachlicher Weiterentwicklung und Technokratisierung: Zum sozialpolitischen und fachpolitischen Kontext der Qualitätsdebatte in der Jugendhilfe. In: derselbe (Hg.): Qualität in der Jugendhilfe. Kriterien und Bewertungsmöglichkeiten. Münster, S. 20-42

Oerter, R. 1997: Psychologische Aspekte: Können Jugendliche politisch mitentscheiden? In: Palentien, Ch./Hurrelmann, K. (Hrsg): Jugend und Politik. Neuwied; Berlin; Kriftel, 2. Aufl.

Ortmann, F./Grimm, H. 1978: Übergreifende Ergebnisse und Fragestellungen der Arbeitsgruppen. In: Marzahn, Christian (Hg.): „Sozialpädagogik – Institution, Partizipation, Selbstorganisation". Tagung der Kommission Sozialpädagogik der DGfE vom 3.-5.Oktober 1977 in der Universität Bremen. München, S. 76-79

Palentien, Chr./Hurrelmann, K. 1997: Veränderte Jugend – veränderte Formen der Beteiligung Jugendlicher? In: dieselben (Hg.): Jugend und Politik. Ein Handbuch für Forschung, Lehre und Praxis. Neuwied; Kriftel; Berlin; 2. Aufl., S. 11-31

Petersen, K. 1999: Neuorientierung im Jugendamt. Empirische Befunde und theoretische Perspektiven für eine fachliche Ausrichtung Sozialer Arbeit. Neuwied

Pollitt, Ch. 1998: Improving the Quality of Social Services. New Opportunities for Partizipation? In: Flösser, G./Otto, H.U.: Toward more Democracy in Social Services: Models and Culture of Welfare. New York, S. 339-356

Salgo, L. 1994: Das Recht, anders zu sein. In: Steindorff, C. (Hg.): Vom Kindeswohl zu den Kindesrechten. Neuwied; Berlin; Kriftel, S. 67-75

Schröder, R. 1995: Kinder reden mit! Beteiligung an Politik, Stadtplanung und -gestaltung. Weinheim und Basel

Sladek, M. 1998: Jugendliche in Single-Apartments. Eine lebensweltlich-ethnographische Studie. Diss. phil. Bremen

Stork, R. 1995: Jugendhilfeplanung ohne Jugend? Chancen der Partizipation in der Jugendarbeit. Münster

Thery, I. 1994: Neue Rechte des Kindes – ein Wundermittel? In: Steindorff, C. (Hg.): Vom Kindeswohl zu den Kindesrechten. Neuwied; Berlin; Kriftel, S. 76-101

Wedekind, E. 1986: Beziehungsarbeit. Zur Sozialpsychologie pädagogischer und therapeutischer Institutionen. Frankfurt a. M.

Winklhofer, U./Schneider, H. 1998: Partizipation von Kindern und Jugendlichen. Ein Literaturbericht. In: Deutsches Jugendinstitut (Hg.): Literaturreport 1997. München, S.125-192

Zehnter Jugendbericht 1998. Bericht über die Lebenssituation von Kindern und die Leistungen der Kinderhilfe in Deutschland; Hg. vom Bundesministerium für Familie, Senioren, Frauen und Jugend. Bonn

Das Recht von Kindern und Jugendlichen im Sinne des Kinder- und Jugendhilfegesetzes

Hubertus Lauer

1. Um welche Art von Beteiligung geht es?

Beteiligung, Partizipation sind die großen Schlagworte geworden, wenn man sich die Veröffentlichungen und die kinder- und jugendpolitische Diskussionen der letzten Jahre ansieht. Stellvertretend, aber durchaus repräsentativ, weil zusammenfassend in seiner Darstellung, spricht der Zehnte Kinder- und Jugendbericht an verschiedenen Stellen (insbesondere in B. 10 „Verantwortung und Partizipation“ sowie in C. 1.4 „Rechtsstellung von Kindern“) von den verschiedenen Beteiligungsrechten und Beteiligungsformen für Kinder und Jugendliche in der Jugendhilfe (Zehnter Jugendbericht 1998).

Was ist gemeint, wenn der Gesetzgeber von Beteiligung an bestimmten Entscheidungsabläufen innerhalb der Jugendhilfe, aber auch außerhalb der Jugendhilfe – zumindest dann, wenn Kinder und Jugendliche von diesen Entscheidungen betroffen sind – spricht? Welche Vorstellungen und Konzepte hat die Praxis bisher entwickelt? Wiederum kann der Zehnte Kinder- und Jugendbericht im Kap. 10.3 mit einer Fülle von unterschiedlichen Beteiligungsformen und -erfahrungen aus dem kommunalen Raum aufwarten. Hierzu liegen auch erste Erfahrungsberichte vor, die im Einzelnen belegen, mit welch unterschiedlichen Konzepten und Erfahrungen eine Motivierung und Beteiligung von Kindern- und Jugendlichen an konkreten Vorhaben gelingen kann (Stange 1996). Aufmerksamkeit verdient aber die Feststellung, dass die große Anzahl solcher Beteiligungsprojekte und Konzepte sich durchweg im kommunalpolitischen öffentlichen Bereich bewegen. Als Gründe hierfür mögen gelten:

- Das öffentliche Bewusstsein hinsichtlich der Bedeutung des spezialen Nahbereichs in seiner Auswirkung auf die gedeihliche Entwicklung von Kindern hat sich deutlich gesteigert.
- Die Entwicklung im öffentlichen sozialen Nahbereich hat die Existenz und die Interessen der Kinder auf Teilhabe am öffentlichen Geschehen sehr stark vernachlässigt (das zeigt sich insbesondere im Bauplanungsbereich einschließlich der Verkehrswegeplanung).

- Die zunehmende kind- und jugendzentrierte Orientierung innerhalb allgemeiner gesellschaftlicher Einstellungen ist auch bei der Politik angekommen.
- Und nicht zuletzt die beunruhigende Tatsache, dass der Generationenvertrag mit der derzeitigen Alterspyramide (immer noch eine zu niedrige Anzahl von Kindern werden in diesem Land geboren, während der Anteil der älteren Menschen deutlich wächst).

Beunruhigen muss auch, dass die Datenlage in dieser Frage insgesamt aber nach wie vor dürftig ist. Dies musste auch die Bundesregierung in ihrer Antwort auf den Bericht der Sachverständigenkommission zugeben (Stellungnahme der Bundesregierung zum Zehnten Kinder- und Jugendbericht Deutscher Bundestag – 13. Wahlperiode Drucksache 13/11368 Ziffer 53).

Ist schon für den öffentlichen-kommunalen Bereich mit wenig Erfahrungen zu rechnen, so gilt dies umso mehr für den Bereich der einzelnen Leistungen und Hilfen nach dem KJHG. Nach der Feststellung der Kommission des Zehnten Jugendberichts gibt es keine Daten, wie in der Praxis der Jugendämter das Wunsch- und Wahlrecht gehandhabt wird (Zehnter Jugendbericht 1998, S. 180). Zu Recht wird gleichzeitig gefragt, „wie Kinder an den komplexen, hochdifferenzierten Aushandlungsprozessen gleichberechtigt beteiligt werden können, wie es der Gesetzeswille vorsieht“ (Zehnter Jugendbericht 1998, S. 180). Die dann im Bericht geschilderten verschiedenen Beteiligungsmöglichkeiten auf der Grundlage des KJHG können diese Frage nicht beantworten.

Ganz offensichtlich ist es so, dass die Beteiligung von Kindern und Jugendlichen an der Entscheidung über einzelne Leistungen nach dem KJHG bisher auch nicht von der Rechtsdogmatik in ausreichendem Maße aufbereitet worden ist. Es gibt kaum Aussagen, wo und wie die Beteiligung im Einzelnen aussehen könnte, demzufolge gibt es auch keine bekannten dokumentierten Erfahrungen, wie solche Beteiligungen gestaltet werden können und müssen, damit sie den vom Gesetzgeber angestrebten Erfolg auch erreichen.

Über die Gründe, warum dies so ist, können verschiedene Erklärungen den Ausschlag geben.

Eine Erklärung dürfte darin liegen, dass der Gesetzgeber nicht von Leistungen und Rechtsansprüchen der Kinder und Jugendlichen ausgeht, sondern diese Leistungen als Hilfen zur Erziehung für die Personensorgeberechtigten ansieht. Begründet wird dies mit der verfassungsrechtlich gebotenen staatlichen Unterstützung der elterlichen Erziehungsverantwortung im – Sinne von Art. 6 GG (hierzu ausführlich: Wiesner u. a. 1995, § 27 Rz 5 ff.; dagegen Münder u. a. 1998, § 1 Rz 13 ff). Andererseits werden dem Kind bzw. Jugendlichen aber ebenfalls Rechtsansprüche zugestanden, z. B. das Recht auf einen Kindergartenplatz (§ 24 KJHG). Für den großen Bereich der Hilfen zur Erziehung (§ 27 ff. KJHG) ist die Lösung des Gesetzgebers dann wieder nicht überzeugend. Als Leistungsberechtigte werden hier die Sorgeberechtigten und nicht die Kinder und Jugendlichen genannt. Führt man sich diesbezüglich das programmatische Recht von Kindern und Jugendlichen auf Entwicklung und Entfaltung ihrer Persönlichkeit vor Augen (so Wiesner u. a. 1995 § 1 Rz 13 f.), wird die Uneindeutigkeit bzw. Unterschiedlichkeit der Rechtsansprüche innerhalb des KJHG nochmals deutlich. Dies kann bei Interessenkonflikten sowohl bei der allgemeinen Auslegung des Gesetzes von KommentatorInnen als auch bei Eltern und ihren Kindern zu Verwirrung führen.

Insgesamt lässt sich das Gesetz in Bezug auf die Beteiligung von Kindern und Jugendlichen dennoch als sozialpädagogische Handlungsgrundlage verwenden, da das Leitbild von Erziehung und die §§ 5, 8, 9 und 36 KJHG bei näherer Betrachtung eine deutliche Sprache sprechen.

2. Welches Leitbild von Erziehung ist im Familienrecht und im Kinder- und Jugendhilferecht angelegt?

2.1 Eigenverantwortlich und gemeinschaftsfähig, § 1 Abs. 1 KJHG

Das KJHG spricht in § 1 Abs. 1 von der Eigenverantwortlichkeit und der Gemeinschaftsfähigkeit, die durch öffentliche Hilfen gefördert werden sollen. Die beiden Begriffe knüpfen an die zivilrechtliche Formulierung von § 1626 BGB an, wonach die Personensorgeberechtigten die wachsende Mündigkeit und Selbständigkeit von Kindern und Jugendlichen respektieren sollen.

Die Eigenverantwortlichkeit ist für viele Hilfesuchende in der Jugendhilfe umso bedeutsamer, je stärker der Einfluss von Gruppen oder quasi-öffentlichen Normen auf die Entwicklungsmöglichkeiten von Kindern und Jugendlichen zunimmt.

Gemeinschaftsfähigkeit bedeutet, sich mit anderen Meinungen und Positionen innerhalb einer Gruppe auseinanderzusetzen und seine Position innerhalb und nicht außerhalb der Gruppe zu finden. Gemeinschaftsfähigkeit bedeutet aber auch, sich für die Bildung und den Erhalt von Gemeinschaft einzusetzen, auch um den Preis, nicht in jedem Fall mit seinen eigenen Vorstellungen immer durchzudringen. Gemeinschaft ist immer auch das Einlassen auf andere Positionen und Meinungen, das Relativieren eigener Auffassungen und Positionen. Dies kann aber nur dann gelingen, wenn die Eigenverantwortung auch in der Gemeinschaftsfähigkeit mit einbezogen wird. Die Individualität, die sich der staatlichen Einflussnahme entzieht, entzieht sich damit auch einer von der Verfassung nicht gebotenen Pflicht zur Erziehung nach § 1 KJHG (so Wiesner u. a. 1995, § RZ 6 ff.). Wenn es also von der Verfassung und den materiellen Leistungsansprüchen des KJHG her nur ein allgemeines aus der Verfassung abgeleitetes Erziehungsziel gibt – und ein Mehr daher auch nicht zulässig ist – sind verfahrensrechtliche Bestimmungen zur Durchsetzung und Absicherung eines solch allgemeinen Ziels umso bedeutsamer, weil nur dadurch die Erreichbarkeit sichergestellt werden kann.

2.2 Wachsende Fähigkeit und wachsendes Bedürfnis zu selbstständigem, verantwortungsbewußten Handeln, § 9 Ziffer 2 KJHG

Das Leitbild der familienrechtlichen Erziehung steht nicht allein in § 1 KJHG. Es ist vielmehr im Zusammenhang mit der Klärung des Verhältnisses von öffentlichem und dem privatrechtlich-familiären Erziehungsauftrag des § 1626 BGB.

Zu Recht greift § 9 Ziffer 2 KJHG nochmals die Regelung von § 1626 Abs. 2 BGB auf und stellt klar, dass die Fähigkeit und das Bedürfnis zu selbständigem bewussten Handeln sowohl in der privat familiären Erziehung wie auch konsequenter Weise in der öffentlich rechtlich garantierten Hilfe zur Erziehung sich nicht unterscheiden dürfen.

In der grundsätzlichen Deckungsgleichheit liegen auch nicht die Probleme – auch nicht in der Praxis. Beide Male drückt die Vorschrift aus, dass die in § 1 KJHG angesprochene Eigenverantwortlichkeit und die Gemeinschaftsfähigkeit nur dann sinnvoll gelernt und erfahren werden können, wenn diesen Aspekten im Rahmen der Erziehung privat wie öffentlich entsprechend Raum gegeben wird. Erziehung zur Unselbständigkeit und Unmündigkeit entspricht nicht den verfassungsrechtlichen Vorgaben.

Der Gesetzgeber spricht für den öffentlichen Träger auch nur eine Pflicht zur Beachtung, nicht aber der zwanghaften Befolgung der von den Personensorgeberechtigten vorgegebenen Grundrichtung der Erziehung aus. Damit wird deutlich, dass für die Ausgestaltung der Leistungen und der Erfüllung der Aufgaben durchaus Raum für die eigene Gestaltung bleibt. Auch das Erziehungsrecht und die Erziehungspflicht der Eltern müssen sich an den grundsätzlich auch für Kinder und Jugendliche entscheidenden Grundaussagen von Art. 1 GG und Art. 2 und 4 GG messen lassen.

Für die Entwicklung und Ausgestaltung von Erziehungskonzepten in der Jugendhilfe, insbesondere in Pflegestellen und Einrichtungen, bedeutet diese Vorschrift eine deutliche inhaltliche Ausrichtung. Erziehungsziele und Methoden müssen sich an den vorgenannten generellen verfassungsrechtlich garantierten Rechten der Kinder und Jugendlichen messen lassen. Dies schließt nicht aus, dass im Verlauf dieses Verständigungsprozesses auch trägerspezifische Gesichtspunkte eine Rolle spielen können. Sie sind aber insoweit nachrangig zu behandeln. Prozesse der Verständigung, um dies es hier immer geht, sind – wenn sie gelingen – immer auch Prozesse der Verselbständigung.

Neben der grundgesetzlich schon gesicherten Aussage zur wachsenden Mündigkeit enthält § 9 Ziffer 2 KJHG aber eine zusätzliche Aussage über die Beachtung sozialer und kultureller Bedürfnisse und Eigenarten junger Menschen und ihrer Familien. Hier fällt auf, dass nicht nur die jeweilige Besonderheit des jungen Menschen nicht von vornherein als negativ und belastend – und damit als zu beachtenangesehen wird, sondern dass der Gesetzgeber davon ausgeht, dass diese besonderen kulturellen und sozialen Merkmale durchaus in die Ausgestaltung einbezogen werden sollen. Gleiches gilt für die Familien der Kinder und Jugendlichen. Damit eröffnet das Gesetz eine Vielfalt von unterschiedlichen Zielen, Inhalten und Methoden, die alle im Verlauf eines Beteiligungs- und Hilfeplanprozesses für die Ausgestaltung der Leistung oder für die Erfüllung der anderen Aufgaben eine zentrale Rolle spielen können. Gerade kulturelle und soziale Unterschiede müssen in der Ausgangssituation der Gestaltung von Aufgabenwahrnehmung eine entscheidende Rolle spielen, damit letztendlich die vereinbarten und angestrebten Ziele auch Erfolg haben können.

2.3 Unterschiedliche Lebenslagen von Jungen und Mädchen, § 9 Ziffer 3 KJHG

Der Gesetzgeber geht in dieser Vorschrift von verschiedenen Ebenen aus. Er spricht mit Blick auf die Praxis von unterschiedlichen Lebenslagen von Jungen und Mädchen, die es zu berücksichtigen gilt. Damit wird nichts anderes ausgedrückt als die Tatsache, dass unterschiedliche Sozialisationsverläufe gepaart mit unterschiedlichen Rollenerwartungen unterschiedliche Biografien hervorrufen. Zum zweiten verpflichtet der § 9 Ziffer 3 KJHG zum Abbau von Benachteiligung. Betrachtet man dies genauer, so kann heute nicht mehr generell und pauschal von einer doppelten Benachteiligung von Mädchen gesprochen werden (so aber Wiesner u.a. 1998, § 9 Rz 31 f.). Für die schulische Ausbildung gilt dies nur noch bedingt, mit deutlich abnehmender Tendenz. In der beruflichen Ausbildung bzw. in der Hochschulausbildung werden zunehmend neue Wege beschritten, um insbesondere in den sog. technischen Bereichen die immer noch deutliche Überrepräsentanz von Männern zu korrigieren. Beim Eintritt in den Arbeitsmarkt und in der Verbindung von familiären und beruflichen Lebensentwürfen brechen immer noch bestehende Unterschiede, Widersprüche und Chancenungleichheit auf, so dass Mädchen und junge Frauen mehr privat denn öffentlich von traditionellen Rollenerwartungen eingeholt werden.

Der Umgang mit den unterschiedlichen Zielen von § 9 Ziffer 3 KJHG setzt eine breite und in der Sache selbst wieder spezialisierte Ausbildung und Kenntnis voraus, die wiederum mit bestimmten Differenzierungen anderer Kolleginnen und Kollegen abgesichert sein muss. Wenn in der Praxis zunehmend die Forderung erhoben wird, dass die Sozialarbeit sich diesen Erkenntnissen nicht verschließen, vielmehr aktiv daran mitgestalten muss, bedeutet dies, dass die entsprechenden Leistungen der Jugendhilfe hinsichtlich ihrer Zielsetzung, ihrer Konzeption und hinsichtlich ihrer Arbeitsmethoden überprüft werden müssen. Nicht zuletzt vor dem Hintergrund des § 9 Ziffer 3 KJHG, der Förderung der Gleichberechtigung von Mädchen und Jungen, geht es nicht nur darum spezifische Mädchenarbeit zu leisten, sondern gleichzeitig und zur Zeit verstärkt darum, Ziele, Erkenntnisse und Methoden einer spezifischen Jungenarbeit zu formulieren und in der Jugendhilfepraxis auch umzusetzen.

3. Wunsch- und Wahlrecht der Leistungsberechtigten, § 5 KJHG

Bei der Abfassung des KJHG stand der Gesetzgeber in dem Dilemma, dass die Kinder und Jugendlichen in vielen Fällen nicht die Leistungsberechtigten sein sollten, dies gilt insbesondere für die Hilfen zur Erziehung, mit der Folge, dass Kinder und Jugendliche in hohem Maße betroffen, aber nicht befugt waren, an der Auswahl- und der Ausgestaltung der Leistungen, die sie ja unmittelbar betreffen und entscheidend ihr Leben verändern, nicht mitwirken konnten.

Diese Entscheidung bedurfte eines Korrektivs, welches der Gesetzgeber dann in § 8 KJHG getroffen hat.

4. Beteiligung im Verfahren und Beteiligung an Entscheidungsprozessen, § 8 Abs. 1 KJHG

§ 8 Abs. 1 KJHG sichert Kindern und Jugendlichen eine Beteiligung an allen sie betreffenden Entscheidungen der öffentlichen Jugendhilfe zu. Damit ist eine materiell-inhaltliche Beteiligung gemeint, dies ergibt sich aus der Festlegung, dass die Beteiligung entsprechend dem Entwicklungsstand erfolgen soll. Die Bedeutung der jeweils anstehenden Entscheidung sowie der jeweilige Entwicklungsstand zusammen ergeben deutliche Hinweise nicht nur über das „Ob“ sondern auch über das „Wie“ der Beteiligung. An dieser Stelle sei nochmals auf die inhaltliche Zielrichtung der grundsätzlichen Erziehungsvorgaben erinnert, die natürlich nur dann sinnvoll sein können, wenn sie auch in unmittelbare Ziele und die damit verbundenen Verfahren nach dem KJHG umgesetzt werden. § 8 Abs. 1 Satz 1 KJHG ist darum auch keine reine Verfahrensvorschrift. Dies ergibt sich aus der in Satz 2 verankerten Aufklärungs- und Beratungspflicht hinsichtlich der in § 12 SGB X und in §§ 50 b, 55 c, 59 und 50 FGG verankerten unterschiedlichen Beteiligungsformen für Kinder und Jugendliche. Für die Verwaltungsverfahren und die verschiedenen Gerichtsverfahren vor dem Familiengericht und dem Verwaltungsgericht sind dies auch die in der Regel präziseren Vorschriften. § 8 Abs. 1 Satz 1 KJHG will hingegen die inhaltliche Mitgestaltung der Jugendhilfe durch die davon Betroffenen (im Sinne der Neuen Steuerungsdiskussion der Jugendhilfe gelegentlich schon als „KUNDEN“ bezeichnet) erreichen. Sie steht damit in ihrer allgemeinen Wirksamkeit vor den einzelnen Bestimmungen von §§ 36, 37 KJHG und umfasst sämtliche Leistungen und Aufgaben des KJHG. Wiesner u. a. (1995, §8 Rz 34) sprechen davon, dass hier nicht nur förmliche Entscheidungen im Sinne des SGB X sondern auch tatsächliche Handlungen und Dienstleistungen, die die tatsächliche und rechtliche Situation von Kindern und Jugendlichen betreffen gemeint sind. Auch erweist sich die Anknüpfung an die vorstehend genannten grundsätzlichen Erziehungsziele als hilfreich, um die alltägliche Bedeutung dieser Vorschrift zu verstehen. Sie versucht nichts anderes, als die angestrebte Verselbständigung von

Kindern und Jugendlichen durch eine zunehmende Beteiligung und damit auch Eigenverantwortung zu sichern.

Wie die ersten Untersuchungen und Beispiele aus der Praxis aber lehren, ist es mit der bloßen Beteiligung der Kinder und Jugendlichen nicht getan. Aus der Aufklärung und den Hinweisen erwächst nicht selbstverständlich die Kompetenz, dieses in eigener Angelegenheit auch tun zu können. Dies zumindest dann nicht, wenn es eben nicht selbstverständlicher Anteil der bisherigen Erziehung war.

5. Der Ernstfall: Hilfeplanung nach § 36 in Verbindung mit § 37 KJHG

5.1 Zielvorgaben von § 36 KJHG

§ 36 stellt in Verbindung mit § 37 KJHG die zentrale Vorschrift dar, in der sich viele der vorstehend genannten generellen Zielvorgaben nochmals gesondert und differenziert für die Hilfen zur Erziehung bündeln. Die Vorschrift greift einerseits auf die generellen Vorgaben zurück, verstärkt und präzisiert sie aber nochmals hinsichtlich ihres materiellen und verfahrensrechtlichen Gehalts.

§ 36 KJHG steht darüber hinaus im dem Spannungsverhältnis unter der Vorgabe der Amtsermittlung nach § 20 SGB X die Aufklärung von Sachverhalten von Amts wegen zu ermitteln, ohne das aufzubauende Vertrauensverhältnis zu den Leistungsberechtigten gleichzeitig schon wieder in Frage zu stellen. In Beziehung dazu haben die Leistungsberechtigten ihrerseits als Antragsteller an der Klärung, welche Leistung in Frage kommt, in dem erforderlichem Umfang mitzuwirken. Hierzu müssen sie entscheidungserhebliche Tatsachen gem. § 60 Abs. 1 SGB I angeben. Die in § 36 Abs. 1 KJHG verankerte Beratungspflicht erstreckt sich daher nicht allein auf die auszuwählende Hilfeart, sondern auch auf die einzelnen Verfahrensschritte und die damit verbundenen Rechtspflichten und Konsequenzen, die mit solchen Rechtspflichten verbunden sind.

Gleichzeitig fordert diese Bestimmung eine Beratung über die möglichen Folgen für die Entwicklung des Kindes oder Jugendlichen. Damit soll von Anfang an eine Entscheidungstransparenz erreicht werden, auch wenn dies gerade wegen der prognostischen Ausrichtung im Einzelfall nicht einfach ist.

Das eben festgestellte gilt in gleichem Maße für alle geplanten Veränderungen von Art und Umfang bereits gewährter Leistungen. Auch muss eine gegebenenfalls intensive Beratung aller Beteiligter vorgenommen werden, um die betroffenen Personen in die Lage zu versetzen, sich an den zu treffenden neuen Entscheidungen in gleichem Maße beteiligen zu können.

5.2 Verfahren der Beteiligung im Rahmen der Hilfeplanung

Eine Beteiligung im Sinne der vorstehend beschriebenen Grundüberlegungen, insbesondere von §§ 5, 8 KJHG, ist in § 36 Abs. 1 Satz 3 KJHG verankert. Richten sich die Überlegungen hinsichtlich der in Betracht kommenden Hilfen auf eine Leistung außerhalb des Elternhauses, mithin auf eine Vollzeitpflege nach § 33 KJHG oder auf eine Heimerziehung oder sonstige betreute Wohnform nach § 34 KJHG, so schreibt das Gesetz eine Beteiligung der Personensorgeberechtigten und des Kindes oder Jugendlichen an der Auswahl zwingend vor. Dies setzt voraus, dass die Beteiligten genügend Informationen erhalten, um sich ein hinreichendes Bild über die Leistungsfähigkeit, die Konzepte und Methoden der konkreten Hilfen zur Erziehung des jeweiligen Trägers machen zu können. Eine Auswahl setzt voraus, dass unterschiedliche Angebote in Betracht kommen und tatsächlich auch vorhanden sind. Dies schließt nicht aus, dass im Rahmen der Hilfeplanung nach § 36 KJHG in Erfüllung des Innovationsauftrages von § 27 Abs. 2 KJHG auch ein neues Hilfesangebot in Absprache mit den Leistungserechtigten erst entwickelt werden muss. Dies gilt sicher weniger für Einrichtungen, aber schon die betreute Wohnform oder die Pflegestelle kann als neues Angebot inhaltlich anders als bisher vorhandene Angebote der gleichen Art konzipiert werden.

Wie ernst es dem Gesetzgeber mit der intensiven Beteiligung von Kindern und Jugendlichen sowie den Personensorgeberechtigten bei der Auswahl der Hilfen ist, zeigt sich in § 36 Abs. 1 Satz 4 KJHG, wonach der Wahl und den Wünschen zu entsprechen ist, sofern sie nicht mit unverhältnismäßigen Mehrkosten verbunden sind. Zwar erfährt diese zwingende Festlegung durch den neu eingefügten und seit dem 1.1.1999 geltenden Satz 5 eine Einschränkung insoweit, dass die Leistung in einer Einrichtung im Normalfall das Vorliegen einer Leistungsvereinbarung mit dem in Betracht kommenden Träger nach § 78b KJHG voraussetzt, es sei denn der Hilfeplan sieht eine Leistung bei einem Träger vor, mit dem eine solche Vereinbarung nicht besteht. Hier kommt es auf die inhaltliche Begründung an, die eine Leistung gerade nur bei diesem Träger als geboten und erforderlich ansieht.

Die Ausgestaltung der Hilfe wiederum soll in einem Prozess der Verständigung zwischen dem Personensorgeberechtigten, dem Kind oder Jugendlichen und den Fachkräften, die für die Entscheidung über die jeweilige Hilfe zuständig sind, gefunden werden.

In diesem Verständigungsprozess sind die Fragen folgender „W's" zu beantworten:

- *Was* wird benötigt (Bedarf)?
- *Wie* wird die Ausgangslage aus Sicht aller Betroffenen eingeschätzt und bewertet (was wurde bisher geleistet)?
- *Was* wollen die Betroffen, insbesondere die Mädchen und Jungen?
- *Wie* können die Hilfen konkret aussehen?
- *Wann* soll es losgehen?

- *Wie lange* soll die Hilfe andauern?
- *Wie intensiv* wird die Hilfe sein?
- *Wer* wird persönlich für die Hilfe zuständig sein?
- *Mit wem* wird das Kind oder der Jugendliche noch zusammen sein (Gruppe)?
- *Wann* und *wie* werden die vorstehenden Fragen erneut überprüft.

Es kann nicht verleugnet werden, dass das Verfahren der Hilfeplanung nach § 36 Abs. 2 KJHG für die Praxis der Jugendhilfe unter der zentralen Vorgabe der Beteiligung von Kindern und Jugendlichen eine der herausragenden fachlichen Anforderungen an das Profil der Jugendhilfe stellt und damit aber gleichzeitig auch zum Test darüber gerät, wie ernst es der öffentlichen Jugendhilfe mit der Einlösung des Rechtes von Kindern und Jugendlichen auf wachsende Mündigkeit und Selbständigkeit ist.

Wenn es gerade in Einrichtungen darum geht, Kinder und Jugendliche auch zur Gemeinschaftsfähigkeit zu erziehen, dann stellt sich hier auch die Aufgabe der Beteiligung der Kinder und Jugendlichen, die bereits in der Einrichtung leben, an der Entscheidungsfindung. Diese Kinder und Jugendlichen werden schließlich mit einem neu aufgenommen Kind oder Jugendlichen intensiver als alle Betreuungspersonen leben.

Diese Form der Beteiligung ist in § 36 KJHG nicht angesprochen, sie ergibt sich aber aus der Vorschrift des § 8 KJHG, weil diese Kinder und Jugendlichen von solchen weiteren Entscheidungen über die Aufnahme auch betroffen sind. Dass es darüber hinaus zu dem pädagogischen Konzept einer Einrichtung gehören sollte, Kinder und Jugendliche in solche Entscheidungsfindungen miteinzubeziehen, ist die Voraussetzung für die rechtlichen Gebote. Wäre es anders, würden die Beteiligungsrechte ins Leere laufen.

5.3 Auswertung des Prozesses: Die Perspektive des Kindes berücksichtigen

Die Komplexität des geschilderten Verständigungsprozesses sowie die Vielzahl der im Einzelfall zu beteiligenden Träger und Personen können nicht ausgeschaltet werden. Vielmehr sind sie im Einzelfall und je nach Situation in besonderer Weise zu berücksichtigen. Es stellt sich dabei jedoch die Frage, ob es richtig ist, Kinder und Jugendliche mit all diesen einzelnen Entscheidungsebenen zu konfrontieren. Da für ein Kind oder Jugendlichen der mögliche Wechsel in eine Erziehungshilfe außerhalb seiner Familie mit einer tiefgreifenden Veränderung seines bisherigen Alltags verbunden ist, wird die Aufgabe bedeutsam, in all den Entscheidungsfindungsprozessen und erst Recht in der Phase der Umsetzung einer getroffenen Entscheidung die Betroffenheit des Kindes oder Jugendlichen aufzufangen. Das Wunsch- und Wahlrecht sollte sich daher auch auf die Auswahl der Personen erstrecken, mit denen sich das Kind oder der Jugendliche engen Kontakt wünscht.

Freundschaften werden sich i.d.R. ergeben. Die Herstellung gelingender pädagogischer Betreuungsbeziehungen hängt aber nicht zuletzt davon ab, inwieweit dem Kind oder Jugendlichen intern das Recht eingeräumt wird, selber mitbestimmen zu können, welche Betreuungsperson angenommen wird. In der Anfangsphase ist das sehr schwer zu entscheiden, wenn nicht gar unmöglich. Nach einer Eingewöhnungsphase können sich aber unterschiedliche Einschätzungen ergeben. Wird dann dem Kind oder Jugendlichen das Recht eingeräumt, sich andere Betreuungspersonen auswählen zu können? Einem solch generellen Auswahlrecht stehen in der Regel die internen Organisationspläne der Einrichtung entgegen. Dennoch muss eine Einrichtung überlegen, auf welche Weise den vorgetragenen Wünschen Rechnung getragen werden kann. Hier gilt es einen Ausgleich zwischen der vorhandenen Laienkompetenz der Kinder und Jugendlichen und der Fachkompetenz des Fachpersonals herzustellen, damit nicht einer Überforderung aller Beteiligten eintritt (hierzu Münder u. a., § 36 Rz 5).

6. Welche Risiken und Gefahren birgt das Hilfeplanverfahren nach § 36 KJHG?

6.1 Das HelferInnenchaos – keine Chance für Kinder?

Hilfeplanprozesse können dazu führen, dass im Verlauf des Prozesses viele HelferInnen unterschiedlicher Profession aufeinander treffen. Damit können Unklarheiten in der inhaltlichen Zuständigkeit auftreten, auch dann, wenn im Rahmen des KJHG`s klar ist, wo die Zuständigkeiten liegen und wie sie notfalls zu klären sind. Für die Kinder und Jugendlichen kann dennoch sehr schnell der Eindruck entstehen, dass die HelferInnen nicht nach einem abgestimmten Konzept vorgehen. Dieser Eindruck verstärkt sich noch, wenn zwischen den einzelnen Fachkräften die dem § 36 KJHG unterlegten Intentionen nicht klar sind. Dies kann insbesondere dann der Fall sein, wenn diese Fachkräfte nicht aus der Jugendhilfe stammen und mit dem System der Entscheidungsfindung nach § 36 KJHG nicht vertraut sind. Hier muss über eine Begleitung der Kinder und Jugendlichen über die gesamte Zeit der Entscheidungsfindung und der Entscheidungsumsetzung Sicherheit und Vertrauen in das eingeschlagenen Verfahren gewonnen werden. Eine solche Sicherheit schafft eine wesentlich höhere Identität mit der Hilfe selbst. Hierbei kommt es nicht so sehr darauf an, ein neues Rechtsinstitut der Verfahrensbegleitung zu schaffen, wie wir dies bereits im Bereich Verfahrenspflegschaft für einzelne Entscheidungen in familienrechtlichen Konflikten kennen. Entscheidend ist vielmehr, wie von der Jugendhilfe die Beteiligung von Kindern und Jugendlichen im Verfahren nach § 36 KJHG als Teil eines Prozesses der Erziehung zur Eigenverantwortlichkeit verstanden und gehandhabt wird. § 36 KJHG ist somit selbst schon Teil des zu planenden und zu leistenden Hilfegewährungsprozesses. Kinder und Jugendliche benötigen in solchen Entscheidungsfindungen eine

Begleitung, die ihnen von den Personensorgeberechtigten gestellt werden kann, wenn diese nicht selbst durch die Verfolgung ihrer eigenen Interessen in einen Loyalitätskonflikt gelangen. Solche Loyalitätskonflikte können insbesondere dann entstehen, wenn die leiblichen Eltern die Personensorge nicht mehr besitzen, die Personensorge auf das Jugendamt übertragen worden ist, das Jugendamt nunmehr in der Situation der Hilfeplanung aber auch als leistungsverpflichteter Träger auftaucht und bei der Frage der Hilfegewährung die alles entscheidende Position innehat. Spätestens hier wird deutlich, wie wichtig eine interne Aufgabenverteilung und eine strikte Trennung der unterschiedlichen Funktionen ist. Diese Unterschiede müssen auch verständigen Kindern – mehr noch aber Jugendlichen – erklärt werden, damit sie die unterschiedlichen Interessen einschätzen können.

6.2 Wie werden Kinder auf das Verfahren und die Entscheidung vorbereitet?

Aus den gesetzlichen Forderungen lässt sich ableiten, das eine regelmäßige Überprüfung zu realisieren ist, durch die deutlich werden muss, ob die gewählte Hilfeform für das Kind notwendig und geeignet ist. Zu beantworten sind in diesem Zusammenhang folgende Fragen:

- Gibt es eine Begleitung durch das Verfahren und eine Bearbeitung der späteren Ergebnisse mit den Kindern und Jugendlichen zusammen?
- Werden Erfahrungen von anderen Kindern und Jugendlichen, die die Einrichtung verlassen, ausgewertet?
- Wird der Entscheidungsfindungsverlauf mit ihnen im Nachgang zur Aufnahme besprochen und wenn ja wie?
- Werden solche Anregungen und Erfahrungen in neue Schritte der Vorbereitung und Begleitung umgesetzt?

Kinder und Jugendliche können an derartigen Überprüfungen nur dann verantwortlich teilnehmen, wenn ihnen auch hier fachlich beratend zur Seite gestanden wird.

6.3 Resignation vor den ExpertInnen nicht ausgeschlossen

Kinder sind den Ritualen und Vorgängen in komplizierten Verwaltungsabläufen, die eine Hilfeplanung nach § 36 KJHG zweifellos bestimmen, nicht so ohne weiteres gewachsen.

Sie haben nicht die Erfahrung, komplizierte Verwaltungsabläufe zu durchschauen. Sie haben auch nicht der Erfahrung, die verschiedenen Kommunikationswege zwischen allen beteiligten Trägern und den sie repräsentierenden Fachpersonen zu verstehen. Auch hier stellt sich die Aufgabe, selbstverständlich im Wege der Beratung und Betreuung durch das gesamte Verfahren sicherzustellen, dass die Kinder und Jugendlichen nicht vor der geballten Übermacht der vertretenen Fachkompetenz resignieren. Vielmehr müssen sie ermutigt werden, die für sie notwendigen persönlichen Hilfen dort einzufordern und abzurufen, wo sie am ehesten bereit zu stehen haben. Das betrifft in erster Linie die Träger, die die jeweilige Hilfe zur Erziehung erbringen, schließt aber den öffentlichen Träger im Rahmen seiner Gesamtverantwortung nicht aus.

6.4 Kodierte Entscheidungsfindungsprozesse

Eine weitere Gefahr neben der geballten ExpertInnenübermacht stellen die offenen und verdeckten Botschaften und Wertungen dar, die sich in niedergeschriebenen Hilfeplänen einschleichen können.

Nicht zu Unrecht wird für die Praxis immer wieder angemahnt, Fakten, Sachverhalte und unterschiedliche Einschätzung möglichst genau wiederzugeben, damit der Hilfeplanungsprozess aus sich heraus verständlich wirkt und dies auch bei einer späteren Überprüfung immer noch ist. Dies kann aber nur dann erfolgreich sein, wenn gerade auch unterschiedliche Auffassungen und Vorstellungen wiedergegeben werden. Es wird sich nicht vermeiden lassen, dass Hilfepläne in der dafür erforderlichen und gebotenen Fachsprache abgefasst werden. Dennoch kann, ja muss diese Sprache so gewählt werden, dass auch Kinder und Jugendliche sie verstehen und ihre Bedeutung erfassen.

7. Wie kann den Kindern und Jugendlichen geholfen werden?

Kinder und Jugendliche benötigen in Verfahren der Hilfeplanung nach § 36 KJHG eine besonders intensive Beratung und Betreuung, damit sie die Vielschichtigkeit der Vorgehensweise verstehen können. Darüber hinaus müssen Kinder und Jugendliche aber auch darauf vorbereitet werden, dass Hilfeplanung einerseits immer das Ziel der Rückkehr in die Familie verfolgt, andererseits aber auch davon auszugehen hat, dass eine Rückkehr in die Familie nicht möglich und daher eine andere dauerhafte Lösung gefunden werden muss. Auch über diese Zukunftsperspektive sind die Kinder dann umso mehr aufzuklären, je wahrscheinlicher sie werden kann.

Für die Verlässlichkeit und Vertraulichkeit der Entscheidungsfindung kommt es besonders darauf an, das Kind oder den Jugendlichen nicht mit einer Vielzahl von für ihn zuständigen Fachpersonen zu konfrontieren, sondern für Kontinuität in der personalen Beratung und Betreuung zu sorgen.

Die öffentlichen Träger der Jugendhilfe sollten prüfen, inwieweit nicht eine gesonderte Interessenvertretung der Kinder und Jugendlichen in solchen Verfahren zusätzlich erforderlich ist, weil das Jugendamt selbst als Vormund oder Pfleger tätig geworden ist oder weil das Jugendamt gleichzeitig die Planungs- und Koordinierungsprozesse und die Hilfegewährung bereitstellen soll. Kann die Hilfeplanung noch weitgehend frei von Eigeninteressen gehalten werden, so stellt sich dies bei der Entscheidung über Art und Ausmaß der zu gewährenden Leistung u. U. anders dar. Hier sind Interessenkollisionen nicht auszuschließen. Um so bedeutsamer ist die Möglichkeit einzuschätzen, die Interessen der Kinder und Jugendlichen unmittelbar in den Planungsverlauf einbringen zu können. Es liegt dann auch an der fachlichen Einstellung der professionellen Helferinnen und Helfer, ob und inwieweit sie dem eingangs geschilderten Erziehungsauftrag durch den Respekt vor den Rechten der Kinder und Jugendlichen nachkommen.

Das Ziel kann nur die Selbstbestimmung der jungen Menschen für ihren eigenen Lebensentwurf sein.

Literatur

Bundesministerium für Familie, Senioren, Frauen und Jugend 1998: Zehnter Kinder- und Jugendbericht

Münder, J. u. a. 1998: Frankfurter LPK-KJHG, 3. Aufl.

Stange, W. 1996: Planen mit Phantasie, Zukunftswerkstatt und Planungszirkel für Kinder und Jugendliche. Hrsgg. Vom Deutschen Kinderhilfswerk e. V./Aktion Schleswig-Holstein-Land für Kinder beim Ministerium für Frauen, Jugend, Wohnungs- und Städtebau. Berlin, Kiel

Wiesner, R. u. a. 1995: SGB VIII Kinder- und Jugendhilfe

Zur Einordnung der Beteiligungsrechte in der Erziehungshilfe in die Gesamtdebatte um Kinderrechte

Klaus Schäfer

Die Beteiligung von Bürgerinnen und Bürgern an der Gestaltung und Fortentwicklung der Gesellschaft ist ein umfassender Prozess des Mitwirkens und des Mitentscheidens über Entwicklungen, die die eigenen Belange berühren. Gerade in den letzten Jahren hat die Diskussion um bürgerschaftliches Engagement und Gemeinwohlorientierung an Bedeutung zugenommen. Der Beteiligung an politischen Entscheidungen kommt dabei eine herausragende Bedeutung zu, denn die Bereitschaft zum freiwilligen Engagement und zur Übernahme sozialer Verantwortung setzt voraus, bereits frühzeitig erfahren zu haben, dass man sich als Individuum wirkungsvoll in Gestaltungsprozesse einbringen kann.

In diesem Kontext gehört auch die Diskussion um die Stärkung der Kinderrechte und insbesondere ihrer Beteiligung an gesellschaftlichen Entwicklungen. Denn eine Einbeziehung von Kindern bei der Gestaltung ihrer Lebenswelten ist ein zentraler Beitrag zur Demokratiefestigung und zugleich eine sinnvolle und notwendige Bereicherung des Interessenausgleichs und des Prozess des Aufwachsens insgesamt.

Seit einigen Jahren hat diese Diskussion einen wachsenden Stellenwert in der fachpolitischen, zum Teil auch in der allgemeinpolitischen Debatte erhalten. Zahlreiche Initiativen sind entstanden, die mit ihrer Arbeit auf die Belange der Kinder hinweisen, auf Defizite aufmerksam machen und Vorschläge entwickeln, mit welchen Mitteln und Möglichkeiten Kindern mehr Beteiligungsrechte eingeräumt werden können. Die Konferenz der JugendministerInnen der Länder hat im Juni 1998 zwei umfangreiche Stellungnahmen zur Stärkung der Kinderrechte und zum Ausbau der Beteiligungsmöglichkeiten von Kindern verabschiedet. Auch der Zehnte Kinder- und Jugendbericht der Bundesregierung widmet sich diesem Thema (BMFSFJ 1998, S. 172 ff.).

1. Kinderrechten den Durchbruch zu verschaffen ist Ziel der Kinderrechtskonvention und des Kinder- und Jugendhilferechts

Die Forderung nach einer Stärkung der Kinderrechte im allgemeinen, hat durch das „Übereinkommen der Vereinten Nationen über die Rechte des Kindes vom 20. November 1989“, das seit dem 5. April 1992 auch in Deutschland gilt, einen großen Schub erhalten. Verbunden werden damit vor allem folgende Forderungen:

a. Die Verpflichtung der Vertragsstaaten, das Wohl des Kindes in allen kinderberührenden Angelegenheiten als einen vorrangigen Gesichtspunkt anzusehen und dabei die unterschiedlichen Interessen und Belange der Kinder zu berücksichtigen;

b. die Verpflichtung aller Verantwortungsträger, in Gesetzgebung, Verwaltung und Rechtsprechung, die auf der Grundlage der Kinderrechtskonvention formulierten Rechte des Kindes zu schützen und zu fördern und

c. die Beteiligung von Kindern und Jugendlichen unter Sicherung ihrer Mitsprache an der Gestaltung der Lebenswelt.

Eine wichtige kinder- und jugendpolitische Grundlage für die Stärkung der Kinderrechte wurde bereits mit dem Kinder- und Jugendhilfegesetz von 1990 geschaffen, welches deutlich auf die Stärkung der Interessenvertretung für die Belange von Kindern und Jugendlichen abzielt und den Auftrag an die Kinder- und Jugendhilfe formuliert, ihr Handeln so zu gestalten, dass eine Verbesserung der Lebenswelten für Kinder erreicht werden kann. Zentrale rechtliche Grundlagen für dieses Handeln sind insbesondere:

a. Das Mandat der Jugendhilfe, für die Entwicklung und Erhaltung positiver Lebensbedingungen für Kinder, Jugendliche und deren Familien einzutreten, wie es in § 1 Abs. 3 Nr. 4 SGB VIII normiert ist.

b. Die Verpflichtung, Kinder und Jugendliche – soweit ihre Belange berührt sind – in Entscheidungsprozesse der öffentlichen Jugendhilfe einzubeziehen (§ 8).

c. Die Verpflichtung der öffentlichen Jugendhilfeträger zur Jugendhilfeplanung (§ 80 SGB VIII), die die Bedürfnisse von Kindern und Jugendlichen und deren Familien ins Zentrum des Planungsziels stellen soll.

d. Die Mitwirkung der Personensorgeberechtigten und der betroffenen Kinder und Jugendlichen bei der Erstellung eines Hilfeplans (§ 36 SGB VIII).

2. Die Forderungen nach mehr Beteiligung junger Menschen im Reformprozess

So aktuell die Forderung nach mehr und vor allem nach substanzieller Partizipation ist, in der Geschichte der Jugendhilfe hat es immer wieder Ansätze und sehr konkrete Formen der Beteiligung von Kindern und Jugendlichen an gesellschaftlichen Gestaltungsprozessen gegeben. Gerade in jüngster Zeit, seit 1970, die als die entscheidende Reformphase der Jugendhilfe bezeichnet werden kann, gibt es viele Beispiele für die Stärkung der Kinderrechte, vor allem auch in der Heimerziehung.

So zielte die „Heimkampagne" Anfang der 70er Jahre sowohl auf eine Qualifizierung der Heimerziehung als erzieherische Hilfe ab, als auch auf die Stärkung der Rechte der sich in der Heimerziehung befindenden Kinder, die bis dahin weitgehend ohne demokratische rechtliche Vertretungsmöglichkeiten auskommen mussten. In der Folge entstand allmählich in Form von Heimräten eine Vertretungsstruktur, und Länderregierungen setzten sich für eine Stärkung der Grundrechte für die Kinder in Heimerziehung ein (so z. B. das Land Hessen durch den 1972 herausgegebenen Erlass „Grundrechte und Heimerziehung"). Diese Diskussion nahm in den 70er Jahren breiten Raum in der Jugendhilfe ein. Noch der 5. Deutsche Jugendhilfetag der Arbeitsgemeinschaft für Jugendhilfe im Jahre 1978 stand ganz im Zeichen der Verbesserung der erzieherischen Hilfen und dem Ausbau selbst organisierter Handlungsoptionen in der Jugendhilfe, insbesondere in der Heimerziehung.

Die Jugendzentrumsbewegung Mitte der 70er Jahre erreichte die Errichtung und Förderung selbstorganisierter und selbstbestimmter Jugendheime. Sie hatte einen wichtigen Anteil daran, dass in der offenen Jugendarbeit neue, eigenständigere Einrichtungen entstanden, in denen auch Strukturen der Mitbestimmung und Mitgestaltung durch Jugendliche verankert wurden. Bis heute sind in einigen Jugendförderungsgesetzen der Länder Regelungen zur Beteiligung junger Menschen in der Jugendarbeit enthalten. Schließlich ist die allgemeine Politisierung der Jugendarbeit über den Bereich der politischen Bildung zu nennen, die auf eine Stärkung der Organisationsfähigkeit junger Menschen abzielte und ihnen die Fähigkeit des Erkennens und des Vertretens eigener Interessen und Bedürfnisse vermitteln wollte.

Hinsichtlich der Stärkung der Rechte von Kindern, insbesondere in den erzieherischen Hilfen, sollte auch an die Diskussion um ein selbstständiges Antragsrecht für Jugendliche Ende der 70-ziger Jahre erinnert werden. Der 1978 von der damaligen SPD/FDP geführten Bundesregierung vorgelegte „Referentenentwurf des Jugendhilferechtes" setzte auf ein eigenständiges Antragsrecht Jugendlicher auf Leistungen der Jugendhilfe einschließlich der erzieherischen Hilfen. So enthielt der damalige Entwurf in § 6 Abs. 2 folgende Formulierung:

„Ein Jugendlicher kann Anträge auf Leistungen der Jugendhilfe stellen und ver-

folgen sowie Leistungen entgegennehmen. Der öffentliche Träger der Jugendhilfe soll den gesetzlichen Vertreter über die Antragstellung und die erbrachte Leistung unterrichten."

In der Begründung hieß es hierzu: „Entsprechend dem Reformziel, Selbstverantwortung und Selbstentfaltung zu fördern, versucht das Gesetz die Position des jungen Menschen Schritt für Schritt bis zur Volljährigkeit zu stärken. (...) Im Unterschied zur Regelung im SGB räumt es dem jungen Menschen vom 14. Lebensjahr an ein Antragsrecht ein." (Referentenentwurf 1977, S. 44)

Dieses eigenständige Antragsrecht wurde im Referentenentwurf ergänzt durch den § 8 (Hilfe zur Erziehung gegen den Willen des Jugendlichen). Hier wurde in Abs. 1 ausdrücklich festgelegt, dass gegen den Willen des Jugendlichen der öffentliche Träger der Jugendhilfe unabhängig vom Willen des Personensorgeberechtigten eine Hilfe zur Erziehung ausserhalb der eigenen Familie nur dann leisten darf, wenn das Vormundschaftsgericht eine entsprechende Anordnung getroffen hat. Auch hier unterstreicht die Begründung, dass das Gesetz die Position des Jugendlichen für den Fall stärken wollte, dass er eine Hilfe zur Erziehung ausserhalb der eigenen Familie ablehnt. So sollten Eltern und/oder das Jugendamt nicht gegen den Willen des Jugendlichen z. B. über eine Heimunterbringung entscheiden können. Im weiteren wird dieser Schritt damit begründet „da der Jugendliche durch eine solche Entscheidung seiner Eltern in seiner Lebensführung schwerwiegend betroffen wird, hält es das Gesetz für angemessen, seinen Willen in die Entscheidungsfindung mit einzubeziehen" (Referentenentwurf 1997, S. 44).

Dieser Referentenentwurf löste vor allem hinsichtlich des Antragsrecht grundlegende Kontroversen über die Stellung der Kinder im Erziehungsprozess und die Rechte der Eltern aus. KritikerInnen warfen ihm vor, familiäre Konflikte und die Aushöhlung des Elternrechts zu fördern. Auch wenn der dann vom Deutschen Bundestag 1980 verabschiedete und vom Bundesrat am 4. Mai 1980 abgelehnte Gesetzesbeschluss diese Konsequenz nicht mehr beinhaltete, so hat die Diskussion über eine Stärkung der Kinderrechte von denjenigen Kindern, die in der Heimerziehung waren bzw. die erzieherische Hilfe erhielten, deutlich die Praxis im Interesse der Kinder beeinflusst.

3. Kinderrechte setzen sich durch

Seit Anfang der 90er Jahre konzentriert sich die Diskussion um den Ausbau der Beteiligungsmöglichkeiten von Kindern fast ausschließlich auf die Gestaltung der allgemeinen Lebensverhältnisse.

Unter dem Stichwort „Politik für Kinder" werden in fast allen Ländern Deutschlands verstärkt Aktivitäten in der Kinder- und Jugendhilfe gefördert, die auf die Herstellung kindgerechter Lebensverhältnisse setzen und diese, im Sinne von

Querschnittsaufgaben definierten Herausforderungen zum Maßstab des politischen und gesellschaftlichen Handelns überall dort erheben, wo es um die Belange von Kindern und Jugendlichen geht. Diesem umfassenden Anspruch folgt auch der Zehnte Kinder- und Jugendbericht der Bundesregierung, der sich ganz ausdrücklich für einen Aufbau der Beteiligung von Kindern und der rechtlichen Absicherung der Beteiligungsmöglichkeiten im allgemein gesellschaftlichen Raum aber auch in Einzelfeldern der Jugendhilfe ausspricht.

Entstanden sind eine Vielfalt von Partizipationsansätzen, die von ihrem Grundverständnis her geeignet sind, Kindern die für die Übernahme von sozialer und gesellschaftlicher Verantwortung erforderlichen „Tugenden" und Fähigkeiten zu vermitteln, ihnen Gelegenheit zu geben, sich Wissen und Können anzueignen, Verantwortung zu gestalten, „selbständig" Aufgaben zu übernehmen sowie eigene Interessen einzubringen und zum Durchbruch zu verhelfen. In besonderer Weise sind – neben Beteiligungsformen in der Schule, in Tageseinrichtungen für Kinder, bei Kinder- und Jugendverbänden und in der Jugendarbeit – vor allem Partizipationsansätze im kommunalen Raum hervorzuheben. Es geht dabei im Kern um die Verbesserung der Möglichkeiten zur Interessenartikulation. Teilweise zielen sie auf direkte Beteiligung von Kindern und Jugendlichen an Planungsprozessen. Im wesentlichen sind dies Kinder- und Jugendparlamente, Kinderforen, Zukunftswerkstätten zu spezifischen Themen der Lebensumfeldgestaltung, Stadtteilerkundungsmaßnahmen und Spielplatzinitiativen.

Das Kinder -und Jugendhilfegesetz eröffnet vielfältige Optionen:

a. Es hat in § 1 das Recht auf Förderung seiner Entwicklung und auf Erziehung zu einer eigenverantwortlichen und gemeinschaftsfähigen Persönlichkeit verankert.
   Eigenverantwortlich und gemeinschaftsfähig kann ein Kind jedoch nur dann werden, wenn es auch gefordert ist, an der Realisierung seiner Rechte mitverantwortlich teilzuhaben und seine Belange in den Erziehungsprozess einzubringen.

b. In § 8 wird ausdrücklich vorgeschrieben, dass Kinder und Jugendliche entsprechend ihrem Entwicklungsstand an allen sie betreffenden Entscheidungen der öffentlichen Jugendhilfe zu beteiligen sind und gleichzeitig wird ihnen das Recht eingeräumt, sich in allen Angelegenheiten der Erziehung und Entwicklung an das Jugendamt zu wenden.

c. § 9 legt fest, dass Leistungen und Aufgaben so auszugestalten sind, dass sie die wachsende Fähigkeit und das wachsende Bedürfnis des Kindes oder des Jugendlichen zu selbständigem, verantwortungsbewusstem Handeln sowie die unterschiedlichen Lebenslagen von Mädchen und Jungen berücksichtigen sollen;

d § 36 verpflichtet den öffentlichen Träger der Jugendhilfe, das Kind und den Jugendlichen vor der Entscheidung über den Anspruch einer Hilfe und vor einer notwendigen Änderung von Art und Umfang der Hilfe zu beraten und auf die möglichen Folgen für die Entwicklung des Kindes oder des Jugendlichen hinzuweisen;

e. § 80 verpflichtet den Träger der öffentlichen Jugendhilfe, den Bedarf an Leistungen und Angeboten unter Berücksichtigung der Wünsche, Bedürfnisse und Interessen der jungen Menschen zu ermitteln.

4. Wo bleiben die Kinderrechte in der Erziehungshilfe?

Schon auf den ersten Blick erkennt man, dass sich die Bemühungen und Projekte zur Durchsetzung von mehr Beteiligung vorrangig auf den allgemeinen gesellschaftlichen und politischen Raum beziehen. Es geht um die Gestaltung von Lebenswelten unter dem Aspekt von mehr Kinderfreundlichkeit.

Weniger beachtet wird die Stärkung der Rechte von Kindern und ihre Beteiligung im Rahmen der erzieherischen Hilfen.

Das dies so ist, mag vor allem darin begründet sein, dass: einerseits die erzieherischen Hilfen vom Grundsatz her eher eine Ausfallbürgschaft wahrnehmen, nämlich dann, wenn familiäre Erziehung und Versorgung Erziehungsdefizite nicht aufhalten bzw. abbauen kann. Dabei überwiegt bei dieser Betrachtungsweise der Hilfen eher das Verständnis, dass es hierbei nicht um ein höchstpersönliches Recht von Kindern geht, sondern um ein von den Eltern wahrzunehmendes eigenes Erziehungsrecht. Dies entspricht auch dem Grundgedanken des § 27 SGB VIII, der den Personensorgeberechtigen einen Anspruch auf „Hilfe zu (seiner) Erziehung“ einräumt.

Andererseits enthält das KJHG auch für Mitwirkungs- und Beteiligungsrechte von Kindern und Jugendlichen die erzieherische Hilfen erhalten Wege und Möglichkeiten. Es ist dabei nicht nur auf die §§ 8 und 36 SGB VIII zu verweisen. Ein weiterer Schlüssel liegt in den Erziehungszielen der Kinder- und Jugendhilfe selbst begründet, denn die erzieherischen Hilfen sind eigenständige Sozialisationsleistungen und übernehmen insoweit eine umfassende „Garantenstellung für Kinder und Jugendliche, ähnlich wie die Schule, auch Aufgaben der Versorgung, Erziehung und Bildung“.

So ist eine Erziehung zur Selbstbestimmung und Selbstveranwortlichkeit ein wichtiges Paradigma in der Kinder- und Jugendhilfe und unmittelbar verknüpft mit dem Prüfkriterium „der Einbezogenheit der subjektiven Interessen des betroffenen Kindes“. In diesem Kontext gilt die Feststellung Mollenhauers, dass nicht mehr das Individuum an sich das Objekt der Erziehung ist, sondern das Individuum in seiner gesellschaftlichen Ausgesetztheit (Mollenhauer 1968, S. 111).

So verstanden, ist der Prozess der erzieherischen Hilfen so anzulegen, dass die

Hinführung zu selbstverantwortlichem Handeln immanenter Bestandteil der Erziehung ist. Die Stärkung der Autonomie, die Betonung der Individualität und die Förderung zur Mündigkeit, bedingen zwingend Mitverantwortung und Mitgestaltung. Denn der solchermaßen begründete pädagogische Ansatz muss danach auf die Vermittlung von Fähigkeiten und Kompetenzen zur Herstellung von sozialer Handlungsfähigkeit und der Aufrechterhaltung von biografischen Optionen gerichtet sein (Mollenhauer 1968, S. 111).

Allerdings ist die Umsetzung von Partizipation in diesem Bereich, insbesondere auf örtlicher Ebene, noch zu wenig konturenhaft ausgeprägt, als das man ein Konzept präsentieren kann. Es fehlt an konkreten inhaltlichen Vorstellungen, wie Partizipation in diesen Bereichen aussehen und mit welchem Inhalt sie gefüllt werden muss. Auch wird man sich – anders als in der allgemein politischen Debatte um Partizipation – über die Frage nach den Grenzen von Partizipation verständigen müssen. So können sich z. B. Grenzen ergeben bezogen auf das Alter, aber auch bezogen auf die jeweils spezifischen individuellen Ausgangsbedingungen und schließlich aus der Art der Hilfeleistung, die zumeist sehr individuell angelegt ist.

5. Die Chancen und Möglichkeiten nutzen

Rechtliche Grundlagen für einen offensiven Ausbau der Kinderrechte für Kinder in Erziehungshilfe bestehen genug. Es bedarf einer intensiveren Bewusstseinsarbeit, bei der Diskussion über die Verbesserung der Kinderrechte auch der Kinder, die Leistungen der erzieherischen Hilfen erhalten, einzubeziehen.

Dies erfordert vor Ort die Schaffung struktureller Rahmenbedingungen, ohne die eine wirksame Beteiligung kaum möglich ist. Zwar bestehen in der Heimerziehung grundlegende Rahmenbedingungen für die Stärkung der Selbständigkeit und Selbstverantwortung und für eine angemessene Beteiligung bis hin zu Fragen des Arbeitsansatzes, der Freizeitgestaltung, des Kontaktes innerhalb und außerhalb des Heimes, der Besuchsregelung und anderes mehr, aber im Vorfeld solcher Entscheidungen ist häufig der Hilfeplan der einzige Ansatzpunkt den der Träger der Jugendhilfe bietet.

Eine stärkere Berücksichtigung von Beteiligungsrechten in der Erziehungshilfe verlangt deshalb nach Handlungsoptionen und methodischen Ansätzen sowie nach strukturellen Bedingungen, die, ansatzweise dargestellt, sich vor allem auf folgende Anspekte konzentrieren müssen:

- Welchen Raum und welche Handlungsmöglichkeiten eröffnet die Kinder- und Jugendhilfe, Beteiligungsansätze im Rahmen der Hilfeplanung über ein reines Anhörungsrecht hinaus, auch als ein Mitgestaltungsrecht zu begreifen, damit es mehr ist als nur der Verweis auf das Recht auf persönliches Gehör.

- Welche Grundvoraussetzungen (auch in struktureller Hinsicht) bedarf eine inhaltlich substanzielle Ausfüllung der Beteiligungsrechte von Kindern und Jugendlichen nach § 8 SGB VIII dahingehend, dass Beteiligung nicht als abstrakter Akt zu verstehen ist, sondern als „Pflicht zur Aufklärung, Beratung und Auskunft“ (Münder u. a. 1998, § 8 Rz 6).
- An wen können sich Kinder und Jugendliche wenden, wenn sie mit Entscheidungen des Jugendamtes nicht einverstanden sind. Wie kann die Balance gehalten werden zwischen dem Elternrecht und den Kinderrechten?
- Sind professionell tätige Fachkräfte in der Kinder- und Jugendhilfe ausreichend ausgebildet, um Kinderrechte auch in erzieherischen Hilfen zu erkennen und zu berücksichtigen?
- Brauchen wir einen besonderen „Anwalt“, der zur Absicherung kindesrechtlicher Positionen im Prozess der erzieherischen Hilfen tätig werden kann?

Aktuell gibt es eher mehr Fragen als Antworten und weniger Rahmenbedingungen als erforderliche Strukturen, wenn es um Beteiligungsrechte von Kindern im Prozess der Erziehungshilfe geht. Die Diskussion um die Kinderrechte und vor allem um substanzielle und effektive Wahrnehmung der Kinderrechte im kommunalen Raum kann aber auch für die Diskussion um Kinderrechte in den erzieherischen Hilfen wichtige Hinweise und Erkenntnisse vermitteln. Es sind vor allem die Träger der Jugendhilfe vor Ort, die aufgefordert sind, bei der Diskussion um die Kinderrechte diese Kinder nicht zu vergessen, sondern sie mit in ihre Handlungsoptionen einzubeziehen.

Literatur

Bundesministerium für Familie, Senioren, Frauen und Jugend (Hg.) 1998: Zehnter Kinder- und Jugendbericht (DS 13/11368)

Mollenhauer, K. 1968: Erziehung und Emanzipation, München. In Weskamp, P. Hilfe zur Erziehung im Alltag des Jugendamtes, Frankfurt am Main, Berlin, Bonn, New York, Paris, Wien: 1998

Münder, J . u. a.(Hg.) 1998: Frankfurter Lehr- und Praxis Kommentar zum KJHG/SGB VIII. 3., vollständig überarbeitete Auflage, Münster

Referentenentwurf für ein neues Jugendhilferecht vom 31. Oktober 1977, Begründung

Kapitel II

Beteiligung von Kindern und Jugendlichen in unterschiedlichen Aufgabenfeldern

1. Kinderinteressen vor Gericht

Hinweise für die Jugendhilfepraxis

Es ist nicht außergewöhnlich, dass es im Bereich der Erziehungshilfen zu Interessenkonflikten zwischen den unterschiedlichen Beteiligten kommt. In einigen Fällen streitet sich das Jugendamt, vertreten durch SozialarbeiterInnen mit Eltern, Minderjährigen oder jungen Erwachsenen um die Art der gewährten oder über die eben nicht gewährte Hilfe. Auch Einrichtungen freier Träger und andere Personen z. B. Verwandte befassen sich mit den nicht immer leicht zu beantwortenden Fragen: Ist Hilfe und Unterstützung für die Familie oder die Kinder und Jugendlichen notwendig? Wenn ja, welche Hilfe und Unterstützung ist die richtige? In welchem Rahmen wird sie von wem finanziert?

Kann unter den beteiligten Fachkräften und den AdressatInnen der Erziehungshilfe keine Einigkeit erzielt werden, gibt es Anlass das Gericht einzuschalten.

Soziale Rechtsberatung

Ausgehend von einer Vielzahl von Konfliktfällen zwischen leistungsberechtigten Müttern und Vätern, jungen Volljährigen, Kindern und Jugendlichen und im Einzelfall beteiligten freien Trägen der Jugendhilfe und den jeweils zuständigen Jugendämtern hat der *Kinder haben Rechte e. V.* in den vergangenen drei Jahren Einzelberatung angeboten und mehrfach gerichtliche Verfahren begleitet. Immer wieder wandten sich Jugendliche und junge Erwachsene in Krisensituationen an uns, mit der Bitte um juristische und sozialpädagogische Beratung. Zunehmend wurden wir auch von freien Trägern der Jugendhilfe um Rat gefragt, wenn es um die Klärung und Durchsetzung von Ansprüchen auf Hilfen zur Erziehung ging. Immer deutlicher kristallisiert sich der Bedarf an unabhängiger sozialer Rechtsberatung heraus. Es fehlen oft geeignete AnsprechpartnerInnen, die in den meist krisenhaft sich entwickelnden Lebenssituationen neben der sozialpädagogischen und solidarischen Unterstützung auch juristische Hinweise und Tips zum richtigen Verwaltungsweg geben können. *Kinder haben Rechte e. V.* hat daher für die Region

Münster ein Netzwerk von JuristInnen auf den Weg gebracht. Der Kinderschutzbund hat es übernommen, dieses Netzwerk an die eigene Beratungspraxis anzubinden und damit diese Initiative fortzuführen. Mit der konkreten Durchsetzung der Interessen Minderjähriger und junger Volljähriger hat Kinder haben Rechte e. V. sich nicht nur Freunde gemacht. Zunehmend skeptisch wurde der Verein von einigen Jugendämtern betrachtet aber – und dies bestätigt das Anliegen des Vereins – es gibt auch zunehmend Stimmen aus der öffentlichen Jugendhilfe die besagen, diese Initiative sei dringend überfällig.

Beispielhaft auch für andere Beratungen schildert zunächst eine Jugendliche ihren langen und schwierigen Weg, der über das Gericht zu der Jugendhilfemaßnahme führte, die sie sich vorstellte. Die Jugendliche war mit den für sie wichtigen Erwachsenen in Konflikt geraten, mit ihren Eltern, mit den zuständigen SozialarbeiterInnen des Jugendamtes und mit den ErzieherInnen einer Wohngruppe, in der sie kurzfristig lebte. Sie entschied sich dafür, allein zu leben und wollte gerne in einer eigenen Wohnung, die sich nicht im Wohnort der Eltern befinden sollte, betreut werden. Da weder das Jugendamt noch die Eltern damit einverstanden waren und sie ihr alternativlos eine Wohngruppe im Wohnort der Eltern oder das Wohnen bei den Eltern vorschlugen, wählte die Jugendliche die Obdachlosigkeit und das Straßenleben. Dieses konnte sie erst beenden, nachdem sie mit Hilfe einer kombinierten anwaltlichen-sozialpädagogischen und juristischen Unterstützung des *Kinder haben Rechte e. V.* eine Gerichtsverhandlung über das Aufenthaltsbestimmungsrecht der Eltern veranlasste. Der zuständige Richter ließ sich von ihrem Vorhaben ein eigenes Leben mit flexibler Betreuung führen zu können, überzeugen. Durch seinen Einfluss konnten schließlich – nach fast zwei Jahren – die Eltern dazu gebracht werden den entsprechenden Antrag beim Jugendamt zu stellen und das Jugendamt dazu, die von der Jugendlichen gewünschte Hilfe zu gewähren.

Loseblattsammlung

Neben der Beratung und Begleitung in Einzelfällen hat der *Kinder haben Rechte e. V.*, Münster, einen ersten Schritt getan, auch bundesweit Aufmerksamkeit für die Rechte von jungen Menschen in Erziehungshilfen vor Gericht zu wecken, indem er die Herausgabe einer (Loseblatt-)Sammlung kinder- und jugendhilferechtlicher Entscheidungen initiiert hat. Hier werden – gekürzt und kommentiert – wichtige Entscheidungen, Beschlüsse und sonstige Entscheidungen im Bereich des SGB VIII präsentiert. In Zusammenarbeit mit Prof. Dr. Münder und Britta Tammen von der Universität Berlin, Irmgard Diedrichs-Michel (Kassel), Prof. Dr. Anne Lenze von der Fachhochschule Darmstadt, Jochem Baltz, Justitiar beim Deutschen Verein und den Rechtsanwälten Thomas Lakies (Berlin) und Matthias Westerholt (Bremen) wurden Kontakte zu allen Verwaltungs- und Oberverwaltungsgerichten oder Verwaltungsgerichtshöfen hergestellt. Dadurch wurde erreicht, dass heute die für den Bereich SGB VIII relevanten gerichtlichen Entscheidungen regelmäßig an den

Kinder haben Rechte e. V. gesandt werden. Hier werden die eingehenden Entscheidungen (ca. 20 pro Monat) registriert, vervielfältigt und an die vorgenannten MitarbeiterInnen gemäß vereinbarter (fachlicher) Zuständigkeit versandt. Bei der Zuständigkeit wurden alle Bereiche des KJHG und verwandter Rechtsgebiete unter den MitarbeiterInnen „aufgeteilt". Die MitarbeiterInnen sichten die Entscheidungen, wählen diejenigen, die in der Loseblattsammlung veröffentlicht werden sollen aus und bearbeiten diese anhand vereinbarter Vorgaben. Entscheidend ist dabei die Festlegung derjenigen Passagen, die veröffentlicht werden müssen und die Bearbeitung vorhandener oder Erstellung eigener Leitsätze und Stichworte. Hinzu kommt die Aufgabe, die Entscheidung selbst oder durch fachkompetente Dritte (JuristInnen oder PädagogInnen) kurz zu kommentieren. Nach der folgenden Bearbeitung (Gewährung einheitlicher Standards, Lektorat) und einer weiteren Sichtung durch die MitarbeiterInnen werden die zweimal jährlich geplanten Nachlieferungen den AbonnentInnen der Loseblattsammlung zur Verfügung gestellt. Zur Abrundung finden regelmäßige Zusammenkünfte der MitarbeiterInnen statt um die Fortentwicklung des Werkes fachlich und kritisch zu begleiten.

Die Loseblattsammlung ist eine in Zukunft für alle Gerichte, Jugendämter oder Träger unentbehrliche Unterstützung beim „Streit um das Recht", und für junge Menschen und ihre Eltern im Streit mit der örtlichen Jugendhilfe eine wichtige Argumentationshilfe. Das Stammwerk selbst wird zum Jahresende 1999 erscheinen. In einem geplanten Umfang von ca. 200 Seiten, geordnet in einem Ringhefter, werden die Entscheidungen gereiht nach den Paragraphen des SGB VIII und laufend nummeriert dargestellt. Pro Entscheidung sind 2 bis 3 Seiten DIN A5 geplant. Mehreren Vorschriften des dem KJHG zuordenbare Entscheidungen werden mit einem entsprechenden Verweis an allen in Betracht kommenden Stellen erwähnt. Eine Erweiterung der Darstellung um Literaturhinweise und sekundäre Rechtsquellen unter Einschluss von Länderrecht ist geplant.

Zehn verschriftete KJHG-relevante Gerichtsurteile wertet der zweite Beitrag in diesem Kapitel nach unterschiedlichen Gesichtspunkten aus. Unter anderen wird der Aspekt der Beteiligung von Kindern und Jugendlichen untersucht. Diesbezüglich zeigt sich, dass in den meisten Fällen der Urteile die eigenständigen Wünsche und Einschätzungen der minderjährigen Mädchen und Jungen überhaupt nicht erwähnt werden. Im Vergleich zu der beschrieben Einzelerfahrung mit der Jugendlichen und zu einer Vielzahl ähnlicher Erfahrungen von *Kinder haben Rechte e. V.*, bestätigt sich somit die Tatsache, dass die Interessen, Wünsche und Bedürfnisse der Kinder und Jugendlichen in gerichtlichen Verfahren am ehesten dann bei Entscheidungen zum Tragen kommen, wenn sie durch Erwachsene vertreten werden. Es bleibt zu hoffen, dass das neue Rechtsinstitut des Verfahrenspflegers hier Neues bewegen kann. Unserer Erfahrung nach ist jedoch bereits im Vorfeld von gerichtlichen Verfahren ein großer Bedarf an sozialer Rechtsberatung für Mädchen und Jungen vorhanden.

„Ich glaubte, das halte ich nicht durch" – der lange Weg einer Hilfegewährung

Ich heiße Sandra[1] und bin 16 Jahre alt.

Mein Leben hat sich sehr zum Positiven verändert. Das, was ich noch vor kurzer Zeit verurteilt habe, strebe ich jetzt für mein zukünftiges Leben an. Eigentlich wollte ich mich gar nicht an die Gesellschaft anpassen, wollte meinen eigenen Weg gehen. Dabei waren mir vor allem meine Freunde und Freundinnen auf der Straße und die Drogen wichtig. Heute habe ich eine Wohnung, gehe zur Schule und brauche nicht mehr zu „schnorren". Den Absprung von den Drogen Haschisch, Speed, Extasy und LSD habe ich auch geschafft. Soweit hätte ich es nie geschafft, wenn ich nur die alleinige Unterstützung der für mich zuständigen Sozialarbeiterin im Jugendamt gehabt hätte. Von Anfang an habe ich mir Hilfe bei einigen anderen Organisationen gesucht. Als ich mich in einer ausweglosen Situation befand, haben meine Freundinnen weitere Hilfestellen für mich gesucht. Sie haben *Kinder haben Rechte e.V.* ausfindig gemacht.

Meine Situation war damals folgende:

Nachdem ich im August 1995, kurz vor meinem vierzehnten Geburtstag, von meinen Eltern abgehauen war und nachdem ich drei Wochen in einer Jugendschutzstelle verbracht hatte, zog ich in eine Mädchenwohngruppe. Zuvor hatte ein Hilfeplangespräch stattgefunden. Meine Eltern stellten einen Antrag auf Erziehungshilfe beim Jugendamt. Anfangs fühlte ich mich in der Mädchenwohngruppe sehr wohl, fand schnell Anschluss zu meinen Mitbewohnerinnen und genoss meine neuen Freiheiten. Doch ich wollte mehr Freiheiten, als die Regeln der Mädchenwohngruppe zuließen. So setzte ich mich über die Regeln der WG hinweg. Die Betreuer veranlassten nach einem halben Jahr meines Aufenthaltes ein neues Hilfeplangespräch, an dem ich allein mit acht Erwachsenen teilnahm. Darunter befanden sich vier Betreuer, meine Eltern und zwei Sozialarbeiter vom Jugendamt. Ich hatte also so gut wie keine Chance. Trotzdem wurde beschlossen, dass ich zu meinen Eltern zurückkehren sollte. Dagegen weigerte ich mich strikt. So haute ich erneut ab und landete in Münster.

Hier gab es zum Glück nicht nur Jugendschutzstellen, die eng mit dem Jugendamt zusammenarbeiten. In Münster gab es zum Beispiel ein Mädchen-Sleep-in, in dem obdachlose Mädchen übernachten können und mit dem Notwendigsten versorgt werden. Es ist nur eine Übernachtungsmöglichkeit, so dass es sehr wenige Regelungen gibt, die auch nur den Aufenthalt im Haus regeln. Man ist auch nicht verpflichtet, jede Nacht dort zu verbringen, allerdings wird einem der Übernach-

1 Der Name wurde verändert.

tungsplatz auch nur drei Tage lang gesichert. Ein anderer Nachteil (bzw. Vorteil) ist es, dass das Masy nicht den ganzen Tag geöffnet hat, sondern nur von 18.00 bis 10.00 Uhr, so dass man den Tag über auf der Straße verbringen muss. Allerdings kann man die Zeit auch nutzen, um Ämtergänge zu erledigen, was auf mich jedoch nicht zutraf, da ich zu dem Zeitpunkt minderjährig war. Wenn man Hilfe gesucht hat, hat man sie jedoch auch außerhalb der Öffnungszeiten bekommen. Ich nahm die Hilfe an und führte mit den Betreuern zusammen Telefonate mit dem Jugendamt und meinen Eltern. Termine für neue Gespräche wurden auch gemeinsam vereinbart, damit ich vor dem Jugendamt meine Ziele und Vorstellungen nicht alleine vertreten musste und dem Konflikt mit meinen Eltern nicht allein gegenüberstehen musste. Im Mädchen-Sleep-In verbrachte ich ungefähr ein dreiviertel Jahr. Danach zog ich in die gemeinsame Wohnung von zwei Freundinnen, die schon volljährig waren und die ich im Mädchen-Sleep-In kennengelernt habe. Ich bekam in dieser Zeit keinen Pfennig Geld. Als ich im Mädchen-Sleep-In wohnte, verbrachte ich meinen Alltag überwiegend mit Schnorren. Während ich bei meinen Freundinnen lebte, haben die mich „mit durchgezogen". Erst im nachhinein ist mir klar, dass ich in der Zeit ganz unbewusst gar nicht mein eigenes Leben gelebt habe, sondern mich, weil ich meinen Schlafplatz und die Unterstützung nicht verlieren wollte, immer an andere angepasst hatte.

Das Mädchen-Sleep-In hatte mir die Adresse einer Mobilen Betreuungsstelle gegeben, die mich in der Zeit, als ich bei meinen Freundinnen wohnte, in Gesprächen begleitet hat. Ich weiß gar nicht mehr, wie viele Gespräche mit dem Jugendamt und meinen Eltern stattgefunden haben; es waren etliche und nichts hatte sich an meiner Situation geändert. Meine Eltern wollten, dass ich entweder zurück nach Hause komme oder erneut in eine Wohngruppe ziehe, in der ich rund um die Uhr betreut werden sollte. Ich wollte jedoch in eine Mobile Betreuung und eine eigene Wohnung. Ich wusste aus der Erfahrung mit der Mädchenwohngruppe, dass es mir sehr schwer fallen würde, mich an feste Regeln zu halten, die mir andere diktieren. Nach fast zwei Jahren auf der Straße, wo ich alles, was mein Leben betraf, selber entschieden habe – und ich meine, dass das ganz gut geklappt hat – konnte ich mir nicht vorstellen, dass jemand anders besser weiß, was für mich gut ist, z.B. zu entscheiden, wann ich zu essen habe oder schlafen gehe.

Schließlich erkannte auch das Jugendamt, dass wir mit Gesprächen nicht mehr weiterkamen, und das Amtsgericht wurde hinzugezogen. Leider hatte die Betreuerin der Mobilen Betreuung, die sich meiner angenommen hatte, ohne vom Jugendamt finanziert zu werden, an dem Gerichtstermin keine Zeit. Also sollte ich dort alleine erscheinen. Der Termin war für 9.00 Uhr in Hamm festgelegt. Da ich nicht gewohnt war, so früh aufzustehen, verpasste ich den Termin, obwohl ich mir am Tag vorher eine Zugfahrkarte und die Zugverbindung besorgt hatte. Meiner Meinung nach war dieser Termin bei meinem ungeregelten Alltag zu früh angesetzt. Da Jugendamt und Gericht öfter mit obdachlosen Jugendlichen zu tun haben, hätten sie sich das auch denken können.

Nach dem Gerichtstermin telefonierte ich mit meinen Eltern, um zu erfahren, ob sie zu einem Ergebnis gekommen sind. Sie sagten, es sei nichts beschlossen worden. Da ich nicht anwesend war, würde mir ein neuer Termin zugeschickt werden. Ich verabredete mich mit meiner Mutter, die mir ein bisschen Geld geben wollte. Für den selben Tag verabredete ich einen Termin bei der Jugendgerichtshilfe im Jugendamt der Stadt H. Bei dem Gespräch passierte Folgendes: Nachdem ich eine halbe Stunde mit der Jugendgerichtshilfe im Gespräch verbracht hatte, kam plötzlich meine Sozialarbeiterin herein. Sie erklärte mir kurz, dass das Gericht eine Zwangseinweisung in die Jugendpsychiatrie auf den Antrag meiner Eltern bestätigt hat. Der Grund war die Drohung der Verwahrlosung und der Abrutsch in die Drogenszene. Die Polizei wartete auch schon vor der Tür. Ich schrie meine Sozialarbeiterin an, weil ich geschockt war und nicht mehr wusste, was ich machen sollte. Als die Polizei hereinkam, um mich mitzunehmen, entschuldigte ich mich bei meiner Sozialarbeiterin, und das trotz meiner Wut, die ich auf meine Sozialarbeiterin und meine Eltern hatte, weil sie mich hintergangen hatten. Ich bat sie in meiner Not, mich in der Psychiatrie anzurufen, da ich nicht wusste, ob ich von der Psychiatrie aus telefonieren durfte und ich auch keine Telefonnummern von Hilfestellen dabei hatte. So wartete ich auf den Anruf.

Die ersten drei Tage habe ich in meinem Zimmer verbracht und jeden der Betreuer angeschrien, der mit mir sprechen wollte. Nach einiger Zeit konnte ich mich einlassen und habe mich mit dem Psychologen der Station gut verstanden. Danach begriff ich, dass die Mitarbeiter in der Psychiatrie schließlich auch nur ihren Job tun und nicht die Verantwortlichen für meine Situation waren. Am fünften Tag meiner geschlossenen Unterbringung in der Psychiatrie hatte ich immer noch nichts von meiner Sozialarbeiterin gehört. Zum Glück durfte ich telefonieren und erfuhr über die Auskunft die Telefonnummer des Streetwork in Münster, so man mich auch durch Angebote wie „Offenes Frühstück" und „Kaffeetrinken" kannte. Wenn ich reden wollte oder Informationen brauchte, hatte ich auch schon Gespräche mit den Streetworkern dort geführt, so dass sie meine Situation zum größten Teil kannten. An diesem Tag war das „Offene Frühstück", an dem auch meine Freundinnen teilnahmen, die bis dahin nicht wussten, was mit mir geschehen war. Die Streetworkerin konnte nur auf neues Gespräch in der Psychiatrie warten, in dem über meinen weiteren Aufenthalt entschieden werden sollte. Daran wollte sie zu meiner Unterstützung auf jeden Fall teilnehmen.

Nach anderthalb Wochen kam meine Sozialarbeiterin in der Psychiatrie vorbei, da sie einen Termin mit einer anderen Jugendlichen hatte und nahm sich „gütigerweise" eine Viertelstunde Zeit für mich. Bei diesem Gespräch beschuldigte sie mich der Prostitution. Diese Vermutung äußerte sie nicht direkt, doch ich konnte ihre Meinung, die sie von mir hatte, an Äußerungen wie: „Du als Mädchen weißt, wie man leicht an Geld kommt", erkennen. Sie nahm sich aber nicht die Zeit, um näher auf mich einzugehen. In dieser Zeit bekam ich einen Anruf einer Mitarbeiterin von *Kinder haben Rechte e.V.*, die von meinen Freundinnen informiert worden war. Zunächst wurde mir erklärt, dass der Verein sich für die Rechte von Kindern und

Jugendlichen stark macht und einsetzt. Ich erzählte ihr von meiner Situation, an der sie zu dem Zeitpunkt nichts ändern konnte, jedoch versicherte sie mir ihre Unterstützung. Nach diesem Telefonat hatte ich neuen Mut gefasst, weil ich das Gefühl hatte, dass jemand hinter mir steht, dem ich vertrauen kann und jemand, der in Zusammenarbeit mit Anwälten auch beim Jugendamt etwas bewirken kann.

Kurz darauf folgte eine richterliche Anhörung in der Psychiatrie, bei der der zuständige Familienrichter, der Psychologe der Station, meine beiden SozialarbeiterInnen vom Jugendamt, meine Eltern, eine Sozialarbeiterin vom Streetwork aus Münster und ich anwesend waren. Dabei ging es um die Verlegung von der geschlossenen auf die offene Station. Es wurde vereinbart, dass ich für drei Monate in der Psychiatrie bleiben soll. Anschließend sollte beurteilt werden, ob eine flexible Betreuung für mich in Frage käme. Ich willigte auf Anraten meines Psychologen ein, weil das die einzige Möglichkeit war, auf die offene Station zu kommen. Kurz nach der Verlegung ging der Psychologe der Station in Urlaub, so dass die Ärztin für mich zuständig war. Diese widersprach sich völlig in ihren Aussagen mit denen des Psychologen. Ich wusste nicht mehr, wem ich was glauben sollte. In der vierten Woche meines Psychiatrieaufenthaltes kamen meine beiden Freundinnen zu Besuch, mit denen ich mich über meine Unsicherheit unterhielt. Meine Verzweiflung nahm zu und ich fragte mich, was mir der Psychiatrieaufenthalt bringen soll. Ich hatte das Gefühl, dass die Leute in der Psychiatrie mir auch nicht helfen wollten. So beschloss ich, die Psychiatrie sofort zu verlassen. Meine beiden Freundinnen halfen mir, unauffällig zu verschwinden.

Am darauf folgenden Tag ging ich ins Mädchenkrisenhaus in Münster, wo ich den Sozialarbeiterinnen meine Situation schilderte, und wir gemeinsam bei meinem Heimatjugendamt einen Antrag auf Inobhutnahme stellten. Dieser wurde jedoch abgelehnt, da ich mich nicht an Vereinbarungen des Psychiatrieaufenthaltes gehalten hatte.

Mit dem Mädchenkrisenhaus habe ich bei *Kinder haben Rechte e.V.* angerufen und für den gleichen Tag einen Termin vereinbart. Bei diesem Termin habe ich die pädagogische Mitarbeiterin von Kinder haben Rechte e.V. zum ersten Mal persönlich kennengelernt. Ich erklärte ihr, warum ich aus der Psychiatrie geflohen bin. Sie hat dies nicht als negativ empfunden und mir deswegen keine Vorwürfe gemacht. Stattdessen haben wir überlegt, wie wir die Situation weiter angehen. Sie hat mir zugesichert, mich in meinem Ziel „Betreuung in einer eigenen Wohnung“ zu unterstützen. Klar war, dass meine Eltern zustimmen müssten oder ein Aufenthaltsbestimmungsrechts- bzw. Sorgerechtsentzug eingeklagt werden müßte. Um uns auf ein nächstes Jugendamtsgespräch vorzubereiten, wollten wir uns informieren, wie ein betreutes Wohnen in einer eigenen Wohnung aussehen kann.

Da ich den Kontakt zur „Mobilen Betreuung“ verloren habe, weil sie sich in der Psychiatrie nicht mehr gemeldet haben und ich mich im Stich gelassen gefühlt habe, nahmen wir Kontakt zu den „Flexiblen Erzieherischen Hilfen“ in der Outlaw

GmbH auf. Dort fand ein Informationsgespräch statt, bei dem ich über die verschiedenen Angebote aufgeklärt wurde. Für mich kam jedoch nur die flexible Betreuung in Frage. Ich verstand mich direkt gut mit den Betreuerinnen, wobei ich eine schon aus dem Mädchenkrisenhaus kannte. Anschließend fand noch einmal ein Gespräch in der Psychiatrie mit allen Beteiligten statt, wobei ich von der Mitarbeiterin von *Kinder haben Rechte e.V.* begleitet und unterstützt wurde. Leider kamen wir durch mein Verschulden zu spät. Als wir ankamen, war offensichtlich, dass meine Eltern, das Jugendamt und der Psychologe schon alles besprochen und entschieden hatten. Nach meiner Meinung wurde gar nicht mehr gefragt. Mir wurde mitgeteilt, dass ich entweder nach Hause gehen müsste oder in eine WG mit 24-Stunden-Betreuung ziehen müsste. Auf jeden Fall wurde eine flexible Betreuung komplett abgelehnt. Wir stellten fest, dass eine Zusammenarbeit sowohl mit meinen Eltern als auch mit dem Jugendamt nicht möglich war. So beschlossen wir, eine erneute richterlich Anhörung zu beantragen, um den Entzug des Aufenthaltsbestimmungsrechts oder Sorgerechts einzuklagen. Hierzu wurde der Anwalt von *Kinder haben Rechte e.V.* hinzugezogen. Schließlich war ich zu dem Zeitpunkt erst 15 Jahre alt, lebte schon ein Jahr auf der Straße und wollte dringend „ein normales Leben“ führen, d.h. eine eigene Wohnung haben und zur Schule gehen.

Da ich meinen Alltag nicht anders zu gestalten wusste, habe ich mich immer mehr in die Drogen hineingesteigert. Nachdem meine Freundinnen ihre Wohnung verloren haben, musste ich wieder im Masy übernachten, so dass ich tagsüber keinen Anlaufpunkt mehr hatte und abgehangen habe. Ich wollte dem Jugendamt zeigen, dass ich es mit meinen Anliegen ernst meinte, und deshalb bewarb ich mich an verschiedenen Schulen in Münster, die mich allerdings nicht aufnehmen konnten. Ich war in Münster nicht gemeldet und ohne die Zustimmung meiner Eltern konnte ich mich nicht ummelden. Ich erkundigte mich nach Alternativen und lernte die Jugendwerkstatt kennen. Hier können Jugendliche ohne Schulabschluss für ein Jahr lang arbeiten, um sich an Regelmäßigkeit im Alltag zu gewöhnen und berufliche Perspektiven zu finden. Inzwischen hatte das zweite Jahr meiner Obdachlosigkeit begonnen, ohne dass sich das Jugendamt für mich zuständig fühlte. Durch die Jugendwerkstatt hatte ich einen Anlaufstelle, wo ich einige Zeit, die ich sonst auf der Straße verbracht hätte, mich sinnvoll beschäftigen konnte. Außerdem konnte ich bei pünktlicher Teilnahme alle zwei Wochen 100 DM verdienen. Das war mein einziges Geld. Immerhin brauchte ich dann weniger zu schnorren. Mir fiel es lange Zeit schwer, pünktlich und regelmäßig an der Arbeit teilzunehmen, da ich es nicht gewohnt war, Verpflichtungen nachzukommen.

In der Jugendwerkstatt war ich für die Mitarbeiterin von *Kinder haben Rechte e.V.* erreichbar. Wir trafen uns regelmäßig einmal in der Woche. Es tat mir gut, dass sich jemand um mich kümmerte und sich für meine Probleme interessierte, ohne mich zu verurteilen. Außerdem motivierte sie mich, meine Ziele nicht aus den Augen zu verlieren, da wir uns ständig unterhielten, wie es weiter gehen sollte. Wir verfassten einen Wochenplan, in dem ich meine ständigen Termine eintrug. Das half mir, dass ich die Termin z.B. auch bei meiner Psychiaterin einhielt, die ich aufsuchte, damit ich nicht in die Psychiatrie zurückgehen musste. Nach kurzer Zeit merkte ich, dass ich mit ihr einiges aufarbeiten konnte.

In der Zwischenzeit schrieben *Kinder haben Rechte e. V.*, Outlaw, Streetwork und ich jeweils eine Stellungnahme für das Jugendamt und den bevorstehenden Gerichtstermin. Damit wollte ich beiden Parteien und meinen Eltern zeigen, dass ich weiß, was ich will und was ich nicht will, denn Jugendhilfe kann nur sinnvoll sein, wenn der Jugendliche dahintersteht. Die Stellungnahmen beinhalteten klare Vorstellungen von meinen Zukunftsperspektiven.

Es dauerte dann noch einmal ein halbes Jahr – zu dieser Zeit war ich bereits fast zwei Jahre obdachlos – bis der Gerichtstermin angekündigt wurde, bei dem um das Aufenthaltsbestimmungsrecht verhandelt werden sollte.

Der Gerichtstermin verlief folgendermaßen:

Begleitet worden bin ich von der Mitarbeiterin von *Kinder haben Rechte e. V.* und einem Rechtsanwalt des Vereins, die mich vor dem Richter vertreten haben. Es war derselbe Richter, der mich ungefähr vor einem halben Jahr in die Psychiatrie einweisen ließ. Durch meine Flucht aus der Psychiatrie und dadurch, dass ich mir Hilfe bei *Kinder haben Rechte e. V.* gesucht habe, erkannte der Richter eher als das Jugendamt, dass eine Hilfemaßnahme gegen meinen Willen zwecklos ist, vor allem ohne die mir selbst ausgesuchte Jugendhilfemaßnahme auszuprobieren. Außerdem wies er das Jugendamt und meine Eltern auf die Dringlichkeit hin, eine Änderung an meiner Situation vorzunehmen. Falls dies nicht geschehen sollte, würde er für sich keine anderen Möglichkeit sehen, als meinen Eltern das Aufenthaltsbestimmungsrecht zu entziehen. Parallel dazu prangerte er das Jugendamt an, dass sie eine Minderjährige fast zwei Jahre auf der Straße leben lassen. Als meine Eltern merkten, dass sie keine andere Wahlmöglichkeit hatten, wenn sie das Aufenthaltsbestimmungsrecht behalten wollten, lenkten sie doch noch ein und beantragten eine Jugendhilfemaßnahme nach meinen Vorstellungen.

Rückblickend fand ich die Entscheidung, meinen eigenen Weg zu gehen, sehr positiv, da ich dadurch früh sehr viele Erfahrungen gemacht habe, die Gleichaltrige heute erst machen, z. B. Drogen, Parties, Eigenverantwortung. Außerdem weiß ich, wie es ist, nur „abzuhängen", so dass ich den Wert der Schule jetzt erkenne, die mir Wahlmöglichkeiten in meiner Zukunft offen hält.

Für meine Eltern war die Schule immer sehr wichtig, so dass sie den Erfolg der Jugendhilfemaßnahme jetzt erkennen und nun gerne bereit sind, mich zu unterstützen. Meine Eltern vertrauen mir inzwischen, dass ich mein Leben selbst in die Hand nehmen kann, was ihnen dabei geholfen hat, mich endlich loszulassen.

Früher dachte ich, das Leben auf der Straße sei frei. Im nachhinein weiß ich, dass ich von sehr vielen Freunden abhängig war, da ich Übernachtungsmöglichkeiten, Kontakte und Geld brauchte. So passte ich mich ihnen an, um die Freundschaft nicht zu gefährden. Dies ist mir allerdings erst heute bewusst.

Interessen und Rechte von Mädchen und Jungen im Spiegel von Gerichtsurteilen aus dem Bereich der Erziehungshilfen

Mareile Kalscheuer & Matthias Westerholt

1. Erfahrungen

Es gibt viele Gründe, sich mit dem Thema Kinder- und Jugendhilfe in der Justiz auseinanderzusetzen. Ein Grund sind konkrete Erfahrungen.

Erfahrungen mit Gerichten...

Ein Richter bei einem kleinen Verwaltungsgericht in Norddeutschland erklärte 1997 anlässlich einer mündlichen Verhandlung, also sieben (!) Jahre nach Inkrafttreten des SGB VIII, in der es um Hilfe nach § 41 SGB VIII (Kinder- und Jugendhilfegesetz) ging, dass dieses Verfahren sein erster Jugendhilfefall sei. Der Richter ist dort mit seiner Kammer seit Jahren für diesen Bereich zuständig. Er bemerkte noch, dass die einzige Literatur zu diesem Thema in der Gerichtsbibliothek ein Text des JWG sei.

... und mit Jugendämtern

In einem anderen Fall aus dem Jahr 1995 versuchte das Jugendamt gerichtlich klären zu lassen, dass es jahrelang gewährtes Pflegegeld ab dem 18. Lebensjahr nicht mehr zahlen müsse. Begründung: Wer es bis zur Volljährigkeit nicht geschafft habe, unabhängig von Jugendhilfeleistungen zu leben, ist unheilbar. Für den sei die Sozialhilfe zuständig. Das Gericht musste in der mündlichen Verhandlung das Jugendamt darüber aufklären, dass das JWG nicht mehr gelte und die entsprechenden Rechtsgrundlagen jetzt im SGB VIII zu finden seien.

Der Alltag in den Jugendämtern entspricht noch längst nicht den im Kinder- und Jugendhilfegesetz fixierten Standards und Rechten von Mädchen und Jungen, insbesondere im Feld der Erziehungshilfen, müssen im Konfliktfall vor Gericht durchgesetzt werden.

2. Fragen und erste Recherchen des *Kinder haben Rechte e. V.*

Je intensiver wir uns als JuristInnen und als SozialpädagogInnen mit der Praxis der Jugendhilfe und der Justiz im Umgang mit den Rechten von Mädchen und Jungen in Erziehungshilfen auseinandersetzten, umso drängender wurden die nachfolgenden Fragen:

a. Wo sind gesetzliche Grundsatzentscheidungen getroffen worden zu Leistungsansprüchen auf der einen Seite, Verfahrensregelungen – insbesondere zum zentralen Verfahren der Hilfeplanung und Mitwirkung gem. § 36 SGB VIII – auf der anderen Seite?

b. Wie werden Rechte von Mädchen, Jungen und jungen Erwachsenen auf ausreichende Beteiligung und Mitwirkung, ihr Wunsch- und Wahlrecht in Konfliktfällen, die vor Gericht verhandelt werden, berücksichtigt? Gibt es Entscheidungen, in denen auf die Pflicht des Jugendamtes, bei längerfristig angelegten Jugendhilfemaßnahmen ein Hilfeplanverfahren unter Mitwirkung der Betroffenen durchzuführen, bezug genommen wird?

c. Was sind die Anlässe gerichtlicher Auseinandersetzung und wer sind die Personen und Institutionen, die junge Menschen und ihre Eltern in diesen Verfahren unterstützen, wenn das Jugendamt berechtigte Leistungen verweigert?

d. Welche Begründungen führen die Jugendämter an, wenn sie Anträge auf Hilfen zur Erziehung ablehnen?

Unsere These: Je gründlicher die Gerichte bei der Suche nach der „richtigen" jugendhilferechtlichen Lösung unterstützt werden, desto kompetentere Entscheidungen und Verfahrensregelungen sind zukünftig zu erwarten. Je bekannter gerichtliche Entscheidungen zur Durchsetzung gesetzlich verankerter Kinderinteressen werden, um so eindeutiger können junge Menschen, ihre Eltern und beteiligte freie Träger ihre Leistungsansprüche und Beteiligungsrechte vertreten. Je bekannter Entscheidungen werden, in denen Jugendämter verpflichtet werden auf der Basis des KJHG zu handeln, um so eindeutiger können sich auch Fachkräfte der Jugendhilfe für die Umsetzung geeigneter Hilfen einsetzen.

3. Zehn Konflikte vor Gericht

Im Rahmen dieser Dokumentation wollen wir erste fachliche Analysen und Bewertungen des Materials, auf das wir bei unseren Recherchen gestoßen sind, darstellen. Es handelt sich hierbei um eine Auswahl jugendhilferechtlicher Entscheidungen der letzten fünf Jahre, in denen

- Hilfen zur Erziehung (§ 27 ff. SGB VIII)

- Hilfen für junge Volljährige (§ 41 SGB VIII)
- Eingliederungshilfen gem. § 35 a SGB VIII
- Vormundschaften (§ 53 SGB VIII)

die Streitsache waren.

Von ca. 250 Entscheidungen, die mittlerweile gesammelt, dokumentiert und bewertet worden sind, haben wir zehn ausgewählt. Berücksichtigung fanden nur diejenigen Entscheidungen, in denen sozialpädagogische Fragestellungen Anlass des Streites waren. Desweiteren haben wir nur solche Entscheidungen berücksichtigt, in denen es um Mädchen/junge Frauen und Jungen/junge Männer und die Gewährung der oben genannten Leistungen ging. Die Vielzahl der Streitfälle zwischen verschiedenen Kostenträgern, Pflegegeld- und Kostenbeitragsfälle und Entscheidungen zu anderen Leistungbereichen der Jugendhilfe wurde hier nicht berücksichtigt. Dies ist also keine repräsentative Stichprobe, vielmehr eine Auswahl spannender Fälle, die Rückschlüsse auf das Thema Beteiligungsrechte zulassen.

Zunächst haben wir die 10 Fälle kurz skizziert und hierbei die Entscheidungstexte in eine „lesbare Form" übersetzt. Den mühsamen Prozess, Sprache und Logik der Justiz erst beim dritten Lesen der Entscheidungen wirklich zu verstehen, wollten wir den LeserInnen ersparen.

Im Anschluss an die Darstellung der zehn Ausgangssituationen für den Konflikt werden wir in einem ersten Schritt die den Entscheidungen zu Grunde liegenden Anlässe und Konflikte analysieren. Die Motive der Konfliktpartner (Jugendamt contra Leistungsberechtigte) in diesem Prozess werden dargestellt, ebenso die Rolle weiterer Konfliktbeteiligter (freie Träger der Jugendhilfe, VormünderInnen, GutachterInnen etc.).

Erst im zweiten Schritt werden das Ergebnis sowie Art und Weise des Gerichts, den vorliegenden Konflikt zu lösen, dargestellt und Entscheidungsbegründungen kurz skizziert.

Ausgehend von der Frage der Partizipation von Mädchen und Jungen ist die Analyse der Entscheidungen hinsichtlich der Frage „Spielen die Minderjährigen, um die es hier geht, überhaupt eine Rolle?" der dritter Schritt.

Ziel wird es sein, aufzuzeigen, dass sich der Streit im Gerichtssaal grundlegend von einem jugendhilferechtlichen Aushandlungsprozess unterscheidet. Hier zählen Fristen, Termine und Zuständigkeiten, es geht in der Regel ums Geld, um Verfahrensschritte und nicht um sozialpädagogische Entscheidungen. Es wird nach den Motiven des Gesetzgebers und dem Sinn und Zweck einzelner Absätze gefragt. Die Frage der Geeignetheit und Erforderlichkeit einer jugendhilferechtlichen Maßnahme wird (vielleicht) erst danach geprüft.

4. Die Anlässe[1]

Martin[2] – Wie intensiv muss die ambulante Betreuung sein?

Streitsache, Konflikt: § 41, § 36 SGB VIII, Intensität der Betreuung (Personalschlüssel)/Ermessensspielraum des Jugendamtes.

Martin, 19 Jahre, Jugendhilfestationen seit dem 3. Lebensjahr: Kinderheim, Pflegefamilie, Jugendpsychiatrie, Kinderheim, betreutes Jugendwohnen, Einzelbetreuung. Das Jugendamt hält eine geringere Intensität der ambulanten Betreuung von Martin für ausreichend. Der Personalschlüssel soll von 1:4 auf 1:6 reduziert werden. Martin hingegen möchte in dem gleichen Umfang wie bisher weiter betreut werden. Auch die Jugendhilfeeinrichtung, die Martin betreut, hält eine Reduzierung nicht für sinnvoll.

Sonja[3] – keine Entwicklungsfortschritte?

Streitsache, Konflikt: § 41, § 35 a SGB VIII, Antrag auf vorläufigen Rechtsschutz hinsichtlich der Weitergewährung der Hilfe für junge Volljährige in derselben Einrichtungen. Das Jugendamt hatte die Hilfe eingestellt mit der Begründung, es seien keine Entwicklungsfortschritte mehr gegeben.

Sonja, 18 Jahre, Jugendhilfestationen seit dem 9. Lebensjahr: Jugendklinik, Schule für Verhaltensgestörte, Tagesheim, Rückkehr ins Elternhaus, Heim, Wechsel in heilpädagogische Einrichtung.

Jens[4] – Jugendhilfe oder Sozialhilfe?

Streitsache, Konflikt: §41 SGB VIII, §72 BSHG, Klärung der Zuständigkeit zwischen Jugendamt und überörtlichem Träger der Sozialhilfe.

Jens, 22 Jahre. Seit dem 10. Lebensjahr lebt Jens in Einrichtungen der Jugendhilfe. Stationen: Kinderheim, Rückkehr ins Elternhaus, Weglaufen, Leben bei Verwandten bis zur Volljährigkeit, Rausschmiss, mobile Betreuung, Straffälligkeit, Heimunterbringung gem. § 41 SGB VIII mit Ausbildung. Die Zwischenprüfung hat Jens nicht bestanden. Der Jugendhilfeträger hatte nach der nicht bestandenen Zwischenprüfung die Hilfe beendet, da die Ziele des § 41 SGB VIII nicht erreicht werden könnten. Weitere Begründung: Angespannte Haushaltslage der Kommune.

Valerie[5] - Wer zahlt das Internat?

Streitsache, Konflikt: § 27 Abs. 1 SGB VIII, Fortführung der Hilfe zur Erziehung in Form der Unterbringung in einem Internat.

Valerie, 14 Jahre, hatte im Rahmen eines Stipendiums ein Internat besucht. Nachdem die Höhe der Unterstützung reduziert wurde, beantragt der Vater (Kläger) die Übernahme der Differenz durch das Jugendamt. Dieses zahlt bis zur Beendigung des Schuljahres die Kosten und stellt dann die Hilfe ein. Der Vater begründet seine Klage mit der schwierigen Lebenssituation seiner Familie (u. a. mit der Schwerbehinderung zweier Familienmitglieder der 6-köpfigen Familie, beengter Wohnraum, Konflikte zwischen den Geschwistern, Überbelastung der Eltern) und beschreibt die positiven Effekte des Internatsbesuches für seine Tochter. Dies sei – so seine Position – die geeignete Hilfe zur Erziehung für Valerie.

Frau Müller[6] - Wunsch- und Wahlrecht?

Streitsache, Konflikt: § 27 i.V.m. § 5 SGB VIII, Hilfe zur Erziehung in Form der Internatsunterbringung.

Frau Müller hat ihre beiden Kinder ohne Mitwirkung des Jugendamtes in einem Internat untergebracht. Sie geht einer Ganztagsbeschäftigung nach, um unabhängig von Sozialhilfe leben zu können. Sie beantragt Hilfe zur Erziehung für beide Kinder. Das Jugendamt soll die Kosten der Unterbringung im Internat übernehmen, da dies die geeignete Hilfe für die Kinder sei. Unterstützt wird ihre Klage durch den Leiter des Internates, der zum einen den erzieherischen Bedarf beider Kinder beschreibt, zum anderen deren positive Entwicklung im Internat darstellt.

Sabine[6] - Rückführung zu den Eltern?

Streitsache, Konflikt: § 27 i.V.m. § 5 SGB VIII, Rückübertragung der elterlichen Sorge und Rückführung der Jugendlichen zu den Eltern.

Sabine, 15 Jahre, lebt seit der Misshandlung durch ihre Mutter und dem Sorgerechtsentzug in einer Jugendhilfeeinrichtung. Über einen Rückübertragungsantrag der Eltern ist noch nicht entschieden. Durch Umzug der Eltern hat die Zuständigkeit des Jugendamtes gewechselt. Das nun zuständige Jugendamt führt zwei Hilfeplangespräche (die allerdings nicht dokumentiert sind) und stellt daraufhin die Hilfe in der Einrichtung, in der Sabine jetzt lebt, ein. Sabine soll in eine andere Einrichtung in der Nähe ihres Elternhauses wechseln, mit Unterstützung einer sozialpädagogischen Familienhilfe soll die Rückführung vorbereitet werden. Der Vormund klagt gegen diesen beabsichtigten Wechsel.

Maria[7] - Wer ist der Vormund?

Streitsache, Konflikt: § 87 c III SGB VIII, §§ 1887 I, 1889 II S.1 BGB, Auswechslung des Amtsvormundes.

Jugendamt A. ist Vormund von Maria, deren Eltern geschieden sind. Maria hatte 1 1/2 Jahre in Spanien gelebt, war dort von der Mutter zurückgelassen worden und auf Veranlassung ihres Vormunds von Mitarbeitern eines Kinderheims zurückgeholt worden. Sie lebt seitdem in einer Mädchenaußenwohngruppe dieses Kinderheims. Jugendamt A. beantragt den Wechsel der Vormundschaft zu Jugendamt B., in dessen Einzugsbereich die Mädchenwohngruppe liegt. Jugendamt B. lehnt aber die Übernahme der Vormundschaft ab. Ein Einzelvormund steht nicht zur Verfügung. Beide Jugendämter können sich nicht über die Vormundschaft einigen und lassen das Gericht diese Frage klären.

Nina[8] - Mädchenhaus nicht geeignet?

Streitsache, Konflikt: § 41 SGB VIII, Übernahme der Kosten der Unterbringung und Betreuung in einem Mädchenhaus, obwohl diese Hilfe nicht die geeignete ist.

Seit zwei Jahren hält sich Nina mit Unterbrechungen im Mädchenhaus auf. Mit Eintritt der Volljährigkeit verweigert das Jugendamt die weitere Förderung mit dem Hinweis, diese Hilfe reiche nicht aus. Die bei Nina aufgetretenen Defizite erforderten eine stationäre psychiatrische Behandlung, die Betreuung im Mädchenhaus sei nicht mehr die geeignete Hilfe.

Eva[9] - Alkoholabhängigkeit, kein Fall für die Jugendhilfe?

Konflikt, Streitsache: § 41 SGB VIII, § 27 BSHG, Anwendbarkeit des § 41 bei Suizidgefährdung und Alkoholabhängigkeit.

Eva lebt seit 13 Jahren in Einrichtungen der Jugendhilfe. Mit 15 Jahren wechselt sie in das betreute Wohnen, ein Jahr später wird sie durch den Träger aus dem betreuten Wohnen herausgenommen und in der Heimeinrichtung betreut. Anlass war der plötzliche Leistungsabfall in der Schule, der Abschluss war gefährdet. Der Antrag auf Weiterbewilligung dieser Hilfe mit Eintritt der Volljährigkeit wird abgelehnt. Das Jugendamt hatte, als deutlich wurde, dass die junge Volljährige aufgrund einer Alkoholabhängigkeit eine Entziehungskur mit anschließender Therapie benötigt, die Auffassung vertreten, dass die Hilfe durch die Jugendhilfeeinrichtung nicht mehr geeignet sei, sondern nur eine Entziehungseinrichtung in Betracht käme. Hierfür sei dann aber das Sozialamt zuständig. Während die junge Volljährige die Maßnahme, die sie bereits seit Jahren in Anspruch nahm, gerade jetzt, in ihrer alkoholbedingten (neuen) Problematik, weiter in Anspruch nehmen wollte, verwies das Jugendamt darauf, dass die Bekämpfung von Alkoholabhängigkeit nichts mit Jugendhilfe zu tun habe. Begründung: Alkoholismus junger Volljähriger sei kein Fall des § 41 SGB VIII.

Frau Hartmann[10] – Strafvollzug oder Großmutter?

Streitsache, Konflikt: § 27 SGB VIII, Unterbringung eines 5-jährigen Mädchens bei der Mutter in einer Justizvollzugsanstalt.

Frau Hartmann ist zu einer fünfjährigen Haftstrafe verurteilt worden. Sie hat eine fünfjährige Tochter, für die sie alleine sorgt. Es besteht die Möglichkeit in der Mutter-Kind-Einrichtung des Justizvollzugskrankenhauses gemeinsam mit ihrer Tochter aufgenommen zu werden, sofern ein Sozialleistungsträger die Unterbringungskosten des Kindes übernimmt. Das Jugendamt aber sieht in der Vollzeitpflege bei den Eltern von Frau Hartmann die geeignete Hilfe zur Erziehung und lehnt den Antrag von Frau Hartmann auf Hilfe zur Erziehung für ihre Tochter in der Mutter-Kind-Einrichtung ab.

Die dargestellten „Fälle" weisen in Motiv und Anlass deutliche Parallelen auf. Besonders die folgenden vier zentralen Themen fallen auf:

„Es geht ums Geld!"

In allen oben dargestellten Fällen sind die Kosten, die für die öffentliche Jugendhilfe entstehen, der Anlaß des Gerichtsverfahrens. Leistungsberechtigte klagen dann, wenn das Jugendamt die Übernahme notwendiger finanzieller Leistungen verweigert.

In einigen Fällen führen die Jugendämter die unverhältnismäßigen Mehrkosten der von den Klägern gewünschten Hilfe an (z. B. die Internatsunterbringung), andere Jugendämter verweisen auf die insgesamt angespannte Haushaltslage der Kommune. In allen Fällen werden entweder Ansprüche generell abgewehrt oder Hilfen vorgeschlagen, die weitaus kostengünstiger sind als die von den Klägern beantragten Hilfen (Reduzierung der Betreuungsintensität der ambulanten Betreuung, Vollzeitpflege statt Unterbringung in einer Mutter-Kind-Einrichtung etc.).

Argumentiert wird aber sozialpädagogisch. Um den zentralen Streit ums Geld ranken sich daher die verschiedensten sozialpädagogischen Bewertungen und Argumente der öffentlichen Jugendhilfe. Die Jugendämter beziehen sich auf ihre Einschätzungen und Bewertungen aus Erziehungskonferenzen, Fachteambeschlüssen und Hilfeplangesprächen. Sie bemühen das SGB VIII, indem sie ausschnitthaft einzelne Sätze ins Feld führen (z. B. die Rückkehrperspektive im Fall von Sabine, die Ortsnähe im Fall der Vormundschaft von Maria).

„Mit 18 ist Schluß!"

In der Gesamtauswertung aller von uns recherchierten Fälle haben Streitsachen rund um die Hilfen für junge Volljährige (§ 41 SGB VIII) ein deutliches Übergewicht. In mehreren Fällen sind Hilfen eingestellt worden, ohne dass diese Beendigung in irgendeiner Weise angekündigt worden wäre. Dass gerade junge Volljährige häufiger als sorgeberechtigte Eltern klagen, kann unterschiedlichste Anlässe haben. Zum einen ergibt sich, wie die Übersicht zeigt, in vielen Fällen eine plötzlich auftretende Notsituation, der nur über den Weg des Widerspruchs und der Klage zu entgehen ist. In diesen existentiellen Krisen bleibt keine Alternative zum Gerichtsverfahren. In den hier beschriebenen Fällen wird auch deutlich, dass es die Träger der freien Jugendhilfe sind, die in Vorleistungen während des Rechtsstreites gehen. Sie unterstützen dann die jungen Volljährigen mit ihren Ansprüchen auf Hilfe und Nachbetreuung der gerichtlichen Durchsetzung ihrer Interessen. Weiterhin ist anzunehmen, dass die öffentliche Jugendhilfe angesichts knapper Kassen versucht, besonders bei den Hilfen gem. § 41 SGB VIII (Soll-Vorschrift) einzusparen. Letztendlich ist zu vermuten, dass einige Jugendhilfeträger die Hilfen für junge Volljährige immer noch als quasi freiwillige Hilfe sehen. Anders sind die Hinweise auf Grundsatzbeschlüsse des Jugendhilfeausschusses („Wir zahlen nur bei erfolgreicher Ausbildung") oder auf die angespannte Haushaltslage der Kommune in den Entscheidungstexten nicht zu bewerten. Möglicherweise ist es aber auch die mangelnde Kompetenz der Fachkräfte der Jugendhilfe, sich hinreichend mit den Vorstellungen und Perspektiven junger Volljähriger auseinanderzusetzen. Hier geht es nicht mehr um die Bewertung des „Kindeswohls", sondern um die Auseinandersetzung mit den Vorstellungen junger Erwachsener.

„Dafür sind wir nicht (mehr) zuständig!"

Auffällig sind weiterhin Anlässe von Gerichtsverfahren, in denen junge Menschen oder ihre Eltern in Zuständigkeitsstreitigkeiten zwischen verschiedenen Sozialleistungsträgern geraten sind. Auch diese gegenseitigen Abwehrstrategien produzieren für die Betroffenen letztendlich einen Notstand, der sich nur noch durch eine gerichtliche Klärung lösen lässt.

„Neues Jugendamt – neue Entscheidung!"

Ebenfalls Sparmotive müssen dem Jugendamt unterstellt werden, was gut ein Jahr nach der Unterbringung einer 15-jährigen und dem Sorgerechtsentzug in Folge der Misshandlung durch die Mutter zuständig wird. Die im Jugendamt und durch das Vormundschaftsgericht getroffene Entscheidung soll revidiert werden. Obwohl das Mädchen und ihr personensorgeberechtigter Vormund eine Rückkehrperspektive eindeutig ablehnten, war im (neuen) Jugendamt die Rückkehr „beschlossene Sache". Der Zuständigkeitswechsel wurde hier zum Anlass genommen, eine Finanzentscheidung eines anderen Jugendamtes schnell wieder zu revidieren.

4. Die Entscheidungen

In allen Fällen geht es natürlich in der inhaltlichen Argumentation beider Parteien um sozialpädagogische Diagnosen und Hilfekonzepte. Fragen, mit denen sich die Gerichte auseinandersetzen sollen, sind z. B.: Was ist der geeignete Lebensort der Kinder oder jungen Erwachsenen? In welchem Umfang wird von einem jungen Volljährigen eine ambulante Betreuung benötigt? Kann ein junger Volljähriger noch hinreichend im Rahmen der Jugendhilfe gefördert werden? Ist die Betreuung eines Kleinkindes im Rahmen des Strafvollzugs mit dem Kindeswohl vereinbar? Ist die Internatsunterbringung eine Hilfe zur Erziehung? Ist die Rückführung einer Jugendlichen zu den Eltern möglich?

Nun ist ein Gericht eigentlich nicht der sozialpädagogische Schiedsrichter oder das qualifiziertere Jugendamt. Es kann lediglich prüfen, ob die gesetzlichen Bestimmungen eingehalten wurden und ob das für die Hilfegewährung relevante Verfahren der Mitwirkung und des Hilfeplans (§ 36 SGB VIII) ordnungsgemäß umgesetzt wurde. Erstaunlich groß ist aber die unterschiedliche Praxis der Gerichte, wenn man die höchst unterschiedlichen Entscheidungen in den 10 verschiedenen Fällen sieht.

Martin – Wie intensiv muss die ambulante Betreuung sein?

Die Klage von Martin wird abgewiesen. Im Entscheidungstext heißt es: „Wird über Art und Umfang der Hilfe im Zusammenwirken mehrerer fachlich qualifizierter Fachkräfte entschieden, muss es im Falle unterschiedlicher Wertungen und Meinungen (hier die Wertung des betreuenden freien Trägers) letztlich beim Bewertungsvorrecht des öffentlichen Trägers bleiben." Das Gericht prüft hier das Verfahren der Hilfeplanung hinsichtlich der Beratung der Hilfeentscheidung im Team des Jugendamtes. Diese kollegiale Beratung und Entscheidung hat stattgefunden, die Perspektive des jungen Volljährigen selbst bleibt jedoch unberücksichtigt. Martin weist zwar in seinem Widerspruchsbescheid auf seine Alkoholabhängigkeit hin, die ein Grund für die benötigte Intensität der Betreuung sei. In den Hilfeplandokumenten und Teamprotokollen, die dem Gericht zur Verfügung stehen, wird dies aber nicht erwähnt. Die Einschätzungen von Martin werden daher an keiner Stelle des Entscheidungstextes erwähnt. Er selbst spielt keine aktive Rolle im Prozess.

Sonja – keine Entwicklungsfortschritte?

Ergebnis des Verfahrens ist die einstweilige Anordnung zur Weitergewährung der Hilfe als Hilfe gem. § 41 SGB VIII, da die Entlassung der Antragstellerin droht und die Auswirkungen der Entlassung nicht mit den Zielen der Jugendhilfe vereinbar sind. Die Begründung des Jugendamtes, die angespannte Haushaltslage der Kommune lasse eine Weitergewährung der Hilfe nicht zu, ist nicht maßgeblich.

Hilfe für junge Volljährige wird als Regelfall gewertet. Das Gericht beruft sich hier auf Selbsteinschätzungen der jungen Volljährigen und auf Protokolle von Erziehungskonferenzen, in denen der Unterstützungsbedarf von Sonja dokumentiert ist. Eine Hilfe kann nicht eingestellt werden mit der Begründung, eine Selbständigkeit werde bis zum 21. Lebensjahr nicht erreicht werden können.

Jens – Jugendhilfe oder Sozialhilfe?

Die Kosten der Betreuung für Jens sind durch den Träger der Sozialhilfe gem. § 72 BSHG zu übernehmen. Der junge Volljährige hat sich zwar seit seinem 10. Lebensjahr immer wieder in Einrichtungen der Jugendhilfe befunden, dies ist aber zum damaligen Zeitpunkt vor Inkrafttreten des SGB VIII eine Maßnahme der freiwilligen Erziehungshilfe (FEH) gewesen. Der Jugendhilfeträger hat die ehemalige FEH mit der Volljährigkeit eingestellt (mit Blick auf die übergangsweise Kann-Leistung für Hilfen für junge Volljährige). Da Hilfe für junge Volljährige über das 21. Lebensjahr hinaus aber nur als Fortführung einer Hilfe gem. § 41 SGB VIII gewährt werden kann, ist aufgrund der Unterbrechung der Jugendhilfeleistungen nun die Sozialhilfe für die Kosten zuständig. Beteiligt sind in diesem Rechtsstreit neben dem Jugendhilfeträger ein örtliches Sozialamt, was den überörtlichen Träger der Sozialhilfe hinsichtlich seiner Zuständigkeit einbezieht, der dann wieder auf den überörtlichen Träger der Sozialhilfe eines anderen Bundeslandes verweist. Zeitweise sind weder die Sozialhilfe noch die Jugendhilfe zuständig und es drohte der Abbruch der Ausbildung in der Einrichtung.

Valerie – Wer zahlt das Internat?

Die Klage des Vaters von Valerie wird abgewiesen. Das Gericht sieht keinen Hilfebedarf gem. § 27 SGB VIII, der die Finanzierung des Internatsaufenthaltes von Valerie aus Jugendhilfemitteln rechtfertigt. Die Familie kann – so das Gericht – ambulante Hilfen des Jugendamtes z. B. in Form einer Hausaufgabenbetreuung beantragen. Auffällig ist die Tatsache, dass an keiner Stelle der 10-seitigen Entscheidungsbegründung die Einschätzung der Jugendlichen erwähnt wird. Es bleibt also offen, ob das Gericht mit seiner Entscheidung, dass Valerie in ihre Familie zurückkehrt, dem Wunsch der Jugendlichen entsprochen hat oder ob Valerie wie ihr Vater einen weiteren Internatsaufenthalt gewünscht hätte. Bemerkenswert ist auch, dass die Tatsache, dass das Jugendamt das Internat zeitweise als Hilfe zur Erziehung bereits anerkannt hat, nun keine Berücksichtigung mehr findet.

Frau Müller – Wunsch- und Wahlrecht?

Im Fall von Frau Müller erfolgt eine entgegengesetzte Entscheidung. Hier wird das Jugendamt verpflichtet, den Kostenbeitrag für das Internat für den strittigen

Zeitraum zu tragen. Das Gericht folgt den durch die Klägerin vorgetragenen Gründen für die Eignung dieser Hilfeleistung und sieht in der von Frau Müller gewünschten Hilfe ihr Wunsch- und Wahlrecht (§ 5 SGB VIII) realisiert. Das Argument der unverhältnismäßigen Mehrkosten entfällt aus zwei Gründen: Die angebotenen Hilfealternativen des Jugendamtes werden als unzureichend (Hausaufgabenbetreuung) bzw. zu kostenintensiv und zeitlich unzureichend (Tagesgruppe) eingeschätzt. Das Gericht verweist in seiner Entscheidungsbegründung zudem auf die Tatsache, dass das Jugendamt lediglich abstrakt mitgeteilt habe, es gäbe auch andere geeignete und kostengünstigere Möglichkeiten, konkret aber keine Hilfe vorgeschlagen hat. Intensiv findet in diesem Prozess eine Auseinandersetzung mit den Mitwirkungsrechten von Frau Müller statt. So heißt es in der Begründung: „Abgesehen davon greift hier das ihr als Personensorgeberechtigte eingeräumte Wunsch- und Wahlrecht nach § 5 SGB XIII bzw. der speziellen Vorschrift des § 36 Abs. 1 Satz 4 SGB VIII ein."

Sabine - Rückführung zu den Eltern?

Das Gericht richtet sich hier maßgeblich nach den vorgetragenen Wünschen der Jugendlichen, die eine Rückkehr zu den Eltern kategorisch ablehnt. Sabine macht in der Verhandlung deutliche Aussagen zu ihren Wünschen, Vorstellungen und zukünftigen Perspektiven, die dann für die Entscheidung auch maßgeblich sind. Heimerziehung sei – so die Entscheidungsbegründung – auch als eine auf eine längere Zeit angelegte Lebensform zu gewähren. Der Einwand der unverhältnismäßigen Mehrkosten für das Jugendamt sei hier nicht relevant. Für zukünftige Hilfeplangespräche weist das Gericht das Jugendamt ausdrücklich darauf hin, dass sowohl die Jugendliche, deren Personensorgeberechtigte, ihre Familie, ihre BetreuerInnen und Bezugspersonen zu hören sind, das Wohl der Jugendlichen ausschlaggebend sei und der Wille der immerhin 15-jährigen angemessen gewichtet werden müsse. Auffällig ist hier, dass Hilfeplangespräche stattfanden, ohne dass die Ergebnisse dokumentiert wurden. Zu berücksichtigen ist in diesem Fall, dass die Jugendliche durch ihren Vormund, der auch gleichzeitig Antragsteller und Kläger ist, unterstützt wird.

Maria - Wer ist der Vormund?

Das Gericht verpflichtet hier das bisher zuständige Jugendamt A. die Vormundschaft auch weiterhin zu übernehmen. Es begründet die Entscheidung damit, dass die Mutter von Maria in diesem Zuständigkeitsbereich wohne und das Jugendamt die Familie seit längerem betreue (Umgangsrecht, Hilfeplanung). Das Gericht folgt damit dem Grundsatz der Kontinuität. Die Bemühungen des Jugendamtes „den Fall loszuwerden" sind damit erfolglos. Maria ist zuvor durch das Vormundschaftsgericht zum möglichen Wechsel des Amtsvormundes persönlich angehört worden und hat erklärt, dies sei ihr gleichgültig. Sie erinnert sich lediglich an eine Mitarbeiterin des Jugendamtes A., den Vormund kennt sie nicht. Das Jugendamt lehnte die Weiterführung der Vormundschaft u. a. aus dem Grund ab, dass der Vormund Dienstreiseanträge stellen müsse, um sein Mündel zu besuchen (das Heim lag zwar in der Nähe, aber außerhalb des Stadtgebietes). Das Gericht hingegen sieht die Wahrnehmung der Vormundschaften nicht durch ortsrechtliche Vorschriften eingeschränkt.

Nina – Mädchenhaus nicht geeignet?

Obwohl das Gericht – gestützt auf psychiatrische Gutachten – dem Jugendamt darin zustimmt, dass die Betreuung durch das Mädchenhaus nicht ausreichend ist, verpflichtet es das Jugendamt, für eine Übergangszeit die Kosten der Unterbringung aus Jugendhilfemitteln zu übernehmen, bis für Nina eine geeignetere Hilfe konkret umgesetzt werden kann. Da Alternativen fehlen und der Jugendhilfeträger die jetzige Situation durch die Gewährung der Hilfe bis zur Volljährigkeit verursacht habe, könne die Hilfe jetzt nicht abgebrochen werden. Andernfalls träte ein Zustand ein, der mit den Zielen der Jugendhilfe nicht zu vereinbaren wäre. Auffällig ist hier, dass Nina sich ausdrücklich den Verbleib im Mädchenhaus wünscht. Dieser Wunsch wird aber aufgrund der übereinstimmenden Gutachten nicht als ausschlaggebend für einen längerfristigen Verbleib im Mädchenhaus gewertet. Das Jugendamt wird verpflichtet, eine geeignete Hilfealternative zu entwickeln. Auffällig ist die Tatsache, dass das Jugendamt seine Zuständigkeit abgelehnt hat, im Verfahren aber keinerlei Alternativen zur Unterbringung im Mädchenhaus vorschlagen kann. Ein Hilfeplanverfahren wird nicht erwähnt.

Eva – Alkoholabhängigkeit, kein Fall für die Jugendhilfe?

Jugendhilfeleistungen haben Vorrang vor Sozialhilfeleistungen (§ 72 BSHG). Da die Alkoholabhängigkeit von Eva bereits vor dem Eintritt der Volljährigkeit vorlag, verpflichtet das Gericht hier das Jugendamt, die Jugendhilfemaßnahme auch weiterhin als Hilfe für junge Volljährige zu übernehmen. Die Klägerin hat einen Anspruch auf eine ermessensfehlerfreie Entscheidung gem. § 41 SGB VIII. Bemerkenswert ist hier, dass zum Zeitpunkt dieses Rechtsstreites noch die bis zum 31.12.1994 geltende Kann-Bestimmung des Art.10 Abs. 5 SGB VIII in Kraft war. Das Jugendamt hat daher, nachdem das Verwaltungsgericht der Klage stattgegeben hatte, beim Oberverwaltungsgericht Beschwerde eingelegt. Das OVG hat sich aber der Entscheidung des Verwaltungsgerichtes angeschlossen.

Frau Hartmann – Strafvollzug oder Großmutter?

Auch die Unterbringung in einer Mutter-Kind-Einrichtung einer Justizvollzugsanstalt kann die geeignete und erforderliche Hilfe zur Erziehung sein. In §§ 27 ff. SGB VIII werden nur beispielhaft Hilfen genannt, gibt es geeignetere Alternativen, so stellen diese gleichrangige Hilfeformen dar. Dem Antrag von Frau Hartmann wird stattgegeben, da das Jugendamt im Rahmen des Hilfeplanverfahrens die Alternative der Vollzeitpflege nicht hinreichend beraten hat. Die Entgegnungen des Jugendamtes werden als zu pauschal und unkonkret gewertet. Unterstützt durch ein Sachverständigengutachten hat Frau Hartmann einen Anspruch für die von ihr für geeignet gehaltene Hilfe. Das Gericht prüft zunächst das Verfahren der Hilfeplanung (Zusammenwirken mehrerer Fachkräfte und Hilfeplangespräch). Es bemängelt hier, dass die zuständige Fachkraft des Jugendamtes nicht hinreichend mit der Großmutter des Kindes über deren Ambivalenz gesprochen hat. Die Klärung, dass die Vollzeitpflege nicht in Frage kommt, ergab sich erst durch die Gespräche des Sachverständigen mit der Großmutter, das Jugendamt hatte diese notwendige Klärung nicht wahrgenommen. Faktisch war also die Vollzeitpflege nicht eine geeignete Hilfealternative.

Weiterhin interessant ist in diesem Fall eine Zuständigkeitsklärung hinsichtlich der Kostenträgerschaft für Hilfen zur Erziehung für Kinder inhaftierter Mütter. Es besteht ein Erlass des Justizministeriums NRW, wonach im Falle der Zahlungsunfähigkeit des Unterhaltsverpflichteten Kinder inhaftierter Mütter in Mutter-Kind-Einrichtungen beim Justizvollzugskrankenhaus aufzunehmen sind. Die Aufnahme soll nicht länger von der Übernahme der Kosten durch einen Sozialleistungsträger abhängig sein. Gleichzeitig verweigert die Einrichtung aber die Aufnahme, weil die Kostenzusage fehlt. Für Frau Hartmann entsteht hier die Notlage der Trennung von ihrer Tochter, auf die das Gericht mit einer einstweiligen Anordnung reagiert. Es bewertet die Erlasse als irrelevant ohne Außenwirkung. Auch eine Regelung des Strafvollzugsgesetzes (§ 80 Abs. 2 StVollzG), wonach auf die Geltendmachung von Kosten verzichtet werden kann, wenn hierdurch die gemeinsame Unterbringung von Mutter und Kind gefährdet wäre, interessiert hier nicht. Der Rechtsanspruch auf Hilfe zur Erziehung bleibt hiervon unberührt.

5. Wichtige Klarstellungen

Alle Entscheidungen setzten sich hier intensiv mit den jeweiligen Bestimmungen des Kinder- und Jugendhilfegesetzes auseinander. Wichtige Ergebnisse und damit auch relevante Präzedenzfälle sind:

Die durchgängige Verantwortung der Jugendhilfe und der Vorrang der Jugendhilfeleistungen vor der Sozialhilfe (§ 10 Abs. 2 Satz 1 SGB VIII) zum Zeitpunkt der Volljährigkeit. Maßstab der Gerichte ist hier nicht eine Erfolgsprognose und selbst eine eher ungeeignete Hilfe muss verantwortlich weitergeführt werden bis zum Zeitpunkt konkret umzusetzender Handlungsalternativen. Aus den Entscheidungen lässt sich also die grundsätzliche Verpflichtung der Jugendämter ableiten, immer dann Hilfen für junge Volljährige zu finanzieren, wenn und solange diese Hilfe aufgrund der individuellen Situation des jungen Menschen noch erforderlich ist.

Weiterhin bemerkenswert ist die Feststellung, dass die in §§ 28 bis 35 genannten Hilfealternativen nicht abschließend sind, sondern grundsätzlich die im Einzelfall erforderliche und geeignete Hilfe (z. B. die Internatsunterbringung) zu gewähren ist. In den Fällen, in denen vor Gericht die Kläger zum einen den erzieherischen Bedarf, zum anderen die Eignung der Hilfe und den Mangel an gleich geeigneten Alternativen deutlich machen konnten, unterstützten die Gerichte die Sorgeberechtigten. Hierbei zeigt insbesondere der Fall von Frau Müller die Möglichkeit auf, dass auch eine selbst vorgeschlagene Hilfe ohne Beteiligung des Jugendamtes eine fachlich richtige Hilfe sein kann. *Solange das Jugendamt keine konkreten Hilfealternativen anbieten kann, die gleichermaßen geeignet sind, gilt erst einmal der Grundsatz des Wunsch- und Wahlrechtes, wie er in § 5 Abs. 1 SGB VIII*[11] *fixiert ist.*

Die Haushaltslage der Kommune und der Hinweis auf unverhältnismäßige Mehrkosten ist keine Grundlage für die Gerichte, kostengünstige Hilfen zu unterstützen oder Leistungsansprüche zu verweigern. *Maßgeblich sind fachliche, nicht finanzielle Aspekte.*

Die Wünsche und Vorstellungen von Kindern und Jugendlichen sind durch die Jugendämter ernst zu nehmen – dies zeigt insbesondere der Fall von Sabine. Hier folgt das Gericht nicht der Argumentation des Jugendamtes, sondern bezieht hinsichtlich der künftigen Zusammenarbeit in der Hilfeplanung wie folgt Position: „Hierbei wird es erforderlich sein, sowohl die Jugendliche, deren Personensorgeberechtigten, ihre Familie, ihre Betreuer und Bezugspersonen zu hören. Das Wohl der Jugendlichen wird bei der Überprüfung im Widerspruchsverfahren von ausschlaggebender Bedeutung sein. Dabei wird auch der Wille der immerhin 15-jährigen Jugendlichen angemessen gewichtet werden müssen."[12]

Neben der Interpretation des Gesetzestextes finden sich in mehreren Entscheidungsbegründungen zudem *Hinweise auf die Intention des Kinder- und Jugendhilfegesetzes.* So verweisen die Richter im „Mädchenhausfall" auf die Intention des SGB VIII, junge Menschen zu unterstützen. Auch wenn sich alle Beteiligten darüber einig sind, dass diese Unterbringung nicht ausreichend ist, so muss das Jugendamt erst eine qualifiziertere Hilfeform konkret vorschlagen, bis es diese Hilfeleistung beenden kann. Ein Abbruch widerspräche – so das Gericht – eindeutig der Intention des SGB VIII. Das Jugendamt wird verpflichtet, die eher nicht geeignete Unterbringung solange weiter zu finanzieren, bis es den selbst verursachten Notstand durch ein konkretes Hilfsangebot aktiv abstellen kann. Obdachlosigkeit zu produzieren am Ende einer Jugendhilfekarriere, ohne die notwendige psychiatrische Unterbringung auch zu realisieren, widerspricht hier der Intention der Jugendhilfe.

Obwohl all dies – liest man den Gesetzestext - in der Praxis der Jugendhilfe eine Selbstverständlichkeit sein müsste, halten wir es für erforderlich, diese Aussagen hier zu dokumentieren. Schließlich wurden Leistungen, obwohl sie gesetzlich klar geregelt sind, hier den Leistungsberechtigten von ihren örtlichen Jugendämtern verweigert. Vergleicht man allein diese 10 Fälle, so zeigt sich die große Unterschiedlichkeit des Umgangs der Justiz mit vergleichbaren Ausgangssituationen:

... aber auch viele Ungereimtheiten

Vergleicht man die beiden Internatsfälle, so lässt sich in der Gegenüberstellung beider Entscheidungstexte auf den ersten Blick kein Unterschied in den Ausgangssituationen feststellen. Höchst unterschiedlich ist aber die Vorgehensweise der beiden Kläger und die Vorgehensweise des Gerichtes. Frau Müller stellt die Erziehungsdefizite ihrer Kinder in den Vordergrund und lässt den Leiter des Internates in der Gerichtsverhandlung als Experten auftreten. Valeries Vater argumentiert ausschließlich mit der schwierigen Lebenssituation der Familie und ohne Unterstützung anderer ExpertInnen. Hinzu kommt die intensive Auseinandersetzung des OVG NRW mit den gesetzlichen Grundlagen, anderen Jugendhilfeentscheidungen, verschiedenen Gesetzeskommentaren und Fachartikeln. Liest man dann die Entscheidung und die Entscheidungsbegründung des VG Karlsruhe, so hat man den Eindruck, es wird schon alles nicht so schwierig sein und mit ein bisschen Eheberatung, einem Freizeitpädagogen und Hausaufgabenhilfe wird es schon irgendwie gehen. Letztendlich sind auch die Entscheidungstexte nur starke Zusammenfassungen und von außen können die Situationen der betroffenen Kinder kaum beurteilt werden. Die Tatsache aber, dass die Gerichte auf höchst unterschiedlichen Wegen und mit deutlichen Qualitätsunterschieden zu ihren Entscheidungen kommen, bleibt festzuhalten.

Partizipation – eine Seifenblase?

Betrachtet man die Streitsachen unter dem Aspekt der Mitwirkung und Partizipation von Minderjährigen in der Entscheidungsprozessen des Jugendamtes, so ist das Ergebnis ernüchternd. Wir hätten uns gewünscht, bei der Durchsicht der über 100 Fälle zumindest einmal Bezüge auf § 8 Abs.1 SGB VIII4 zu finden. Dies war aber nicht der Fall. Ernüchternd ist auch die sich in den Entscheidungstexten widerspiegelnde Praxis der Mitwirkung im Rahmen der Hilfeplanung gem. § 36 SGB VIII[13]. Es wird nicht durchgängig geprüft, ob das Verfahren der Hilfeplanung überhaupt nach den Bestimmungen des SGB VIII umgesetzt wurde. Mehrfach bemerkt das Gericht, dass in den Behördenakten keine Gesprächsnotizen der Hilfeplangespräche vorhanden sind. Eine Beteiligung von Jungen und Mädchen an der Aufstellung der Hilfepläne wird ebenfalls in keiner Entscheidung erwähnt. Während in den Fällen der jungen Volljährigen die Antragsteller selbst ihre Position deutlich machen können, tauchen dort, wo Eltern klagen, eigenständige Wünsche und Einschätzungen der minderjährigen Mädchen und Jungen überhaupt nicht mehr auf. Ob also beispielsweise die Internatsunterbringung als eine Abschiebung durch die klagenden Eltern empfunden wird oder die Kinder den gleichen Wunsch wie ihre Eltern haben, im Internat bleiben zu dürfen, danach wird nicht gefragt. Die Frage, ob Partizipation eine Seifenblase ist, muss daher – zumindest auf der Grundlage dieser dargestellten Fällen – eindeutig mit ja beantwortet werden.

6. Fazit

Das SGB VIII ist noch lange nicht von den Jugendämtern akzeptiert und vor den Gerichten ausdiskutiert. Darum ist es wichtig, sich jetzt, in den „Anfängen" der gerichtlichen Beschäftigung mit dem Kinder- und Jugendhilferecht, mit der Frage zu beschäftigen, wie die Justiz dieses „neue" Rechtsgebiet behandelt. Die Umsetzung der Rechte von Mädchen und Jungen gerade in den schwierigen Entscheidungsprozessen rund um die Hilfen zur Erziehung erfordert klare Prüfkriterien der Justiz, ob die öffentliche Jugendhilfe die Mitwirkungsrechte Minderjähriger auch tatsächlich praktisch verwirklicht hat. Kinderinteressen in der Jugendhilfe und vor Gericht durchsetzen zu müssen bleibt solange wichtig, wie die Praxis der Jugendhilfe von Haushaltskonsolidierungen betroffen ist und auch die sozialpädagogischen Fachkräfte immer häufiger die preiswertere Variante auch gegen ihre fachlichen Überzeugungen durchsetzen müssen. Ein zentrales Verfahren im Streit um die richtige Hilfe ist das Hilfeplanverfahren. Nur wenn die Wünsche und Bedürfnisse von Kindern und Eltern hier sorgfältig geklärt und dokumentiert sind, gibt es auch im Konfliktfall eindeutige Entscheidungsgrundlagen für die Justiz. Diese Qualität aber muss noch stärker eingefordert werden, sie erleichtert letztendlich der Justiz die Entscheidungsfindung.

Abschließend bleibt eine Frage offen. Wie sieht die Praxis dort aus, wo Jugendhilfeentscheidungen unhinterfragt akzeptiert werden, wo jungen Erwachsenen oder Eltern der Mut, die Nerven oder das Geld fehlen zu klagen, wo AmtsvormünderInnen oder -pflegerInnen nicht ihre Mündel im Streit mit dem Jugendamt unterstützen können oder wollen oder freie Träger nicht mehr bereit sind die Kosten zu tragen?

Anmerkungen

1 Wir haben im Folgenden den betroffenen Personen fiktive Namen gegeben. Dies soll den LeserInnen das Nachvollziehen der verschiedenen Fälle erleichtern.

2 VGH Mannheim, 9.12.96 (Az: 7 S 310/95, veröffentlicht in NDV-RD, Heft 6/1997)

3 VG Osnabrück, 18.2.98 (Az: 6 B 9/98)

4 VG Osnabrück, 4.3.98 (Az: 6 A 21/96)

5 VG Karlsruhe, 1995 (Az: 2 K 2519/94)

6 OVG NRW, 6.2.96 (Az: 16 B 3017/95, 19 L 2001/95 Düsseldorf)

7 Bay. VG Augsburg, 14.8.97 (Az: Au 3 S 97.1074, Au 3 E 97.1076)

8 OLG Hamm, 19.1.98 (Az: 15 W 481/97)

9 OVG Niedersachsen, 30.8.94 (Az: 4 M 4426/94)

10 OVG Rheinland-Pfalz, 13.7.95 (Az: 12 A 11132/94)

11 VG Aachen, 22.5.98 (Az: 2 L 287/98)

12 „(1) Die Leistungsberechtigten haben das Recht, zwischen Einrichtungen und Diensten verschiedener Träger zu wählen und Wünsche hinsichtlich der Gestaltung der Hilfe zu äußern. Sie sind auf dieses Recht hinzuweisen.

(2) Der Wahl und den Wünschen soll entsprochen werden, sofern dies nicht mit unverhältnismäßigen Mehrkosten verbunden ist. ..." (§ 5 SGB VIII)

13 Abdruck des Bayrischen Verwaltungsgerichts Augsburg, AZ.: Au 3 S 97.1074, S. 10, 11

14 „(1) Kinder und Jugendliche sind entsprechend ihrem Entwicklungsstand an allen sie betreffenden Entscheidungen der öffentliche Jugendhilfe zu beteiligen. Sie sind in geeigneter Weise auf ihre Rechte im Verwaltungsverfahren sowie im Verfahren vor dem Familiengericht, dem Vormundschaftsgericht und dem Verwaltungsgericht hinzuweisen." (§ 8 SGB VIII)

15 Zur Mitwirkung und Beteiligung ist hier festgelegt: „(1) Der Personensorgeberechtigte, das Kind oder der Jugendliche sind vor ihrer Entscheidung über die Inanspruchnahme einer Hilfe und vor einer notwendigen Änderung von Art und Umfang der Hilfe zu beraten und auf die möglichen Folgen für die Entwicklung des Kindes oder des Jugendlichen hinzuweisen... (2) Die Entscheidung über die im Einzelfall angezeigte Hilfeart soll, wenn Hilfe voraussichtlich für längere Zeit zu leisten ist, im Zusammenwirken mehrerer Fachkräfte getroffen werden. Als Grundlage für die Ausgestaltung der Hilfe sollen sie zusammen mit den Personensorgeberechtigten, dem Kind oder dem Jugendlichen einen Hilfeplan aufstellen, der Feststellungen über den Bedarf, die zu gewährende Art der Hilfe sowie die notwendigen Leistungen enthält..." (§ 36 SGB VIII)

2. Erziehungshilfe

Beteiligung von Mädchen und Jungen als Chance für mehr Demokratie in der Heimerziehung*

Martina Kriener

Der Verein Kinder haben Rechte verfolgt das Ziel, die Lebensbedingungen von Kindern in Einrichtungen durch mehr Beteiligungsmöglichkeiten zu verbessern. Dazu führte er u.a. Seminare, Fortbildungen und Diskussionsveranstaltungen mit Kindern und Erwachsenen, die in der Erziehungshilfe leben oder arbeiten, durch. Einige der Erfahrungen aus den Veranstaltungen sollen im folgenden präsentiert werden. Beteiligung wird dabei anhand von Äußerungen von MitarbeiterInnen aufgegriffen, dann im Spannungsfeld von Partizipation und Institution ausgeführt und anschließend sowohl aus der Sicht von Trägern, als auch aus der Sicht von Mädchen und Jungen dargestellt. Der Beitrag endet mit einem Ausblick für mehr Qualität in Erziehungshilfen.

Diskussionen mit BetreuerInnen zu Partizipationsmöglichkeiten von Mädchen und Jungen in Erziehungshilfen, riefen unterschiedlichste Reaktionen hervor:

- Wir klären Fragen und Probleme direkt und persönlich mit den Kindern und Jugendlichen.
- Ein Heimrat macht bei uns keinen Sinn, die Einrichtung ist dezentralisiert, die Wohngruppen regeln ihre Angelegenheiten selbständig und Mitbestimmung findet vor Ort statt.
- Durch konzeptionelle Verankerung von Aushandlungsprozessen ist die Beteiligung der Mädchen und Jungen ausreichend abgesichert.
- Ein Jugendlichenbeirat wäre sinnvoll und bereichernd, doch den Jugendlichen

* Heimerziehung definiere ich als „Erziehung an einem anderen Ort“ (Trede/Winkler 1995), wobei der Ort sich hier jeweils auf Einrichtungen der Jugendhilfe bezieht.

fehlt die Motivation, sie sind schon in den Gruppengesprächen kaum bereit mitzuarbeiten.

- Wir betreuen Kinder und Jugendliche in ihren Familien oder in eigenen Wohnungen, was sollen die für ein Interesse haben, sich mit anderen Mädchen und Jungen, die sie z. T. gar nicht kennen, für gemeinsame Belange stark zu machen?

Die genannten Äußerungen spiegeln Annahmen und Bedenken wider, die sich stellen, wenn es darum geht, Partizipation im Aufgabenbereich der Erziehungshilfe zu konkretisieren. Ob kollektive Beteiligung und Interessenvertretung überhaupt Sinn macht? Annahmen dazu, wie Mädchen und Jungen in Hilfen zur Erziehung am besten beteiligt werden können: in individuellen Gesprächen, durch die Gestaltung der Betreuungen als Aushandlungsprozesse oder in Form von Heimräten, individuell oder kollektiv? Was ist ausreichend? Und, an was sollen Kinder und Jugendliche beteiligt werden? Hier werden die Antworten zumeist sehr allgemein als Beteiligung an der Entscheidung und Ausgestaltung der Hilfeleistung formuliert. Tatsächlich spielen Konkretisierung und Realisierungsstrategien bzgl. der Beteiligung von Kindern und Jugendlichen in der aktuellen Erziehungshilfediskussion eine untergeordnete Rolle. Wenn Beteiligung von Mädchen und Jungen thematisiert wird, bezieht sich dies zumeist auf die Entscheidung über und Ausgestaltung von individuellen Hilfen im Rahmen der Hilfeplanung (§ 36 KJHG). Hier wird in der Fachdiskussion einhellig die Meinung vertreten, dass die Praxis der Beteiligung von Kindern und Jugendlichen von den gesetzlichen Vorgaben insgesamt noch weit entfernt ist. Gefordert wird die Entwicklung und Erprobung von Ansätzen und Verfahren zur Mitwirkung von Kindern und Jugendlichen, damit diese nicht nur formal anwesend sind, sondern ihre Beteiligungsrechte umfassend zum Tragen kommen (vgl. Zehnter Jugendbericht 1998, Neufeld 1997, Schwabe 1996, Sander 1996).

Partizipationsmöglichkeiten für Mädchen und Jungen in Hilfen zur Erziehung sind in den letzten Jahren nur punktuell diskutiert worden. Als kollektive Ansätze, durch die Mädchen und Jungen Einfluss auf ihren Betreuungs- und Lebensalltag in den Einrichtungen nehmen, haben der Sprecherrat eines Berliner Heimverbundes, in dem die von den Kindern und Jugendlichen aus ihren eigenen Reihen gewählten Mitglieder gruppenübergreifende pädagogische, organisatorische und finanzielle Fragen diskutieren und mitentscheiden (vgl. Nerlich 1996), sowie der Hessische Landesheimrat von sich Reden gemacht. Letzterer will als gewählter Zusammenschluss der InteressensvertreterInnen aus einzelnen Einrichtungen in Hessen auf Landesebene Einfluss auf die Situation von Kindern und Jugendlichen in der Erziehungshilfe nehmen (siehe Peters in diesem Band). Die Mitbestimmungstraditionen der 20er Jahre (z. B. Wilker, Korczak) haben sich nur bedingt in den Demokratisierungsbestrebungen der 70er Jahre fortgesetzt. Sie verlieren sich offenbar ebenso in Verwaltungszwängen, in Umstrukturierungsprozessen wie im Muster eines pädagogisch-therapeutischen Arbeitsverständnisses, dem die Klärung individueller Problemlagen bei den Heranwachsenden ebenso wie bei den ErzieherInnen (in Supervision und Praxisberatung) vorrangig erscheint, stellt der Achte Jugendbericht fest (BMJFFG 1990, S. 155).

Breitere Aufmerksamkeit erzielte das Projekt „Rechte von Kindern und Jugendlichen in Erziehungshilfen“ der Internationalen Gesellschaft für erzieherische Hilfen (IGfH). Zwischen 1994 und 1996 beschäftigte sich eine Gruppe von 16 Mädchen und Jungen sowie 12 Erwachsenen mit der Wahrung der Rechte von Kindern und Jugendlichen im Lebens- und Betreuungsalltag in Hilfen zur Erziehung. Deutlich wurde, dass Kinder und Jugendliche schlecht über ihre Rechte informiert sind und unterhalb der formalen Rechte Respektsverletzungen erfahren, die bislang zu wenig Aufmerksamkeit erlangen (IGfH 1996). Die Mädchen und Jungen wünschten sich mehr Verbindlichkeit in der Umsetzung ihrer Rechte, was sie in der Forderung nach einer Rechtsschutzversicherung für alle Kinder in Erziehungshilfe zum Ausdruck brachten (vgl. van den Boogart 1996).

Verglichen mit dem Stellenwert, den Partizipation im Konzept der Lebensweltorientierung einnimmt und auf das sich zahlreiche Einrichtungen und Jugendämter bzgl. der Ausgestaltung von Erziehungshilfe beziehen, stehen Diskussion und Umsetzung bzgl. Möglichkeiten, Chancen und Ansätzen zur Beteiligung von Kindern und Jugendlichen im Lebens- und Betreuungsalltag weitgehend aus. Hinweise, wie sie auch in den eingangs dargestellten Äußerungen von Fachkräften auftauchen, dass die vorhandene Dezentralisierung der Einrichtung bereits genügend Partizipation einschließe, da die Wohngruppen nun autonom arbeiten, verkennen, dass Dezentralisierung zwar eine notwendige, aber nicht hinreichende Voraussetzung für Selbständigkeit zulassende Lebensverhältnisse ist, da sie nicht automatisch Partizipation der Kinder und Jugendlichen sichert. So ist z. B. für Kinder und Jugendliche gleichermaßen der Anspruch auf eine Privatsphäre und Intimität von hoher Bedeutung, die allerdings auch für dezentral organisierte Heimerziehung keineswegs selbstverständlich ist (vgl. Wolf 1995). Auch die Verankerung von Aushandlungsprozessen als pädagogische Handlungsprämisse ist eine notwendige Voraussetzung, konkretisiert aber dennoch nicht, wie und in welchem Umfang Mädchen und Jungen partizipieren. Dann kommt es schließlich entscheidend darauf an, wie die Kinder und Jugendlichen selbst ihre Partizipationsmöglichkeiten einschätzen und wie sie die Wahrung ihrer Rechte erleben. „Ohne sich für die Wahrnehmung der Jugendlichen zu interessieren, ist Lebensweltorientierung nicht vorstellbar“ (Wolf 1999, S. 23).

Die Konzentration auf Hilfen der stationären Erziehung hat sich vor allem dadurch ergeben, dass sich zu den Veranstaltungen, zu denen alle Kinder und Jugendlichen aus Hilfen zur Erziehung eingeladen waren, ganz überwiegend Mädchen und Jungen gemeldet haben, die stationär und hier überwiegend in Gruppen betreut werden, gemeldet haben. Die vielleicht naheliegende Interpretation, dass Ansätze kollektiver Partizipation vor allem in Gruppenzusammenhängen realisierbar sind, scheint hier naheliegend. Gleichwohl machten in einer von *Kinder haben Rechte e. V.* durchgeführten Veranstaltung mit Jugendlichen aus der Einzelbetreuung diese ebenfalls einen Bedarf nach gemeinsamem Austausch über Erfahrungen mit Betreuungen durch Einrichtungen und Jugendämter deutlich. Über kollektive Beteiligungsformen in individualisierten und ambulanten Betreuungsangeboten ist bislang kaum nachgedacht worden.

In diesem Zusammenhang melden sich immer wieder KritikerInnen von Heimerziehung, die für einen lebensweltorientierten Umbau der Jugendhilfe die Abschaffung der Heimerziehung als notwendig erachten (vgl. Boomgaarden in diesem Band). Hat die Heimerziehung nicht große Schwierigkeiten aufgrund ihrer Herkunft und Geschichte, ihrer Organisationsstrukturen und ihrer häufig sanktionierenden Funktion, angemessene Lebensbedingungen für Kinder herzustellen. Stößt man nicht immer wieder auf Strukturen elender Anstaltserziehung, auf Lebensverhältnisse, die sich grundsätzlich von denen außerhalb der Heime unterscheiden und Organisationsmerkmale, die den Bedürfnissen von Mädchen und Jungen entgegenstehen. Sind also Partizipationsbestrebungen in der Heimerziehung nicht „vergebene Liebesmühen“? Diese Feststellung ist nicht neu und die Forderung nach ihrer Abschaffung nicht originell (vgl. Wolf 1995). Im Bundesdurchschnitt werden nahezu exakt ein Drittel der Hilfen im ambulanten Bereich und zwei Drittel in Form von vollstationärer Heimerziehung gewährt (Bürger 1998, S. 40). Beunruhigt kann man davon ausgehen, dass die Heimerziehung weiterhin eine wichtige Rolle in der Jugendhilfe spielen wird und auch die Frage ihrer Veränderung auf der Tagesordnung bleibt. Tatsächlich hat sich die Heimerziehung in den letzten 20 Jahren verändert und beinhaltet heute ein differenziertes Angebot an Betreuungsleistungen. In manchen Einrichtungen sind die Reformen im Sinne einer Lebensweltorientierung weit vorangeschritten (vgl. Kühn 1993), immer wieder bleiben sie aber auch in der Gegenwärtigkeit der schwierigen Traditionen stecken oder bleiben halbherzig. Allerdings für die Kinder und Jugendlichen, die in den Heimen leben, sind diese Veränderungen nicht unwichtig. Jede Verbesserung ihrer Lebensbedingungen ist ein Fortschritt, der die Bemühungen um eine Veränderung der Heimerziehung rechtfertigt (vgl. Wolf 1995). Die These ist, dass Partizipation – in sozialpädagogischer und rechtlicher Perspektive – Reformen in der Heimerziehung unterstützt und allemal ein notwendiger Beitrag zur Verbesserung der Lebens- und Betreuungssituation von Mädchen und Jungen ist.

Die Projektstrategien im Verein *Kinder haben Rechte* zum Themenkomplex Partizipation und Heimerziehung zielten zum einen darauf ab, die Diskussion anzuregen und insbesondere die Wahrnehmungen und Einschätzungen der Kinder und Jugendlichen einzuholen. Realisiert wurden dazu eine aktivierende Befragung, die sich an Einrichtungen der Erziehungshilfe wandte, und die Durchführung von Fachtagungen, Arbeitsgruppen und Fachgesprächen. Vor allem aber wurden Veranstaltungen mit Mädchen und Jungen aus stationären Hilfen zur Erziehung durchgeführt, die sich als sogenannte Beteiligungsseminare etablierten. Bevor im weiteren die Ergebnisse und Erfahrungen aus den genannten Projektstrategien ausgeführt werden, soll zunächst Partizipation in den Kontext von Heimerziehung gestellt werden oder, anders ausgedrückt, sollen spezifische Aspekte und Wirkungen benannt werden, die in der Heimerziehung zum Tragen kommen und die bei der Verankerung und Realisierung von Partizipation zu bedenken sind.

1. Partizipation und Heimerziehung – ein Gegensatz?

Heimerziehung (und sonstige betreute Wohnformen), verstanden als „Erziehung an einem anderen Ort", bietet Mädchen und Jungen eine zeitlich befristete Erziehungshilfe oder eine auf Dauer angelegte Lebensform. Ziel ist es dabei, ihre Rückkehr in die Familie zu fördern, sie auf die Erziehung in einer anderen Familie vorzubereiten oder ihnen für eine längere Zeit einen Lebensort anzubieten und sie auf ein selbständiges Leben vorzubereiten (§ 34 KJHG). Allein diese knapp beschriebene – durch den Gesetzestext ja allgemein bekannte – Zielsetzung von Heimerziehung macht deutlich, mit welchen einschneidenden Folgen dies zumeist für die Kinder und Jugendlichen verbunden ist. In aller Regel tritt Heimerziehung auf Grund schwieriger familiärer Problemlagen ein, in Folge derer Mädchen und Jungen nicht mehr bei Ihren Müttern und/oder Vätern bleiben können oder wollen. Heimerziehung als neuer Lebensort übernimmt dann eine komplette Sozialisationsleistung. Das Aufgabenspektrum von Heimerziehung kann also in zwei Perspektiven beschrieben werden: zum einen als neuer Lebensort, der unter den Bedingungen der institutionellen Verfasstheit einen „gelingenden Alltag" (Thiersch) ermöglicht und zum anderen als ein sozialpädagogisches Arrangement, das Unterstützung bei der Bewältigung vorausgegangener Sozialisationsbelastungen und der Entwicklung befriedigender Perspektiven anbietet. Das heißt Kinder und Jugendliche sollen nicht in erster Linie erzogen werden. Für sie ist das Heim, die Wohngruppe nicht nur der Ort, an dem sie erzogen werden, ihr Verhalten, Denken und Fühlen verändert werden soll, sondern auch ihr zentraler Lebensort, an dem sie schlafen und essen, mit anderen Menschen zusammenleben und andere elementare Bedürfnisse befriedigen (vgl. Merchel 1998). Damit diese Bedürfnisse befriedigt werden können, ist es notwendig, dass Mädchen und Jungen sowohl den Alltag als auch die sozialpädagogischen Arrangements mit gestalten. Die beiden aufgezeigten Perspektiven verlangen, dass Partizipation von Mädchen und Jungen sowohl ihren Betreuungs- als auch Lebensalltag umfasst.

Erziehungseinrichtungen stehen in der Gefahr, ihre inneren Vorgänge ausschließlich als Erziehungsvorgänge wahrzunehmen. Im Rahmen dieser Sichtweise wird die Aufgabe als Erziehung schwieriger Kinder sowie das eigene berufliche Handeln vorrangig in verhaltensändernden pädagogischen Strategien verstanden. Im Heim, so die dann naheliegende Annahme, stehen sich zwei Gruppen von Menschen gegenüber, die unterschiedlich kompetent sind und deren Interaktion dadurch geprägt ist, dass die ErzieherInnen die Kinder durch Erziehung beeinflussen. Die dadurch legitimierten Machtunterschiede können dazu führen, dass die Wechselseitigkeit der Perspektiven gering ist und eine Verständigung nicht notwendig erscheint. Eine solche Wahrnehmung negiert zum einen die Wechselseitigkeit in der Interaktion. Indem die Einflußmöglichkeiten der Kinder nur beschränkt wahrgenommen werden, besteht zudem die Gefahr, ihre Aktivitäten eher als Störungen wahrzunehmen. (vgl. Wolf 1999, S. 21) Sowohl die Zementierung der Machtunterschiede als auch die mangelnde Wahrnehmung der kindlichen Einflussmöglichkeiten stehen Partizipation entgegen. Partizipation von Kindern setzt voraus, sie als eigenständig handelnde, Eindrücke und Lebenserfahrungen verarbeitende InteraktionspartnerInnen zu sehen.

Ein weiteres Hindernis für Partizipation in der Erziehungshilfe ist die Interpretation der Probleme von Mädchen und Jungen als Störungen. Von einer solchen pathologischen oder defizitären Ursachenzuschreibung sind besonders die Kinder betroffen. Sie seien – so diese Annahme – sowohl aufgrund ihres jungen Alters als auch wegen individueller Defizite wenig kompetent. Beschreibungen wie verhaltensgestört, milieugeschädigt oder lernbehindert machen dies deutlich. Die Wahrnehmungen der Kinder werden dann leicht nicht mehr ernst genommen oder Kritik, die sie üben, als Ausdruck ihrer Störung interpretiert (vgl. ebd. S. 22). Kinder hingegen als KritikerInnen ernst zu nehmen, wäre ein Ausdruck von Partizipation.

In seiner Untersuchung hat sich Wolf genau mit Wechselwirkungen im Alltag von Heimerziehung beschäftigt. Die Untersuchung zielte auf die Analyse des Geflechts von Beziehungen, Einflüssen, Deutungen und Handlungen der Beteiligten im Alltag von Heimerziehung. Die Bedeutung von Macht und Abhängigkeit erwies sich dabei als so groß, dass er den Schwerpunkt auf die Abhängigkeiten erzeugenden Merkmale und Prozesse in der Heimgruppe legte. Es wurden sieben Machtquellen heraus gearbeitet: 1. Materielle Leistung und Versorgung, 2. Zuwendung und Zuwendungsentzug, 3. Sinnkonstruktion und Sinnentzug (z. B. Sinn, den die ErzieherInnen mit ihrer Berufsarbeit verbinden), 4. Orientierungsmittel (Informationen, zentrale Deutungsmuster etc.), 5. Körperliche Stärke, 6. Machtmittel der Erziehungsinstitution als Teil des staatlichen Erziehungs- und Sanktionssystems und 7. Gesellschaftliche Deutungsmuster (z. B. Deutung der Heimerziehung als Umerziehung) (vgl. Wolf 1999). Um gegen eine Überhöhung sowohl der Macht der BetreuerInnen und als auch der Abhängigkeit der Kinder zu wirken, müssten Mädchen und Jungen an allen genannten Bereichen partizipieren. Das heißt, es müssten Gelegenheiten, Räume und Ansätze gesucht und gefunden werden, um mit den Mädchen und Jungen die genannten Machtquellen zu reflektieren. Damit würden zum einen die Kinder und Jugendlichen zunehmend zur Selbständigkeit befähigt und zum anderen ist dies eine Möglichkeit für die PädagogInnen, zu überprüfen, ob sie mit ihrer Arbeit an den Kindern „dran" sind, d. h. inwieweit die Bedürfnisse und Problemlagen der Mädchen und Jungen tatsächlich Berücksichtigung finden, wie der Lebens- und Betreuungsalltag von den Kindern subjektiv empfunden wird und ob dies den Vorstellungen und Zielen der Beteiligten entspricht. Dies dann auch unter geschlechtsspezifischen Aspekten zu tun wäre nur konsequent, ist aber längst nicht selbstverständlich. Eine Gegenüberstellung der beiden Wahrnehmungsweisen, von Kindern und PädagogInnen kann als eine wichtige Ressource einer adressatenorientierten Kritik und Weiterentwicklung bestehender Angebote genutzt werden (vgl. Bauer u. a. 1998). Insofern sind Partizipation und Heimerziehung keine Gegensätze, sondern ohne Beteiligung ist die Erreichung der Ziele, wie sie in § 34 KJHG festgeschrieben sind, nicht möglich.

Ein Spannungsbogen wird in den bisherigen Ausführungen deutlich, nämlich der zwischen Beteiligung der Mädchen und Jungen und dem hilfeorientierten Erziehungsanspruch. Das Erkennen dieses Spannungsfeldes zwischen Beteiligung und Erziehung bildet die Grundlage für eine verbesserte Partizipationskultur (vgl. Stork 1995). Partizipation muss dann im Sinne von Emanzipation heissen, dass Inhalte und Organisation von Erziehung in der Perspektive der Beteiligten immer wieder zu prüfen und zu verändern sind und dass Beteiligung von Mädchen und Jungen soweit realisiert wird wie möglich. Die Stärkung von Partizipation als Prinzip würde so zum Paradigmawechsel weg von einer fürsorgerisch orientierten Heimerziehung hin zu einer deutlicheren Lebensweltorientierung beitragen.

2. Partizipation im Spiegel einer Trägerbefragung

Mit dem Ziel, sowohl das Thema Beteiligungsrechte in den Einrichtungen der Erziehungshilfe anzuregen, als auch eine Erhebung über den Stand der Beteiligungsformen in den Einrichtungen zu machen, führte *Kinder haben Rechte e. V.* in ´97/98 eine aktivierende Befragung zum Thema „Partizipation und Mitbestimmung von Mädchen und Jungen in Einrichtungen der Erziehungshilfe" durch. In den Bundesländern Brandenburg, Bremen, Hamburg, Nordrhein-Westfalen und Rheinland-Pfalz wurden nach Adressenangaben der zuständigen Landesjugendämter Fragebögen an die Einrichtungen geschickt. Der Rücklauf lag – bei einer aktivierenden Umfrage zum genannten Thema nicht ganz überraschend – bei 19,5 %. 146 Fragebögen konnten in die Auswertung einbezogen werden. Der verwandte Fragebogen war in drei Teile gegliedert. Der erste Teil enthielt Fragen zu Größe, Struktur und zu den betreuten Mädchen und Jungen in den Einrichtungen. In einem zweiten Fragenkomplex erfasste der Fragebogen die Absicherung der individuellen Beteiligungsrechte, wie sie das KJHG vorsieht, in den Konzeptionen der Einrichtungen. Im dritten Teil wurde nach kollektiven Beteiligungsformen bzw. -projekten gefragt. Anschließend wurden diejenigen, die keine Beteiligungsverfahren in ihren Einrichtungen praktizieren, dazu befragt, was die Umsetzung solcher Verfahren bislang erschwert hat oder aus welchen Gründen kein Bedarf gesehen wird.

Zunächst wurde in den Einrichtungen gefragt, ob sie im Rahmen ihres pädagogischen Ansatzes oder in ihrem pädagogischen Konzeption Partizipation konkretisiert oder fest geschrieben haben, also unabhängig davon, ob und wie Partizipation im Einzelfall realisiert wird. 48,5 % der Einrichtungen beantworteten diese Frage mit ja, 51,5 % hingegen mit nein. Diese Antworten bestätigen, gerade weil offen gefragt wurde, dass die Träger die Diskussion und Konkretisierung von Partizipation im Lebens- und Betreuungsalltag noch längst nicht durchgängig geführt wird.

Die erste These, die anhand der angegebenen Strukturdaten überprüft wurde, nämlich ob ein Zusammenhang zwischen den Strukturmaximen Dezentralisierung und Partizipation zu erkennen ist, konnte nicht bestätigt werden. In der Aussage, Partizipation zu realisieren, waren keine signifikanten Unterschiede zwischen zentralen (Angebot der Plätze im „Zentralheim" übersteigt die Zahl der ausgelagerten Plätze), teilweise dezentralen (Angebot der ausgelagerten Plätze ist größer als die Zahl der Plätze im „Zentralheim") und dezentralen Einrichtungen zu erkennen. Bzgl. des Zusammenhangs zwischen Partizipation und Regionalisierung der Aufnahmen von Kindern und Jugendlichen zeigte sich jedoch ein unerwartetes Bild: Einrichtungen in der Kategorie „nicht mehr regional" (der größte Teil der Mädchen und Jungen kommen weder aus dem Amtsbereich des zuständigen noch der umliegenden Jugendämter) nahmen häufiger für sich in Anspruch, ihren Kindern und Jugendlichen Partizipationsmöglichkeiten zu bieten, als die Einrichtungen der Kategorien „regional" (für den größten Teil der Kinder ist das Jugendamt zuständig, in dessen Amtsbereich die Einrichtung liegt) und „noch regional" (die meisten Kinder kommen aus dem Amtsbereich des zuständigen und der umliegenden Jugendämter). Hier bestätigt sich die oben gemachte Aussage, dass Dezentralisierung und Regionalisierung notwendige, aber noch nicht hinreichende Voraussetzung für Partizipation sind.

Im zweiten Teil der Befragung ging es, wie bereits angedeutet, darum, inwieweit die (Beteiligungs-)Rechte von Mädchen und Jungen nach dem KJHG im Konzept der Einrichtungen schriftlich verankert sind. Das Konzept einer Einrichtung stellt i.d.R. einen abgestimmten und verbindlichen Orientierungs- und Handlungskodex dar, wenn auch als Absichtserklärung. Dennoch lässt sich ein Eindruck dessen, was die Organisation für ihre Mitglieder (MitarbeiterInnen, Kinder und Jugendliche) verbindlich macht bzw. wünscht, aus den Konzeptionen gewinnen. Insgesamt kann festgestellt werden, dass wenn Bezug auf die Beteiligungsrechte genommen wird, dies häufig geschieht in Form von Erwähnung, z. T. unter Verwendung von Auszügen aus dem Gesetzestext, seltener wird aber konkretisiert, wie die Einrichtungen dies umsetzen. So gaben 67,5 % an, auf den § 36 KJHG (Hilfeplanung, Mitwirkung) einzugehen, auf die Art und Weise der Beteiligung von Kindern und Jugendlichen geschieht dies nur noch bei 25,7 % der Einrichtungen. Nach Durchsicht der allerdings nicht von allen beigelegten Konzeptionen taten dies nur noch 15 %. Zwei Beispiele seien hier angeführt:

„Eltern und Kinder können sich im Einzelfall auch verschiedene Gruppen ansehen und darüber mitentscheiden, wo die jungen Menschen leben können... Beim Hilfeplangespräch müssen alle Beteiligten an einen Tisch: Kind bzw. Jugendlicher, sorgeberechtigte Eltern und Sozialarbeiter vom Jugendamt. In dringenden Fällen können weitere Personen dazu eingeladen werden: Oma, der Lehrer oder ein/e FreundIn."

„Partizipation der Betroffenen am Hilfeprozess beginnt mit der Wahl der Räumlichkeiten, ob diese spärlich möbliert, vollgepackt mit Akten und Papierstapeln Amts- und Behördenhierarchie demonstrieren, oder ob es einladende und Freundlichkeit ausstrahlende Räume sind (...). Weitere Indizien für Partiziapation sind die Beteiligung der Eltern, Kinder und Jugendlichen an der Entscheidung über die Zusammensetzung der an der Hilfekonferenz Beteiligten bis hin zur Gesprächsführung."

Die Ergebnisse zum § 36 KJHG bestätigen die im Zehnten Bundesjugendbericht gemachten Feststellungen, dass die Entwicklung von Ansätzen und Verfahren der Beteiligung von Mädchen und Jungen noch ausstehen.

Der § 8 KJHG (Beteiligung von Kindern und Jugendlichen) spielte bis auf damit verbundene Hinweise auf die Beteiligung in der Hilfeplanung keine nennenswerte Rolle in den Konzepten. Während 33,1 % aller Einrichtungen zunächst bejahten, dass sie auf den § 9 KJHG (Grundrichtung der Erziehung, Gleichberechtigung on Mädchen und Jungen) in ihrem Konzept Bezug nehmen, konkretisierten dies im nächsten Schritt nur 22,3 % (33 Einrichtungen). Deren Antworten verteilten sich wie folgt: 27,3 % nahmen Bezug auf den § 9,1 durch Benennung; 30 % machten zum § 9.2 Angaben wie Ansätze zur Selbstversorgung, Verselbständigungstraining, selbständiges Wohnen und Mieterpflichten und 65 % hoben auf den § 9.3 ab, indem sie spezielle Angebote für Mädchen machen, Mädchen-WG, Mädchen-Treff etc. oder gleiche Chancen und Unterstützung für Mädchen und Jungen betonen. Die niedrige Beantwortungsquote von unter einem Viertel belegt auch hier, dass die Konkretisierung der Beteiligungsrechte von Mädchen und Jungen keine grosse Rolle in den Konzeptionen der Einrichtungen spielt, wobei engagierte Ausnahmen auch hier die Regel sind.

Das Vorhandensein an kollektiven Mitbestimmungsmöglichkeiten wurde anhand von drei Kategorien abgefragt: erstens „institutionalisiert/verfasst", zweitens „punktuell/projektorientiert" und drittens „sonstiges". Verfasst ist Partizipation dann, wenn sie institutionell verbindlich verankert ist, wie z. B. Heimräte oder Jugendlichenvertretungen, die auf der Grundlage einer eigenen Regelung oder „Verfassung" tätig sind, aber auch Beteiligungsformen, die sich deutlich auf einzelne Teileinrichtungen beziehen wie Plena, Gruppenversammlungen oder auch Regeln, über die Rechte und Partizipation von Mädchen und Jungen abgesichert sind. Entscheidend ist bei den verfassten bzw. institutionalisierten Formen, daß sie normativ verankert sind und eine auf Dauer angelegte Regelmäßigkeit aufweisen. Als punktuelle/projektorientierte Formen von Partizipation werden Modelle gefasst, die eher sporadischen oder gar einmaligen Charakter besitzen. Das können z. B. Seminare mit Kindern und Jugendlichen oder Zukunftswerkstätten oder Versammlungen zu gegebenem Anlass, z.B. ein anstehender Umbau sein.

50 Einrichtungen (33,8 %) geben an, dass sie verfasste, institutionalisierte Formen der Beteiligung bereit halten, davon 24-mal (16,2 %) als gewählte Interessenvertretung, die anderen 26-mal (17,6 %) als Gruppenversammlungen. 48 Einrichtungen (32,4 %) benennen punktuelle bzw. projektorientierte Formen der Beteiligung, wobei davon 25 (16,9 %) ebenfalls Gruppenversammlungen angeben. 33 Einrichtungen antworten unter „Sonstiges" und geben hier ebenfalls überwiegend Gruppentreffen an (andere Nennungen waren Vollversammlung, Meckerkasten, selbstverwalteter Jugendtreff, Mitwirkung in Stadtteilprojekten zur Wohnumfeldverbesserung). Bei den gewählten Interessenvertretungen, die von einem Sechstel angegeben werden, handelt es sich in der Regel um gewählte VertreterInnen einzelner Gruppen, die ca. in der Hälfte der Fälle einen gemeinsamen Heimrat bilden. Die Gruppenversammlungen, die als institutionalisierte Interessenvertretungen angegeben sind, scheinen deutlicher verankert und verbindlich zu sein als die in der Kategorie „punktuell". Als Ort zur kollektiven Interessenvertretung sehen die Träger also überwiegend die Gruppenversammlungen oder -treffen.

Die konkrete Entscheidungskompetenz wurde abgefragt, indem zu einzelnen Themen Beteiligungsgrade (beratend, mitentscheidend, alleinentscheiden) angegeben werden konnten. Es wird deutlich, dass die Kinder und Jugendlichen offensichtlich vor allem mitentscheiden bei Freizeitaktivitäten, Tagesablauf, Anschaffungen, Einrichtung des Zimmers und bei Regeln. Die Mitbestimmungsmöglichkeiten nehmen bei den Themenbereichen Hausordnung, Personal, Konzepte und Finanzen deutlich ab. Weiter zeigt sich, dass je weniger die Gruppentreffen zu Regelungsbedarfen und Problemklärung (z. B. Konflikte zwischen Kindern, Drogen in der Gruppe etc.) genutzt werden, die Themen für die Beteiligten umso breiter und relevanter werden. Die Themen der Kinder gehen dann deutlich über den unmittelbaren Alltag hinaus, z. B. Kinderrechte, Öffentlichkeitsarbeit, Konzept, Gewalt, Außenkontakte, Arbeitslosigkeit etc. Da, wo in den Antworten differenziert wurde nach Mädchen und Jungen, lag ein Schwerpunkt bei den Jungen auf sportiven Belangen. Bei den Mädchen tauchten mehr Themen auf, die sich auf Sexualität und die Atmosphäre im Haus beziehen. Bezogen auf reine Mädchengruppen differenzierten sich die Themen noch deutlicher mädchenspezifisch (z. B. Freundschaft zu Jungen, Sexueller Mißbrauch etc.), was Positionen der Mädchenforschung unterstreicht, dass Mädchen erst in eigenen „Räumen" Fragen stellen, die sonst verdeckt bleiben (vgl. Bitzan/Daigler in diesem Band). Der Eindruck, dass die Gruppenveranstaltungen häufig mit dem „pädagogischen Zeigefinger" durchgeführt werden, stellt die häufige Feststellung in Frage, die Mädchen und Jungen seien nicht motiviert genug. Vielmehr scheinen sie an solcher „Quasi-Beteiligung" verständlicherweise kein großes Interesse zu haben.

Insgesamt wird in dieser Befragung deutlich, dass in den Einrichtungen wesentlich die BetreuerInnen als Garanten zur Wahrung der Rechte und Realisierung von Partizipation gesehen werden. Fragen danach, wer für die Information der Mädchen und Jungen zuständig ist, wo über Rechte gesprochen wird, an wen sich die Kinder und Jugendlichen bei Nichteinhaltung wenden können, werden ganz überwiegend mit dem Verweis auf die PädagogInnen beantwortet. Auch die Art der Ausgestaltung der Gruppentreffen ist überwiegend Sache der BetreuerInnen. Zudem tauchte einige Male der Hinweis auf, dass aufgrund einer hohen autonomen Arbeitsweise von Wohngruppenteams die MitarbeiterInnen jeweils viele Möglichkeiten haben, auf individuelle Bedarfe einzugehen. Mit den aufgeführten Begründungen wird Partizipation letztlich individualisiert, indem sie der Kind-BetreuerInnen-Beziehung überantwortet wird und es der Eigeninitiative der Mädchen und Jungen überlassen wird, Notwendiges anzusprechen. Unbestreitbar haben die PädagogInnen eine hohe Wichtigkeit bei der Realisierung von Partizipation. Dennoch darf sie nicht ausschließlich der pädagogischen Beziehung überlassen werden, da hier die Gefahr besteht, dass bei einer Störung gleichzeitig die Beteiligungsrechte eingeschränkt werden. Zudem fällt auf, dass die große Verantwortung, die die Träger ihren Fachkräften bei der Umsetzung von Partizipation übertragen, im Widerspruch steht zur geringen Verankerung im Konzept. In wenigen Fällen wurden Aushandlungsprozesse als professionelle Handlungsorientierung in der Interaktion mit den AdressatInnen fest geschrieben. Die Haltung der BetreuerInnen und ein entsprechendes professionelles, beteiligungsorientiertes Selbstverständnis sind notwendige Voraussetzung für gelingende Partizipation. Ohne sie verkommen Gruppentreffen oder institutionalisierte Interessenvertretungen leicht zur Scheinbeteiligung. Sie sind aber nicht ausreichende Bedingung, weil sie zum einen störungsanfällig sind (durch z. B. die Organisation, Finanzdruck, Beziehungsprobleme etc.) und zum anderen formelle und institutionelle Absicherungen notwendig sind, die allen Beteiligten Transparenz und Verläßlichkeit vermittelt und auch für die Kinder erfahrbar dokumentiert, hier wird Partizipation ernst genommen.

3. „So etwas muss es öfter geben" – Erfahrungen und Ergebnisse aus Beteiligungsprojekten mit Mädchen und Jungen

Im Rahmen des Praxisprojektes „Stärkung der Rechte von Mädchen und Jungen in Erziehungshilfe" hat *Kinder haben Rechte e. V.* verschiedene Veranstaltungen mit Mädchen und Jungen aus Hilfen zur Erziehung durch geführt. Sie hatten zum Ziel, Kindern und Jugendlichen Möglichkeiten zum Austausch und zur Information zu bieten sowie dadurch Eindrücke und Kenntnisse über die Partizipationspraxis im Betreuungs- und Lebensalltag der Mädchen und Jungen zu sammeln. Zum Teil wurden diese Veranstaltungen in Eigenregie on *Kinder haben Rechte e. V.* oder in

Kooperation mit Jugendhilfeeinrichtungen oder der IGfH durch geführt. Vier Veranstaltungen mit Kindern und Jugendlichen, die hier für die Auswertung genutzt werden, fanden regional und überregional statt und wandten sich an Mädchen und Jungen, die durch verschiedene Einrichtungen betreut wurden und z. T. mit ihren BetreuerInnen teilnahmen. Drei weitere Veranstaltungen fanden mit allen Mädchen, Jungen und BetreuerInnen einzelner Wohngruppen statt, davon einmal Jugendliche, die in eigenen Wohnungen betreut werden (vgl. Walta/Pfeiffer in diesem Band). Fast alle Mädchen und Jungen nahmen zum ersten Mal an solchen Veranstaltungen teil. Die im folgenden ausgeführten Ergebnisse und Erfahrungen wurden in diesen Veranstaltungen gewonnen.

Ohne Information und Transparenz keine Beteiligung!

Immer wieder bringen die Kinder und Jugendlichen zum Ausdruck, dass sie sich schlecht informiert fühlen. Dies wurde ihnen z. T. erst durch die Informationen, die sie im Rahmen des Beteiligungsseminares erhielten, oder durch den Austausch mit den anderen deutlich. Die mangelnden Informationen beziehen sich auf die eigenen (Beteiligungs-)Rechte, z. B. Mitwirkung in der Hilfeplanung, Akteneinsicht, Datenschutz, Taschengeld, Privatsphäre etc. Desweiteren wollen sie mehr wissen bzgl. der Zusammenarbeit mit dem Jugendamt und des Hilfeplanverfahrens, z. B. Zuständigkeiten, Verantwortlichkeiten, Hilfealternativen, Bedeutung des Hilfeplanverfahrens, Möglichkeit des Widerspruchs etc. Auch die Einrichtung betreffend gibt es Unsicherheiten auf der Seite der Kinder und Jugendlichen, die in Fragen wie diesen deutlich werden: Wer weiß alles über mich Bescheid? Warum ist bei uns der Pflegesatz höher als bei der Gruppe nebenan? Wer macht die Regeln? Wie kommen Entscheidungen zustande? etc. Der Aussage, dass die Kinder in den Aufnahme- oder Hilfeplangesprächen informiert werden – so wie es in der Trägerbefragung deutlich wurde – halten die Kinder und Jugendlichen deutlich entgegen, dass „da soviel zusammen käme, da könne man sich ohnehin nur die Hälfte merken". Als eine gute Idee im Rahmen der Aufnahme finden sie ein bereits praktiziertes Verfahren, in dem ein Mädchen oder Junge, das/der schon länger in der Betreuung ist, neben dem Gespräch mit den PädagogInnen ein Gespräch unter Jugendlichen anbietet. Hier würden die wirklich wichtigen Sachen besprochen (z. B. wie die Atmosphäre unter den Kinder oder Jugendlichen ist, wie die BetreuerInnen „drauf" sind, wie streng die Regeln sind und was passiert, wenn man sich mal nicht dran hält). Insgesamt sollen Informationen nach Meinung der Jugendlichen regelmäßig und kontinuierlich gegeben werden, wobei die BetreuerInnen die Mädchen und Jungen von sich aus über deren Rechte informieren und nicht erst auf Nachfrage. Hier bestätigt sich, dass Information eine notwendige Voraussetzung für Partizipation ist (siehe Kriener /Petersen in diesem Band).

„Gut geregelt ist halb gewonnen!“

Für Mädchen und Jungen aus Wohngruppen sind Regeln ein herausragendes Thema. Die Kinder und Jugendlichen zählen eine Vielzahl von Regeln auf. Handlungsmöglichkeiten, Alltagsabläufe und -organisation bis hin zu Kommunikationswegen werden umfassend geregelt, dazu kommen dann die Regelverstöße, für deren Folgen es ebenfalls Regeln gibt. Sie kritisieren, dass die Regeln oft dogmatisch alle über einen Kamm geschert werden und nicht genug auf die Bedürfnisse einzelner eingegangen werden kann. Einige Regeln verstehen sie nicht, andere machen keinen Sinn. Insgesamt wünschen sich die Mädchen und Jungen viel mehr Mitbestimmung bei den Regeln und dass dies für alle Gruppen fest geschrieben werden muss. Letzteres rührt aus der Erfahrung, dass in einer Wohngruppe Jugendliche bei der Aufstellung und Fortschreibung von Regeln beteiligt sind, in einer anderen Wohngruppe des gleichen Trägers überhaupt nicht. Hier bestätigt sich ein Ergebnis aus der Trägerbefragung, dass u. a. mit Hinweis auf die Autonomie der Teams die Verantwortung für Partizipation ausschließlich in den Händen der Fachkräfte liegt, anstatt Realisierungsstrategien oder Mindeststandards konzeptionell verbindlich zu machen.

„Man weiß ja viel zu wenig, wie es in anderen Gruppen oder Einrichtungen ist.“

Anregend und wichtig finden die Mädchen und Jungen den Austausch mit Gleichaltrigen, die in ähnlichen Situationen, jedoch in anderen Einrichtungen leben. Ähnliches wurde von Pflegekindern berichtet, die an einer Veranstaltung mitwirkten. Mehrere Gründe sind hierfür wichtig: Für die Jugendlichen ist dies eine wichtige Quelle der Information über die Vielfalt an Möglichkeiten, den Lebens- und Betreuungsalltag zu gestalten. Sie nutzen diese Quelle, um über den eigenen Alltag zu reflektieren, manches scheint ihnen dann doch positiver als bisher, anderes erscheint ihnen klärungs- oder veränderungswürdig. Zugleich ist dieser Austausch, den sie z. T. auch mit anderen Jugendlichen aus der gleichen Gruppe führen, für sie eine Möglichkeit, sich über den eigenen Lebensalltag zu vergewissern, manches besser zu verstehen oder zu akzeptieren, weil deutlicher wurde, welche Erfahrungen und welche Belastungen der eigenen Biografie und welche eher dem Leben in öffentlicher Erziehung zuzuordnen sind. Und nicht zuletzt gewinnen sie aus der Solidarisierung, zu der es aufgrund der Gemeinsamkeiten immer wieder kommt, viel Stärke. Das sind trifftige Gründe, weiter einrichtungsübergreifende Veranstaltungen mit Mädchen und Jungen aus Hilfen zu Erziehung durch zu führen.

„Wenn Du mit Deiner/m BetreuerIn gut kannst, dann geht alles klar.“

Ein weiteres zentrales Thema ist die Beziehung zwischen den Kindern/Jugendlichen und ihren BetreuerInnen. Wenn die Mädchen und Jungen den Eindruck haben, dass sie gut mit ihren BetreuerInnen klar kommen, dass diese sie ernst nehmen und auf ihrer Seite stehen, fühlen sie sich auch gut beteiligt. Wenn sie sich allerdings nicht besonders angenommen fühlen oder die Stimmung aus irgendwelchen Gründen gestört war, bemängeln die Mädchen und Jungen Handlungsunfähigkeit und Abhängigkeit von den Sichtweisen und Entscheidungen der ErzieherInnen. In diesem Zusammenhang kritisieren die Kinder und Jugendlichen, dass sie kaum Möglichkeiten haben, ihre BezugsbetreuerInnen zu wählen. Diese sind in der Regel für viele Belange wie Elterngespräche, Hilfeplanung, Kontakt zur Schule etc. zuständig und die Kinder erleben es verständlicherweise als dramatisch, wenn sie mit ihren BezugsbetreuerInnen nicht so gut zu recht kommen. Ein Wechsel ist zumeist erst möglich, wenn eine Eskalation droht. Wahlmöglichkeiten müssen hier dringend eingeräumt werden, zumal einschlägige Untersuchungen belegen, dass der Erfolg von Heimerziehung von jungen Menschen sehr daran gemessen wird, inwieweit es ihnen gelungen ist, tragfähige Beziehungen, die dem Ideal an Exklusivität nahe kamen, aufzubauen. Hier wird regelmäßig von PädagogInnen entgegengehalten, dass aber jede/r BetreuerIn für gleich viele Kinder zuständig sein muss. Heimerziehung wird den ihr anvertrauten Mädchen und Jungen nur gerecht, wenn sie die Spannung zwischen deren Forderungen nach „einmaligen“ Beziehungen und den Erfordernissen der Institution aushält (vgl. Wieland u. a. 1992, S.116 ff.).

„Die da und der da“ – Mädchen und Jungen

An allen Veranstaltungen haben sowohl Mädchen als auch Jungen teilgenommen. Zum Teil fanden dann Arbeitsgruppen in geschlechtshomogener Zusammensetzung statt. Deutlich wird, dass sich hier verschiedene Themen stellen, die geschlechtsspezifisch ausgeprägt sind und in gemischten Arbeitsgruppen oft zu kurz kommen. So betonen Mädchen häufiger Auseinandersetzungen über Ausgehzeiten und Umgang mit dem Freund. Die Mädchen benennen häufiger Konflikte ihren BetreuerInnen bzw. befürchteten solche. Noch offen ist dabei, ob es zwischen Mädchen und BetreuerInnen häufiger zu Konflikten kommt oder ob den Mädchen die Beziehungen zu ihren BetreuerInnen so bedeutend sind, dass Konflikte, tatsächliche oder befürchtete, viel schwerer für sie wiegen. Als weitere Fragestellungen sind relevant: Wie Mädchen und Jungen Rollenbilder erleben, wo sie sich unterstützt oder nicht ernst genommen fühlen, wie sie in den Einrichtungen ihr Recht auf körperliche Unversehrtheit gewahrt sehen, diese und andere Fragen sind deutlich in geschlechtshomogenen Settings zu thematisieren. Partizipation und Beteiligungsformen gilt es deutlicher geschlechterdifferent zu konkretisieren.

„Heimrat, Sprecherrat – Das ist ja was!“

Auf allen diesen Tagungen waren Mädchen und Jungen vertreten, die in gewählten Interessenvertretungen aktiv sind und die aus insgesamt vier Einrichtungen kamen. Zweimal waren dies GruppensprecherInnen, die von ihren Gruppen gewählt wurden. In zwei Einrichtungen waren dies Heimräte, die sich aus gewählten VertreterInnen der einzelnen Gruppen zusammensetzten. Die hier engagierten jungen Menschen fühlen sich durch diese Tätigkeit aufgewertet und ernst genommen. Sie finden, dass man diskutieren und sich auseinanderzusetzen lernen kann, viel mitbekommt und Spass hat. Die Kinder und Jugendlichen, in deren Einrichtungen solche Möglichkeiten nicht bestehen, sind durchgängig interessiert und ganz überwiegend der Meinung, dass es in allen Einrichtungen Interessenvertretungen geben soll.

Spannend wurde es, als es darum ging, zu konkretisieren, welche Kompetenzbereiche die jeweiligen Interessenvertretungen wahrnehmen können. Sind diese im Einzelfall recht unterschiedlich, werden doch drei Ebenen deutlich, auf denen die Kinder und Jugendlichen jeweils agieren. Dies sind zum einen Belange, die einzelne Mädchen und Jungen betreffen, die die Wahrung ihrer Rechte verletzt sehen. Desweiteren kommen Gruppenbelange zum Tragen wie z. B. unterschiedliche Entscheidungen oder Mitsprachemöglichkeiten in verschiedenen Gruppen, Anschaffungen, Finanzen etc. Zum Dritten geht es um Belange, die die Einrichtung betreffen, wie z. B. Einrichtung einer „Bike-Strecke", Renovierung, Umfeldgestaltung, Feste, Finanzen oder Themen, die alle angehen. Keine der Interessenvertretungen kann auf allen Ebenen agieren. Entweder sind die Gruppensprecher für Einzelne Sprachrohr oder sie sollen Gruppenbelange gegenüber den Fachkräften vertreten oder die Heimräte sind nur für die übergreifenden Themen zuständig. Quer zu den genannten Ebenen ist von Bedeutung, ob die Interessenvertretung beratende oder mitentscheidende Kompetenz oder sogar eigenständige Bereiche haben. Dies ist nicht immer geklärt und erweist sich im Zweifelsfall dann immer als beratende Funktion. Gelingende Interessenvertretung, da sind sich alle einig, muss sich auf alle drei Ebenen beziehen. Ebenso muss geklärt sein, wo die Mädchen und Jungen beratend, wo sie mitentscheidend und wo sie alleine entscheiden können.

„Wenn die so'n Seminar mit uns machen, dann nehmen die uns ja wohl ernst"

Einige Kinder und Jugendliche kamen zunächst mit einem unguten Gefühl zu den Beteiligungsveranstaltungen. Trotz anders lautender Einladung waren ihre Befürchtungen, dass es um ihre Probleme gehen sollte oder dass sie wie in der Schule „zugetextet" werden. Als ihnen deutlich wurde, dass sie als „ExpertInnen" angesprochen waren, deren Meinung zum Thema Partizipation gefragt ist, schlug ihre Stimmung spürbar um. Sie fühlten sich ernst genommen und brachten sich engagiert ein. Mehr als einmal waren die BetreuerInnen überrascht darüber, wie kompetent die Mädchen und Jungen diskutieren bzw. ihre Vorstellungen und Einschätzungen deutlich machen. Gelingende Diskussionen hängen auch sehr davon ab, wie sehr die BetreuerInnen bereit sind, sich ebenfalls mit ihren Einschätzungen und Meinungen zur Disposition zu stellen. Deutlich wird, dass im Alltag Kinder und BetreuerInnen offensichtlich selten in offener und akzeptierender Weise gemeinsam über den Lebens- und Betreuungsalltag reflektieren. Hier als KritikerInnen gefragt zu sein, ist für sie ein starker Ausdruck dafür, ernst genommen zu werden. Das Setting dieser Beteiligungsseminare, in denen Mädchen, Jungen und die BetreuerInnen als TeilnehmerInnen mitwirken, ist diesbzgl. sehr förderlich.

Evaluierung und Qualitätsentwicklung

Die Beteiligungsseminare beweisen eindrücklich, wie bereichernd und effektiv Partizipation für die Überprüfung und Fortschreibung der Betreuungsleistung sein kann. Die PädagogInnen haben die Gelegenheit zu überprüfen, wie das, was sie konzeptionieren und tun, bei den Kindern und Jugendlichen ankommt. Die Mädchen und Jungen haben ihrerseits ebenfalls Gelegenheit, ihre Einschätzungen und Wahrnehmung zu überprüfen. Zwei Beispiele sollen dies veranschaulichen:

Zwischen den Fachkräften zweier Wohngruppen, deren Häuser aneinander grenzten, gab es eine Absprache die z. T. große Unterschiedlichkeit in der Regelhandhabung den Kindern gegenüber als ganz normal zu vertreten, da ja Familien, die „normal" als Nachbarn nebeneinander wohnen, auch unterschiedliche Regeln haben. Die Kinder waren hingegen deutlich der Meinung, man gehöre schließlich zu einem Heim, fanden die Ungleichheit ungerecht und versuchten diese auf ihre Weise auszugleichen, was immer wieder zu Ärger und Reibungsverlusten führte. Oder die Jugendlichen in der Einzelbetreuung hatten den Eindruck, dass sich die BetreuerInnen auch in ihrer Freizeit um sie kümmerten. Für die Jugendlichen war durch die Betreuung in einer eigenen Wohnung der institutionelle Rahmen kaum noch wahrnehmbar und sie interpretierten einen Teil der Betreuung als Ausdruck der Freundschaft, was wiederum die PädagogInnen erstaunte. Im gemeinsamen Erfahrungsaustausch konnte dies jeweils aufgeklärt und von allen Beteiligten verstanden werden. Dass auch im Rahmen von Qualitätsentwicklung die gemeinsame Erstellung von Kriterien und die Fortschreibung derselben durchgeführt werden kann und soll, ist evident.

4. Fazit und Perspektiven

Partizipation ist eine Chance für Heimerziehung, zum einen zur Verbesserung der Lebenssituation der ihr anvertrauten Mädchen und Jungen, und zum anderen zur Fortführung des Veränderungsprozesses von Heimerziehung zu mehr Lebensweltorientierung. Verschiedene Bedingungen und Aspekte sind dabei deutlich geworden. Dies ist ganz wesentlich die Wahrnehmung der Kinder, nicht als Objekte der Erziehung, sondern als eigenständig handelnde Menschen. Damit hängt eine veränderte Wahrnehmung des Geschehens in Heimerziehung zusammen, nicht mehr vorrangig als Ort der sozialpädagogischen Hilfeleistung, sondern auch als Lebensort für Kinder und Jugendliche, auch wenn dieser von unterschiedlicher Dauer ist. Partizipation ist umfassend, sie bezieht sich sowohl auf die Wahl und Ausgestaltung der Hilfeleistung, sie bezieht sich aber genauso auf die Ausgestaltung des Lebensraumes „Heim", des Alltags und der Beziehungsstrukturen. Beteiligung durchzieht die individuellen Settings, die Gespräche zwischen Erwachsenen und Kindern, die einzelnen Betreuungsprozesse und -beziehungen und viele situative Kontakte. Genauso wichtig und notwendig sind kollektive Möglichkeiten der Partizipation. Dies können Gruppenversammlungen, gewählte Interessensvertretungen und Beteiligungsseminare sein, in den verschiedenen Varianten, wie *Kinder haben Rechte e. V.* sie durchgeführt hat.

Die Position, dass wenn die ErzieherInnen in der alltäglichen Betreuung und Interaktion Partizipation berücksichtigen und umsetzen, dann kollektive und/oder institutionalisierte Beteiligungsformen überflüssig sind, ist verkürzend und unzulässig. Einerseits darf nicht übersehen werden, dass Heimerziehung mehr ist als Beziehung (vgl. Blandow in diesem Band) und dass gerade deshalb eigene und adäquate Vertretungsmöglichkeiten für Mädchen und Jungen zu schaffen sind. Andererseits gilt, dass man nicht zur Demokratie erziehen kann, ohne Erziehung in Demokratie zu realisieren. Das heißt, es gilt auch in der Erziehungshilfe, soweit wie möglich demokratische Vertretungsmöglichkeiten zu organisieren und bereitzustellen und dazu gehören verbindliche Vertretungsgremien. Angesichts der ausdifferenzierten Struktur und Organisationsvielfalt von Hilfen zur Erziehung gilt es, weitere Partizipationsstrategien zu entwickeln und zu erproben und dies nicht nur in der Heimerziehung , sondern auch in allen anderen Hilfen zur Erziehung.

Literatur

Bauer, D./Finkel, M./Hamberger, M./Kühn, A. 1998: Was leisten stationäre und teilstationäre Erziehungshilfen? Zentrale Ergebnisse und Folgerungen der wissenschaftlichen Untersuchung Jugendhilfe-Leistungen (Jule). In: EREV Schriftenreihe, Nr. 2, „Leistungen und Qualität von Hilfen zur Erziehung", S. 23-63

Bürger, U. 1998: Ambulante Erziehungshilfen und Heimerziehung. IGfH-Eigenverlag, Frankfurt/Main

Kühn, R. 1993: Innovation traditioneller Heimerziehung: Das milieunahe Heim. In: Wolf, K. (Hg.):Entwicklungen in der Heimerziehung. Münster, S. 78-90

Merchel, J. 1998: Qualitätsbewertung in der Heimerziehung. In: Merchel, J. (Hg.): Qualität in der Jugendhilfe: Kriterien und Bewertungsmöglichkeiten. Münster, S. 244-263

Neufeld, H. 1997: Möglichkeiten der Beteiligung von Kindern und Jugendlichen an der Hilfeplanung – Ideen und Vorschläge aus der Praxis. In: Forum Erziehungshilfen, 4, S. 213-215

Sander, C. 1996: Praktische Umsetzung der Klientenrechte in der Jugendhilfe anhand von Hilfeplänen. Eine empirische Studie. In: NDV, Nr. 7, S. 220-227

Schwabe, M. 1996: Das Hilfeplangespräch nach § 36 KJHG: eine „bescheidene Übung" zwischen ideologischer Überfrachtung und strukturellen Widersprüchen. In: Forum Erziehungshilfen, Nr. 4, S. 164-172

Stork, R. 1995: Jugendhilfeplanung ohne Jugend? Chancen der Partizipation in der Jugendarbeit. Münster

Trede, W./Winkler, M. 1995: Stationäre Erziehungshilfe: Heim, Wohngruppe, Pflegefamilie. In: Krüger, H.-H./ Rauschenbach, Th. (Hg.): Einführung in die Arbeitsfelder der Erziehungswissenschaft. Opladen, S. 219-234

Wieland, N. u.a. 1992: Ein Zuhause – kein Zuhause. Lebenserfahrungen und -entwürfe heimentlassener junger Erwachsener. Freiburg

Wolf, K. 1995: Veränderungen in der Heimerziehung: Die großen Linien. In: Wolf,K (Hg.): Entwicklungen in der Heimerziehung. Münster, S. 12-64

Wolf, K. 1999: Machtprozesse in der Heimerziehung. Münster

Zehnter Jugendbericht, hg. vom BMFSFJ (Bundesministerium für Familie, Senioren, Frauen und Jugend 1998: Zehnter Kinder- und Jugendbericht. Bericht über die Lebenssituation von Kindern und die Leistungen der Kinderhilfen in Deutschland. Bonn

„Hier kommt keiner unbeteiligt raus." Erfahrungen in der Auseinandersetzung mit Beteiligung im Ev. Kinder- und Jugendheim Overdyck

Petra Walta & Klaus-Peter Pfeiffer

Zuerst einmal möchten wir als VerfasserInnen dieses Artikels etwas zu unserem beruflichen Hintergrund und der Struktur unserer Einrichtung mitteilen, da dies der Erfahrungshorizont ist, auf dem wir zu den nachfolgend beschriebenen Entwicklungen und daraus resultierenden Ergebnissen gekommen sind. Wir arbeiten seit mehreren Jahren als Heimleiterin und stellvertretender Heimleiter in der Kinder- und Jugendhilfeeinrichtung Overdyck/Bochum. Im Vorfeld dieser Tätigkeit haben wir beide mehrere Jahre in verschiedenen psychiatrischen Einrichtungen gearbeitet und beide zu unterschiedlichen Zeiten eine Supervisionsausbildung mit gruppendynamischem Schwerpunkt absolviert.

Das evangelische Kinder- und Jugendheim Overdyck ist eine Stiftung, die 1819 durch den Grafen von der Recke gegründet wurde und heute dezentral im Stadtgebiet von Bochum fünf koedukative Wohngruppen, eine Mädchengruppe, eine Jugendschutzstelle, zwei Tagesgruppen und einen ambulanten Dienst mit Angeboten der Mobilen Betreuung, des Betreuten Jugendwohnens, der Sozialpädagogischen Familienhilfe und der Erziehungsbeistandschaft zur Verfügung stellt. Wichtig ist noch der Hinweis, dass wir im Rahmen der stationären Heimerziehung weitestgehend Jugendliche betreuen.

Wie kam es nun zu unserer Beteiligung an dem Projekt mit *Kinder haben Rechte e. V.*? Ende 1997 fragte die Fortbildungsreferentin des evangelischen Fachverbandes Eckart in Westfalen an, ob wir Interesse hätten, ein Beteiligungsprojekt mit Mädchen und Jungen in unserer Einrichtung zu realisieren. Diese Anfrage kam vor dem Hintergrund des Wissens zustande, dass wir seit 1996 auf unterschiedlichen Einrichtungsebenen das Thema „Rechte von Kindern und Jugendlichen" thematisiert hatten.

Im Vorlauf der Beschreibung des Projektes möchten wir diese vorangegangenen Diskussionen darstellen, da sie der Atmosphäre Ausdruck verleihen, die Basis der Entscheidung gewesen ist, mit zwei Wohngruppen und dem ambulanten Dienst die Beteiligungsseminare unter Anleitung des *Kinder haben Rechte e. V.* in der Einrichtung zu initiieren.

1. Diskussionsverlauf in der Einrichtung zum Thema „Kinder haben Rechte“

Auslöser für die Veranstaltung mehrerer interner Fortbildungstage im Jahr 1996 war eine Broschüre der Internationalen Gesellschaft für erzieherische Hilfen mit dem Titel „Rechte von Kindern und Jugendlichen in Erziehungshilfen“.

Natürlich glaubten wir auch vor Erscheinen der Broschüre, als Einrichtung die Rechte von Kindern und Jugendlichen zu berücksichtigen. Bei dem Lesen der Broschüre wurden wir als Heimleitung jedoch unter anderem durch Fragen wie

- Weißt du, welche Rechte du (Kind/Jugendlicher) durch das Kinder- und Jugendhilfegesetz hast?
- Wer hat dich (Kind/Jugendlicher) über deine Rechte informiert?
- Alle reden über dein Problem – auch mit dir?
- Was ist eine entwürdigende Erziehungsmaßnahme?

sehr verunsichert. Nach Absprache in der Dienstbesprechung, an der jeweils ein/e Delegierte/r jedes Arbeitsbereiches teilnimmt, haben wir daraufhin mehrere Fortbildungstage zu dieser Thematik vereinbart. Die Moderation dieser Veranstaltungen übernahmen wir als Heimleitung. Es gab insgesamt sechs Veranstaltungen im Verlauf des Jahres 1996, die zu Beginn sehr rege besucht wurden. Im Januar 1997 beendeten wir das Angebot, da es nicht mehr ausreichend Interessierte gab. Argument für die mangelnde Teilnahme waren die Arbeitsbelastungen im Alltag, obwohl es eine Übereinstimmung darüber gab, dass die Diskussionen sehr anregend gewesen seien.

Zu Beginn der Veranstaltungsreihe gab es erhebliche Affekte dazu, dass in der Broschüre der IGfH die Thematik auf die Rechte reduziert wurde und die Pflichten von Kindern und Jugendlichen nicht mit einbezogen wurden. Interessanterweise stand sehr schnell die Fantasie im Raum, dass durch eine stärkere Berücksichtigung der Rechte unserer Kinder und Jugendlichen die MitarbeiterInnen an Rechten verlieren würden. Dies löste Ängste aus, dass schon gegenwärtig bestehende Gefühle von Hilflosigkeit in der Zukunft zur völligen „Entmachtung“ von MitarbeiternInnen und damit ins Chaos führen würden. Die einmal angesprochene Dynamik von Macht- und Ohnmachtsgefühlen führte zu einer Verkoppelung der Thematik: „Was haben die Rechte und Pflichten von Kindern und Jugendlichen mit den Rechten und Pflichten von MitarbeiterInnen zu tun?“ So wurden z. B. folgende Rechte gegenübergestellt:

– Recht der Kinder/Jugendlichen auf Beziehung, Zuwendung durch die MitarbeiterInnen	– Recht der MitarbeiterInnen auf Zuwendung durch die Heimleitung und andere MitarbeiterInnen
– Recht auf Wahrung der Würde der Kinder/Jugendlichen	– Recht auf Wahrung der Würde der MitarbeiterInnen
– Recht der Kinder/Jugendlichen auf Mitsprache bei der Entscheidung über die Jugendhilfemaßnahme	– Recht der MitarbeiterInnen auf konzeptionelle Mitgestaltung der Einrichtung

Um sich dem Thema öffnen zu können, war es notwendig, erst einmal genug Raum für die Äußerung von Ängsten und eigenen Bedürfnissen der MitarbeiterInnen zu geben. Erst im zweiten Schritt konnte der Blick stärker auf die Rechte von Kindern und Jugendlichen gerichtet werden. Hierbei gab es zunächst ein großes Interesse, in Kleingruppen darüber zu sprechen, was entwürdigende Erziehungsmaßnahmen sind. Ein wesentliches Arbeitsergebnis war dabei, dass es neben sehr eindeutig entwürdigenden Erziehungsmaßnahmen wie zum Beispiel Schlagen, Einsperren, Ironisierung und Bloßstellung auch Situationen geben kann, die für ein Kind oder Jugendlichen vor dem Hintergrund der eigenen Lebensgeschichte entwürdigend sein können, während sie für andere Kinder oder Jugendliche einen anderen Stellenwert haben. Ein Konsens wurde darüber erzielt, dass entwürdigenden Erziehungsmaßnahmen ein Missbrauch von Macht zugrunde liegt.

In Kleingruppenarbeit analysierten wir die Bedingungen und Auswirkungen des Machtgefälles zwischen MitarbeiterInnen und Kindern/Jugendlichen. PädagogInnen sind aufgrund ihrer Position und ihres Wissens überlegen. Gerade deswegen brauchen die von uns betreuten Menschen Schutz, damit in dieser asymmetrischen Beziehung kein Machtmissbrauch stattfindet. Die Gefahr ist groß, da Pädagogik immer auch ein emotional geprägter Prozess ist. Aus einer Enttäuschung, Angst oder einem Gefühl von Überlegenheit („Du weißt nicht, was das Beste für dich ist.“) heraus kann eine Machtpostion missbraucht und unter Umständen sogar hervorragend legitimiert werden. Sich ohnmächtig fühlende PädagogInnen können sich auch hinter der Macht der Institution verstecken (z. B. „Wenn du nicht regelmäßig zur Schule gehst, wirst du die Wohngruppe verlassen müssen.“) Die Reflexion des Umgangs mit Macht ist für uns währenddessen ein so wichtiger Aspekt von Pädagogik, dass wir ihn nach ausführlicher Diskussion in unserem mit MitarbeiternInnen und Leitung erarbeiteten Leitbild verschriftlicht haben.

Während der Fortbildungstage gab es Fragen und Einschätzungen darüber, wie „fehlerfreundlich“ die Arbeitsatmosphäre in der Einrichtung ist. Ist es möglich, einen Fehler einzugestehen, gemeinsam zu reflektieren, wie es dazu hat kommen können und daraus für zukünftige Situationen zu lernen? Bei den in den Arbeitsgruppen reflektierten Fällen waren meist Gefühle von Hilflosigkeit und Enttäuschung Auslöser des Machtmissbrauches. Dabei wird es von den MitarbeiterInnen problematisch erlebt, dass wir als Heimleitung gleichzeitig mit Berater- und Leitungsrolle in Teamsitzungen agieren und reagieren. Dies erschwert die Reflexion von misslungenen pädagogischen Prozessen, da das Gegenüber immer auch Konsequenzen aus dem Geschehenen (im Extremfall auch arbeitsrechtliche Konsequenzen) ziehen kann.

Am Ende des Artikels werden wir beschreiben, welche Auswirkungen diese Veranstaltungen auf den gegenwärtigen Qualitätsentwicklungsprozess in der Einrichtung haben. Unter anderem haben wir uns entschieden, zukünftig einen systematisierten Beschwerdeweg für Konfliktfälle zu beschreiben, der Betroffenen (Kindern, Jugendliche, Eltern) bei einer Aufnahme mitgeteilt werden soll. Auf diesem Weg hoffen wir zu mehr Transparenz und Reflexion von Fehlern beitragen zu können.

Weiterhin wurde herausgestellt, dass es von großer Bedeutung ist, welche Formen von Erziehungsmaßnahmen die PädagogInnen in ihrer Lebensgeschichte erfahren haben. Diese Erfahrungen wirken bewusst oder unbewusst in den pädagogischen Alltag hinein. Die MitarbeiterInnen äußerten in diesem Zusammenhang den Wunsch, dass Formen von Selbsterfahrung durch die Einrichtung stärker unterstützt werden sollten.

Aus dem bislang Besprochenen entwickelte sich der Wunsch der Gruppe, die Formen der Mitbestimmung von Kindern und Jugendlichen in unserer Einrichtung zu reflektieren und daraus Veränderungen abzuleiten. So entschied sich zum Beispiel eine Wohngruppe, in Zukunft bei der Aufnahme einer/s Jugendlichen eine/n BewohnerIn der Gruppe als „Pate/Patin" zu benennen. Im Gruppengespräch wird gemeinsam eine Entscheidung darüber getroffen, welche/r Jugendliche diese Rolle übernimmt. Diese „PatInnen" sind schon bei dem Vorstellungsgespräch dabei und haben Gelegenheit, die neuen Jugendlichen alleine über die Rechte und Pflichten und die Lebenssituation in der Wohngruppe zu informieren. Sie begleiten und beraten die Jugendlichen während der ersten Wochen in ihrem neuen Lebensumfeld. Diese „Patenschaften" werden seit zwei Jahren in der Gruppe wahrgenommen. Die Übernahme dieser Rolle ist für die Jugendlichen bis zum heutigen Tag von hoher Attraktivität. Daher haben wir uns im Rahmen der Qualitätsentwicklung bei der Beschreibung des Schlüsselprozesses „Aufnahme" vor wenigen Wochen entschieden, diese Vorgehensweise in allen Wohngruppen einzuführen.

Bei der Reflexion der Mitbestimmungsmöglichkeiten von Kindern und Jugendlichen in unserer Einrichtung stand zunächst die Gestaltung der Gruppengespräche im Mittelpunkt des Interesses. Diese Besprechungen, die in jedem Arbeitsbereich gruppenintern stattfinden, bieten einen wichtigen Ort der (Mit-)Bestimmung und stärken damit Entscheidungsbefugnisse der Betroffenen. Wir verstehen die Gruppengespräche als ein Lernfeld, um Jugendliche in ihrer Demokratie-, Beurteilungs- und Entscheidungsfähigkeit zu stärken. Damit soll nicht die oben beschriebene asymmetrische Beziehung von MitarbeiterInnen und Jugendlichen geleugnet werden, sondern durch die Gruppengespräche wollen wir eine Kultur institutionalisieren, die – wo immer möglich – sich um Aushandlung und Konsens bemüht. Aushandeln setzt dabei voraus, dass beide Seiten Aushandlungsfähigkeiten besitzen, d. h. argumentieren, begründen und Gegenbegründungen anhören und abwägen. Es setzt eine Streitkultur, Reflexionsfähigkeit und Konfliktlösungsstrategien voraus. Dies hat keine Beliebigkeit der Rahmenbedingungen zur Folge. Es gibt auch Regeln, die von Seiten der MitarbeiterInnen gesetzt und unveränderbar sind (z. B. keine körperliche Gewalt in Wohngruppen). Ergebnis dieser Diskussionen war eine schriftliche Anleitung zur Gestaltung von Gruppenprozessen. Diese Anleitung macht Aussagen zu folgenden Aspekten:

- *Häufigkeit:* Gruppengespräche müssen regelmäßig stattfinden, nicht nur im Bedarfsfall, mindestens einmal im Monat, bei Bedarf auch in kürzeren Abständen; die Gruppe muss sich auf einen gleichbleibenden festen Termin verständigen.
- *TeilnehmerInnen:* Die Teilnahme ist für alle Kinder/Jugendliche verbindlich. Es müssen mindestens zwei festangestellte MitarbeiterInnen anwesend sein. Mindestens vierteljährlich oder in Krisensituationen muss das Team komplett am Gruppengespräch teilnehmen.
- *Vorankündigung:* Termine und vorläufige Tagesordnung bzw. Themen werden am Schwarzen Brett der Gruppe oder im für alle zugänglichen Gruppenbuch veröffentlicht.
- *Ort:* Je nach Räumlichkeiten sollte das Gespräch im Wohnzimmer oder in der Küche stattfinden. Es sollte jedoch kein Essen und Trinken dabei zur Verfügung stehen.
- *Tagesordnung oder Themen:* Die Tagesordnung muss zu Beginn des Gespräches gemeinsam von allen Beteiligten festgelegt werden. Inhaltlich sinnvoll sind „Beziehungsthemen" aus dem Alltag der Gruppe, organisatorische Fragen (z. B. Gruppenregeln, Freizeitplanung, Essensplanung, Ämterverteilung und Aktuelles.
- *Gesprächsleitung:* Grundsätzlich muss ein/e MitarbeiterIn die Gesprächsleitung inne haben, da diese/r auch Modell für Kinder und Jugendliche ist. Ziel sollte es sein, dass die Leitung auch durch Jugendliche übernommen wird.
- *Protokoll:* Abwechselnd sollten die Kinder und Jugendlichen, die bereit sind, dies freiwillig zu tun (keine Verpflichtung für alle), die Protokolle anfertigen. Ergebnisse sollten für alle einsehbar im Gruppengesprächsbuch festgehalten oder als Protokoll ausgehängt werden.
- *Dauer:* Als Mindestvorgabe sollte für alle Beteiligten 30 Minuten gelten, nach Möglichkeit nicht länger als 90 Minuten.

Ein weiterer wichtiger Aspekt bei der Partizipation von Kindern und Jugendlichen war für die Arbeitsgruppe die Ausgestaltung der Hilfeplanung. Eine Kleingruppe versuchte sich an Empfehlungen zu diesem Prozess. Dies gestaltete sich so schwierig, dass wir uns entschieden, im folgenden Jahr eine Fortbildung zum Thema „Hilfeplanung" in der Einrichtung durchzuführen, die dann auch für jeweils zwei MitarbeiterInnen aus jedem Arbeitsbereich verpflichtend war.

2. Das Beteiligungsseminar

Die Anfrage der Fortbildungsreferentin unseres Fachverbandes an die Heimleitung, ob prinzipielles Interesse an der Durchführung eines Beteiligungsseminars gemeinsam mit dem *Kinder haben Rechte e. V.* in unserer Einrichtung besteht, löste durchaus gemischte Gefühle aus. Neben der darin enthaltenen fachlichen Anerkennung und der mit der Teilnahme verbundenen Möglichkeit, dieses für uns wichtige Thema mit externer Begleitung fortzusetzen, gab es auch Skepsis.

Ein Zuviel an parallelen Projekten, Neuerungen, konzeptionellen Veränderungen bringt immer wieder zusätzliche Unruhe in die Einrichtung, die es galt, mit dem potentiellen Gewinn abzuwägen. In der Heimleitung überwog trotz der Skepsis die Einschätzung, dass eine stärkere Beteiligung von Kindern und Jugendlichen an den bei uns angebotenen Hilfeformen fachlich notwendig ist und konzeptionell verankert werden sollte. Zudem war durch die vorangegangenen Veranstaltungen der Boden für eine inhaltliche Konkretisierung bereitet und die Chance, eigene Themen durch eine externe Begleitung zu vertiefen, sollte genutzt werden.

Einen besonderen Reiz sahen wir darin, die Einschätzungen und Erfahrungen von MitarbeiterInnen und Jugendlichen aus dem ambulanten Bereich – d. h. gelebt und auch teilweise betreut wird in der eigenen Wohnung – denen aus den Wohngruppen gegenüberzustellen. Da die Durchführung des Beteiligungsseminars nur mit einer einigermaßen überschaubaren Gruppe sinnvoll erschien, entschieden wir seitens der Heimleitung, das Team des Ambulanten Dienstes und zwei Teams stationärer Wohngruppen (eine Wohngruppe für Mädchen im Alter von 14 bis 18 Jahren und eine koedukative Wohngruppe mit Jugendlichen im gleichen Alter) gezielt anzusprechen und nach ihren Interessen zu fragen. Die Wahl fiel bewusst nicht auf die Gruppen, die es vielleicht „besonders nötig" gehabt hätten, sondern auf diejenigen, bei denen Partizipation der Jugendlichen bereits deutlich stärker im Alltag verankert war. Wir versprachen uns davon insgesamt eine größere Offenheit dem Thema gegenüber, weniger Unsicherheit und Widerstand auf Seiten der MitarbeiterInnen und ein spürbares Selbstbewusstsein seitens der teilnehmenden Jugendlichen. Die angesprochenen Teams waren sehr an dem Seminar interessiert, erwarteten aber durchaus einige Widerstände bei den Jugendlichen, die i.d.R. ihre Wochenenden lieber mit Freunden und Familien außerhalb der Wohngruppen verplanen.

Nach diesen Vorüberlegungen und Rücksprachen der Teams mit den betreuten Jugendlichen wurde zwischen allen Beteiligten vereinbart:

- Ein erstes Treffen der MitarbeiterInnen, Heimleitung und Vertretern des *Kinder haben Rechte e. V.* zur Abklärung der Erwartungen und Vorbereitung
- Je eine Tages- bzw. Wochenendveranstaltung (anderthalb Tage) mit Jugendlichen aus dem ambulanten und stationären Bereich, jeweils zusammen mit ihren BetreuerInnen, der Leiterin bzw. dem stellvertretenden Leiter der Einrichtung und Mitarbeiterinnen des Vereins. Ziel dabei sollte eine Bestandsaufnahme der Beteiligungsformen und -möglichkeiten in der Einrichtung sein und Überlegungen, wie diese zu verbessern bzw. verbindlicher zu gestalten sind.
- Ein Nachbereitungstreffen mit VertreterInnen der Jugendlichen, der Teams, der Heimleitung und des Vereins.

2.1 Vorbereitungstreffen

Trotz – oder vielleicht gerade wegen? – der Beschäftigung mit dem Thema in den vergangenen Jahren wurden auch bei diesem ersten gemeinsamen Treffen bekannte Befürchtungen und Ängste der MitarbeiterInnen wieder laut.

Führt nicht selbstbewussteres Handeln der Jugendlichen, eine bessere Kenntnis der eigenen Rechte, das Einfordern derselben, das klare Formulieren von Erwartungen an die Professionellen schlimmstenfalls dazu, dass für die einen die Rechte und für die anderen nur noch die Pflichten übrig bleiben? Die Möglichkeit, an seit langem lebendige Fragestellungen anzuknüpfen bzw. sie wieder aufzugreifen, erwies sich als sehr hilfreich. Nicht jede Irritation oder jeder ungewohnte Gedanke musste gleich abgewehrt oder als nicht realisierbar verworfen werden. Es entstand schnell eine konstruktive und lebendige Arbeitsatmosphäre, die es ermöglichte, kritisch den Umgang mit Fragen der Beteiligung und deren Realisierung im eigenen Arbeitsbereich anzusehen. Deutlich wurde in einer „Runde" zur Bestandsaufnahme durch die MitarbeiterInnen zur Beteiligung, dass es im Alltag bereits vielfältige Formen der Mitwirkung für Jugendliche in den sie betreffenden Dingen gibt, dass diese aber häufig wenig systematisch geplant sind und damit einen unterschiedlichen Grad von Verbindlichkeit haben.

Dies galt beispielsweise dafür, wie zur Aufnahme anstehende oder neu aufgenommene Jugendliche über das Leben in der Gruppe informiert wurden, auf welche Regeln sie sich einzustellen haben, wie die Zuordnung von Bezugsbetreuern geschieht usw. Modellhaft wurde dabei das Beispiel der koedukativen Jugendwohngruppe gesehen, in der bereits vor der Aufnahme eines neuen Jugendlicher eine/r der „Alten" sich als „Pate/Patin" zur Verfügung stellt und in den ersten Wochen des Aufenthaltes BegleiterIn in allen wichtigen Fragen ist. Bereits an diesem Punkt zeigte sich, dass es für eine stärkere Einbeziehung der Jugendlichen in die konkrete Gestaltung ihres Lebens noch zahlreiche ungenutzte Möglichkeiten gibt.

Selbstverständlich war in allen beteiligten Arbeitsbereichen hingegen z. B. die Vorbereitung und Durchführung der Hilfeplangespräche gemeinsam mit den Jugendlichen. Als Möglichkeit der Gestaltung gesehen, aber unterschiedlich intensiv genutzt, wurden die regelmäßigen Gruppengespräche, die natürlich fachlich und inhaltlich eine besondere Herausforderung für die MitarbeiterInnen darstellen und auch von den Jugendlichen nicht nur lustvoll besetzt sind.

Eine Beteiligung der Jugendlichen bei der Entscheidung über Neuaufnahmen in den Gruppen wurde sowohl von den MitarbeiterInnen als auch von der Heimleitung nicht als sinnvoll angesehen, da diese ein Maß an Verantwortung und geübter Demokratie voraussetze, für das die bisherige Arbeitsweise keine ausreichende Grundlage war.

Weitere Stichworte bei diesem ersten Treffen waren: Gestaltung und Aushandeln von Regeln und Gruppenalltag als ein wesentliches Merkmal von Beteiligung, Bedeutung des Bezugsbetreuersystems, Beteiligung von Jugendlichen an der Konzeptdiskussion in der Einrichtung, Erstellen von Berichten gemeinsam mit den Jugendlichen. Auch hier bestätigte sich, dass die Beteiligungsmöglichkeiten der Mädchen und Jungen durchaus unterschiedlich eingeschätzt und umgesetzt werden.

Das Vorbereitungstreffen zeigte auch, dass die Qualität der Beteiligung von Jugendlichen an den Hilfemaßnahmen nicht zuletzt davon abhängig ist, wie die MitarbeiterInnen selbst ihre Beteiligungsmöglichkeiten und damit auch Identifikation mit der Einrichtung erleben, d. h. sind sie einbezogen in Konzeptdiskussionen und -veränderungen, gibt es ausreichende Gestaltungsspielräume in der eigenen Arbeit.

Mit den Teams wurde vereinbart, dass die MitarbeiterInnen in den nächsten Gruppengesprächen die Jugendlichen genauer über das Beteiligungsseminar informieren und dafür werben sollten. Allgemeine Einschätzung war allerdings, dass der Gedanke an ein „Seminar" bei den Jugendlichen keine Begeisterungstürme auslösen würde, so dass es neben der notwendigen Information vermutlich auf eine Mischung aus sanfter Nötigung und dem vielleicht doch etwas verlockenden Angebot einer gemeinsamen Aktivität mit den BetreuerInnen hinauslaufen würde. So entstand der leicht paradoxe Eindruck, dass die Jugendlichen zur Beteiligung auch „gezwungen" werden mussten.

Aufgrund der unterschiedlichen Lebens- und Betreuungsituationen und der Gruppengröße wurden für die Wohngruppen und den ambulanten Bereich getrennte Veranstaltungen geplant und durchgeführt.

2.2 „Ich hab' gedacht, wir werden hier zugetextet"

Mit diesem Satz beschrieb eine Jugendliche aus der Mädchengruppe präzise ihre Erwartungen hinsichtlich des Beteiligungsseminars. Wie von den MitarbeiterInnen vorausgesehen, bedurfte es im Vorfeld einiger Überzeugungsarbeit, um die Mädchen und Jungen für das geplante Wochenende zu motivieren. Hilfreich mag dabei gewesen sein, dass ein Ponyhof der Zielort war, auch wenn die Pferde letztendlich aufgrund unserer ungeschickten Zeitplanung nur aus der Ferne besichtigt werden konnten. Die Gesamtgruppe umfasste schließlich 29 Personen, 18 Mädchen und Jungen, 11 Erwachsene. Die Vorbereitungen für das Wochenende durch die Erwachsenen hatten dazu geführt, dass insgesamt eher erwachsenen-zentrierte Arbeitsformen ausgewählt worden waren, mit denen die Jugendlichen trotz fehlender Routine und allmählich nachlassender Konzentration erstaunlich souverän und selbstverständlich umgingen. So war die persönliche Vorstellung in der Großgruppe mit dem Formulieren eigener Wünsche und Erwartungen an das Seminar ebensowenig ein Problem wie das Arbeiten in Kleingruppen, Erstellen von Wandzeitungen oder kontroverses Diskutieren sowohl mit MitarbeiterInnen und Heimleitung als auch der Jugendlichen untereinander. Die Ernsthaftigkeit, mit der sich die Mädchen und Jungen dem Thema stellten, unterschied sich nicht von dem Bemühen der Erwachsenen. Eine Erklärung für die bei den Jugendlichen festzustellende Ernsthaftigkeit gaben sie selbst ab: Die Tatsache, dass „ihre" Erzieher gemeinsam mit ihnen dieses Seminar durchführen, zeige doch, dass sie die Jugendlichen auch sehr ernst nähmen.

Nachdem schnell klar wurde, dass niemand „zugetextet" werden sollte, sondern auch für die Erwachsenen der Umgang mit Rechten und Pflichten in der Arbeit nicht immer einfach ist, die Fragen nach besserer Beteiligung der Jugendlichen ernst gemeint sind, entwickelte sich ein konstruktiver, z. T. natürlich auch kontroverser Austausch. Die im Vorbereitungstreffen angesprochenen Themen waren für die Mädchen und Jungen ebenfalls von zentraler Bedeutung, hatten allerdings durch ihre Sichtweise andere Gewichtungen und Akzentuierungen. So wurde z. B. das Bemühen der PädagogInnen, bei Konflikten der Jugendlichen untereinander im Interesse der Gesamtgruppe vermittelnd und klärend einzugreifen, als „Einmischung" erlebt. Das grundsätzliche Veto des Teams und der Heimleitung gegen Übernachtungen von Jungen in der ausdrücklich als „Schutzraum" definierten Mädchenwohngruppe wurde als massive Einschränkung bewertet. Das Ausbalancieren der Rollen von MitarbeiterInnen und Jugendlichen in der täglichen Arbeit wurde gerade im Rahmen dieses Seminars deutlich. Wünsche und Vorstellungen, dass die Erwachsenen „FreundInnen" sein mögen – seltener „Eltern" – standen neben der weniger klar formulierten – und doch deutlich spürbaren – Erwartung, dass sie Garanten für Orientierung und Struktur sind. Von allen Beteiligten wurde der Versuchung widerstanden, die Veranstaltung insgesamt zu harmonisieren und existierende Konflikte zu verleugnen, ob es sich nun um Spannungen zwischen Personen oder aber um auch von den Jugendlichen so verstandene strukturelle

Bedingungen handelt. Die eingeschränkte Individualität durch das enge Zusammenleben mit anderen, die man sich zudem nicht ausgesucht hat, die Tatsache, MitarbeiterInnen und damit AnsprechpartnerInnen ständig teilen zu müssen, wurden von vielen Jugendlichen aus den Wohngruppen als belastend und ausgesprochen negativ benannt.

Von besonderer Bedeutung unter Beteiligungsaspekten waren für die Jugendlichen (Ergebnis der Kleingruppenarbeit):

- *Beratung und Information* – Vor dem Einzug in eine Gruppe sollte eine ausführlichere Vorstellung des Lebens dort erfolgen, vor allem Benennen der wichtigsten Regeln, Aufgaben und Strukturen, diese Informationen sollten durch Jugendliche und MitarbeiterInnen geschehen.
- *Regeln* – inhaltlich und zeitlich der umfangreichste Punkt. Neben der Einigkeit, dass Regeln für das Zusammenleben gerade in einer Gruppe unerlässlich sind, gab es Diskussionen darüber, welche Sanktionen für Regelüberschreitungen angemessen erscheinen, wie unterschiedlich Sanktionen von MitarbeiterInnen eingesetzt werden, wie und wo Regeln und Sanktionen entstehen bzw. verhandelt oder mitgeteilt werden. Ein besonderes Merkmal unserer dezentralen Einrichtung wurde benannt: Warum haben die Gruppen z. T. so unterschiedliche Regeln? „Die Mitarbeiter müssten sich mit der Heimleitung zusammensetzen und sich über die unterschiedlichen Regeln austauschen."
- *Gruppengespräche* – wurden als wichtiger Ort gemeinsamer Absprachen und Verhandlungen gesehen, trotz häufiger Widerstände gegen diese Pflichtveranstaltung plädierten die Jugendlichen für deren Bedeutung und Erhalt und überlegten, wie die Atmosphäre angenehmer und einladender gestaltet werden kann.
- *Hilfeplangespräche* – deren Bedeutung wurde sehr unterschiedlich gewertet, abhängig vor allem von der Ernsthaftigkeit, mit der sie sich in der Gruppe darauf vorbereitet hatten und von der Beziehung zu den für sie zuständigen SozialarbeiterInnen des Jugendamtes.

Die von den Jugendlichen beschriebenen Punkte wurden in der Kleingruppe der MitarbeiterInnen in ihrer Bedeutung ähnlich bewertet. Eine deutlich andere Einschätzung gab es allerdings hinsichtlich der Nutzung des Gruppengespräches, in dem die Jugendlichen überwiegend als eher desinteressiert und gelangweilt erlebt wurden, bisher die vorhandenen Gestaltungsmöglichkeiten wenig nutzend.

In der anschließenden Präsentation und Diskussion der Gruppenergebnisse konnten noch einmal die unterschiedlichen Positionen und Rollen der Jugendlichen und Erwachsenen benannt werden. Es ist die berufliche Aufgabe der MitarbeiterInnen – und dafür werden sie bezahlt –, einen pädagogisch gestalteten Rahmen für das Leben und die Alltagsbewältigung von Mädchen und Jungen aus vielfältigen Krisensituationen bereitzustellen. Dabei kommt es zwangsläufig immer wieder zu

Spannungen und Konflikten, da z. T. sehr unterschiedliche, oft auch gegensätzliche Interessen berücksichtigt und miteinander abgestimmt werden müssen. Die Tatsache, dass die MitarbeiterInnen in den Wohngruppen ihrem Beruf nachgehen, war – den meisten – Mädchen und Jungen bewusst, auch wenn Wünsche nach „privateren" Beziehungen häufig sehr offen benannt wurden. Den Jugendlichen war es möglich, zu sehen, dass die Erwachsenen – obwohl sie bezahlt werden – trotzdem viel von ihrer „Privat"-Persönlichkeit einbringen und nicht einfach einen „Job" ableisten. Die gleichzeitige Anerkennung und Wertschätzung der Situation der jeweils „anderen Seite" einerseits und andererseits die Bereitschaft, sich über vorhandene Gegensätze und unterschiedliche Interessen trotzdem auseinanderzusetzen, war der nachhaltigste Eindruck dieses Beteiligungsseminars.

So waren auch die Rückmeldungen in der Abschlussrunde neben der spürbaren Erschöpfung aller Beteiligten überwiegend positiv. Sowohl die MitarbeiterInnen als auch die Jugendlichen beschrieben die anderthalb Tage als gut gelungen, es wurden Vereinbarungen für die Weiterarbeit in den Gruppen getroffen, die Jugendlichen der Mädchenwohngruppe überlegten, dass sie gern Aktivitäten in der Öffentlichkeit durchführen würden, um das schlechte Bild von „Heimkindern" zu verbessern.

Das zeitlich kürzere Beteiligungsseminar mit Jugendlichen und MitarbeiterInnen aus dem ambulanten Bereich – insgesamt 13 Teilnehmer, acht Erwachsene, fünf Jugendliche/junge Erwachsene – gestaltete sich vom Engagement her ähnlich wie das vorherige. Da alle hier betreuten Jugendlichen in eigenen Wohnungen leben, ergaben sich andere Fragestellungen und Schwerpunkte. Das größere Maß an Selbständigkeit wurde von den Mädchen und Jungen vor allem auch im Kontakt zu den PädagogInnen erlebt. Trotz bestimmter Rahmenbedingungen hinsichtlich Häufigkeit und Verbindlichkeit der Betreuungskontakte ist der Gestaltungsspielraum größer, Ort der Treffen kann z. B. die eigene Wohnung sein. Die Kontakte zu den BetreuerInnen sind exklusiv, d. h. i.d.R. nicht häufiger als in den Wohngruppen, dafür aber nicht durch ständige Unterbrechungen und Störungen beeinflusst. Auch die nicht seltenen Konflikte z. B. über Einteilung der zur Verfügung stehenden Gelder oder das Einhalten vereinbarter Termine beeinträchtigten das Gefühl der Jugendlichen nicht, dass sie über umfangreiche Beteiligungsmöglichkeiten verfügen. Benannt wurde von einigen die Angst, nach dem Wechsel aus der Wohngruppe in die eigene Wohnung zu vereinsamen und sich von der Außenwelt abzukapseln. Von einigen wurde daher der Wunsch geäußert, doch regelmäßig Gruppenaktivitäten zu veranstalten, die sie auch mitorganisieren wollten. Überrascht und verunsichert reagierten die Jugendlichen, als im Seminar deutlich wurde – obwohl vorher nie verheimlicht –, dass die Heimleiterin regelmäßig in ihrer Rolle als Beraterin an den Teamsitzungen teilnimmt und damit viele Informationen erhält. Die Jugendlichen beschäftigten sich mit der Frage, welche Informationen über sie weitergegeben werden, was erfährt z. B. das Jugendamt oder andere Stellen, ohne dass sie davon wissen. Es wurde überlegt, dass sie im Einzelfall an Teambesprechungen teilnehmen, wenn es um ihre Belange geht. Für alle Beteiligten überraschend war, dass insgesamt sehr wenig Kritik an der Arbeitsweise der PädagogInnen geäußert wurde, es – anders als bei dem Seminar mit den Wohngruppen – wenig kontroverse Punkte miteinander zu verhandeln gab. Wichtigste Erklärung dafür ist sicherlich der deutlich selbständigere Rahmen, in dem diese Jugendlichen leben und die damit verbundene Notwendigkeit, das Leben eigenverantwortlicher zu gestalten.

2.3 So weit, so gut?

Die unmittelbaren Auswirkungen nach beiden Beteiligungsseminaren wurden von KollegInnen im Rahmen der Dienstbesprechung berichtet. Einige der Jugendlichen hatten mit Nicht-TeilnehmerInnen gesprochen, sie darüber informiert, wie es jetzt ihrer Meinung nach in den Gruppen „richtig" zu laufen habe. Die dadurch bei anderen MitarbeiterInnen ausgelösten Irritationen und Fragen haben sich nachhaltig belebend ausgewirkt. Die positiven Einschätzungen der TeilnehmerInnen wurden in unserer Einrichtung in unterschiedlichen Zusammenhängen weiter vermittelt, sowohl in informellen als auch in formellen Kontakten. Auffallendste Veränderung war in beiden Wohngruppen die Gestaltung und Atmosphäre der Gruppengespräche, die in den ersten Wochen von BetreuerInnen und Jugendlichen dazu genutzt wurden, eine Bestandsaufnahme des geltenden Regelwerkes zu machen und über Streichungen und Veränderungen zu diskutieren. Dies wurde im Nachbereitungstreffen ebenso berichtet wie die Einführung regelmäßiger Gruppenveranstaltungen (z. B. gemeinsames Kochen, Wochenendfreizeit) mit Jugendlichen aus dem ambulanten Bereich. Auch einige Monate später waren die Seminare von den Beteiligten eindeutig positiv besetzt. Inzwischen haben Jugendliche aus der Mädchenwohngruppe gemeinsam mit ihren BetreuerInnen einen Videofilm im Rahmen eines Fachhochschulprojektes gedreht, der im lokalen Fernsehen gesendet wurde. Sie setzen sich darin kritisch und humorvoll mit den Vorurteilen über „Heimkinder" auseinander. Der von den Jugendlichen vorgeschlagene Austausch aller Gruppen über die jeweiligen Regeln ist konkret geplant. Der Beteiligungsgedanke wird dabei insofern fortgesetzt, als an einem gemeinsamen Fortbildungstag jede Gruppe repräsentiert wird durch zwei Jugendliche und zwei MitarbeiterInnen. Ziel dabei soll nicht die Aufhebung der Unterschiede und Eigenheiten der Gruppen sein, sondern ein Bewusstsein für die jeweiligen Entstehungsbedingungen der Regeln zu schaffen und diese für alle plausibel zu machen. Weitere Wünsche, die inzwischen von den Jugendlichen genannt wurden: ein gemeinsames Sommerfest aller Gruppen, die Möglichkeit, die anderen Gruppen überhaupt kennenzulernen.

3. Auswirkungen des Beteiligungsprojektes auf die Qualitätsentwicklungsprozesse in der Einrichtung

Im Verlauf des bislang Beschriebenen ist deutlich geworden, dass viele MitarbeiterInnen und auch wir als Heimleitung ein Interesse an einer stärkeren Beteiligung der Jugendlichen bei Entscheidungsprozessen in unserer Einrichtung haben. Dabei wollen wir die Beteiligung durchgängig verbindlicher gestalten, so dass sie für Mädchen und Jungen auch subjektiv deutlicher erfahrbar wird. Aus diesem Grunde haben wir uns vorgenommen, die Realisierung dieses Wertes („Partizipation von Jugendlichen") anhand von Schlüsselprozessen zu überprüfen. In einer Arbeitsgruppe von zehn MitarbeiterInnen, der Heimleiterin und dem stellvertretenden Heimleiter haben wir uns zur Beschreibung der Schlüsselprozesse *Aufnahmeverfahren, Entlassungsverfahren, Hilfeplanverfahren, Elterngespräche und im Hinblick auf die Alltagsgestaltung für die Beschreibung der Gruppengespräche und der Essensplanung und -zubereitung* entschieden. Die Teilnahme an dieser Arbeitsgruppe ist freiwillig, wobei jeder Arbeitsbereich (stationär, teilstationär, ambulant) personell vertreten ist. Die Rückkoppelung des dort Erarbeiteten zur gesamten MitarbeiteInnenschaft ist durch die Vorstellung und Diskussion der Arbeitsergebnisse in der Dienstbesprechung (monatliche Konferenz mit je einem Delegierten aus jedem Arbeitsbereich) gewährleistet. Wir glauben, dass mit diesem Weg gewährleistet ist, dass der angestrebte und schon begonnene Veränderungsprozess nicht ausschließlich eine Entscheidung auf Leitungsebene ist, sondern ganz offensichtlich schon heute von vielen in der Einrichtung getragen wird. Offen ist bislang die Frage, inwieweit und in welcher Form wir Jugendliche in die konzeptionellen Diskussionen einbeziehen werden.

Bei der Beschreibung der verschiedenen Schlüsselprozesse achten wir gegenwärtig bewusst darauf, inwieweit der Wert „Partizipation von Kindern und Jugendlichen" wirklich berücksichtigt wird. Die daraus entstehende Diskussion führt zwangsläufig zu Veränderungen im pädagogischen Alltag. Zum Beispiel haben wir uns bei der Beschreibung des Schlüsselprozesses „Hilfeplanung" Gedanken dazu gemacht, wie man die Vorbereitung dieser Gesprächssituation mit dem Jugendlichen gestalten kann. Angeregt durch die schon erwähnte Fortbildung haben wir einen Fragenkatalog vereinbart, der dem Jugendlichen Raum für positive und kritische Äußerungen gibt. Die vorbereitenden Fragen an den Jugendlichen lauten:

- Was war gut, hat Spaß gemacht? Was hat mir geholfen?
- Was war nicht gut, was will ich noch lernen? Was will ich nicht?
- Was wünsche ich mir in den nächsten Monaten, an welchen Zielen und Schwierigkeiten will ich arbeiten?

Zum anderen wollen wir zum Beispiel in Zukunft einen Beschwerdeweg formalisieren, der es Jugendlichen und Eltern leichter macht, im Konfliktfall negative Erscheinungen auch offiziell werden zu lassen.

Wir sind momentan inmitten dieser Wertediskussion und erleben die damit verbundenen Irritationen hinsichtlich langjähriger Vorgehensweisen als bereichernd. Die ursprüngliche Einschätzung der Heimleitung, dass ein Beteiligungsseminar und die eingeleiteten Qualitätsentwicklungsprozesse eine Intervention mit Folgen sein werden, hat sich bewahrheitet. Negative Befürchtungen seitens der MitarbeiterInnen haben sich nicht bestätigt, vielmehr wurde ihnen gerade durch die kritische Auseinandersetzung mit den Jugendlichen viel Anerkennung zuteil, auch durch die Heimleitung. Die Anerkenntnis der Rechte der Jugendlichen nimmt diese gleichzeitig auch stärker in die Pflicht hinsichtlich der Mitgestaltung ihres Lebens in der Einrichtung. Deutlich ist allerdings auch geworden, dass derartige Maßnahmen mehr Fragen über die Arbeit insgesamt aufwerfen, als Antworten gegeben werden. Die Umsetzung ist aufwendig, aber lohnend.

„Gerechte Gemeinschaften" – ein Mitbestimmungskonzept wirkt. Ein Modellprojekt zum Erlernen demokratischer Konfliktlösungen in der Jugendhilfe

Petra Sohst-Westphal

1. Die Projektidee

Das Institut für Soziale Praxis des Rauhen Hauses (im folgenden isp genannt) in Hamburg hat 1995 den Versuch gestartet, das Modell der „just communities", der „Gerechten Gemeinschaften", basierend auf der Theorie des amerikanischen Entwicklungspsychologen Lawrence Kohlberg, als Konfliktlösungsmodell in der Jugendhilfe im Bereich der Hilfen zur Erziehung, insbesondere der Wohngruppenpädagogik, zu etablieren.

Lawrence Kohlberg verfolgt mit seiner Theorie zu den „Gerechten Gemeinschaften" die Idee, dass die moralische Entwicklung von Kindern und Jugendlichen systematisch gefördert werden kann und sie somit moralisch höhere Entwicklungsstufen erreichen könnten.

Das isp hat mit der Etablierung der „Gerechten Gemeinschaften" in der Jugendhilfe mehrere Ziele verfolgt. Auf dem Hintergrund der aktuellen Diskussion um delinquentes und gewalttätiges Verhalten von Kindern und Jugendlichen stützt sich das isp auf den Erklärungsansatz, dass den Tätern eine klare Orientierung an Normen und Werten fehlt, die aber für eine demokratische Gesellschaft unverzichtbar sind. Gründe für die mangelnde Verinnerlichung von Normen und Werten bzw. die Gefahr der Orientierungslosigkeit werden darin gesehen, dass unsere Gesellschaft einem starken Wandel ausgesetzt ist, z. B. der

- Pluralisierung von Lebenswelten,
- fortschreitende Individualisierung von Lebensläufen,
- Fehlen eines universellen, für alle verbindlichen Wertesystems,
- Überlastung der Kleinfamilie etc.

Das Projekt „Gerechte Gemeinschaften" begegnet der zunehmenden Zahl Jugendlicher mit auffälligem Verhalten, in Zusammenhang mit der Auflösung moralischer Orientierung, mit Hilfe der Einführung eines demokratischen Konfliktlösungsmodells, dass eine direkte Verbesserung moralischer Kompetenzen verspricht. Als Praxisfeld eignen sich insbesondere Wohngemeinschaften und Jugendwohnungen, da sie sich am Modell der Familie orientieren. Aus diesem Grund hat das isp für das Modell der „Gerechten Gemeinschaften" Kontakt zu zwei Wohngemeinschaften aufgenommen, zum einen zu einer reinen Mädchen-Wohngruppe der Stiftung Abendroth-Haus und zu einer gemischtgeschlechtlichen Wohngruppe der Stiftung Rauhes Haus. Die Auswahl der beiden unterschiedlich geschlechtlichen Wohngruppen sollte zudem den Vergleich möglich machen, ob Kohlbergs Theorie über moralische Entwicklung auch weibliche Moral mit einschließt oder sich die Entwicklung weiblicher Moral von männlicher unterscheidet.

Das isp wollte mit der Etablierung „Gerechter Gemeinschaften" ein alternatives Modell zur traditionellen (Wohn-)Gruppenpädagogik anbieten und hatte folgende Ziele:

- Entwicklung fairer und demokratischer Formen des Umgangs miteinander,
- bewußter und demokratischer Versuch der Werte- und Normenvermittlung,
- Förderung ziviler Konfliktlösungsformen als Beitrag zur Gewaltprävention.

Kohlbergs Modell kann und wird auch in Institutionen angewendet, die von Kindern und Jugendlichen nicht freiwillig besucht werden (z. B. Erziehungsheime, Strafanstalten, Schulen), da es ohne Zwang auskommt und die Verbesserung des Sozialverhaltens und der Gruppenatmosphäre beabsichtigt.

Das Modell der „Gerechten Gemeinschaften" war ein Pilotprojekt, gefördert aus Mitteln des Ministeriums für Familie, Senioren, Frauen und Jugend, und wurde erstmalig in Hamburg in zwei Wohngruppen umgesetzt, durchgeführt vom isp über den Zeitraum von drei Jahren, wovon das dritte Jahr für die Dokumentation des Projektes verwand wurde. Die am Modell beteiligten PädagogInnen sollten während des Projektverlaufes als MultiplikatorInnen ausgebildet werden, um die „Gerechten Gemeinschaften" im nachhinein auch in anderen Institutionen zu etablieren, die mit Jugendlichen arbeiten.

Wir PädagogInnen aus der Mädchen-Wohngruppe haben uns aus mehreren Gründen für die Teilnahme an den „Gerechten Gemeinschaften" entschieden. Regelmäßige Gruppensitzungen mit den Mädchen waren viele Jahre fester Bestandteil unseres Wohngruppenkonzeptes. Probleme und Themen des Alltags haben überwiegend wir PädagogInnen auf die Tagesordnung der Gruppensitzungen eingebracht, mit den Mädchen die Probleme diskutiert, aber die Entscheidungen haben letztendlich wir getroffen. Diese Tatsache haben wir im Team als immer unbefriedigender erlebt, da wir zum einen unter dem Druck standen, immer Problemlösungen entwickeln zu müssen, zum anderen die Mädchen diese Lösungen bzw. Regeln des Zusammenlebens boykottiert haben, da sie an den Lösungen nicht wirklich beteiligt waren. Das war für das Team wie auch für die Mädchen frustrierend. Auf diesem Hintergrund waren wir PädagogInnen auf der Suche nach einem neuen pädagogischen – vor allem demokratischen – Modell der Konfliktlösung und hatten große Lust, das Projekt der „Gerechten Gemeinschaften" auszuprobieren.

1. Kohlberg und seine Theorie der „Gerechten Gemeinschaften“

Der Begriff der „Gerechten Gemeinschaften“ stammt von dem amerikanischen Entwicklungspsychologen Lawrence Kohlberg (1927–1987), der sich mit der Entwicklung der moralischen Urteilsfähigkeit beschäftigt hat. Kohlberg geht davon aus, dass die Urteilsfähigkeit und das daraus resultierende Handeln sich nach einem universell gültigen Stufenmodell vollzieht. Kohlberg meint, dass sich das Individuum in sechs Entwicklungsstufen von der heteronomen Orientierung zur autonomen, moralischen Selbststeuerung entwickelt. Er stützt sich damit auf die kognitive Theorie moralischen Lernens von Jean Piaget.

Kohlbergs Sechs-Stufen-Modell des moralischen Urteilens

Stufe 1: Orientierung an Strafe und Gehorsam
Das soziale Miteinander soll auf dieser Entwicklungsstufe durch eine Orientierung an Strafe und Gehorsam geregelt werden. Gut und somit gerecht geht es zu, wenn Regeln eingehalten werden, deren Übertretung mit Strafe bedroht ist.

Stufe 2: Orientierung an instrumentellen Zwecken und Austausch
Diese Stufe drückt die Vorstellung aus, dass Regeln nur dann zu befolgen sind, wenn es dem unmittelbaren Eigeninteresse von Personen dient. Gerecht ist auch, was fair im Sinne eines gleichwertigen Austausches ist. Es gelten demnach Regeln wie „Jedem das Seine“ oder „wie du mir, so ich dir.“

Stufe 3: Orientierung an wechselseitigen Erwartungen und Beziehungen
Richtig zu urteilen bedeutet auf dieser Entwicklungsstufe, den Erwartungen zu entsprechen, die andere Menschen an den Handelnden haben. Fair zu sein bedeutet also, Beziehungen zu pflegen und Rücksicht auf die Gruppe zu nehmen. Maßgeblich auf dieser Stufe ist die Regel: „Was du nicht willst, dass man dir tu, das füge keinem anderen zu.“

Stufe 4: Orientierung an der Erhaltung des sozialen Systems
Diese Stufe ist durch die Einnahme einer gesellschaftlichen Beurteilungsperspektive gekennzeichnet. Regeln und Gesetze sind zu befolgen, weil sie garantieren, dass jeder vor dem Gesetz gleich ist und so der Zusammenbruch des sozialen Systems („Wenn jeder das täte...“) verhindert wird.

Stufe 5: Orientierung am Sozialvertrag
Gerechtigkeit bedeutet, dass die Menschen ihre fundamentalen Rechte wahrnehmen können. Regeln sind im Sinne von Stufe 4 zu befolgen, allerdings gibt es gewisse absolute Werte wie Freiheit und Leben, die in jeder Gesellschaft und unabhängig von der Meinung der Mehrheit respektiert werden müssen.

Stufe 6: Orientierung an universellen, ethischen Prinzipien
Auf dieser Stufe geht es um selbstgewählte ethische Prinzipien, denen zu folgen ist. Bei den erwähnten Prinzipien handelt es sich um universale Prinzipien der Gerechtigkeit, alle Menschen haben gleiche Rechte und die Würde des Einzelwesens ist zu achten.
(vgl. Winter 1995/1996)

2. Wie werden „Gerechte Gemeinschaften" realisiert?

Die Sitzungen der „Gerechten Gemeinschaften" sollten regelmäßig alle 14 Tage stattfinden. Sie werden von einem/einer externen ModeratorIn angeleitet, die/der für die Einhaltung des Sitzungsablaufs und der Prinzipien zuständig ist. Alle Jugendlichen, wie auch alle Pädagogen, nehmen an den Sitzungen teil. Die Sitzungen laufen immer nach dem gleichen Schema ab, das sich wie folgt gliedert:

Die Prozedur der Gemeinschaftssitzung

- Jedes Gruppenmitglied hat das Recht, ohne unterbrochen zu werden, ein für es wichtiges Thema zu formulieren, das in der Gruppe besprochen werden soll. Darauf achten die ModeratorInnen.
- In einer zweiten Runde einigen sich die Gruppenmitglieder mit Hilfe der ModeratorInnen auf ein oder zwei Tagesthemen. Es gibt in den Sitzungen keine Mehrheitsbeschlüsse, sondern es wird solange diskutiert, bis Kompromisse erzielt werden. In der Diskussion wird überprüft, ob alle die vorgetragenen Sichtweisen verstanden haben. Verstehen heißt hierbei nicht Teilen der Sichtweise.
- Der/die ModeratorIn erstellt eine Liste der denkbaren Lösungen für den zu regelnden Konflikt. Jeder Vorschlag wird aufgenommen.
- Die Lösungsvorschläge werden im Hinblick auf die Vor- und Nachteile, die Konsequenzen und Nebenwirkungen diskutiert und bewertet. Es gelten folgende Bewertungskriterien: Maximaler Nutzen für alle bzw. minimale Risiken für alle
- Die Gruppe verständigt sich auf eine Lösung bzw. Regel, sie wird formuliert und von der/dem ModeratorIn protokolliert.
- Die Gruppe legt die „fairen Konsequenzen" fest, die gelten sollen, wenn gegen die demokratisch erarbeitete Regel verstoßen wird. So hat z. B. eine Gruppe bei einem gemeinsam erarbeiteten Putzplan ebenfalls gemeinsam festgelegt, dass diejenige, die den Putzplan nicht einhält, für die Gemeinschaft kochen muss. Die Konsequenzen werden protokolliert.

- Es wird ein Termin vereinbart, an dem das Funktionieren der Regel überprüft wird. (vgl. Winter 1995/1996)

Das Modell der „Gerechten Gemeinschaften" kann auch als ein Weg zur Demokratisierung von pädagogischen Gruppenprozessen beschrieben werden, dies wird unter anderem an Hand der Prinzipien deutlich, die diesem Modell zugrunde liegen.

Sieben Prinzipien der „Gerechten Gemeinschaften"

1. *Prinzip der positiven pädagogischen Zumutung*
   In diesem Prinzip drückt sich die Grundhaltung aus, dass Jugendliche partizipieren, Vernunft anwenden und Verantwortung übernehmen können.
2. *Prinzip des Gemeinschaftszwecks*
   Die Wohngemeinschaft ist als ein System zu sehen, dessen Probleme jeden einzelnen betreffen (gegenseitiges Vertrauen).
3. *Prinzip der Herausarbeitung des besseren Arguments*
   In diesem Prinzip drückt sich das Ziel der Erziehung als Entwicklung aus. Auseinandersetzungen sollen sprachlich mit Hilfe von Argumenten (Begründungen) geführt werden.
4. *Prinzip der Demokratisierung der Lebenswelt*
   Dieses Prinzip verweist auf den Anspruch, Entscheidungsprozesse offenzulegen und Entscheidungen im Rahmen von Partizipation zu fällen.
5. *Prinzip der Rollenübernahme*
   Ein Verständnis in der Gemeinschaft basiert auf der entwickelbaren Fähigkeit zur Perspektiven- und Rollenübernahme.
6. *Prinzip des verantwortlichen Handelns*
   Handlungen sind an Begründungen zu knüpfen. Aber das Prinzip fordert in diesem Sinne auch Handlungen heraus und beschreibt einen Sinn für Verpflichtungen.
7. *Prinzip der Identifikation mit Normen auf der Grundlage der Partizipation bei der Normentstehung*
   Indem größtmögliche Partizipation stattfindet, werden die entwickelten Norme n positiver akzeptiert und ggf. sogar verteidigt.
   (vgl. Winter 1995/1996)

Um die moralische Urteilsfähigkeit von Kindern, Jugendlichen und Erwachsenen gezielt fördern zu können, hat sich Kohlberg verschiedener Methoden bedient, die zum festen Bestandteil der regelmäßigen Gruppensitzungen gehören:

- bewusstes und systematisches Diskutieren von sozialen Konfliktsituationen unter moralischen Gesichtspunkten.

- Diskussion sozialer Dilemmata, Erfragen von Begründungen. Dadurch entsteht die Förderung durch Entwicklungsunterschiede von Jugendlichen automatisch.
- Rollenspiele von sozialen Konfliktsituationen. Sie gewährleisten die Übernahme anderer sozialer Perspektiven und fördern die Übernahme von sozialer Verantwortung.

Die „Gerechten Gemeinschaftssitzungen" werden immer von einer/einem externen ModeratorIn geleitet. Sie/er achtet auf die Einhaltung der Prozedur der Sitzung. Damit gewährleisten die ModeratorInnen die Gleichberechtigung aller Wohngruppenmitglieder und entzerren die traditionellen hierarchischen Strukturen zwischen den Erwachsenen, den PädagogInnen und den Jugendlichen. Nicht nur zwischen den BetreuerInnen und den Jugendlichen kommt es zu einer Neustrukturierung der Machtverhältnisse in der Gruppe, sondern auch unter den Jugendlichen. Die ModeratorInnen lassen jeden zu Wort kommen, somit werden auch die Stillen und Schüchternen der Jugendlichen gehört und fühlen sich ernst genommen.

Es ist ein zentraler Aspekt des Konzeptes, dass ModeratorInnen als externe Personen die Gruppensitzungen moderieren. Durch ihren unabhängigen Status können die ModeratorInnen sich gerecht und unparteilich auf die Einhaltung der Prozedur und der Prinzipien konzentrieren, da sie an der Erarbeitung von Regeln unbeteiligt sind.

Auf der Basis der Demokratisierung von Entscheidungsprozessen ist nur Konsensbildung möglich, keine Mehrheitsentscheidungen. Dieser Aspekt bringt die Gleichberechtigung aller Gruppenmitglieder am deutlichsten zum Ausdruck. Wird während einer Gruppensitzung kein Kompromiss bei der Entscheidung bzw. Lösung eines Problems gefunden, wird die Diskussion vertagt, bis die Gruppe zu einem Ergebnis kommt, mit dem alle leben können.

Bei den Sitzungen werden nur die Themen Gegenstand der Diskussion, die in irgendeiner Weise das Zusammenleben der Gruppe betreffen oder beeinträchtigen und zwar unter dem Aspekt, wie das Zusammenleben der Gruppenmitglieder möglichst positiv gestaltet und geregelt werden kann. Persönliche Streitigkeiten oder Probleme von einzelnen sind von den Gruppensitzungsthemen ausgenommen, da es um die Erarbeitung eines demokratischen Miteinanders und Zusammenlebens gehen soll.

4. Unsere Erfahrungen

Die Gruppensitzungen mit ihrem Demokratisierungsbestreben haben bei uns zu einer Umverteilung der Macht zwischen uns PädagogInnen und den Mädchen geführt. Nur als gleichberechtigte Gruppenmitglieder konnten wir PädagogInnen uns des Druckes entledigen, aus alter Tradition heraus für alle Konflikte immer gleich Lösungen für Probleme zu wissen. Die Kluft zwischen den Mädchen, die in der Pubertät alle Regeln der Erwachsenen boykottieren, verschwand nach kurzer Zeit, da Entscheidungen nun auf der Basis von Partizipation von allen Gruppenmitgliedern gefällt wurden. Dies führte zu einer deutlichen Entspannung der Gruppenatmosphäre. Die Diskussion sozialer Dilemmata und das Überzeugen anderer Gruppenmitglieder durch bessere Argumente führte in der Wohngruppe zu einer verbesserten Kommunikationskompetenz und der Fähigkeit zur Perspektiveneinnahme.

Durch das Führen von Diskussionen und Partizipation an Entscheidungsfindungen war bei den Mädchen eine stärkere Identifikation mit dem Regelwerk spürbar.

Obwohl eine Teilnahme der Mädchen an den Gruppensitzungen nicht verpflichtend durchzusetzen war, haben sie sehr regelmäßig teilgenommen, da die Mädchen schnell gesehen haben, dass nur durch die Teilnahme Einfluss auf die Erarbeitung von Regeln oder Entscheidungen möglich war.

Durch die Veränderungen der Machtstrukturen in der Wohngruppe, die das Konzept mit sich bringt, haben die Mädchen in stärkerem Maße das Gefühl, ihre Belange und Bedürfnisse in den Sitzungen thematisieren zu können und als gleichberechtigte VerhandlungspartnerInnen ernstgenommen, gehört und beteiligt zu werden. Dieses Gefühl von Partizipation war der Grund für die stärkere, individuelle Verantwortung jedes Mädchens für das Funktionieren des Gruppenalltags und die regelmäßige Teilnahme an den „Gerechten Gemeinschaftssitzungen".

Die einschneidendste Erfahrung mit dem Konzept der „Gerechten Gemeinschaften" bestand für uns PädagogInnen in der Neustrukturierung der Machtverhältnisse in der Wohngruppe. Wir haben die zum Teil unbewusste „Tradition" aufgegeben, oft ohne wirkliche Beteiligung der Mädchen, Regeln oder Problemlösungen festzusetzen. Wir haben uns neugierig, aber auch ein wenig ängstlich auf die Prinzipien Kohlbergs eingelassen, insbesondere das Prinzip der positiven, pädagogischen Zumutung. Es impliziert, dass die Jugendlichen die Bedürfnisse aller Gruppenmitglieder wahrnehmen und verantwortungsvoll nach Lösungen suchen.

Es war eine neue Erfahrung für uns, „echte" Partizipation mit den Mädchen zu praktizieren. Um Partizipation von Jugendlichen zur Gestaltung des Alltags und Zusammenlebens zu gewährleisten, ist bei PädagogInnen die Grundhaltung Voraussetzung, dass Erwachsene nicht per se wissen, was für Jugendliche richtig und gut ist, weil diese zu unreif wären, um selbst Entscheidungen zu treffen, auf dem Hintergrund missverstandener Fürsorge für die Jugendlichen. Dies ist einer der zentralen Aspekte zur Etablierung und dem Funktionieren von „Gerechten Gemeinschaften" in Wohngruppen der Jugendhilfe.

Das Konzept der „Gerechten Gemeinschaften" lässt sich auf jede Gruppenkonstellation anwenden. Voraussetzung für den Erfolg ist aber ein Einlassen der PädagogInnen auf dieses demokratische, auf Partizipation ausgerichtete Konfliktlösungsmodell wie auch die Befreiung von der Angst vor einer Umschichtung von Macht in der Gruppe.

Wir PädagogInnen haben bei uns deutlich die Unsicherheit gespürt, unsere „alten“ Rollen aufgeben zu müssen und auf der Suche nach einer neuen BetreuerInnenrolle zu sein, die mit dem Konzept der „Gerechten Gemeinschaften“ konform geht. Die konstruktiven Ergebnisse unserer Gruppensitzungen haben aber unserem Vertrauen recht gegeben, dass das Konzept ein enormer Zugewinn an Qualität für unsere Wohngruppenpädagogik darstellt.

5. Die Erfahrungen des Konzeptes aus Sicht der Jugendlichen

Interviews mit den Jugendlichen jeweils vor und nach Einführung der „Gerechten Gemeinschaften“ haben gezeigt, dass die Jugendlichen zu allererst positiv bewerten, dass das Konzept gewährleistet, dass jeder zu Wort kommt, sie sich gehört und ernst genommen fühlen. Dies haben aber besonders die Stillen und Schüchternen der Gruppe hervorgehoben. Die Mädchen hatten Mühe, sich daran zu gewöhnen, dass das Konzept keine Mehrheitsbeschlüsse, sondern Kompromisse durch Überzeugen von besseren Argumenten vorsieht. Dass jede Stimme zählt, hat für die Mädchen entscheidend dazu beigetragen, dass sie sich verantwortlich an Entscheidungsprozessen beteiligt haben. Die Mädchen haben sich sehr engagiert in die Diskussion eingegeben und die Sitzungen als positiv erlebt.

Neu war für sie die Erfahrung, dass sie nicht nur an der Erarbeitung von Regeln beteiligt waren, sondern auch für deren Umsetzung im Alltag mit in die Verantwortung genommen wurden. Das war für manche Mädchen zu Anfang unbequem und ein Umstellungsprozess, der Zeit brauchte. Die Mädchen haben festgestellt, dass sie sich durch die Partizipation an Entscheidungen und Regeln stärker mit dem Regelwerk identifizieren und dieses nicht mehr boykottieren, weil es nicht, wie früher, ein von den Erwachsenen gemachtes Regelwerk ist.

Da die Teilnahme an den Gruppensitzungen nicht zwingend, sondern nur „gewünscht“ ist, haben nicht immer alle Mädchen teilgenommen, insbesondere, wenn manche befürchteten, durch ihr Verhalten Gegenstand der Kritik in den Sitzungen zu werden. Viele Mädchen haben aber schnell den Nachteil gespürt, von Entscheidungen ausgeschlossen zu sein, dadurch dass sie von den Gruppennachmittagen fernblieben. Die Mädchen haben eine Entspannung des Gruppenklimas festgestellt und einen möglichen Grund darin gesehen, dass man sich nun bei kontroversen Diskussionen Begründungen liefern musste, die von einem reinen Gegeneinandersein zu einem Verstehen des anderen tendieren.

6. Bedingungen für die Umsetzung „Gerechter Gemeinschaften“ in pädagogischen Gruppenprozessen

Es müssen ein paar Voraussetzungen vorhanden sein, damit die Einführung des Konzeptes in der Gruppenpädagogik Aussicht auf Erfolg hat:

- die Situation im Team sollte stabil sein.
- alle Teammitglieder müssen hinter der Erziehungshaltung des Konzeptes stehen, sonst können sie die Jugendlichen nicht von den Vorteilen des Modells überzeugen.
- alle Teammitglieder sollten sich auf eine Umverteilung der Machtstrukturen einlassen können und eine Aufhebung der Hierarchie in der Gruppe zulassen.
- die PädagogInnen müssen an das Prinzip der „pädagogischen Zumutbarkeit“ in Bezug auf die Jugendlichen glauben.
- die Teammitglieder müssen die Unsicherheit über neue Rollenfindungen aushalten können.
- das Team sollte eine/n externe/n, unparteiische/n ModeratorIn engagieren, um das Gelingen der „Gerechten Gemeinschaften“ zu sichern.
- eine fundierte Einführung in die Theorie ist erforderlich, um sich mit der pädagogischen Haltung des Konzeptes auseinanderzusetzen und diese an die Jugendlichen weitertransportieren zu können. Zudem eröffnet eine intensive Beschäftigung mit der Theorie die Möglichkeit, dass die PädagogInnen als MultiplikatorInnen von Kohlbergs „Gerechten Gemeinschaften“ fungieren.

7. Erfahrungen in der MultiplikatorInnenarbeit

Im Herbst 1996 lief die Betreuung durch den externen Moderator des isp in unserer Wohngruppe des Abendroth-Hauses in Hamburg aus. Es war an der Zeit, dass wir nach einer/einem neuen ModeratorIn suchten. Unser Moderator vom isp wollte das verbleibende letzte Projektjahr für die Dokumentation der „Gerechten Gemeinschaften“ verwenden. Wir fanden aus dem Team der gemischten Wohngruppe der Stiftung Rauhes Haus einen Kollegen, der bereit war, unsere Sitzungen zu moderieren. Im Gegenzug dazu arbeiten zwei meiner KollegInnen in Wohngruppen der Siftung Rauhes Haus als ModeratorInnen, die, wie wir, am Pilotprojekt beteiligt waren. Ich bekam die Anfrage, das Modell der „Gerechten Gemeinschaften“ in einer weiteren Mädchenwohngruppe des Abendroth-Hauses ganz neu zu etablieren, da wir den KollegInnen aus der Wohngruppe über so positive Erfahrungen berichten konnten.

Seit Anfang 1997 arbeiten die Mitglieder unseres Teams nun als MultiplikatorInnen, was uns ermöglichte, die „Gerechten Gemeinschaften" aus einer anderen Perspektive, der der ModeratorIn, kennenzulernen. Die Pädagoginnen aus den anderen Wohngruppen versprachen sich mit dem Wunsch nach „Gerechten Gemeinschaften" das kurzfristige Ziel, ein entspannteres Gruppenklima durch eine demokratischere Form von Konfliktlösung zu erreichen, da Wohngruppen auf Grund ihrer recht hohen Betreutenplatzzahl ohnehin viel Zündstoff und Reibung untereinander im Alltag bieten. In der Mädchenwohngruppe bestand nach Personalwechsel bei den KollegInnen der Wunsch, mit den Jugendlichen die Regeln des Zusammenlebens gemeinsam neu zu entwickeln. Dabei ging es den MitarbeiterInnen darum, den Mädchen mehr Verantwortung übertragen zu wollen und den Druck loszuwerden, auf Probleme des Zusammenlebens immer eine Antwort haben zu müssen.

Mittlerweile kann ich auf zwei Jahre an Erfahrung als Moderatorin zurückblicken. Die Erfolge des Konzeptes in dieser Wohngruppe sind kleinschrittig und zögerlich. Zum einen hat es 1997 viel Fluktuation unter den Mädchen gegeben, und somit hat das Konzept der „Gerechten Gemeinschaften" als Tradition bzw. Kultur in die Wohngruppe zu etablieren, viel Zeit in Anspruch genommen.

Zum anderen hat das Team im Vorlauf zur Umsetzung des Konzeptes zwar eine theoretische Einführung erhalten, aber dadurch, dass es innerhalb der zwei Jahre meiner Moderatorentätigkeit Personalwechsel gegeben hat, sind nicht alle KollegInnen von den pädagogischen Prinzipien Kohlbergs überzeugt gewesen, bzw. kannten diese fundiert, so dass sie ihrer Haltung zugrunde lagen.

Trotzdem ist die Arbeit in dieser Wohngruppe – insbesondere der Diskussionsprozess – als erfolgreich zu bewerten. Kohlberg gewichtet in seiner Theorie zu den „Gerechten Gemeinschaften" den Weg bzw. die Diskussion als Ziel. Die Erarbeitung von Regeln ist zweitrangig. Meine Erfahrung und die meiner KollegInnen bestätigen diesen Aspekt. Vor allem die Diskussionen über den Lebens- und Betreuungsalltag zwischen den Jugendlichen und den Betreuern ist in Gang gekommen. Die Kommunikationsfähigkeit der Jugendlichen hat sich deutlich verbessert. Auch trotz immer wieder auftretender konfliktreicher Themen hat sich die Atmosphäre in den Wohngruppen entspannt, da in den Gruppensitzungen alle ihre Sichtweise darstellen können, Begründungen für ihr Verhalten oder ihre Meinung liefern und somit in der Gruppe ein Sich-besser-Verstehen entwickelte.

Auch in dieser von mir moderierten Wohngruppe nahmen die Mädchen von Beginn an sehr regelmäßig an den Gruppensitzungen teil, anfangs kamen sie eher aus Neugier, später machten sie die Erfahrung, als gleichberechtigte Verhandlungspartnerinnen ernst genommen zu werden und an den Diskussionen beteiligt zu sein. Die Prozedur der „Gerechten Gemeinschaften" ermöglichte ihnen den festen Rahmen, ihre Belange und Bedürfnisse zu thematisieren. Auch die KollegInnen dieser Mädchenwohngruppe hatten bisher ihre Regeln für das Zusammenleben im Team erarbeitet und festgestellt, dass die Mädchen diese Regeln oft missachteten oder übertraten, da sie an der Erarbeitung nicht beteiligt waren. Mit Hilfe der

„Gerechten Gemeinschaften" hatten die BetreuerInnen nun den Wunsch, die Mädchen stärker an zu erarbeitenden Regeln zu beteiligen und ihnen damit auch ein Stück von der Verantwortung für ein gelungenes Miteinander zu übertragen. Es zeigte sich, dass die Mädchen noch längere Zeit sehr an den alten Machtstrukturen zwischen den BetreuerInnen und sich festhielten. Sie trauten sich in der ersten Zeit wenig bei der Entwicklung von Lösungen zu und waren sehr zögerlich, Verantwortung für „neue" Regeln mit zu tragen.

Die Gruppe hat oft sehr hitzig kontrovers, aber auch konstruktiv diskutiert. Auch hier lag der Schwerpunkt in der Diskussion und weniger in konkret geschaffenen Regeln, mit denen sich der Alltag strukturieren ließ, oft aus dem Grund, weil die Gruppe zu keinem Kompromiss finden konnte.

Vorrangig war ein wichtiger Kommunikationsprozess in Gang gekommen, der der Beginn einer gemeinsamen Kultur werden konnte. Das Regelwerk, das für die KollegInnen zunächst eine so große Bedeutung hatte, stand schließlich im Hintergrund. Diese Tatsache frustrierte die Kolleginnen und verursachte Enttäuschung über den „Erfolg" von „Gerechten Gemeinschaften".

In der Regel dauert es eine Weile bis sich die Prinzipien Kohlbergs zu einer Gruppentradition verfestigen, aber die positiven Veränderungen, die dieses Konzept auf das Gruppengeschehen hat, sind deutlich zu sehen. Zur Zeit praktiziere ich die „Gerechten Gemeinschaften" als Moderatorin in der Mädchen-Wohngruppe nicht mehr, da die KollegInnen dort mit Umstrukturierungen beschäftigt sind. Bevor ich dort die ModeratorInnenentätigkeit wieder aufnehme, wird es eine Evaluation über die Erwartungen und Wünsche, aber auch Frustrationen aller Beteiligten geben.

Meine KollegInnen berichten von ihrer Tätigkeit als ModeratorInnen in den Wohngruppen der Stiftung Rauhes Haus sehr zufrieden und positiv. Ihre Moderation dort fällt auf den Boden längerer Tradition mit den „Gerechten Gemeinschaften", da die gemischte Wohngruppe, mit einer zusätzlich ausgelagerten Wohnung, an dem Pilotprojekt des isp teilgenommen hatte. Die KollegInnen fanden dort positive Erfahrungen bei Jugendlichen und Betreuern mit Kohlbergs Konzept vor und keine Skepsis vor neuen Konzepten.

Die Mädchenwohngruppe, in der ich arbeite, wurde im Herbst 1996 von der Wohngruppe zu Jugendwohnungen umstrukturiert und die Platzzahl für Betreuungen reduziert. In den Gruppensitzungen haben wir gemeinsam festgestellt, dass der Jugendwohnungscharakter von kleinen, in sich abgeschlossenen Wohnungen wenig Reibungspunkte, gemeinsame Probleme und Konflikte lieferte, die insbesondere die Mädchen miteinander zu klären hätten. Die ganze Gruppe hat zu dieser Zeit keine Notwendigkeit gesehen, Probleme des Zusammenlebens zu klären, wenn die Mädchen sich in kleinen Einheiten eine Jugendwohnung teilen und sich jeweils eigene Regeln geben. Auf diesem Hintergrund fehlender Gruppenthemen haben wir mit den „Gerechten Gemeinschaften" für eine Weile ausgesetzt, bis sich herauskristallisiert hat, dass es trotz Jugendwohnungscharakter Berührungspunkte im Alltag gab, die der Klärung bedurften, wie z. B. Umgangsformen im Haus, Rücksichtnahme, Sauberkeit und Ordnung von Gemeinschaftsräumen (z. B. Waschküche). Aus diesem Grund haben wir mit den Sitzungen der „Gerechten Gemeinschaften" im April 1999 wieder angefangen, zur Zeit noch in einem Rhythmus von vier Wochen.

5. Das Konzept der „Gerechten Gemeinschaften" als Qualitätsmerkmal in der Jugendhilfe?

Die „Gerechten Gemeinschaften" sind eindeutig ein Qualitätsmerkmal guter pädagogischer Arbeit in der Jugendhilfe. Sie sind Beleg für eine Praxis, wo Partizipation von Jugendlichen stattfindet.

Das Konzept der „Gerechten Gemeinschaften" kann für die Gruppenpädagogik im Bereich der Jugendhilfe nicht per Dienstanweisung angeordnet werden. Das Modell mit seinen pädagogischen Prinzipien muss insbesondere von den PädagogInnen gewollt und mitgetragen sein, damit die Umsetzung in Gruppen möglich ist. Meine Erfahrung hat gezeigt, dass „Gerechte Gemeinschaften" scheitern, wenn auch nur ein/e KollegIn das Konzept ablehnt, da alle Beteiligten an das Prinzip der pädagogischen Zumutbarkeit glauben müssen, damit Partizipation von Jugendlichen möglich ist.

Es ist die Frage, wie „Gerechte Gemeinschaften" in Einrichtungen der Jugendhilfe eingebunden werden können und einen institutionalisierten Charakter bekommen, so dass die Umsetzung des Konzeptes nicht an einzelnen PädagogInnen hängt und bei Personalwechsel den Aspekt von Beliebigkeit bekommt. Es wäre eine Möglichkeit, dass die Jugendhilfeeinrichtung MitarbeiterInnen schon im Hinblick auf das Konzept der „Gerechten Gemeinschaften" einstellt, dass diese Form von Qualität im pädagogischen Alltag praktiziert wird. Es ist ein Ziel von Jugendhilfe, Jugendlichen auf ihrem Weg zur Verselbständigung mit Hilfe und Unterstützung zur Seite zu stehen. Das Konzept der „Gerechten Gemeinschaften" fördert diesen Aspekt, indem die Jugendlichen lernen, mit Hilfe dieses Modells sich für ihre Belange und Bedürfnisse aktiv und auf verbaler Ebene einzusetzen. Neben dem pädagogischen Ziel, Kinder und Jugendliche mit Hilfe institutionalisierter Konzepte aktiv an der Gestaltung des Wohngruppenalltags zu beteiligen, hat eine Jugendhilfeeinrichtung zusätzlich auch wirtschaftlichen Nutzen, wenn sie Partizipation, z. B. in Form von „Gerechten Gemeinschaften", konzeptionell einbindet, weil Kinder und Jugendliche, die partizipieren dürfen, sich ernst genommen und gehört fühlen. Ergebnis ist, dass sie sich in der Einrichtung wohl fühlen und gerne dort leben. Dieser Aspekt macht einen großen Teil des guten Rufes aus, den sich Jugendhilfeeinrichtungen erwerben können. Die Einrichtung kann in diesem Falle eine positive Belegungsbilanz für sich verbuchen.

Das Konzept der „Gerechten Gemeinschaften“ ist in Deutschland leider noch kaum in Jugendhilfeeinrichtungen verbreitet. Es wäre wünschenswert, dass viele Einrichtungen den positiven Nutzen für die pädagogische Qualität ihrer Arbeit sehen und ihre MitarbeiterInnen motivieren, sich auf das Modell einzulassen. Dazu muss gewährleistet sein, dass die Einrichtung Geld für die theoretische Einführung in das Konzept zur Verfügung stellt und fortlaufend für die Finanzierung der externen ModeratorInnen der Gruppensitzungen sorgt.

Literatur

Gilligan, C. 1984: Die andere Stimme. München

Winter, H. 1995/1996: Arbeitsmaterialien zum Modellprojekt „Gerechte Gemeinschaften“ in der Jugendhilfe. Unveröffentlichtes Manuskript. Isp. Hamburg

Heidbrink, H. 1996: Gerechtigkeit. Die Moralpsychologie von J. Piaget und L. Kohlberg. Fern-Universität Hagen

Kohlberg, L. 1995: Die Psychologie der Moralentwicklung. Frankfurt/M

Oser, F./Althof, W. 1992: Moralische Selbstbestimmung. Stuttgart

Selman, R. 1984: Die Entwicklung sozialen Verstehens. Frankfurt/M

„Wir bewegen was" – aus der Arbeit des Landesheimrates Hessen

Daniela Peters

Mein Name ist Daniela Peters. Ich bin 19 Jahre alt und mache zur Zeit eine Ausbildung zur Bürokauffrau. Von Januar 1996 bis Oktober 1997 erhielt meine Mutter Erziehungshilfe für mich, von November 1997 bis heute erfahre ich Hilfe für junge Volljährige. Zunächst wohnte ich in einer Gruppe mit vier anderen Jugendlichen und seit ca. zwei Jahren habe ich eine eigene Wohnung. Bei Bedarf kann ich mich weiterhin an die Pädagoginnen der Wohngruppe wenden.

Zum ersten Mal habe ich vom Landesheimrat Hessen von unserem Heimleiter Herrn Schmidt und einem Berater des Landesheimrats, Herrn Deubel, der in unserer Einrichtung als Lehrer tätig ist, erfahren. Sie fragten mich, ob ich im Rahmen meiner Ausbildung zur Bürokauffrau als Redakteurin der Info-Börse, einer Zeitschrift, die vom Landesheimrat herausgegeben wird, mitarbeiten möchte, was ich seitdem gerne tue.

Ich möchte nun gerne erst einmal erläutern, was es mit dem Landesheimrat auf sich hat. Der Landesheimrat ist eine Jugendvertretung für alle Jugendlichen, die in hessischen Kinder- und Jugendheimen, Wohngruppen, Außenwohngruppen leben oder in der Nachbetreuung gefördert werden. Der Landesheimrat wird ein Mal pro Jahr bei einer gemeinsamen Tagung der Heimräte und Jugendvertretungen der hessischen Heime im Jugendhof Dörnberg, einer Bildungsstätte des Landes Hessen, gewählt. Der Landesheimrat besteht aus sechs Jugendlichen, zwei aus Nordhessen, zwei aus Mittelhessen und zwei aus Südhessen.

Was ist eigentlich die Dörnbergtagung und wer kann daran teilnehmen? Einmal im Jahr lädt das Landesjugendamt Hessen alle Mädchen und Jungen, die in Jugendvertretungen in hessischen Jugendhilfeeinrichtungen aktiv sind, zur sog. Dörnbergtagung ein. Damit soll in Hessen die Heimratsarbeit unterstützt werden. Haupterörterungspunkt ist in diesem Jahr der Erlass „Grundrechte und Heimerziehung in hessischen Einrichtungen." In die Überarbeitung des alten Erlasses „Grundrechte und Heimerziehung" von 1972 haben wir viel Arbeit gesteckt. Das Landesjugendamt soll jetzt eine endgültige Fassung machen, was leider nicht vorangeht. Für alle, die sich interessieren, was eigentlich in so einem Erlass steht, habe ich den aktuellen Entwurf hinten angehängt. In erster Linie kommen zu dieser Tagung Jugendliche, die sich im Bezug auf ihre Rechte und Möglichkeiten in der Heimerziehung weiterbilden wollen. Desweiteren gehören auch SozialpädagogInnen und MitarbeiterInnen des Landesjugendamtes zu den TagungsteilnehmerInnen, um den Mädchen und Jungen mit Rat und Tat zur Seite zu stehen.

Warum ist das Treffen auf dem Dörnberg für uns Jugendliche so wichtig?

1. Der Erfahrungsaustausch mit anderen Jugendlichen aus verschiedenen hessischen Einrichtungen.
2. Um mehr über Rechte von und für Mädchen und Jungen in der Heimerziehung zu erfahren und diese auch vertreten zu können.
3. Gespräche zwischen Jugendlichen und Experten, wie z. B. MitarbeiterInnen verschiedener Jugendämter, den Beratern der Arbeitsgruppen etc.

Der Landesheimrat versucht, im Gespräch mit Politikern die Situation in hessischen Heimen zum Vorteil der Jugendlichen zu verändern. Dem Landesheimrat stehen Landesheimratsberater zu Seite, die ebenfalls von den Jugendvertretern auf der Tagung am Dörnberg gewählt werden.

Nun war schon des öfteren die Rede von der Kinder- und Jugendvertretung (KJV). *Was ist eigentlich der Sinn und Zweck einer KJV?*

- Vergegenwärtigung der (Grund)-Rechte sowie Bekanntmachung dieser
- AnsprechpartnerIn sein in vertraulichen Angelegenheiten für die MitbewohnerInnen
- Bearbeitung von gruppenübergreifenden Problemen mit Hausregelungen etc.
- Vertretung und Durchsetzung von Wünschen und Forderungen der MitbewohnerInnen, sofern sie realistisch sind
- Lernen, sich mit Institutionen auseinanderzusetzen

Sicherlich stellt sich für Interessenten die Frage, wie man eine KJV aufbaut. Wichtige Voraussetzung für einen Aufbau sind engagierte SozialpädagogInnen, welche gerne die Zeit dafür aufbringen, sich mit den Jugendlichen und ihren Problemen im Heimalltag zu beschäftigen. Dazu sollten in den einzelnen Wohngruppen von den Jugendlichen GruppensprecherInnen aus den eigenen Reihen gewählt werden. Ist dies geschehen, kann schon die erste Sitzung beginnen. Die entsprechenden PädagogInnen treten ihr zusätzliches Amt als BeraterInnen an, die gewählten GruppensprecherInnen ernennen eine/n Vorsitzende/n sowie eine/n Protokollant/in. Gemeinsam wird dann eine Satzung bearbeitet, welche Rechte und Pflichten der KJV umfasst und der Heimleitung zum Abzeichnen gegeben wird.

Womit beschäftigt sich der Landesheimrat und was hat er schon alles erreicht? Durch den Landesheimrat wurde es möglich, ein Kommunikationsnetz der einzelnen Einrichtungen in Hessen herzustellen. Dieses Kommunikationsnetz ist eine Info-Börse, die regulär zwei Mal im Jahr erscheint und bei der ich die redaktionelle Arbeit übernommen habe. Ein drittes Mal wird die Info-Börse auf der Dörnbergtagung herausgegeben. In dieser Info-Börse stehen Artikel wie z. B. Gedichte, Brieffreundschaften, Interviews mit Heimleitern, Reportagen über Discotheken usw. die die Jugendlichen aus den Einrichtungen geschrieben haben. Oder Beiträge von Jugendlichen, die anderen HeimbewohnerInnen Tips und Ratschläge im täglichen Heimalltag geben möchten.

Da die Redaktionsarbeit sehr aufwendig ist und gleichzeitig aber auch den interessanten Part der Tätigkeit abdeckt, möchte ich den geneigten LeserInnen im folgenden etwas ausführlicher schildern, welche Beiträge in den vergangenen Monaten eingereicht wurden.

- Carina S. aus K. schrieb über Ihre Gründe, warum sie ihre Kinder hergab. Dieses Mädchen hatte eine tragische Kindheit hinter sich und sie war mit der Erziehung ihrer beiden Kinder überfordert. Sie schrieb diesen Artikel und wollte, dass dieser veröffentlicht wurde, damit sie mit Ihrer Vergangenheit abschließen und besonders den Verlust ihrer Kinder an eine Pflegefamilie verarbeiten konnte.
- Dann hatte ich die Gelegenheit, unseren Einrichtungsleiter zu befragen. Er gab Einblicke über Einsparungen in der Jugendhilfe, Kinder- und Jugendvertretungen oder über Kostenentwicklung in den Heimen.
- Auch Sabrina L. aus E. fühlte sich berufen, über den Intimbereich „Zimmer" in ihrer Einrichtung zu schreiben. Sie fragte sich, ob es angemessen ist, wenn ihre PädagogInnen ihr Zimmer betreten, ohne das Sabrina anwesend ist. Durch diesen Artikel erhoffte sie sich Reaktionen anderer HeimbewohnerInnen, die sie auch durch die nächste Ausgabe der Info-Börse bekam.
- Außerdem wird über die Arbeit und auch die Erfolge/Misserfolge des Landesheimrats berichtet. Auf unseren Sitzungen, die pro Amtsperiode mindestens viermal stattfinden, sprechen wir über anliegende Probleme, die Kinder und Jugendliche an uns herantragen und beraten die möglichen Lösungen.
- Auch die Landesheimratsmitglieder berichten über ihre momentane Situation in den Einrichtungen. Aber wir müssen selbstverständlich auch über interne Angelegenheiten diskutieren. So haben wir z. B. errechnet, was ein Jahr Landesheimratsarbeit kostet und wie wir eine Lösung für die Finanzierung finden könnten.

  Hier eine vorläufige Kostenaufstellung für ein Jahr Landesheimratsarbeit:

Fahrtkosten für alle MitgliederInnen des LHR	4.750,00 DM
Materialkosten	650,00 DM
Personalkosten	1.200,00 DM
Mietkosten	3.600,00 DM
Sachkosten	500,00 DM
Öffentlichkeitsarbeit	5.000,00 DM
Gesamtkosten	*15.675,00 DM*

  Angestrebte Lösungen wären unter anderem:

  1. Gründung eines Fördervereins

2. Direktfinanzierung durch die Einrichtungen über Entgeltvereinbarungen
3. Ein „Spendenkonto LHR" einrichten
4. Werbesponsoring

- Unter anderem haben wir in den Jahren 1997 bis 1998 eine Fragebogenaktion „Wie bewerten Kinder, Jugendliche und junge Erwachsene ihre Einrichtungen bzw. Jugendämter?" in die Welt gerufen. Die Beteiligung war sehr groß, insgesamt haben 22 Einrichtungen mit 492 Jugendlichen daran teilgenommen.
- Momentan arbeiten wir unter anderem an einem Fotowettbewerb zum Thema „Frei(e)zeit 2000". Daran können alle Kinder und Jugendlichen teilnehmen, die in hessischen Einrichtungen leben und Spaß am Fotografieren haben. Sicherlich gibt es bei dieser Aktion auch tolle Preise, wie z. B. einen gemeinsamen Wochenendtrip nach Berlin, zu gewinnen.

Was hat mir persönlich die Arbeit im Landesheimrat gebracht? Ich habe viele verschiedene und interessante Jugendliche kennengelernt. Die redaktionelle Arbeit macht mir sehr viel Spaß und ich habe auch viel Lob für meine Bemühungen bekommen. Ich habe gelernt in Gruppen zu arbeiten und auf die Bedürfnisse und Wünsche der anderen Jugendlichen Rücksicht zu nehmen. Außerdem konnte ich mich über meine Rechte und nicht nur über meine Pflichten im Heimalltag schlau machen. Auch die Auswertung der Fragebogenaktion hat mir sehr viel Spaß bereitet, da ich selbständig über Form und Gestaltung der Auswertung entscheiden konnte.

Zum Schluss möchte ich noch betonen, wie wichtig ich es finde, dass jede Einrichtung eine Kinder- und Jugendvertretung gründet. Es gibt sicherlich Probleme, über die sich einige Kinder oder Jugendliche mit Gleichaltrigen auseinandersetzen möchten. Eine Gruppe und das Wissen über die eigenen Rechte machen stark und es ist eine Freude, sich für andere Jugendliche einsetzen zu können.

Aktuelle Entwurfsfassung zur Neufassung des Erlasses „Grundrechte und Heimerziehung (1972)“

Ergebnis der Sitzungen der Arbeitsgruppe des Fachausschusses „Hilfe zur Erziehung“ am 17. Dezember 1996, 17. Januar 1997 und 22. April 1997 zur Neufassung des Erlasses „Grundrechte und Heimerziehung (1972)“

Als Arbeitsgrundlage wurden die Textvorschläge verwendet, die die hessischen Heimräte auf ihrer Dörnbergtagung im September 1996 und die Hessischen HeimberaterInnen auf ihrer Tagung am 12. und 13. Dezember 1996 erarbeitet haben.

Dem neu zu fassenden Erlass muss eine veränderte Präambel vorangestellt werden. Diese Präambel sollte in etwa folgende Formulierungen enthalten:

Der Landesjugendhilfeausschuss des Landesjugendamtes Hessen hat am ... Grundsätze über „Rechte von Kindern und Jugendlichen in der Jugendhilfe“ beschlossen.

Diese Grundsätze gelten für alle Jugendhifeeinrichtungen und -dienste im Land Hessen. Der Erlass des Hessischen Sozialministers vom 12.06.1972 wird hiermit aufgehoben.

Entwurf

1. Rechte von Kindern und Jugendlichen in der Jugendhilfe

In ihrer Charta haben die Völker der Vereinten Nationen ihren Glauben an die Grundrechte und an Würde des Menschen bekräftigt und beschlossen.

Mit der Unterschrift unter das UN-Übereinkommen über die Rechte des Kindes (Kinderrechtskonvention der Vereinten Nationen) und der Ratifizierung[1] des Haager Minderjährigenschutzabkommens hat die Bundesrepublik Deutschland sich verpflichtet, die Rechte von Kindern zu achten und zu wahren.

Nach dem Grundgesetz sind auch Kinder und Jugendliche Träger von Grundrechten (BverfG vom 29.07.68). Nach Artikel 1 des GG ist die Würde aller Menschen unantastbar.

Kinder und Jugendliche dürfen demnach nicht gedemütigt, beleidigt, erniedrigt, unterdrückt, misshandelt, sexuell missbraucht, ausgebeutet oder geschlagen werden. Ihre seelische und körperliche Unversehrtheit ist zu achten und zu wahren.

Nach § 1 des Kinder- und Jugendhilfegesetzes (Sozialgesetzbuch VIII) hat jeder junge Mensch ein Recht auf Förderung seiner Entwicklung und auf Erziehung zu einer eigenverantwortlichen und gemeinschaftsfähigen Persönlichkeit. Dies gilt nicht nur für Kinder und Jugendliche, sondern auch für junge Volljährige (siehe § 7 SGB VIII).

Alle Träger der Jugendhilfe (z. B. Jugendämter, freie Träger) sowie alle in der Jugendhilfe tätigen Personen sind verpflichtet, diese Forderung einzulösen und für die notwendige und ausreichende Hilfe zu sorgen. Junge Menschen sind an allen sie betreffenden Entscheidungen zu beteiligen.

---

1 Ratifizierung = Bestätigung eines von der Regierung abgeschlossenen völkerrechtlichen Vertrages durch die gesetzgebende Körperschaft (Duden, Band 4)

2. Rechte von Kindern und Jugendliche in der Hilfe zur Erziehung

2.1 Alle Mädchen und Jungen, junge Frauen und junge Männer haben ein Recht auf Beratung und Information durch das Jugendamt und die Einrichtung sowie ein Recht auf Beteiligung an der Hilfeplanung nach § 36 SGB VIII und an der Ausgestaltung der Hilfe (§§ 5, 8, 9 KJHG).

2.2 Junge Menschen haben ein Recht auf freie Entfaltung der Persönlichkeit. Dazu gehören unter anderem:
2.2.1 Das Recht auf Kontakte zur eigenen Familie, zu Freundinnen und Freunden und zum sozialen Umfeld.
2.2.2 Das Recht auf selbstbestimmte Kleidung und selbstbestimmtes Aussehen.
2.2.3 Das Recht auf Entfaltung der Sexualität.
2.2.4 Das Recht auf freie Meinungsäußerung, sofern andere Personen nicht beleidigt oder eingeschränkt werden.
2.2.5 Das Recht auf freie Ausübung ihres Glaubens und ihrer Religion. Die Wahrnehmung dieses Rechts darf weder mit Vorteilen noch mit Nachteilen verbunden sein. Ab dem 14. Lebensjahr können junge Menschen über ihre Zugehörigkeit zu einer Religionsgemeinschaft frei entscheiden.
2.2.6 Das Recht, Eigentum zu erwerben und zu besitzen. Ihnen muss eine Möglichkeit gegeben werden, es so aufzubewahren, dass es anderen nicht zugänglich ist.
2.2.7 Das Recht auf menschenwürdige Lebensbedingungen. Dazu zählt auch ausreichende und gesunde Ernährung.
2.2.8 Das Recht auf Intimsphäre. Es muss die Gelegenheit geben, sich ungestört im eigenen Zimmer aufzuhalten und Besuch zu bekommen.
2.2.9 Das Recht auf Wahrung des Post- und Fernmeldegeheimnisses. Post darf ohne Einverständnis nicht geöffnet werden, Telefongespräche dürfen nicht abgehört werden.
2.2.10 Das Recht auf freie Verfügung über das Taschengeld. Strafabzüge sind nicht zulässig. Bei Schadensregulierung darf nicht mehr als die Hälfte des Taschengeldes einbehalten werden.

2.3 Ein zentraler Erziehungsauftrag der MitarbeiterInnen in Erziehungshilfeeinrichtungen besteht darin, die Unverletzbarkeit dieser Rechte zu wahren und die sich daraus ergebenden Grenzen aufzuzeigen. Diese sind immer mit den jungen Menschen auszuhandeln. Auf die Möglichkeit, sich mit Bitten, Anträgen und Beschwerden an die zuständigen Stellen zu wenden, sind die jungen Menschen hinzuweisen (Petitionsrecht). Bei der Wahrnehmung dieses Rechtes sind die jungen Menschen zu unterstützen.
Jeder junge Mensch hat das Recht, sich bei Nichteinhaltung eines Grundrechtes zu beschweren. Dies kann erfolgen bei der KJV, bei der Heimleitung, beim Jugendamt, Landesjugendamt und dem Hessischen Landtag.
Die immer neueste Adressenliste der Beschwerdeinstanzen ist der KJV vom Träger zur Verfügung zu stellen.
Bei schwierigen Problemlagen ist dem jungen Menschen zur Durchsetzung seiner persönlichen Rechte ein Rechtsbeistand zu gewähren (z. B. durch Bestellung eines/einer ErgänzungspflegerIn oder Beistandes durch das Vormundschaftsgericht), bzw. ein/e VerfahrenspflegerIn zur Interessenvertretung in Gerichtsverfahren § 1909 BGB).
In jedem Fall von körperlichem Zwang oder einer Verletzung von Grundrechten während der Betreuung ist von dem Vorfall ein Protokoll anzufertigen und von dem jungen Men-

schen durch Unterschrift bestätigen zu lassen. Das Protokoll ist den Erziehungsberechtigten, dem zuständigen Jugendamt und dem Landesjugendamt zuzuleiten, es sei denn, dass der junge Mensch dies ausdrücklich nicht will.

2.4 Den jungen Menschen ist eine anregende Lebenswelt durch individuelle Entwicklungsanreize zu gestalten. Sie sind ihrem Alter entsprechend zu befähigen, von ihrer persönlichen Freiheit und den ihnen zustehenden Rechten Gebrauch zu machen.
Ausreichende Freizeit muss dem jungen Menschen Gelegenheit geben, Kontakte innerhalb und außerhalb der Einrichtung zu pflegen, verschiedene Rollen einzuüben und sich auf verschiedenen Ebenen des gesellschaftlichen Lebens zu üben. Verschiedene Freizeitangebote muss es auch in der Einrichtung geben, Zeitungen sowie weitere Medien müssen verfügbar sein und zu kritischer Auseinandersetzung anregen. Dabei sind die Bestimmungen des Jugendschutzgesetzes zu beachten.
Die Förderung des jungen Menschen und die mögliche Ausbildung ist an den entsprechenden persönlichen Möglichkeiten auszurichten.
Das Recht auf individuelle Bildung ist sicherzustellen.
Das Recht auf Bildung umfasst auch den Anspruch auf eine berufliche Ausbildung, die den Wünschen und Fähigkeiten des jungen Menschen entspricht und ihm die Chance einer befriedigenden beruflichen Existenz eröffnet. Das setzt ein differenziertes, die zunehmende Mobilität im Arbeitsleben berücksichtigendes Angebot von Ausbildungsangeboten voraus. Berufsausbildungen, die keine ausreichende Lebensgrundlage und keine Entwicklungsmöglichkeiten bieten, sind abzulehnen. Sofern nicht zwingende Gründe in der Person des jungen Menschen dagegen sprechen, sollen Schulbesuch und Berufsausbildung außerhalb des Heimes erfolgen. Das lässt nicht nur ein größeres Bildungs- und Ausbildungsangebot zu, sondern fördert gleichzeitig den Kontakt zum sozialen Umfeld.

3 Beteiligungs- und Vertretungsrechte von Kindern und Jugendlichen in Einrichtungen der Erziehungshilfe

3.1 Beteiligungsrechte

3.1.1 In allen Einrichtungen der Erziehungshilfe ist eine Form einer Kinder- und Jugendvertretung zu bilden und auszugestalten.

3.1.2 Die Kinder- und Jugendvertretung (KJV) ist über alle wichtigen, die Minderjährigen betreffenden Entwicklungen frühzeitig durch die Leitung der Einrichtung zu informieren und in geeigneter Form zu beteiligen. Dazu gehören insbesondere alle Fragen und Angelegenheiten des Zusammenlebens in der Einrichtung:
- Gestaltung des Lebens- und Wohnraumes
- Personalplanung und Dienstplangestaltung
- Bauplanung
- Finanzplanung
- Urlaubs- und Feriengestaltung
- Umzüge innerhalb der Einrichtung
- Aufnahmen und Entlassungen von Kindern und Jugendlichen in die Einrichtung und aus der Einrichtung

3.1.3 Die KJV hat das Recht, dass auf ihr Verlangen hin ihre Stellungnahme zu Entscheidungen in einer Protokollnotiz festgehalten wird, die von der KJV gegenzuzeichnen ist. Sie soll zu ihrer Beratung sachverständige Personen hinzuziehen können.

Maßregelungen dürfen der KJV nicht übertragen werden.

3.2 Kinder- und Jugendvertretung
Formen der Beteiligung für alle Einrichtungen (z. B. Heimräte oder GruppensprecherInnen):

3.2.1 Jede Einrichtung hat ein Mitbestimmungskonzept im Sinne dieses Erlasses als Bestandteil des pädagogischen Konzeptes vorzulegen. Als solches ist es Bestandteil der Betriebserlaubnis nach § 45 SGB VIII. Eine Satzung ist mit der KJV auszuhandeln.

3.2.2 BeraterInnen der KJV sind von den Kindern und Jugendlichen aus der Mitarbeiterschaft zu wählen und von der Leitung zu bestätigen.

3.2.3 Die KJV der Einrichtungen wählen eine Vertretung auf Landesebene. Das Landesjugendamt sorgt für die Organisation.

3.2.4 Die Landes-Kinder- und Jugendvertretung (LKJV) ist zu allen sie betreffenden Entscheidungen auf Landesebene anzuhören.

3.2.5 Um die Information über die Rechte von Kindern und Jugendlichen im Alltag lebendig zu halten, müssen die Kinder und Jugendlichen zweimal jährlich mit ihren Rechten vertraut gemacht werden. Dafür hat die KJV in Zusammenarbeit mit der Heimleitung zu sorgen.

3.2.6 Das LJA hat einmal jährlich eine Veranstaltung für Kinder- und Jugendvertretungen durchzuführen.

Kollektive Partizipation von Kindern und Jugendlichen in der Jugendhilfe – qui bono?

Theo Boomgaarden

Es ist ein schwieriges Thema, dem ich mich hier widmen möchte. Schwierig deshalb, weil die Gefahr groß ist, in falschen Verdacht zu geraten.

Partizipation ist in unserer Gesellschaft eindeutig positiv konnotiert, ohne Partizipation ist die demokratische Gesellschaft nicht denkbar. Die BürgerInnen partizipieren an der Macht durch Wahlakte auf den unterschiedlichsten Ebenen, sie können sich zur Vertretung ihrer Interessen organisieren, in Schulen, Hochschulen und Betrieben sind kollektive Formen der Partizipation selbstverständlicher Bestandteil der Kultur der jeweiligen Organisation, und sie sind hochgradig verrechtlicht und verregelt. Der Schluss liegt also nahe, die Erfahrungen von Betriebsräten, ASten und SMVen auch auf den Bereich der Jugendhilfe zu übertragen.

Es sei an dieser Stelle der Hinweis erlaubt, dass Partizipation ein hohes Gut zunächst unabhängig von den transportierten Inhalten darstellt. Durch Partizipation wird nicht automatisch eine emanzipatorische und aufklärerische Wirkung erzielt. Die (erfolgreiche) Unterschriftensammlung der CDU/CSU gegen die Einführung der doppelten Staatsbürgerschaft ist ebenso ein partizipatorischer Akt wie die Verhinderung der Einrichtung von Gesamtschulen auf lokaler Ebene oder die sture Verteidigung überholter Rechtschreibregeln, die eh kein Mensch beherrscht. Auf der Ebene der Bürgerinitiativen hat es den Anschein, dass ursprünglich demokratische Ansätze einer breiten Beteiligung von betroffenen BürgerInnen an Planungsprozessen sich in ihr Gegenteil verkehren, Bürgerinitiativen werden zunehmend zu politischen Bürgerwehren gegen Fremdes und Unliebsames, gegen das Asylantenheim, gegen die psychiatrische Wohngruppe, gegen die Behinderteneinrichtung, gegen die Fixerstube in der Nachbarschaft. All dies spricht nicht gegen Partizipation, mag aber die uneingeschränkt optimistische Bewertung dieses Begriffes relativieren.[1] Inhalte, Ziele und Ergebnisse bürgerschaftlicher Partizipation spiegeln zunächst einmal das Bewusstsein der einzelnen und das Kräfteverhältnis zwischen den beteiligten Akteuren wider, damit sind sie auch ein Reflex auf veränderte gesellschaftliche Realitäten. Das impliziert auch die Tatsache, dass die optimistische Vorstellung, durch informelle oder institutionalisierte Partizipationsmodelle gesellschaftliche Reformen oder gar Transformationen herbeiführen zu können, einem abgeklärten Pragmatismus gewichen ist. Der Betriebsrat von VW arbeitet gemeinsam mit der Geschäftsführung an einer Optimierung der Verwertungsbedingungen des Kapitals zur Erhaltung der Arbeitsplätze, und selbst als politisch interessierter Bürger erfährt man wenig von den Aktivitäten des AStA einer sehr großen Universität.

1. Institutionalisierte Beteiligungsformen: Nur für Erzieherische Hilfen in Institutionen?

Bei aller Desillusionierung ist dies immer noch kein Grund, sich gegen kollektive Partizipationsformen für Kinder und Jugendliche, die erzieherische Hilfe erhalten, auszusprechen. Wohlgemerkt, es geht um institutionalisierte Beteiligungsformen. Der Begriff macht es deutlich, es geht darum, wie in Institutionen Macht verteilt und Entscheidungen getroffen werden. In den genannten Beispielen sind zusammenhängende Organisationen deutlich zu erkennen, in Schulen, Hochschulen und Betrieben haben die dort Lernenden und Beschäftigten einen deutlichen Lebensmittelpunkt, hier stoßen virulente, nicht selten konfligierende Interessen aufeinander. Für den gesellschaftlich wichtigsten Bereich, für die Betriebe, gibt es mit dem Betriebsverfassungsgesetz ein umfangreiches Regelwerk zum Umgang mit den konfligierenden Interessen, die ungleiche Machtverteilung wird dadurch natürlich nicht aufgehoben.

Und wo ist der eindeutige Ort, die Institution im Bereich der erzieherischen Hilfen, an dem oder in der Ansätze kollektiver Partizipation realisiert werden könnten? Die Beantwortung dieser Frage hängt vom Verständnis des KJHG bei den einzelnen Protagonisten in dieser Diskussion ab, und sagt gleichzeitig viel darüber aus. Deutlich sind da die AutorInnen des Kinder haben Rechte e.V., wenn sie schreiben: „Bei der von uns genannten Zielgruppe – Minderjährige in erzieherischen Hilfen – ist, mehr noch als für Gleichaltrige, die in ihren Familien leben, Mitwirkung und Beteiligung durch gesetzliche Regelungen vorgegeben.“[2] Minderjährige in Erziehungshilfen werden in Opposition gesetzt zu Kindern und Jugendlichen, die zu Hause bei ihren Eltern leben. Erziehungshilfe wird also de facto gleichgesetzt mit Fremdunterbringung. Bereits im 1. Zwischenbericht des Vereins wird das Ziel formuliert: „Hierbei soll es also über die Stärkung der individuellen Rechte hinaus um die Entwicklung kollektiver Beteiligungsformen gehen, die eine demokratische Gestaltung des Lebensalltags in den jeweiligen Einrichtungen ermöglichen.“[3] Auch hier wird unmissverständlich formuliert, Erziehungshilfe findet in Einrichtungen statt, auffallend ist, dass im weiteren Text die Begriffe Einrichtung und Heim synonym gebraucht werden. Auch bei Ullrich Gintzel[4] findet die Konkretisierung erzieherischer Hilfen ausschließlich als Heimerziehung statt. Noch deutlicher wird es in der Zusammenfassung einer Tagung des genannten Vereins zum Thema „Erziehung und Mitbestimmung in der Jugendhilfe – kein Widerspruch!“, in der es heißt: „Um Mitbestimmung und Beteiligungsrechte von Kindern und Jugendlichen in Jugendhilfeeinrichtungen zu sichern, wurden das Klima und der Geist des Hauses als einer der wesentlichsten Punkte betrachtet.“[5] Der Kontext macht es deutlich, das Haus ist hier konkret zu verstehen. Die Reduzierung der erzieherischen Hilfen auf Hilfen in Einrichtungen, auf Heimerziehung, hat also offenbar Methode und ist gewollt. Alles andere ist auch schwierig, will man an dem Modell einer institutionalisierten Interessenvertretung, z. B. in Form von Heimräten oder Sprecherräten festhalten. Dies wird besonders deutlich, kontrastiert man dieses

Verständnis erzieherischer Hilfen mit dem Konzept flexibler, sozialräumlich orientierter Hilfen.

2. Kollektive Beteiligung in Flexiblen Erzieherischen Hilfen?

Sozialräumlich orientierte Flexible Erzieherische Hilfen verstehe ich dabei nicht als Ergänzung zu dem bisherigen Angebotsspektrum einer weitgehend differenzierten, aufgabenbezogen organisierten, also versäulten Jugendhilfe, sondern als Alternative dazu. Grundsätzlich also geht es nicht um die Addition einer weiteren Angebotsform, um eine weitere Differenzierung, sondern um die Ersetzung eines Struktur- und Organisationsprinzips durch ein anderes.

Positiv ausgedrückt bedeutet dies, dass das Konzept Flexibler Erzieherischer Hilfen davon ausgeht, dass notwendige und geeignete Hilfen (§ 27 KJHG) jeweils entwickelt werden können. „Nicht das 'Vorhalten' von einzelnen Hilfeformen, denen dann Kinder und Jugendliche zugewiesen werden, ist strukturell sicherzustellen, sondern die Einrichtungen der Jugendhilfe sind so lern- und wandlungsfähig zu organisieren, dass sie ad hoc in der Lage sind, für jeden Jugendlichen und für jedes Kind eine Betreuungsform zu generieren."[6] Hinzugefügt werden müsste, dass diese Vorgabe nicht nur für einzelne Kinder und Jugendliche zu gelten hat, sondern auch für die Betreuung von Familien, Gruppen von Jugendlichen oder für andere kollektive Betreuungssettings.

Ausgehebelt wird das Prinzip der Flexibilisierung, die ja die Entspezialisierung einschließt, wenn es nicht jeweils auf einen bestimmten Sozialraum hin bezogen wird. Nur die konsequente Einbeziehung dieses Aspektes in Planung und Realisierung der erzieherischen Hilfen macht es möglich, die negativen Folgen einer „versäulten" Erziehungshilfe wie

- kontraproduktiver Wechsel der Institutionen und insbesondere der Betreuungspersonen bei Wechsel der Hilfeart;
- Ausrichtung der Hilfen an bestehenden Angeboten statt am Bedarf;
- individualisierende Sichtweisen der jeweiligen Problemlagen und entsprechend eine die jeweiligen sozialen Kontexte vernachlässigende Hilfepraxis;
- daraus folgend Kompetenzen der MitarbeiterInnen, die sich mehr auf die individuellen Notlagen denn auf die sozialen Bezüge der AdressatInnen der Hilfen beziehen;
- Ineffizienz

zu vermeiden. Für die Einbeziehung einer sozialräumlichen Orientierung sprechen daher sowohl organisatorisch-strukturelle als auch inhaltliche Gründe.

Um zu einem tatsächlich adressatengerechten, nachfrageorientierten Verständnis von Jugendhilfe zu kommen, ist ein doppelter Perspektivenwechsel notwendig:

- Der Ansatz kann nicht mehr lauten, für jeden denkbaren Hilfebedarf eine geeignete spezifische und spezialisierte Einrichtung vorzuhalten, statt dessen braucht es eine breite Grundversorgung mit geeigneten und auch belastbaren, unterschiedlichen Hilfen. Dem Ansatz der Prävention ist insgesamt insbesondere durch das Angebot geeigneter überindividueller Hilfen mehr Gewicht beizumessen.
- Ein Großteil der Hilfen kann in dem bisherigen sozialen Umfeld angeboten werden, in dem der Hilfebedarf anfällt.

Für die Konzeption eines bedarfsgerechten Hilfeangebotes ergeben sich daraus zwei Forderungen:

- Entlastung und Unterstützung müssen frühzeitig und niedrigschwellig zur Verfügung stehen, von Familien ortsnah, unauffällig und ohne zusätzliche psychische und soziale Belastung in Anspruch genommen werden können.
- Kompensation und ggf. Ersatz müssen sich flexibel an die individuellen Lebenssituationen, an Krisen und Ausfälle anpassen können und entsprechend dem Wohl des Kindes/Jugendlichen soviel wie möglich an familiären Beziehungen aufrechterhalten (§ 37 KJHG).

Die Notwendigkeit eines Umsteuerns der Jugendhilfe im Bereich der Hilfen zur Erziehung formuliert auch Johannes Münder in seinem Kommentar zum KJHG, indem er eine Ambulantisierung im Bereich der HzE als deutlich noch zu leistende Aufgabe anspricht."[7]

Aus meiner Sicht stehen die Vorstellungen flexibel gestalteter erzieherischer Hilfen der Idee einer kollektiven, institutionalisierten Interessenvertretung von Jugendlichen deutlich entgegen, es fehlt die dominante Institution, es fehlt das gemeinsame Dritte. Machen wir es konkreter; von einem Team, das Flexible Erzieherische Hilfen anbietet, nimmt ein Elternpaar Leistungen der Erziehungsberatung in Anspruch, ein Junge ist in einem zeitlich befristeten Projekt sozialer Gruppenarbeit, eine junge Frau mit einem Kind wird in einer eigenen Wohnung betreut, eine kinderreiche Familie erhält eine Familienhilfe, für andere Jugendliche gibt es eine Erziehungsbeistandschaft oder eine intensive Einzelbetreuung. Für alle Hilfen gilt, dass sie möglichst unauffällig, ohne zusätzliche psychische Belastungen und ortsnah in Anspruch genommen werden können. Die Zusammenfassung eines so heterogenen Personenkreises in eine strukturelle Einheit, die sich eine Interessenvertretung wählen könnte, wäre künstlich und stünde den konzeptionellen Grundüberlegungen entgegen. Integration oder Reintegration in das soziale Umfeld ist das Ziel der sozialpädagogischen Bemühungen, und nicht Integration in die Institution, die verschiedene erzieherische Hilfen leistet. Der Unterschied der Modelle ist offensichtlich, sprachlich drückt er sich in unterschiedlichen Präpositionen aus. In den Veröffentlichungen des *Kinder haben Rechte e.V.* ist immer wieder von Hilfen *in* Einrichtungen die Rede, in dem anderen Fall geht es um Hilfen *durch* Einrichtungen.

Es ist davon auszugehen, dass die ungebrochene Dominanz der Fremdunterbringung im Bereich der Hilfen zur Erziehung einen entscheidenden Hemmfaktor darstellt für notwendige Veränderungen in der Jugendhilfe, für einen wirklichen Paradigmenwechsel, für eine „radikale Reform" wie Thiersch sie fordert[8]. Und jetzt scheint die Heimerziehung die Partizipation zu entdecken, und dem Zeitgeist entsprechend wird sie noch gleich zu einem Qualitätsmerkmal hochstilisiert. So werden in der bereits zitierten Tagungszusammenfassung konkrete Forderungen nach Partizipation und Mitbestimmung gestellt:

- „Ein Erlaß, der vorgibt, dass Beteiligungsrechte, wie Sprecherrat, Landesheimräte oder andere Mitbestimmungsmodelle in Jugendhilfeeinrichtungen installiert werden. (...)
- Einrichtungen, die Mitbestimmungsmodelle haben, können als Multiplikatoren wirken.
- Jede Einrichtung sollte festgeschriebene Richtlinien und Umsetzungsmodalitäten zu Beteiligungsformen als ein wichtiges Qualitätsmerkmal in ihre Leistungsbeschreibungen aufnehmen."[9]

Man muss jetzt also den Heimen nur noch dazu raten, sich einen Heimrat zuzulegen, und sie erhalten damit eine Vorbildfunktion – was sonst bedeutet eine Multiplikatorenrolle – und verfügen über ein „wichtiges Qualitätsmerkmal". Damit wird der Salto-Rückwärts in der Entwicklung der Jugendhilfe bereits vollzogen, bevor die Diskussion über notwendige Veränderungen zu mehr als vereinzelten Ansätzen in der praktischen Umsetzung geführt hat.

Partizipation dient auch der Legitimation. In die ideologische Auseinandersetzung um die Entwicklung der erzieherischen Hilfen hat die Heimerziehung gegenwärtig wenig einzubringen. Die großen Diskussionen werden beherrscht von den Vokabeln Flexibilisierung, integrative Hilfen, Sozialraum- oder Lebensweltbezug, Entspezialisierung und Entsäulung. Es besteht die ernste Gefahr, dass mit formal hoch institutionalisierten, substantiell jedoch erheblich reduzierten Mitbestimmungsmodellen eben diese Veranstaltung Heimerziehung eine der letzten Legitimationsbasen finden soll.

Kritisch ist die Frage zu stellen, ob die beschriebenen oder diskutierten Mitbestimmungsmodelle dazu angetan sind, die Veranstaltung Jugendhilfe im Interesse ihrer AdressatInnen zu qualifizieren, oder um der jeweiligen Einrichtung imagefördernde Pluspunkte im Qualitätswettkampf einzubringen. Die Vorstellung scheint nicht besonders irreal, dass ländlich gelegene Großheime, differenziert von Betreutem Wohnen bis hin zu Intensivgruppen, wie das zeitgemäße Synonym für geschlossene Unterbringung lautet, in ihren Hochglanzbroschüren – neben der DIN

EN ISO 9000 ff. Zertifizierung – ihren Heimrat präsentieren, mit Gruppenfoto. An der Tatsache, dass solche Einrichtungen tendenziell überflüssig sind, ändern die Heimräte nichts. Nur nebenbei sei darauf hingewiesen, dass Einrichtungen offensichtlich ihre Heimräte für ihre Tätigkeiten mit finanziellen Anreizen oder anderen Bonifikationen entschädigen. Assoziationen zu Gewerkschaftsvertretern, die gut dotiert ihren Platz in Aufsichtsräten von Betrieben einnehmen, drängen sich geradezu auf. Es ist schon auffällig, dass Mitglieder von Heimräten bisweilen eher als effektive PR-Vertreter ihrer Einrichtungen auftreten denn als streitbare VertreterInnen der Interessen von Jugendlichen, deren Rechte von öffentlichen oder freien Trägern der Jugendhilfe massiv verletzt werden.

Es scheint mir notwendig, auf die latent hemmende Funktion der Heimerziehung für einen wirklichen Perspektiv- und Paradigmenwechsel in der Jugendhilfe in dem hier erörterten Zusammenhang näher einzugehen, und zwar insbesondere wegen einer dreifach vorgenommenen Verengung und Reduzierung der Perspektiven in der Diskussion um Partizipationsmöglichkeiten von Kindern und Jugendlichen in der Jugendhilfe. Zum einen wird Jugendhilfe hier verengt und reduziert auf Fremdunterbringung, zum anderen wird das komplexe Thema der Qualitätsentwicklung reduziert auf das Thema Partizipation, drittens schließlich wird Partizipation reduziert auf Formen institutionalisierter Mitbestimmung. Erforderlich ist hingegen das genaue Gegenteil, um die Lebensbedingungen von Kindern, Jugendlichen und jungen Familien zu verbessern. Notwendig also ist die Öffnung der Perspektive über Heimerziehung hinaus, eine umfassende Qualitätsdebatte, lebendige und gelebte Partizipation bzw. Aushandlung statt formaler Institutionalisierung. Die Frage der Qualität in der Jugendhilfe stellt sich nicht nur auf der Mikroebene der jeweiligen Einrichtung, sondern auch auf der Makroebene, insbesondere auf der Ebene der jeweiligen lokalen Jugendhilfeplanung. Der wichtige inhaltliche Aspekt der angemessenen Beteiligung der AdressatInnen sollte nicht zu einer formalisierten Veranstaltung verkommen, die letztlich nach den Regeln und Riten der Erwachsenen abläuft.

3. Funktion und Rolle der Heimerziehung im Bereich der Erzieherischen Hilfen

Trotz aller Bemühungen um Differenzierung, Qualifizierung und Modernisierung der Heimerziehung hat dieser Teilbereich der erzieherischen Hilfen seine grundsätzliche Funktion nicht verändert. Blandow kommt bei der Bewertung der statistischen Ergebnisse über die Hilfen zur Erziehung außerhalb des Elternhauses zu folgendem Ergebnis: „Heimerziehungen erweisen sich damit weiterhin als Institution für die Versorgung von 'schwierigen' Kindern, von Kindern, deren frühe Sozialisation von längerdauernden konflikthaften Sozialisationsbedingungen in den eigenen Familien geprägt war und die darum bereits vor der Heimunterbringung über verschiedene Formen ambulanter Hilfen betreut wurden."[10] Gerade vor dem Hintergrund der statistisch nachgewiesenen Dominanz der Heimerziehung ist es äußerst verwunderlich, zu welcher Schlussfolgerung Blandow über das Verhältnis von ambulanten und stationären Hilfen kommt: „Da sich ambulante Hilfen vor einer Heimerziehung (...) für die Durchführung der „stationären" Hilfen eher negativ auswirken, sollte es jugendhilfepolitisches Anliegen sein, die kurzfristigen Spareffekte ambulanter Hilfen auf ihre längerfristigen Wirkungen hin zu überprüfen."[11] Diese Aufforderung ist ja nur so zu verstehen, es noch weniger als bisher mit „weichen" Maßnahmen im sozialen Umfeld der Kinder, Jugendlichen und Familien zu versuchen und schneller zum Mittel der Fremdunterbringung zu greifen, das Verhältnis der ambulanten Hilfen zu den stationären noch mehr zugunsten der Heimerziehung zu verschieben.

Letztlich haben wir es bei der Heimerziehung mit der praktischen Umsetzung eines veralteten Individualisierungsansatzes zu tun, der das Verhältnis der Probleme des Individuums zu dessen problemverursachendem Umfeld tendenziell negiert. Die Einbeziehung des Verhältnisses von Individuum und sozialem Umfeld wird durch die Herausnahme des besonders auffälligen, störenden oder auch leidenden Subjekts aus dem bisherigen Lebenszusammenhangs überflüssig. Zunehmend fragwürdiger wird auch die Kategorisierung, was eigentlich sind schwierige Kinder? Vor dem Hintergrund der Pluralisierung von Werten und Normen, der Flexibilisierung von Biografien und dem Wegfall normalbiografischer Entwicklungen wird der Befund der Abweichung, des Schwierigseins immer brüchiger und damit auch immer abhängiger von den individuellen Normalitätsvorstellungen der beteiligten Erwachsenen, der Eltern, der JugendamtsmitarbeiterInnen, der LehrerInnen usw.

Heimerziehung ist aber auch, so mag eingewandt werden, die Auffangstation für nicht erfolgreich verlaufene ambulante Hilfen. Auf den ersten Blick spricht diese Feststellung für die begrenzte Wirkungsmöglichkeit ambulanter Hilfen. Dort, wo sozialpädagogische Familienhilfe, Erziehungsbeistandschaft oder Erziehungsberatung nicht ausreicht, wird Heimerziehung notwendig. Wenn die übliche Heimerziehung scheitert, gibt es besonders intensive Angebote, die es denn richten sollen. So heißt zusammengefasst die Logik einer spezialisiert und hierarchisch verfassten Erziehungshilfe, die sich somit auch in entsprechend verlaufenden Jugendhilfekarrieren immer wieder praktisch niederschlägt. Dafür gibt es zwei ursächliche Gründe. Zum einen steht Heimerziehung als anerkanntes Angebot im Rahmen der Jugendhilfe grundsätzlich zur Verfügung, wenn es zu Problemen bei ambulanten Maßnahmen kommt. Zum anderen sind die ambulanten Maßnahmen aus verschiedenen erklärbaren Gründen nur bedingt belastbar, wenn sie sich als spezialisierte Angebote verstehen. Dies hat zum Teil mit selbstverfügten, zum Teil mit fremdverfügten Beschränkungen zu tun. Angebote im Freizeitbereich, u. a. auch zur Entlastung der Eltern, Hilfen bei Konflikten in der Szene oder Clique oder Rufbereitschaft in Krisensituationen sind von Anbietern Erzieherischer Hilfen, die eine deutliche Kommstruktur haben, eher nicht zu erwarten. Teilweise sind die hier letztlich selbst auferlegten Beschränkungen auch auf sozialpädagogische Familienhilfen zu beziehen. Darüber hinaus gibt es erhebliche fremdbestimmte Restriktionen, welche die Qualität ambulanter Angebote unnötigerweise einschränken. Zum Teil ist durch verwaltungstechnische Vorgaben, die die das jeweilige Angebot finanzierenden Ämter machen, die jeweilige Quantität der Angebote erheblich begrenzt. Für die Erziehungsbeistandschaft gilt es eine bestimmte Fachkraft-Fall-Relation einzuhalten, ähnlich ist es bei der sozialpädagogischen Familienhilfe.

Deutlich wird, dass für Ausbau und Flexibilisierung ambulanter Hilfen eine Entspezialisierung nötig ist. Eine wirkliche Vergleichbarkeit der Fachlichkeit und Wirksamkeit von Hilfen aber, das wird deutlich, ist nur gegeben, wenn die Voraussetzungen vergleichbar gestaltet werden.

4. Ambulantisierung der HzE oder Sozialraumorientierte Flexible Erzieherische Hilfen

Ein Umbau der erzieherischen Hilfen ohne Abbau bestehender Teile ist jedoch nicht möglich, denn dann müsste von Anbau gesprochen werden und wir wären wieder bei der additiven Lösung. Die Perspektiven der Erziehung außerhalb des eigenen Elternhauses liegen im Sinne einer sozialräumlich orientierten Flexiblen Erzieherischen Hilfe in der konsequenten Dezentralisierung und Entinstitutionalisierung sowie in einem strikten Sozialraumbezug. Notwendig dafür ist der Ausbau und die Qualifizierung von professionellen Pflegestellen oder Standprojekten, die möglichst sozialräumlich lokalisiert sein sollten, die vermehrte Implementierung von Nachbarschaftsheimen sowie von Teilzeitheimen, da keineswegs immer die Notwendigkeit einer totalen Trennung von der Herkunftsfamilie gegeben ist. Aber unerläßlich ist ebenso, dass die Zahl der Fremdunterbringungen durch Qualifizierung, Ausbau und Flexibilisierung ambulanter Hilfen drastisch reduziert wird.

Werden ambulante Hilfen quantitativ ausreichend, problemangemessen, belastbar, kompetent und in ausreichendem Umfang angeboten, ist eine Reduzierung von Fremdunterbringungen möglich. Dieses als Ambulantisierung zu bezeichnende Ziel entspricht voll und ganz den Intentionen des KJHG: „ Mit der Auffächerung einer breiten Palette von möglichen HzE will das KJHG die ambulanten und teilstationären Hilfen gegenüber den tradierten familienersetzenden Hilfen (§ 33, 35) stärken und damit einer fachlichen Orientierung in Richtung auf familienunterstützende Angebote und Leistungen Rechnung tragen. In der Praxis der Jugendhilfe dominieren jedoch immer noch die HzE außerhalb der eigenen Familie. Eine umfassende und flächendeckende Umsteuerung („Ambulantisierung") im Bereich der HzE hat somit bislang noch nicht stattgefunden und bleibt eine weiterhin – vor allem auch im Rahmen der Jugendhilfeplanung (§ 80) - zu leistende Aufgabe."[12]

5. Partizipation und das Prinzip Aushandlung

Zusammenfassend lässt sich feststellen, dass der Umbau der Jugendhilfe in Richtung sozialräumlich orientierter erzieherischer Hilfen fachlich geboten, strukturell herstellbar und ökonomisch sinnvoll ist. Das hauptsächliche Realisierungsproblem liegt wohl darin, dass hier konzeptionelle Vorstellungen formuliert werden, die nicht einfach neben andere Angebote zu plazieren sind, sondern dass – konsequent zu Ende gedacht – hiermit das gesamte System der erzieherischen Hilfen auf dem Prüfstand steht.

Unter diesen Prämissen stellt sich auch die Frage der Partizipation ganz anders. Es ist unsinnig, künstliche Zusammenhänge zwischen sehr unterschiedlichen AdressatInnen sehr unterschiedlicher Hilfen herzustellen. Notwendig ist es aber, Partizipation immer wieder inhaltlich zu füllen. Erzieherische Hilfen unterliegen einem ständigen Aushandlungsprozess, der kann lebendig nur geführt werden, wenn offene Optionen, Varianten und Veränderungsmöglichkeiten vorhanden sind. Die Wahrung der Rechte von Kindern, Jugendlichen und jungen Familien, die Erziehungshilfen erhalten, ist somit nicht zuletzt auch immer eine Frage von Konzepten.

Ich gehe davon aus, dass das Prinzip der Aushandlung als pädagogischer Leitgedanke sich nicht auf einen einmaligen oder jährlich stattfindenden Akt der Hilfeplanung beschränken darf, sondern auch im alltäglichen pädagogischen Prozess handlungsleitend bleiben sollte. Dabei sollte immer davon ausgegangen werden, dass diese Aushandlungsprozesse, die handelnde Subjekte voraussetzen, keine harmonisch verlaufenden Prozesse sind. Vielmehr sind daran Personen und auch Institutionen mit z. T. höchst divergierenden Interessen, Funktionen, Aufgaben und Rollen beteiligt. Notwendig ist es nicht, die Konfliktpunkte zuzukleistern, das Ziel der professionellen Bemühungen sollte vielmehr darin bestehen, den Beteiligten die Ambivalenzen und Widersprüche transparent zu machen. Für die beteiligten Fachleute aus den Ämtern und ggf. auch aus den beteiligten Einrichtungen ergibt sich hieraus eine andere Aufgabenstellung. Gefordert ist, die Fachlichkeit nicht mehr dazu zu nutzen, für die unmittelbar Beteiligten den richtigen Weg zu weisen, sondern mit den Beteiligten, die ja unmittelbar betroffen sind, zu richtigen und akzeptierten Entscheidungen zu kommen. Fachlichkeit weist sich so eher in einer qualifizierten Moderatorenrolle denn in der Ausübung von Definitionsmacht aus. Die konsequente Umsetzung dieses Anspruchs wird für Ämter und Einrichtungen dazu beitragen, das weitgehend noch bestehende Stigma von Eingriffsinstitutionen loszuwerden. In der Praxis sind wir von einem solchen Verständnis z. T. noch sehr weit entfernt. Formalisierte Hilfeplankonferenzen, demütigende Settings für Kinder, Jugendliche und deren Eltern, aber auch die Hilfemöglichkeiten erheblich einschränkende Vorgaben sind ebenso an der Tagesordnung wie das Aushebeln des Wunsch- und Wahlrechts. Hier gibt es noch viel zu tun für einen Verein wie *Kinder haben Rechte e.V.* Und nach wie vor ist es notwendig, insbesondere Kinder zu schützen vor inkompetenten, fachlich verantwortungslosen Entscheidungen von Jugendämtern. Kinder brauchen eine deutliche Lobby, der Verweis auf Mitbestimmungsmöglichkeiten hilft nicht weiter. Und mir scheint, dass diese Lobbyfunktion offensiver ausgefüllt werden muss. Auffällig ist, dass positive Beispiele in den Veröffentlichungen des Vereins immer konkret, mit Angabe der Beteiligten, ausgewiesen werden, Probleme oder Skandale allerdings anonym bleiben. Die Herstellung von Öffentlichkeit, das Benennen von Ross und Reiter sind immer noch ein wirksames Mittel, um eklatante Verstöße gegen die Rechte der AdressatInnen erzieherischer Hilfen zu verhindern.

Aber es geht nicht nur um individuelle Partizipation. In Wohngruppen, in Tagesgruppen und auch in den Anlaufstellen gibt es viele Möglichkeiten der Partizipation, der gemeinsamen Entscheidung, das Prinzip der Aushandlung kann hier mit Leben gefüllt werden, auch kollektiv. Und es sollte konzeptionell verankert und damit auch praktisch einklagbar sein. Darüber hinaus gibt es einen erheblichen Bedarf Modelle dafür zu entwickeln, wie AdressatInnen oder potentielle AdressatInnen in den Prozess einer sozialräumlich orientierten Jugendhilfeplanung in geeigneter Weise einzubeziehen sind. Ein sehr hoffnungsvolles Beispiel dafür liegt mit der Dokumentation eines entsprechenden Kooperationsprojektes zwischen dem Jugendamt Greven und dem Kinder haben Rechte e. V. vor.[13] In dem zuletzt angesprochenen Bereich gibt es durchaus noch offene Fragen, vor allem aber gibt es die Notwendigkeit, Partizipation real, erlebbar und ergebnisorientiert und auch offen zu gestalten. Eindeutig kontraproduktiv allerdings ist es, Partizipation nur im Rahmen gegebener Angebote, Strukturen und Organisationen zu verorten. Ein solches Vorgehen stabilisiert letztlich die bestehenden Verhältnisse, statt sie zum Tanzen zu bringen.

Und wem das nützt – qui bono – liegt auf der Hand.

Anmerkungen

1 *Kinder haben Rechte e. V.* (Hg.) 1997: Stärkung der Rechte von minderjährigen Mädchen und Jungen und ihrer Personensorgeberechtigten in der Erziehungshilfe. 1. Zwischenbericht. Gefördert von Stiftung Deutsche Jugendmarke e.V., Bonn; Ministerium für Arbeit, Gesundheit und Soziales NRW. Unveröffentl. Manuskript, hier S. 7 f.

2 *Kinder haben Rechte e. V.* (Hg.) 1998: Stärkung der Rechte von minderjährigen Mädchen und Jungen und ihrer Personensorgeberechtigten in der Erziehungshilfe. 2. Zwischenbericht. Gefördert von Stiftung Deutsche Jugendmarke e. V., Bonn; Ministerium für Arbeit, Gesundheit und Soziales NRW. Unveröffentl. Manuskript, hier S. 8.

3 Wie Anm. 1, hier S. 23.

4 Gintzel, U. 1997: Es gibt nichts Gutes, außer man tut es! In: *Kinder haben Rechte e. V.* (Hg.): Info 1, S. 8-9. (Auch in: DPWV, Info 4/96, S. 10 f.)

5 Holst, E./Messing, R./Schwierzke, N.1999: Erziehung und Mitbestimmung in der Jugendhilfe – kein Widerspruch. In: Forum Erziehungshilfen Heft 2, Frankfurt a. M., S. 96 f.

6 Klatetzki, T. 1995 (Hg.): Flexible Erziehungshilfen. Ein Organisationskonzept in der Diskussion. 2 .Aufl., Münster, S. 7.

7 Münder, J. u. a. (Hg.) 1998: Frankfurter Lehr- und Praxiskommentar zum KJHG/SGB VIII. Stand: 1.1.1999, 3. Aufl. Münster, S. 253 Vor § 27 Rz 6. Vgl. auch ausführlicher im Text weiter unten bei Anm. 13.

8 Thiersch, H., Lebensweltorientierung konkret – Jugendhilfe auf dem Weg zu einer veränderten Praxis. In: Wolff, M./Schröer, W./Möser, S. (Hg.) 1997: Lebensweltorientierung konkret – Jugendhilfe auf dem Weg zu einer veränderten Praxis – Beiträge zur IGfH-Jahrestagung 1996 in Dresden, Frankfurt a. M., S. 14-28

9 Wie Anm. 5.

10 Ebenda S. 68

11 Ebenda S. 69

12 Münder (wie Anm. 7)

13 Jugendamt Greven/*Kinder haben Rechte e. V.* 1998: Beteiligung konkret. Mädchen und Jungen in der Erziehungshilfe planen mit. Dokumentation. Ein Projekt des Jugendamtes Greven in Kooperation mit dem *Kinder haben Rechte e. V.*, Münster. Greven

3. Jugendhilfeplanung

Jugendhilfeplanung mit Mädchen und Jungen aus Erziehungshilfen

Ullrich Gintzel

Eine Jugendliche äußerte sich über eine Tagung, auf der sich Fachkräfte, die mit Erziehungshilfe befasst sind, gemeinsam mit Jugendlichen über deren Beteiligungsmöglichkeiten auseinandersetzten, wie folgt:

„Mir hat besonders gefallen, zu sehen, dass sich Menschen, erwachsene Menschen, sich Gedanken darüber machen, welche Rechte wir Jugendlichen haben. Ich fand es gut, dass viele Professoren und Jugendamtspädagogen sich dafür interessiert haben. Wie auch andere Sozialpädagogen sich dafür interessiert haben, was wir fühlen und denken, wie das bei uns läuft. (...) Ich denke, dass wir genauso gut mitarbeiten können wie die Erwachsenen, wenn es um uns geht." (Schwierzke, 1999, S. 97)

1. Zur Notwendigkeit der Beteiligung von Mädchen und Jungen an der Jugendhilfeplanung

1.1 Aufgabe und Ziel von Jugendhilfe und Jugendhilfeplanung

Jugendhilfe soll nach dem Kinder- und Jugendhilfegesetz dazu beitragen, dass junge Menschen in unserer Gesellschaft ihr Recht auf Förderung ihrer Entwicklung und auf Erziehung zu einer eigenverantwortlichen und gemeinschaftsfähigen Persönlichkeit tatsächlich einlösen können (§ 1 KJHG). Im Wesentlichen ist Jugendhilfe die Aufgabe der Städte und Kreise. Sie sind mit dafür verantwortlich, dass die heranwachsende Generation positive Lebensbedingungen vorfindet und sollen dafür die notwendigen Angebote der Unterstützung, Förderung und Hilfe zur Erziehung schaffen. Jugendhilfe unterstützt die Erziehung von Eltern, Familien und Schulen. Sie ist die dritte Sozialisationsinstanz neben Familie und Schule. Besonders für Kinder, Jugendliche, junge Erwachsene und Familien in Krisen und Belastungssituationen müssen Leistungen und Angebote der Jugendhilfe vorhanden sein, die ihnen eine Bewältigung der Krisen und die Entwicklung positiver Lebensperspektiven ermöglichen.

Mit der Übertragung der Gesamtverantwortung für die „Erfüllung der Aufgaben" der Jugendhilfe (§ 79 KJHG) werden die Träger der öffentlichen Jugendhilfe (die Städte und Kreise) verpflichtet, die notwendigen Einrichtungen, Dienste und Veranstaltungen für die Jugendhilfe „rechtzeitig und ausreichend" zur Verfügung zu stellen.

Zentrales Instrument hierfür ist die Jugendhilfeplanung. Dabei sollen „die Planungen insgesamt den Bedürfnissen und Interessen der jungen Menschen und ihrer Familien Rechnung tragen" (§ 80 Abs. 4 KJHG). Auch wenn im gegenwärtigen Diskurs um „Neue Steuerung", Verwaltungsmodernisierung, Zuständigkeitslockerung zunehmend Zweifel aufkommen, ob dieser Anspruch des Gesetzgebers noch besteht oder wirklich anerkannt wird, bleibt diese Forderung faktisch wie fachlich bestehen. Jugendhilfeplanung soll also sichern, dass für Mädchen und Jungen die notwendigen und ausreichenden Hilfsangebote zur Verfügung stehen (vgl. Münder u. a. 1998).

1.2 Partizipation ein unverzichtbarer Bestandteil der Jugendhilfeplanung

Betrachtet man die veröffentlichte Meinung von ExpertInnen in der Literatur, so kann leicht der Eindruck entstehen, Beteiligung von Mädchen und Jungen in der Jugendhilfeplanung ist eine Selbstverständlichkeit. Die Argumente sind überzeugend und in vielen Varianten ausgebreitet.

- „Partizipation im kommunalen Raum ist als wesentlicher Bestandteil einer Politik für Kinder und Jugendliche zu sehen" stellt der Zehnte Jugendbericht fest (BMFSFJ 1998, S. 157).
- Unter der Überschrift „Beteiligung statt Ausgrenzung" heißt es im Achten Jugendbericht: „Der Beteiligung von Betroffenen und Beteiligten kommt im Rahmen der Jugendhilfeplanung besondere Aufmerksamkeit zu. Dabei sollten Beteiligungsformen zum Gegenstand des Planunsprozesses gemacht und die Voraussetzungen gesichert werden." (BMJFFG 1990, S. 183)
- „In diesem Zusammenhang bestimmt sich nun auch die Einbeziehung Betroffener in Planungsprozesse als notwendige Voraussetzung bedarfsgerechter Leistungserbringung." (Jordan/Stork, 1998, S. 520)
- „Unter fachlichen Aspekten wird die Notwendigkeit der Beteiligung von 'Betroffenen', also der Adressaten der Leistungen und Hilfsangebote, kaum bestritten." (Merchel, 1994, S. 105).

Schon die wenigen Zitate verdeutlichen: Partizipation soll und muss ein Wesensmerkmal von Jugendhilfe und Jugendhilfeplanung sein. Wie anders sind die konkreten Interessen, Erfahrungen und Wünsche von Kindern und Jugendlichen denn aufzunehmen und zu berücksichtigen?

Als Ziele von Partizipation formulieren Jordan/Stork (1998 S. 525):

- Öffnung von Entscheidungsprozessen, um Mitwirkung zu erreichen;
- Stärkung der benachteiligten Gruppen und Individuen, um deren Repräsentanz zu sichern;
- Integration und Emanzipation, um Übernahme von Mitverantwortung zu ermöglichen.

Um diese Ziele zu erreichen gibt es Ansätze und Versuche in unterschiedlichen Formen, die die Beteiligung von jungen BürgerInnen aktivieren sollen. Dies sind z. B. Umfragen, Jugendforen, Gesprächsrunden, Delegation von JugendvertreterInnen in Gremien, Interviews und anderes mehr (vgl. Jordan/Stork 1998, S. 524).

Die Realität vermittelt jedoch ein anderes Bild. „Die Beteiligung der Betroffenen, speziell der Jugendlichen, an der Jugendhilfplanung bleibt eine Randerscheinung, obwohl eine Vielzahl ausgearbeiteter Verfahren und Methoden zur Beteiligung vorliegen," schreibt Stork in seinem Buch „Jugendhilfeplanung ohne Jugend?" (Stork 1995, S. 66). Der Achte Jugendbericht stellt dazu fest: „Trotz aller Absichtserklärungen und begründeten Notwendigkeiten gibt es zur Betroffenenbeteiligung über die bekannten Modelle hinaus (....) keine weitergehenden praktikablen Verfahren und praktischen Erfahrungen, so daß in der Jugendhilfeplanung der Widerspruch zwischen akzeptierter Notwendigkeit und tatsächlicher Möglichkeit noch längere Zeit bestehen bleiben wird. Verbessern wird sich die Situation erst, wenn durch Jugendhilfeplanung die Beteiligung der Betroffenen zum Gegenstand der Planung gemacht wird, um Beteiligungs- und Arbeitsmöglichkeiten der Betroffenen sicherzustellen und ihnen Zeit zu lassen, sich selbst zu organisieren und zu artikulieren." (BMJFFG 1990, S. 182). Dies hat auch heute, zehn Jahre, später noch uneingeschränkte Gültigkeit. Festzustellen ist eine breite Diskussion um Partizipation von jungen Menschen im kommunalen Willensbildungsprozess, aber wenig konkrete praktizierte und qualifizierte Beteiligung in der in der Jugendhilfe und der Jugendhilfeplanung.

1.3 Die Beteiligung von Mädchen und Jungen aus der Erziehungshilfe an der Jugendhilfeplanung ist notwendig und dringend

Dass insbesondere im Bereich der Hilfen zur Erziehung bislang kaum Bemühungen um Beteiligung von Kindern und Jugendlichen im Planungsprozess zu verzeichnen sind, erstaunt in mehrerer Hinsicht. Nach der Förderung von Kindern in Tageseinrichtungen ist die Hilfe zur Erziehung derjenige Bereich, in dem die Jugendhilfe personell und finanziell die meisten Ressourcen aufwendet. Gleichzeitig ist festzustellen, dass bei den Hilfen zur Erziehung in den letzten 25 Jahren wesentliche Veränderungen stattgefunden haben (vgl. Institut für soziale Arbeit 1998 a). In den Jugendberichten der Bundesregierung, aber auch in zahlreichen Veröffentlichungen (vgl. Wolf 1995) werden diese Entwicklungen beschrieben. Die Evaluation dieser Entwicklungen und der daraus resultierten Angebotsstruktur seitens der HilfeadressatInnen steht noch aus.

Angebote der Hilfe zur Erziehung, ihr Umfang, ihre Ausgestaltung und Qualität, haben besonders für die Mädchen und Jungen meistens lebensentscheidende Bedeutung. Bei der Sicherung ihrer Zukunft ist eine große Anzahl von Kindern, Jugendlichen und jungen Erwachsenen auf diese Hilfe angewiesen. Die Jugendhilfestatistik weist für 1995 folgende Zahlen für die Inanspruchnahme von Hilfen zur Erziehung durch junge Menschen aus:

Heimerziehung und sonstige betreute Wohnform	69.969
Vollzeitpflege	48.021
Intensiver sozialpädagogische Einzelbetreuung	1.424
Tagesgruppen	9.957
Sozialpädagogische Familienhilfe	ca. 29.000
Soziale Gruppenarbeit	3.454
Erziehungsbeistände	9.086
Erziehungsberatung	229.867

(Quelle: Statistisches Bundesamt 1997)

Hilfe zur Erziehung an einem anderen Ort, wie vor allem Heimerziehung und Vollzeitpflege sie darstellen, bringen für die betroffenen Mädchen und Jungen eine grundlegende Veränderung ihrer Lebenssituation mit sich. In der überwiegenden Zahl müssen und/oder wollen sie sich nicht nur von ihren Familien trennen sondern an ihrem neuen Lebensort gänzlich neue Lebensbezüge aufbauen. Die Gestaltung und die Qualität der Jugendhilfelandschaft ihrer Gemeinde oder ihres Jugendamtes haben daher große Bedeutung. Welche Hilfeangebote gibt es in der Stadt oder in unmittelbarer Nähe? Wie sind die Hilfeprozesse, z. B. die Verfahren der Hilfeplanung (nach § 36 KJHG), gestaltet? Wie sind die Erziehungshilfen für die Kinder mit den Unterstützungsangeboten für die Familien gekoppelt. Wie offen und niedrigschwellig sind die Beratungsangebote des Jugendamtes? Welchen Stellenwert haben Wunsch- und Wahlrecht bei der Auswahl und der Gewährung der Hilfe? Wie statisch oder flexibel sind die Angebote der Heime und Wohngruppen und welche Konsequenzen ergeben sich daraus für die Mitgestaltung durch die (neu hinzukommenden) Jugendlichen? Welche personalen Strukturen bestehen, um bei auftretenden Nöten im neuen Lebensumfeld die erforderliche Unterstützung zu bekommen (z. B. vom Vormund, von der zuständigen Sozialarbeiterin des Jugendamtes, von erfahrenen Jugendlichen)? Welche Informationen benötigen Mädchen und Jungen um sich verantwortlich entscheiden zu können und welche bekommen sie (nicht)? Dies sind nur einige Fragen, von deren Beantwortung Erfolg oder Scheitern von Anstrengungen zur Lebensbewältigung bei einem Mädchen oder Jungen abhängen. Eindrücklich hat Specht (1990) unter dem Thema „Autonomie und Fremdplazierung" beschrieben, dass nur dann Aussicht auf Erfolg einer Hilfe besteht, wenn die Wünsche und Autonomiebestrebungen von jungen Menschen (Kindern wie Jugendlichen) angemessen berücksichtigt werden. Allein dies müsste ein überzeugendes Argument zur Beteiligung sein.

Mädchen und Jungen in der Erziehungshilfe verfügen über unmittelbare Erfahrungen und konkretes Wissen über Abläufe, Strukturen, lebensfördernde oder -hemmende Bedingungen im Alltag von Diensten und Einrichtungen, aber auch über recht konkrete Einschätzungen in der Begegnung mit einzelnen Fachkräften. Diese Erfahrungen, dieses Wissen, bei der Jugendhilfeplanung nicht abzurufen und nutzbar zu machen, gleicht dem Verhalten eines Jugendgruppenführers, der in unbekanntem moorigen Gebiet auf den Rat und die Hilfe eines kundigen einheimischen Führers verzichtet.

Grundsätzlich lassen sich all die oben angeführten Argumente zur Beteiligung von „Betroffenen" in verstärkter und zugespitzter Form auf die notwendige Beteiligung von erziehungshilfeerfahrenen Kindern, Jugendlichen und jungen Erwachsenen anführen.

Tatsächlich aber läßt sich feststellen, dass es mit wenigen Ausnahmen keinen Einbezug der jungen Menschen mit Erziehungshilfeerfahrungen in die Planungsprozesse gibt. Auch dort, wo in Kommunen schriftliche Befragungen von Minderjährigen stattgefunden haben, wurde die Gruppe der BewohnerInnen von Heimen und sonstigen betreuten Wohnformen nicht berücksichtigt.

Dass Jugendhilfe bisher keine Formen und Ansätze entwickelt hat, Kinder und Jugendliche aus der Erziehungshilfe an der Planung der Jugendhilfelandschaft, der Erziehungshilfe, zu beteiligen, hat mit der eigenen Geschichte zu tun. Diese war zu großen Teilen eine Geschichte der Kontrolle, Sanktionierung und Disziplinierung. Dass dies auch aktuell ein scheinbar erfolgversprechender Ansatz, ist zeigt ein Artikel im „Spiegel", in dem am Beispiel der „Glen Mills-Schulen" in den USA propagiert wird, wie Erzieher „neue harte Methoden" anwenden, „um den Gewalttätern die Regeln fürs normale Leben beizubringen" (Der Spiegel 1999, S. 118-137). Die Widersprüchlichkeit zwischen Disziplinierung und Partizipation ist offensichtlich. Häufig wird mit der Erziehungshilfe, mit der Hilfebedürftigkeit, gleichzeitig die Kompetenzlosigkeit zur Mitgestaltung festgestellt und dauerhaft festgeschrieben. Die Kinder werden dann als Objekte der Erziehung gesehen, auf die die Erwachsenen verhaltensändernden Einfluss nehmen. Dies entsprach aber weder in der Vergangenheit noch entspricht es gegenwärtig den Kompetenzen und Fähigkeiten der Kinder und Jugendlichen. Als Vorbehalte in Bezug auf Beteiligung werden vor allem formuliert:

- Junge Menschen in Krisen und Belastungssituationen sind kaum in der Lage ihre Wünsche und Interessen zu artikulieren.
- Das Feld der Hilfen zur Erziehung, insbesondere die Verfahren der individuel-

len Hilfeplanung und der kommunalen Jugendhilfeplanung sind zu komplex, als dass Bewertungen und Einschätzungen durch „Nicht-Professionelle“ getroffen werden können.

- Junge Menschen aus Erziehungshilfeeinrichtungen haben keinen Bezug (mehr) zu ihrem Jugendamt und kein Interesse, sich übergreifend mit den Arbeitsweisen der Jugendhilfe auseinanderzusetzen.
- Der Hilfeplanungsprozeß im Einzelfall und die fachlichen Diskussionen zwischen Jugendamt und Trägern der freien Jugendhilfe im Rahmen von Jugendhilfeplanung reichen aus, um Handlungsbedarfe und Maßnahmen im Feld der Hilfe zur Erziehung zu formulieren (vgl. Kinder haben Rechte 1998, S. 30).

In einer Veranstaltung des *Kinder haben Rechte e. V.* im Februar 1999 zum Thema „Erziehung und Mitbestimmung - kein Widerspruch“ versetzten die jugendlichen TeilnehmerInnen (7 Jugendliche bei insgesamt 45 TeilnehmerInnen) die pädagogischen Fachkräfte durch ihre Souveränität und die qualifizierte Weise ihrer Argumentation in Erstaunen. Dieses Erstaunen brachte eine erwachsene Teilnehmerin in der Frage zum Ausdruck, ob sie, die anwesenden Jugendlichen, nicht besondere Jugendliche seien und ob die überwiegende Mehrzahl der Heimjugendlichen nicht eher desinteressiert sei an Mitbestimmungs- und Beteiligungsthemen. Einmütig und vehement erklärten die Jugendlichen, dass Interesse und die Fähigkeit zur Beteiligung gerade bei den BewohnerInnen in den Heimen besteht. Vielmehr sei es so, dass die Erwachsenen, die ErzieherInnen im Heim und die SozialarbeiterInnen im Jugendamt, kein Interesse an kritischen Auseinandersetzungen mit Jugendlichen und an der Partizipation hätten. Als Beleg, dass Partizipation und Mitbestimmung in Heimeinrichtungen funktioniert und von Kindern, Jugendlichen und jungen Erwachsenen getragen wird, führten sie konkrete Beispiele aus Berlin und Hessen an.(vgl. Forum Erziehungshilfen 2/1999, S. 97)

2. Erweiterte Möglichkeiten und Chancen für die Jugendhilfeplanung durch Partizipation von Kindern, Jugendlichen und jungen Erwachsenen mit Erziehungshilfeerfahrungen

Sichtweisen von SozialarbeiterInnen in den Sozialen Diensten des Jugendamtes, einschließlich der JugendhilfeplanerInnen, sind gekennzeichnet durch ihre spezifischen Erfahrungen mit einer Vielzahl von Familien und Hilfeprozessen. Die Lebenswelten der Fachkräfte sind in der Regel extrem unterschiedlich von denen der leistungsberechtigten jungen Menschen und ihrer Familien. Die Lebensräume und der Lebensalltag haben wenig Gemeinsamkeiten mit denjenigen Familien, die in Krisen und Belastungssituationen Jugendhilfedienste in Anspruch nehmen. Die Schwächen und Mängel bei der Lebens- und Krisenbewältigung, die sie alltäglich sehen, führen bei den Fachkräften scheinbar dazu, dass noch vorhandene Stärken und Kompetenzen, aber auch Erfahrungen und berechtigte Interessen wenig oder nicht mehr gesehen und berücksichtigt werden. Die systematische Auswertung von Hilfeprozessen im Einzelfall und die Nutzbarmachung von Erkenntnisse der Hilfeplanung nach § 36 KJHG für die Jugendhilfeplanung erfolgt (eher) nicht. Die Planung und Gestaltung der Jugendhilfe(-landschaft) für den Bereich Hilfen zur Erziehung findet daher – soweit es überhaupt eine qualifizierte Jugendhilfeplanung gibt – weitgehend als eine Aushandlung der Interessen der Träger der öffentlichen Jugendhilfe (Jugendämter) und der freien Jugendhilfe (Träger von Heimen, Einrichtungen und Diensten) statt. Dies führt zu einer Vernachlässigung der Sichtweisen der betroffenen Mädchen und Jungen und ihrer Familien und nicht zu einer bedarfs- und bedürfnisorientierten Jugendhilfeplanung und Schaffung entsprechender Angebote und Angebotsstrukturen. Ein Ausweg aus diesem Dilemma ist die konsequente Einbeziehung von Mädchen und Jungen mit Erziehungshilfeerfahrungen.

2.1 Was können Kinder und Jugendliche zur Jugendhilfeplanung beitragen?

Seit etwa zehn Jahren gibt es eine neue Diskussion um Beteiligung und Mitbestimmung von Kindern und Jugendlichen in allen Bereichen der Erziehungshilfe. Vorläufer für mitbestimmungsorientierte Ansätze in der Heimerziehung gibt es sowohl in den zwanziger Jahren als auch zur Zeit der Heimreform (siehe hierzu auch den Beitrag von Jürgen Blandow). Ausgangspunkt hierfür waren neben der Einführung des KJHG und der verstärkt einsetzenden Jugendhilfeplanungen einzelne Projekte von PädagogInnen und Jugendlichen in Heimen und Fachverbänden. Die Internationale Gesellschaft für Erziehungshilfen (IGfH) führte von 1994 bis 1996 ein Projekt mit PädagogInnen und Jugendlichen zum Thema „Kinder- und Jugendlichenrechte im Alltag von Heimen, Wohngruppen und anderen Erziehungshilfen“ durch. Die Projektgruppe beteiligte sich 1995 am Frankfurter Kongress „Rechte von Kindern und Jugendlichen – Wege zu Ihrer Verwirklichung“ (vgl. van den Boogart u. a. 1996) und war für die Herausgabe des Rechtehandbuches „Rechte haben – Recht kriegen“ (IGFH 1996) verantwortlich. Jugendliche des Sprecherrates des Kinderhauses Berlin-Mark Brandenburg beteiligen sich in zahlreichen Veranstaltungen an der Diskussion. Mitglieder des Landesheimrates Hessen artikulieren ihre Erfahrungen und fordern kontinuierlich eine stärkere Beteiligung und Mitbestimmung in der Erziehungshilfe ein. Nicht zuletzt die Aktivitäten des 1995 gegründeten *Kinder haben Rechte e. V.* in Münster haben zu einer Belebung der Diskussion um Partizipation, Beteiligung und Mitbestimmung von Kindern, Jugendlichen und jungen Erwachsenen in der Erziehungs- und Jugendhilfe geführt.

Bei aller Unterschiedlichkeit der Ansätze, Schwerpunkte und Erfahrungen gibt es einige Erkenntnisse, die sich generalisieren lassen. Diese lassen sich unter folgenden Stichworten zusammenfassen:

- Mädchen und Jungen in Einrichtungen der Erziehungshilfe haben ein Interesse, gemeinsam mit anderen jungen Menschen in vergleichbaren Lebenssituationen, ihre Erfahrungen mitzuteilen, zu reflektieren, sich auszutauschen und in Gesprächen mit Erwachsenen, Professionellen, zu überprüfen.
- Bei diesen jungen Menschen besteht, trotz oder gerade wegen ihrer Erfahrungen mit Lebenskrisen, eine Bereitschaft, sich für eigene individuelle und kollektive Interessenvertretungen einzusetzen.
- BewohnerInnen von Heimen und Wohngruppen der Erziehungshilfe sind in der Lage, ihre Erfahrungen mit den Fachkräften der Sozialen Dienste und der Einrichtungen kritisch und selbstkritisch zu formulieren, zu diskutieren und Empfehlungen und Forderungen daraus abzuleiten.
- Mit guter Vorbereitung und Unterstützung sind die engagierten Kinder, Jugendlichen und jungen Erwachsenen bereit und kompetent ihre Positionen in Gremien, in Planungsprozessen und Veranstaltungen zu präsentieren und qualifiziert zu vertreten.
- Durch die Begegnung von Fachkräften der Sozialen Dienste mit engagierten Jugendlichen finden Erkenntnis- und Veränderungsprozesse bei den Fachkräften statt. Auffällig ist dabei, dass die Fachkräfte bisher fast ausnahmslos keine Erfahrungen in „fallübergreifenden“ Diskussionen mit Erziehungshilfejugendlichen haben.

2.2 Die Lebenswelten von Mädchen und Jungen in der Erziehungshilfe neu sehen lernen!

Die konsequente Beteiligung von Mädchen und Jungen mit Erziehungshilfeerfahrungen können den Fachkräften der Sozialen Dienste und Einrichtungen, den JugendhilfeplanerInnen und den jugendpolitisch verantwortlichen BürgerInnen (z. B. den Mitgliedern des Jugendhilfeausschusses) ermöglichen, neue Sichtweisen zu erlangen, die sich tatsächlich und nicht nur als Lippenbekenntnis an den Fähigkeiten der Kinder und Jugendlichen orientieren. Unter angemessenen Bedingungen und bei ausreichender Unterstützung zeigen die Kinder und Jugendlichen, wie sie ihre Entwicklung in den Familien und in ihrer Lebenswelt sehen und deuten. Sie geben Hinweise auf Bedingungen, die zur Verschärfung oder Bewältigung von Lebenskrisen und Belastungssituationen führten. Sie bewerten Hilfeverfahren und aktuelle Lebenssituationen und geben damit Hinweise auf Mängel im Hilfesystem oder in konkreten Hilfeprozessen ebenso wie in Bezug auf hilfreiche Angebote.

Damit kann die Beteiligung, neben Sozialberichterstattung und Sozialraumanalyse, einen weiteren wichtigen Baustein für die kommunale Planung der Jugendhilfe abgeben. Beteiligung in diesem Sinne müßte aber auch ein unverzichtbarer Bestandteil von Sozialberichterstattung sein. Dies schließt Verfahren zur

Beteiligung von Eltern als Leistungsberechtigten von Jugendhilfe mit ein. Dass dies machbar ist, haben Schone u .a. in dem Projekt „Kinder in Not - Vernachlässigung im frühen Kindesalter“ aufgezeigt (vgl. Schone u. a. 1997). Nicht zuletzt könnte die Beteiligung von Kindern und Jugendlichen mit Erziehungshilfeerfahrungen an der Jugendhilfeplanung ein Element von demokratischer Erziehung sein.

2.3 Qualifizierung der Beziehung zwischen sozialpädagogischen Fachkräften und NutzerInnen

Fachkräfte der Sozialen Dienste des Jugendamtes nehmen ihre Aufgaben augenscheinlich vor allem als Einzelfallberatung wahr, ohne die daraus entstandenen Beziehungen zu den Kindern und Jugendlichen unter deren Berücksichtigung zu reflektieren. Dies birgt die Gefahr in sich, dass der Blick auf die Gesamtbiografie eines Mädchens oder Jungen vor allem in Bezug auf ihr Erleben bei Trennungserfahrungen verloren geht. Kinder und Jugendliche haben in – leider selten stattfindenden – fallübergreifenden Diskussionen und institutionalisierten Begegnungen zwischen Fachkräften und jungen Menschen immer wieder berichtet, wie negativ sie einen Wechsel von Zuständigkeiten im Jugendamt erfahren haben. Häufig verloren sie nicht nur zum wiederholten Male eine wichtige Bezugsperson, obwohl sie sich stabile, gute Beziehungen zu „ihren“ SozialarbeiterInnen wünschen. Sie erleben den Beziehungsabbruch auch als weiteren Schritt der Auslieferung an das „Hilfesystem“. Regelmäßige, fallübergreifende Diskussionen und institutionalisierte Begegnungen zwischen Fachkräften und jungen Menschen können eine andere Qualität der Beziehung zwischen beiden schaffen. Wenn Kindern und Jugendlichen die Möglichkeit gegeben wird, ihr Erleben mit den Fachkräften auszutauschen, wenn sie ihnen schildern, wie sie sich die Beziehung zu ihrer Sozialarbeiterin vorstellen, dann besteht erfahrungsgemäß die Chance, dass sich Professionelle den Kindern und Jugendlichen öffnen und eine andere Haltung ihnen gegenüber einnehmen. Auf diese Weise muss es nicht bei der Befangenheit der Hilfefindung und -gewährung in der aktuellen Krise bleiben, sondern es können neue Formen der Kommunikation über einzelne Hilfen und über die gesamte Palette der Hilfeangebote entstehen. Damit ließe sich auch eine neue Qualität der Jugendhilfestruktur erreichen, die mehr auf Stärken, Kompetenzen und Verantwortungsbereitschaft der jungen Menschen eingeht.

Durch regelmäßige Begegnungen und moderierte Diskussionen von Mädchen und Jungen, die Erziehungshilfeerfahrungen haben und Fachkräften der Sozialen Dienste sowie JugendhilfeplanerInnen kann sich eine veränderte Beziehung zwischen ihnen einstellen. Letztendlich kann sich dies wiederum auf die Wahrnehmung der Aufgaben und auf die gesamte Gestaltung der Jugendhilfe auswirken.

2.4 Bewertung der Verfahren der Hilfeplanung und -gewährung

Aus Sicht von Kindern und Jugendlichen haben die Fachkräfte der Jugendhilfe nur einen unzureichenden Eindruck, wie die betroffenen Kinder und Jugendlichen das Verfahren der Hilfeplanung (nach § 36 KJHG) erleben. Demgegenüber meinen Fachkräfte, dass vor einer Hilfegewährung und bei der Hilfeplanung die Minderjährigen (und die Eltern) zumeist befragt werden und beteiligt sind. Aus Gesprächen mit Fachkräften und vor allem mit Mädchen und Jungen in der Erziehungshilfe ergibt sich ein eher negatives Bild, was die tatsächliche Beteiligung angeht. Kinder und Jugendliche fühlen sich häufig ausgeliefert. Sie erleben sich nicht ausreichend über ihre Rechte und mögliche Alternativen informiert, die Begegnungs- und Besprechungsformen sind aus ihrer Sicht wenig kind- oder jugendgerecht (vgl. Kinder haben Rechte 1998, S. 18 ff.). Je geringer die angemessene Beteiligung in dem Verfahren der Hilfeplanung jedoch ist, desto höher ist die Gefahr einzuschätzen, dass die individuell notwendige und geeignete Hilfe verfehlt wird, weil sie nicht auf dem überzeugten Einverständnis der betroffenen jungen Menschen beruht. Dies wird auch allenthalben im Sprachgebrauch der Fachkräfte deutlich. Jugendliche werden heute noch „ins Heim eingewiesen" oder es erfolgt eine „Heimunterbringung" und in den Protokollen ist nicht zu lesen: „die Jugendliche hat sich nach eingehenden Beratungen entschieden in der Wohngruppe zu leben". Damit steigt aber auch das Risiko, dass es nicht zu einer Bewältigung der Lebenskrise, sondern zu einer weiteren Eskalation der Lebenssituation kommt.

Eine konsequente Beteiligung von Mädchen und Jungen mit Erziehungshilfeerfahrungen eröffnet einen Weg, zur Entwicklung angemessener Verfahren und Partizipation in der Hilfeplanung.

2.5 Beteiligung als Instrument der Qualitätsprüfung

Nicht erst seit der Einfügung des Abschnittes zur „Vereinbarung über Leistungsangebote, Entgelte und Qualitätsentwicklung" in das KJHG hat das Thema Qualität von Erziehungshilfeleistungen einen hohen Stellenwert in der Diskussion. Um so erstaunlicher ist es, dass die Beteiligung von Mädchen und Jungen in Heimen und Wohngruppen der Erziehungshilfe bei Einschätzung der Qualität in der öffentlichen Erziehung bisher so vernachlässigt wurde. Während es inzwischen zur selbstverständlichen Praxis von Kfz-Werkstätten und anderen Dienstleistungsbetrieben gehört, die KundInnen zur Zufriedenheit mit der Leistung regelmäßig und intensiv zu befragen, sind solche Ansätze bei den lebenswichtigen Angeboten der Erziehungshilfe noch die Ausnahme.

Will die Jugendhilfe nicht ausschließlich die Diskussion der interessengeleiteten ExpertInnen der öffentlichen und der freien Jugendhilfe zum Maßstab von Qualitätsbewertung machen, so muss sie Formen und Wege der Einbeziehung von Kindern, Jugendlichen und jungen Erwachsenen suchen (vgl. Merchel 1998, S. 418).

Dass dies Widerstände bei den Leitungs- und Fachkräften der Einrichtungen auslösen kann, ist verständlich. Schließlich müssen sie ihre eigene Praxis offenlegen, hinterfragen lassen und dazu bereit sein, gewohnte Verhaltensmuster und Strukturen in Frage zu stellen. Das Festhalten an alten Gewohnheiten ist jedoch kein fachlicher Grund, um die Erfahrungen der NutzerInnen von Erziehungshilfen unberücksichtigt zu lassen. Die von uns durchgeführten Veranstaltungen mit Kindern und Jugendlichen aus Heimen und Wohngruppen zeigen, mit welch hoher Kompetenz diese zu den relevanten Fragen und Kriterien Aussagen machen können. Wichtige Themen und Fragen zur Qualitätsprüfung sind z.B.:

- Berücksichtigung bei der Auswahl der geeigneten Hilfe;
- Verfahren der Aufnahme in das Heim und/oder die Gruppe;
- Gestaltung der Anfangsphase;
- Gestaltung des Lebensbereiches;
- Verhältnis ErzieherIn zu Jugendlichen – „Was sind gute ErzieherInnen?";
- Förderung der Beziehung von Jugendlichen untereinander;
- Förderung der Verantwortung für das eigene Leben wie für andere;
- Förderung von Leistungen in Schule, Ausbildung und Arbeit;
- Gestaltung des Übergangs in die Herkunftsfamilie oder eigene Wohnung;
- Umgang mit den Rechten, den Stärken und Schwächen der Mädchen und Jungen;
- Art und Umfang von Beziehungswechseln.

Diese Themen sind zum großen Teil auch in den vorliegenden Rahmenvereinbarungen zur Qualitätsentwicklung formuliert.

Um diese Fragen aber im Hinblick auf die Bewertung von Qualität der erfahrenen Erziehungshilfe mit Kindern und Jugendlichen zu bearbeiten, ist es erforderlich, angemessene und kontinuierliche Verfahren zu institutionalisieren.

3. So kann es gehen: Die Kultur der Beteiligung

Die Frage nach der praktischen Umsetzung der Beteiligung von Mädchen und Jungen mit Erziehungshilfeerfahrungen führt schnell zu der Erkenntnis, dass Beteiligung einen Rahmen braucht, in dem sie wachsen und ihre Wirkungen entfalten kann. Einerseits brauchen die verantwortlichen Fachkräfte (Leitungen, SozialarbeiterInnen und JugendhilfeplanerInnen) einen konzeptionellen Diskurs, aus dem heraus die AdressatInnenbeteiligung schrittweise in das Repertoire aufgenommen, erprobt und institutionalisiert werden kann. Dies bedeutet andererseits, dass Betroffenenbeteiligung nicht als Erschwernis der alltäglichen Arbeit gesehen wird, sondern als Chance, die eigene Arbeitsweise zu qualifizieren, die Erfolge und Mißerfolge von Hilfen sichtbarer werden zu lassen und die Struktur und die Wirksamkeit von Hilfen zu verbessern. Das macht aber weiterhin erforderlich, die notwendigen Handlungsspielräume für die Fachkräfte zu schaffen und die Ressourcen für die Beteiligung bereitzustellen.

Für die betroffenen Kinder, Jugendlichen und jungen Erwachsenen muss erlebbar werden, dass ihre Mitwirkung gewünscht ist. Dazu gehört auch, dass ihr Engagement unter attraktiven Bedingungen stattfinden kann und sie persönlich erfahren, dass ihr Einsatz und ihre Mitarbeit wertvoll ist. Sie müssen die Möglichkeit haben, sich für die Beteiligung zu qualifizieren, weiterzubilden und damit auch lernen können, ihre individuellen Fähigkeiten zur Lebensbewältigung zu verbessern. Nicht zuletzt gehört ideelle Anerkennung und – warum nicht – eine finanzielle Entschädigung für die aufgewendete Zeit dazu.

Beteiligung im Rahmen der kommunalen Jugendhilfeplanung macht also die Schaffung einer spezifischen Kultur der Beteiligung im Jugendamt erforderlich. Wenn diese gegeben ist oder glaubwürdig angestrebt wird, können die nachfolgenden Vorschläge zu konkreten Formen der Beteiligung ihre Kraft und Wirksamkeit entfalten.

Immer wieder werden in Diskussionen mit Fachkräften des Jugendamtes die Argumente vorgebracht, dass

- Jugendliche allgemein kein Interesse an anstrengenden Beteiligungsaktionen haben;
- Jugendliche in Heimen, wie im allgemeinen Trend, keine kontinuierliche Mitarbeit zeigen;
- Heimjugendliche sehr stark ichbezogen sind und sich kollektiven Mitbestimmungsversuchen entziehen;
- sich formale, institutionalisierte Demokratieformen für die Beteiligung von Heimjugendlichen nicht eignen.

Auch wenn diese Hinweise nicht einfach übergangen werden können, sind sie doch kaum mit erprobter Praxis des Jugendamtes belegt. Kinder haben Rechte e. V. kann Praxiserfahrungen vorweisen, die die oben genannten Argumente widerlegen. Zweifellos ist jedoch richtig, dass Jugendliche sehr nüchtern abwägen, ob es sich „wirklich lohnt“, wenn sie sich engagieren. Sie lassen sich und ihre Aktivitäten nicht in Alibiveranstaltungen missbrauchen. Sie reagieren aber positiv auf Beteiligung, wenn die Rahmenbedingungen attraktiv sind und die Atmosphäre stimmt. Das Haus, in dem Beteiligungsseminare stattfinden, muss einen Standard haben, bei dem sich wohlfühlen, vom Essen über die Zimmerausstattung bis zum Ambiente, einstellt. Der Wechsel von intensiver thematischer Arbeit und erlebnisorientierten Aktivitäten muss den Bedürfnissen von Mädchen und Jungen angemessen sein. Dabei haben wir die Erfahrung gemacht, dass die Jugendlichen von sich aus viel bereiter sind, intensiv inhaltlich zu arbeiten – und dies auch einfordern – als die erwachsenen ModeratorInnen sich dieses vorstellen.

Ein Element der Attraktivität von Beteiligungsverfahren kann die Begegnung mit herausragenden Persönlichkeiten wie Oberbürgermeisterin, Landrat, Jugendhilfeausschußvorsitzende, Unternehmer oder Personen aus der Musikszene sein. Bei einem „Beteiligungsseminar", so nennen wir die Veranstaltungen mit Kindern und Jugendlichen zum Thema „Beteiligung", ließe sich beispielsweise ein Treffen mit Mitgliedern einer Band „back stage" arrangieren. So berichteten z. B. Jugendliche des Hessischen Landesheimrates überzeugend von Ihrer Begegnung mit dem Ministerpräsidenten Hans Eichel. Dabei steht nicht zu befürchten, dass die Jugendlichen nur wegen der Attraktionen kommen, aber die Attraktion erleichtert ihnen die Entscheidung zur Mitarbeit und das Dabeibleiben.

Nicht zuletzt halte ich es auch für wünschenswert, kontinuierlich mitarbeitenden Jugendlichen z. B. in Beratungsgremien, eine Aufwandsentschädigung für die geleistete Zeit und Arbeit zu zahlen. Genauso wie wir eine Aufwandsentschädigung für Mitglieder von Heim- oder Sprecherräten in Einrichtungen für sinnvoll halte (die Kosten müssten über die Entgeltvereinbarungen abgedeckt sein) so können wir auch für aktive Jugendliche bei der kommunalen Jugendhilfeplanung einen finanziellen Anreiz nur fordern. Beteiligungskonzepte im Jugendamt und in der kommunalen Jugendhilfeplanung brauchen also einen Etat.

3.1 Beteiligung in und durch institutionalisierte Seminare

Eine praktikable Form der Beteiligung von Kindern, Jugendlichen und jungen Erwachsenen in der Erziehungshilfe ist die regelmäßige Durchführung von Seminaren. Hierzu liegen beim *Kinder haben Rechte e. V.* inzwischen vielfältige Erfahrungen vor (Kreis Segeberg, Stadt Greven, Jugendseminare Vlotho etc.).

Mädchen und Jungen, die in Heimen und Wohngruppen leben, werden vom Jugendamt zu einem Seminar eingeladen. Es ist wünschenswert und langfristig notwendig, dass diese Veranstaltungen mehrtägig unter guten Bedingungen (anspruchsvolles Haus, intensive Vorbereitung, Teilnahme von Fachkräften des Jugendamtes, attraktives Rahmenprogramm, Formulierung der Ergebnisse, Rückmeldung zu den Ergebnissen an die TeilnehmerInnen). Die Erfahrungen in Bad Segeberg und Greven haben gezeigt, dass bei den Jugendlichen in den Seminaren Bereitschaft und Lust entsteht, sich an weiterführenden Veranstaltungen zu beteiligen. Wird zunächst der Erfahrungsaustausch und die Sichtbarmachung der Kompetenz der Jugendlichen im Vordergrund stehen, lassen sich in weiteren Veranstaltungen konkrete Themen der Jugendhilfeplanung bearbeiten wie z.B.

- Wie erleben Kinder und Jugendliche die Beratung und die Verständigung über Lebenskrisen, den erzieherischen Bedarf und die richtige Hilfe?
- Sind ausreichend Informationen über die Jugendhilfe gegeben worden und welche fehlten?
- Wie kann die Beteiligung im Hilfeplanungsprozess verbessert werden?
- Welche Angebote fehlen im Stadtteil in der Region? Wie werden welche Angebote erlebt und erfahren?
- Wie schätzen Jugendliche die Struktur der Jugendhilfeangebote ein?
- Welche Unterstützungsleistungen fehlen und welche sind möglicherweise überflüssig?
- Welche Angebote sind für Heranwachsende vorhanden und welche fehlen?
- Wie ist die Zusammenarbeit zwischen Jugendamt und Einrichtungen?
- Welche Unterstützungen während des Lebens im Heim wünschen sich Jugendliche vom Jugendamt z.B. bei neuen Krisen?
- Wie wird die Unterstützung der Familien gestaltet während die Kinder im Heim sind?
- Entwicklung eines Fragebogens (s. 3.2) für alle Kinder und Jugendliche in der Erziehungshilfe.

Die Ergebnisse sollten in irgendeiner Form an die Leitung des Jugendamtes und/oder den Jugendhilfeausschuß weitergeleitet werden. Die TeilnehmerInnen des ersten Seminars in Bad Segeberg wählten die Form von Briefen an den Jugendamtsleiter. Dabei sollte es selbstverständlich sein, dass sie auch Antworten bekommen (wie dies geschehen ist). Eine andere Möglichkeit ist die Teilnahme der Jugendamtsleiterin oder von Mitgliedern der Jugendhilfeausschusses an der Ergebnispräsentation zum Abschluß des Seminars. Denkbar ist aber auch, dass VertreterInnen der Jugendlichen in die Arbeitsgemeinschaften nach § 78 KJHG oder in den Jugendhilfeausschuß eingeladen werden. Bei ihrer Vorbereitung auf die Gespräche in derartigen Rahmen sollten die Jugendlichen so lange Unterstützung bekommen, wie sie diese selbst für erforderlich halten. Notwendig scheint auch die kontinuierliche Teilnahme von einzelnen Erwachsenen aus dem Jugendamt, zu denen Vertrauen entwickelt wird. Im Hinblick auf die Entwicklung eines Selbstverständnisses und zum Aufbau von Kontinuität sowohl der Form wie auch in der Teilnahme sollten mindestens zwei mehrtägige (Wochenend-)Seminare im Jahr stattfinden.

Die Kosten für diese Veranstaltungen sind im Erziehungshilfeetat oder bei der Jugendhilfeplanung einzustellen.

3.2 Fragebogenaktionen

Einige wenige Beispiele sind bekannt, bei denen das Jugendamt mit Fragebogenaktionen die Meinungen und Einschätzungen von Kindern und Jugendlichen in Erziehungshilfen erhoben haben. Diese Methode sollte u. E. nur verwandt werden, wenn in die Erstellung und Auswertung der Fragebögen betroffene Jugendliche verantwortlich einbezogen sind. Durch solche Aktionen kann das Jugendamt Informationen erheben, die etwas über die Lebenssituationen und Bewertungen von Mädchen und Jungen aussagen. Die Beteiligung von BewohnerInnen von Heimen und Wohngruppen sichert in Inhalt, Sprache und Form eine Annäherung an die Lebensinteressen der Zielgruppe. Auch könnten die aktiven Jugendlichen in den Einrichtungen für ein Mitmachen werben und damit die Rücklaufquote erhöhen. Oft haben die Jugendlichen Ideen, wie die Akzeptanz solcher Aktionen erhöht wird. Vor allem bei der Auswertung ist die Beteiligung von Jugendlichen u. E. unverzichtbar.

Dass Befragungen auch in der Verantwortung von Jugendlichen durchgeführt werden können, haben die Mitglieder des Hessischen Landesheimrates bewiesen.

3.3 „Jugendrat Erziehungshilfe“ im Jugendamt

In einem Jugendamt mit konzeptionell verankerter Beteiligung von Mädchen und Jungen mit Erziehungshilfeerfahrungen sollte es einen ständigen Jugendrat geben. Wahlverfahren und Zusammensetzung des „Jugendrates Erziehungshilfe“ ist gemeinsam mit Jugendlichen zu entwickeln. Dabei sollte auch gewährleistet sein, dass Jugendliche in wohnortferneren Einrichtungen die Möglichkeit zur Mitarbeit erhalten.

Zu den Aufgaben des Jugendrates könnten Stellungnahmen zu grundsätzlichen Fragen der Erziehungshilfe in der Kommune ebenso gehören wie Äußerungen zur Struktur der Jugendhilfeangebote und Empfehlungen für Planungsgruppen im Rahmen der Jugendhilfeplanung. Diese Form kann allerdings nur funktionieren, wenn vorher und gleichzeitig andere Formen und Beteiligungsinstrumente bestehen. Zudem scheint es notwendig, dass eine pädagogische Fachkraft externe Begleitung und Unterstützung gewährt.

Die sogleich von SozialarbeiterInnen vorgebrachten Gegenargumente, dies sei alles technokratisch, pseudodemokratisch und an den Interessen der Jugendlichen vorbeigehend, können so lange nicht Geltung beanspruchen, wie nicht ernsthafte Versuche gemacht worden sind. Nach Erfahrungen mit Heimjugendlichen, wie sie im IGFH-Projekt und in zahlreichen Veranstaltungen des *Kinder haben Rechte e. V.* gemacht wurden, gibt es eine nennenswert große Gruppe, die großes Interesse an derartigen Projekten und darin stattfindenden Auseinandersetzungen hat. Dabei findet mit den allgemeinen Auseinandersetzung immer auch eine wesentliche Bewältigung der eigenen Lebensgeschichte statt.

3.4 Mädchen und Jungen als BeratungsexpertInnen

„Kinder und Jugendliche sind entsprechend ihrem Entwicklungsstand an allen sie betreffenden Entscheidungen der öffentlichen Jugendhilfe zu beteiligen. Sie sind in geeigneter Weise auf ihre Rechte (...) hinzuweisen“ heißt es in § 8 KJHG. Dieser Verpflichtung wird zum überwiegenden Teil nicht nachgekommen. Zumindest äußern befragte Kinder und Jugendliche, dass sie subjektiv nicht das Empfinden und die Einschätzung haben, ausreichend informiert, beraten und beteiligt zu sein. Erfahrenen und kompetente Jugendliche könnten als „BeratungsexpertInnen“ eine wichtige Aufgabe bei der Schließung dieser Lücke zwischen Gesetzesauftrag und alltäglicher Praxis schließen. Sehr häufig wird von Jugendlichen in Erziehungshilfen den Wunsch geäußert, sie möchten mit ihren Erfahrungen anderen Jugendlichen helfen, ihr Leben besser zu bewältigen. Im individuellen Hilfeplanverfahren (nach § 36 KJHG) leiden die Fachkräfte zudem oft unter einem Glaubwürdigkeitsdefizit. Dies führt zu dem Vorschlag, bei den engagierten Mädchen und Jungen in den Beteiligungsprojekten für eine Qualifizierung zu jugendlichen BeratungsexpertInnen zu werben. Analog zu den Fortbildungen ehrenamtlicher JugendgruppenleiterInnen könnte das Jugendamt oder ein von diesem beauftragter Bildungsträger eine „Qualifizierung“ von Jugendlichen zu „BeraterInnen“ durchführen. Ziel sollte es dabei sein, sich in Grundfragen der Erziehungshilfe einzuarbeiten und auf Anfrage anderen Kindern und Jugendlichen zur Verfügung zu stehen. Einem Mädchen oder einem Junge für das/den eine Hilfe zur Erziehung (außerhalb der eigenen Familie) erwogen wird, kann dann angeboten werden, sich mit einem erziehungshilfeerfahrenen Jugendlichen zusammenzusetzen und die Möglichkeiten und Konsequenzen zu diskutieren. Auf Wunsch des betroffenen Kindes (vor der Entscheidung) sollte die Beratungsjugendliche auch bei dem Hilfeplangespräch dabei sein können. Diese Möglichkeit kann deutlich zu einer Qualifizierung des Entscheidungsprozesses in der individuellen Hilfeplanung beitragen. Die Erfahrungen der Jugendlichen können gesammelt, ausgewertet und in die Jugendhilfeplanung eingebracht werden.

Selbstverständlich erhalten die Beratungsjugendlichen für ihre Leistungen eine „Vergütung“.

3.5 AdressatInnenbeirat Jugendhilfe

Parallel zu den Planungsgruppen und den Arbeitsgemeinschaften (nach § 78 KJHG) kann beim Jugendamt (Jugendhilfeplanung) ein AdressatInnenbeirat konstituiert werden. Diesem Beirat können neben VertreterInnen der Jugendverbände, der Schülermitbestimmungsgremien, der Stadtteilinitiativen, der Elternverbände (z. B. VAMV), der Elternvertretungen der Tageseinrichtungen und Tagesgruppen auch eine entsprechende Anzahl von Jugendlichen aus den Heimen und Wohngruppen angehören. Der AdressatInnenbeirat sollte von der Fachkraft für Jugendhilfeplanung oder einer Leitungsfachkraft des Jugendamtes beraten und unterstützt werden. Er sollte eine beratende Stimme im Jugendhilfeausschuß haben.

4. Zum Schluss

Die hier beschriebenen Vorschläge sind am ehesten realisierbar, wenn im Rahmen von Diskursen der Fachkräfte mit den politisch Verantwortlichen entsprechende Zielsetzungen festgelegt werden. Dazu ist es notwendig, diese Ziele systematisch in Fortbildungen zu vermitteln und die Bereitschaft der Fachkräfte auf allen Ebenen des Jugendamtes zu fördern, solch ein Konzept mit zu tragen.
Eine Kultur der Beteiligung von Betroffenen wird weitergehende Fragen auch für andere Bereiche der Jugendhilfe stellen. Sozialraumorientierung für die Allgemeinen Sozialen Dienste und Lebensweltorientierung für die Erziehungshilfen sind damit verbunden. Dauerhaft gibt es jedoch keine sinnvollen Alternativen zu einer konsequenten Umsetzung der Einbeziehung und Stärkung der BürgerInnen, gerade auch dann, wenn diese aufgrund individueller Krisen oder gesellschaftlicher und sozialer Bedingungen auf Leistungen der Jugendhilfe zur Bewältigung von Lebenssituationen und Krisen angewiesen sind.

Darüberhinaus wären die auf Unterstützung der im Beteiligungskonzept vorgesehenen Personalressourcen und die finanziellen Mittel bereitzustellen. Angesichts der Etats für die Hilfen zur Erziehung dürfte es sich jedoch um verhältnismäßig geringen Aufwand handeln.

„Da sich Betroffene kaum an administrativ vorgegebene Zuständigkeiten halten, könnten „Community development" (Gemeinwesenarbeit als Methode auch oder gerade von Jugendhilfe) und Betroffenenbeteiligung so „vor Ort" sinnvoll miteinander verknüpft werden, ganzheitliche Ansätze entwickelt, Einmischung konkretisiert und die Einflußmöglichkeiten der Jugendhilfe erweitert werden (Achter Jugendbericht 1990, S. 182).

An der Fähigkeit und Bereitschaft der Kinder, Jugendlichen und jungen Erwachsenen wird ein konsequentes Beteiligungskonzept in der kommunalen Jugendhilfeplanung nicht scheitern.

Literatur

Bundesministerium für Jugend, Familie, Frauen und Gesundheit 1990: Achter Jugendbericht., Bonn

Bundesministerium für Familie, Senioren, Frauen und Jugend 1998: Zehnter Kinder- und Jugendbericht. Bonn

Boogart, Hilde van den/Fenske, Jutta/Mankau, Gabi/Struck, Norbert/Trede, Wolfgang (Hg.) 1996: Rechte von Kindern und Jugendlichen – Wege zu ihrer Verwirklichung. Münster

Institut für soziale Arbeit e. V. 1998: Entwicklungen in der Heimerziehung – Möglichkeiten und Chancen neuer Präventionskonzepte – Expertise zum Siebten Jugendbericht der Landesregierung Nordrhein-Westfalen. Münster

Institut für soziale Arbeit e.V. 1998: Jugendhilfeplanung in NRW – Entwicklungsstand und Umsetzungsprobleme. Expertise zum Siebten Jugendbericht der Landesregierung Nordrhein-Westfalens. Münster

Internationale Gesellschaft für erzieherische Hilfen -IGfH (Hg.) 1996: Rechte haben – Recht kriegen. Münster

Holst, E./Messing, R./Schwirtzke, N. 1999: Erziehung und Mitbestimmung in der Jugendhilfe – kein Widerspruch! In: Forum Erziehungshilfen, Nr. 2, S. 96/97

Jordan, E./Schone, R. (Hg.) 1998: Handbuch Jugendhilfeplanung. Münster

Jordan E./Stork, R. Beteiligung in der Jugendhilfeplanung. in: Jordan/Schone, 1998

Kinder haben Rechte e. V. 1998: 2. Zwischenbericht. Unveröffentlichtes Manuskript, Münster

Merchel, J. 1994: Kooperative Jugendhilfeplanung. Opladen

Merchel, J. (Hg.) 1998: Qualität in der Jugendhilfe. Münster

Münder, J./Jordan, E./Kreft, D./Lakies, T./Lauer, H./Proksch, R./Schäfer, 1998: Frankfurter Lehr- und Praxiskommentar zum KJHG/SGB VIII. Münster

Schone, R./Gintzel, U./Jordan, E./Kalscheuer, M./Münder, J. 1996: Kinder in Not – Vernachlässigung im frühen Kindesalter und Perspektiven der sozialen Arbeit. Münster

Specht, F. 1990: Autonomie und Fremdplazierung. in: Praxis der Kinderpsychologie und Kinderpsychiatrie, 1/1990

DER SPIEGEL, 12/1999

Statistisches Bundesamt (Hg.) 1997: Statistik der Jugendhilfe. Wiesbaden

Stork, R. 1995: Jugendhilfeplanung ohne Jugend. Münster

Wolf, K. (Hg.) 1995: Entwicklungen in der Heimerziehung. Münster

Mädchen und Jungen reden mit – Das Jugendamt Greven beteiligt Mädchen und Jungen an der Jugendhilfeplanung

Maria Muhle

1. Einleitung

Der Beteiligungsauftrag der Jugendhilfeplanung ist in § 80 KJHG zwingend formuliert. Die Träger der öffentlichen Jugendhilfe haben im Rahmen ihrer Planungsverantwortung den Bedarf an Einrichtungen und Diensten unter Berücksichtigung der Wünsche, Bedürfnisse und Interessen der jungen Menschen und der Personensorgeberechtigten zu ermitteln. Diese Verpflichtung zur Beteiligung der „Betroffenen" an der Planung und Ausgestaltung von Jugendhilfeleistungen wird in der Jugendarbeit und in der Kindertagesbetreuung mit zum Teil innovativen und phantasievollen Konzepten vielerorts in die Praxis umgesetzt. Mädchen und Jungen aus den Erziehungshilfen werden jedoch an der Jugendhilfeplanung bis auf wenige Ausnahmen bisher nicht beteiligt. Die Gründe hierfür sind vielfältig und reichen von Zuschreibungen, diese Gruppe von Kindern und Jugendlichen sei nicht beteiligungsfähig hin zu einem relativen politischen Desinteresse an den Hilfen zur Erziehung allgemein, die i.d.R. im Kontext der Jugendhilfeplanung nur dann zu einem zentralen Thema werden, wenn es um ihre Finanzierung geht. Auch das Fehlen quantifizierbarer Datenmengen (zumindest in kleinen Jugendämtern) und der individuelle Zugang zu den Kindern, Jugendlichen und Personensorgeberechtigten (i.d.R. in Krisensituationen) machen die bedarfsgerechte Planung der Hilfen zur Erziehung und somit auch die Beteiligung der AdressatInnen schwieriger als in anderen Planungsbereichen. Die Frage nach der Qualität der Hilfen zur Erziehung, zu deren Beantwortung gerade die Kinder, Jugendlichen und ihre Eltern selbst entscheidend beitragen können, wenn sie beteiligt werden, bleibt bei vielen Planungsbemühungen ausgeblendet, obwohl das KJHG in seiner Grundorientierung den AdressatInnen von Jugendhilfe zahlreiche Beteiligungsrechte zuweist.

Der Vorteil eines bereichsorientierten Planungsansatzes, wie er im Jugendamt Greven – einem kleinen Jugendamt im nördlichen Münsterland – umgesetzt wird, besteht darin, nach den Schritten Bestandserhebung und -auswertung in jedem Planungsbereich unweigerlich mit der Frage konfrontiert zu werden, wie denn nun der Bedarf unter Beteiligung der Betroffenen ermittelt werden kann. Wurden in der Jugendarbeit und Kindertagesbetreuung erste Beteiligungsprojekte entwickelt und durchgeführt, standen wir nun vorn der Frage, wie die Beteiligung von Kindern, Jugendlichen und Eltern im Planungsbereich „Hilfen zur Erziehung" organisiert werden sollte? Der Griff zur Fachliteratur zeitigte unbefriedigende Ergebnisse. Zwar stellen Fachleute der Jugendhilfeplanung „Beteiligung als eines der zentralen fachlichen und jugendhilfepolitischen Qualitätskriterien für Jugendhilfeplanung heraus“ (Merchel 1994, S. 97), gleichzeitig wird jedoch „auch für die Sozial- und Jugendhilfeplanung im Hinblick auf diesen Aspekt ein Widerspruch zwischen akzeptierter Notwendigkeit und tatsächlicher Möglichkeit“ konstatiert (ebd., S. 106).

In den Hilfen zur Erziehung hatte mit Hilfe externer Beratung eine gründliche Bestandserhebung und Auswertung der ermittelten Daten stattgefunden und war mit den Fachkräften aus den sozialen Diensten des Jugendamtes zurückgekoppelt worden. Die Sicht externer Fachleute auf die Praxis in den Hilfen zur Erziehung des Jugendamtes Greven lag also vor und wurde in den sozialen Diensten intensiv diskutiert. Jetzt galt es, die Sichtweise der anderen ExpertInnen der Jugendhilfe – der betroffenen Kinder und Jugendlichen – in den Planungsprozess zu holen. Sie können zur Beantwortung der Frage nach der Qualität der Hilfen zur Erziehung entscheidend beitragen, denn sie sind es, die konkret Angebote und Leistungen der Jugendhilfe in Anspruch nehmen und die Wirkungen für ihr Leben spüren. Eine Mißachtung der Autonomie der Kinder und Jugendlichen führt oft zum Scheitern der Hilfe. Beteiligung an der Ausgestaltung der Hilfe ist demnach nicht nur eine rechtliche Verpflichtung, sondern auch eine pädagogische Notwendigkeit und betrifft nicht nur die individuelle Hilfeplanung, sondern auch die strukturelle Angebotsebene. Beteiligung sollte hierbei auf die Kompetenz der Mädchen und Jungen setzen. Die Mädchen und Jungen sind die Akteure im Planungsprozess und nicht Objekte von Beteiligungsprojekten.

So war ich als Jugendhilfeplanerin interessiert und entschlossen, eine direkte Beteiligung der AdressatInnen der Hilfen zur Erziehung zu realisieren. Schnell waren auch die zuständigen LeiterInnen dafür gewonnen und es wurde die Entscheidung getroffen, zunächst ein Beteiligungsprojekt mit Mädchen und Jungen aus ambulanten und aus stationären Maßnahmen umzusetzen. Die Durchführung des Projekts fand gemeinsam mit dem Münsteraner Verein *Kinder haben Rechte* statt, einem Verein, der bereits mit einem anderen Jugendamt ein Beteiligungsseminar mit Mädchen und Jungen aus den Erziehungshilfen im Rahmen von Jugendhilfeplanung realisiert hatte.

Die Auseinandersetzung in der Jugendhilfeplanung mit Betroffenenbeteiligung allgemein und in den Hilfen zur Erziehung im besonderen ist zunächst ein schwieriges und zeitaufwendiges Unterfangen, weil naturgemäß Fragen von Qualität, Fachlichkeit und der Diskrepanz von fachlichen Ansprüchen einerseits und Jugendhilfepraxis andererseits berührt werden. Und sich mit den AdressatInnen über die Qualität der Praxis der Hilfen zur Erziehung auseinanderzusetzen, das ist eben noch ungewohnt. Sinnvoll ist, wenn Beteiligungsprojekte in den Erziehungshilfen von den Fachkräften aus den sozialen Diensten und den Einrichtungen gemeinsam entwickelt und getragen werden. Es ist wichtig, dass die Beteiligung von Mädchen und Jungen im Jugendamt weitgehend akzeptiert wird, was teilweise zeitaufwendige und intensive Diskussionen über Form und Inhalt der Beteiligungsprojekte erfordert. Die Kooperation mit dem *Kinder haben Rechte e. V.* zur fachlichen Beratung und Moderation war anregend, hilfreich und lohnend. Grundsätzlich ist eine externe Begleitung bei Beteiligungsveranstaltungen mit unterschiedlichen Kooperationspartnern (Jugendliche, Soziale Dienste des Jugendamtes, Freie Träger etc.) sinnvoll und notwendig.

2. „Beteiligung konkret" – ein Workshop mit Mädchen und Jungen aus Hilfen zur Erziehung

2.1 Zielsetzung und Planung

Vor der Konkretisierung des Projekts stand die Auseinandersetzung über die möglichen Zielgruppen einer AdressatInnenbeteiligung. Die *Zielgruppen* der Sozialen Dienste eines Jugendamtes sind sehr heterogen und können nicht mit nur *einem* Beteiligungsprojekt angesprochen werden. So entschied die Planungsgruppe, mit einer Gruppe von Mädchen und Jungen ab ca. 12 Jahren, die in Einrichtungen der Erziehungshilfe leben bzw. betreut werden, zu beginnen. Schnell stellte sich heraus, dass diese Bezugsgrösse für das Jugendamt Greven zu klein war. Daraufhin wurde der Teilnehmerkreis erweitert um alle Jugendlichen ab 11/12 Jahren, die Hilfen nach §§ 27 ff. KJHG erhalten (also auch ambulante und teilstationäre Angebote). Diese Gruppe umfasste ca. 40 Mädchen und Jungen.

Eine zentrale *Zielsetzung* des Projektes war es, die Sichtweisen von Mädchen und Jungen und ihre subjektive Bewertung ihrer Lebens- und Betreuungssituation in den Prozess der Jugendhilfeplanung hineinzuholen. Sie sollten nicht Forschungsobjekte sein, sondern als *ExpertInnen* für ihr Leben angesprochen werden, die selbst entscheiden, was sie mitteilen wollen. Ihre Äußerungen und Aktionen wurden weder gewertet noch kritisiert. Darüber hinaus sollte der Austausch der Kinder und Jugendlichen untereinander angeregt und gefördert werden. Es galt, die Themen wahrzunehmen, die für die Mädchen und Jungen in ihrer individuellen Betreuungssituation von Bedeutung sind.

Folgende *Fragestellungen* waren leitend in der Planung und Durchführung des Beteiligungsprojektes:

- Wie erleben Jugendliche den Prozess der Hilfegewährung und Entscheidungsfindung? Wie weit sehen sie dabei die Wahrung ihrer Rechte gesichert und die Achtung ihrer Persönlichkeit (Subjektstellung) anerkannt?
- Erfahren sie ausreichende Information und Förderung ihrer Entscheidungsfähigkeit – und damit die Stärkung ihrer Fähigkeit, den Erfolg von Hilfen zu verbessern – oder erleben sie sich eher ausgeliefert und daher als Objekte des Handeln professioneller HelferInnen?

- Welche Einschätzungen haben sie zu der ihnen gewährten Hilfe und wie bewerten sie diese? Erleben sie in den Einrichtungen die Einhaltung ihrer Rechte und erfahren sie, dass ihnen die erforderlichen Möglichkeiten zur Mitgestaltung ihrer Lebensräume eingeräumt werden? Welche Alternativen sehen sie für sich bzw. generell für eine adressatenorientierte Gestaltung der Erziehungshilfe?
- Wie können die Erfahrungen der jungen Menschen in den Einrichtungen dazu beitragen, Angebotslücken aufzuzeigen, die im Interesse einer bedarfsgerechten Palette von Erziehungshilfen zu schließen sind? (Kinder haben Rechte e. V. 1997, S. 35)

Diese Leitfragen mündeten in konkrete Fragestellungen an die Jugendlichen zu folgenden Bereichen:

- Kontakt mit dem Jugendamt/Beratung durch das Jugendamt
- Aktuelle Lebenssituation des Mädchen/Jungen
- Hilfeplanung
- Kontakt mit den SozialarbeiterInnen
- Situation nach dem Hilfeentscheid.

Die Fragen wurden in einen umfangreichen Fragebogen aufgenommen, der von den Mädchen und Jungen in Kleingruppen während des Beteiligungsseminars beantwortet wurde. Zum Teil wurden einzelne Fragen während des Workshops situativ in die Diskussion eingebracht.

In der Vorbereitung war uns wichtig, das Beteiligungsprojekt möglichst *kind- bzw. jugendgerecht* zu konzipieren, d. h. für Kinder und Jugendliche sollten der Anlaß, das Verfahren und das Ziel verständlich und nachvollziehbar sein. Das Projekt sollte für die Kinder und Jugendlichen interessant sein und sie sollten im Mittelpunkt des Projektes stehen. Da das Beteiligungsprojekt nicht auf eine unmittelbare Veränderung der Lebenssituation der Kinder und Jugendlichen zielte, sollte das Programm des Projektes zumindest so attraktiv und interessant sein, dass sich die Teilnahme für die Kinder und Jugendliche auf der Erfahrungs- und Erlebnisebene auswirkt und „lohnt". Das Projekt sollte ihnen Spaß machen, das Gefühl vermitteln, ernst und wichtig genommen zu werden und ihnen Gelegenheit bieten, Neues zu erfahren und Fragen zu stellen. (JHP Wuppertal 1997, S. 146)

Ein zunächst geplantes Wochenendseminar, das nach unserer Einschätzung ein attraktives Angebot für Jugendliche in dem Alter darstellte, mussten wir leider wegen zu geringer Anmeldezahlen absagen. Unser Beteiligungsprojekt planten wir nun als Tagesworkshop in den Schulferien mit dem Ziel, den Workshop auch mit wenigen Jugendlichen durchzuführen und auf einen „Schneeballeffekt" für folgende Projekte zu vertrauen. Die Tagesveranstaltung sollte das erste Beteiligungsprojekt einer Reihe von mehreren kleineren, intensiven Beteiligungsformen werden. Wir versuchten, sowohl die freien Träger als auch die sozialen Dienste des

Jugendamtes in die Werbung für diese Veranstaltung einzubinden und führten deshalb im Vorfeld eine gemeinsame Sitzung der Planungsgruppe des Jugendamtes und der Arbeitsgemeinschaft der freien Träger zur Betroffenenbeteiligung durch. Zentral ist unserer Meinung nach für die Jugendlichen der persönliche Kontakt und ausreichende Hilfestellung über erwachsene Bezugspersonen, um die erste Schwelle der Anmeldung zu nehmen.

Ein erstes wichtiges Fazit kann somit schon an dieser Stelle gezogen werden: AdressatInnenbeteiligung in dem sensiblen Feld der Hilfen zur Erziehung kann nur mit intensiver Unterstützung der direkten Bezugspersonen der Jugendlichen gelingen. Zumindest bis sich ein entsprechendes Selbstverständnis entwickelt hat, sind viele Gespräche erforderlich. Die Jugendlichen müssen wissen, dass nicht ihre individuellen Probleme thematisiert werden, sondern uns ihre Einschätzung der Hilfen interessiert. Wir haben ihnen auch angeboten, einen Freund oder eine Freundin aus ihrer Einrichtung mitzubringen. Den Einrichtungen muss man versichern, dass selbstverständlich alle Ergebnisse mit ihnen besprochen werden. Dieses gilt auch für die sozialen Dienste des Jugendamtes. Eine isolierte Planung eines Beteiligungsprojektes nur aus der Jugendhilfeplanung heraus, ist zum Scheitern verurteilt. Das macht AdressatInnenbeteiligung in den Hilfen zur Erziehung zunächst aufwendig.

2.2 Verlauf und Ergebnisse des Beteiligungsprojektes

An dem Beteiligungsworkshop, der im Jugendhaus der Stadt Greven stattfand, nahmen 13 Jugendliche (5 Mädchen/8 Jungen) im Alter von 12 bis 19 Jahren teil. Dieses waren 30 % der angeschriebenen bzw. angesprochenen Jugendlichen. Sieben Jugendliche leben bzw. lebten in verschiedenen Einrichtungen (Heime, Wohngruppen, Kinderhaus), vier nahmen an der sozialen Gruppenarbeit nach § 29 KJHG teil, zwei Jugendliche wurden nach § 30 KJHG bzw. 41 ambulant betreut.
Unsere *Tagesplanung* sah folgenden Ablauf vor:

Begrüßung
Kennenlernen mit einem „Steckbrief" und einem Polaroidfoto

Plenumsrunde:
Programm vorstellen: Was wollen wir heute machen? Was will ich auf gar keinen Fall? Was ist Euer Interesse? Was sind Eure Fragen?

Kleingruppenbildung nach dem Betreuungssetting der Jugendlichen

Thema der ersten Kleingruppenarbeitseinheit:
Erfahrungen mit der Jugendhilfe/Aktuelle Lebens- und Betreuungssituation: Wie erlebt Ihr das aktuelle Betreuungsangebot, wie bewertet

Ihr es (Themen z. B. Gruppe, Erzieher, Konflikte, Wünsche, Mitgestaltung, Mitbestimmung...)?

Methode: Eine große Wandzeitung mit verdeckten Karten. Leitfragen zur gegenwärtigen Lebenssituation stehen hinten auf den Karten. Diskussion entlang der Leitfragen, die den Jugendlichen genügend Raum für ihr Erleben, ihre Ideen und darüber hinausgehende Erfahrungen lassen. Die Darstellung der Ergebnisse der Kleingruppenarbeit soll sich die Gruppe selbst überlegen.

Mittagspause: Gemeinsames Kochen und Essen

Nach der Mittagspause eine „bewegte" Aktion zum Wiedereinstieg in die Arbeit

Nachmittags:
Erfahrungen mit der Jugendhilfe/Jugendamt und Hilfeplanung

Methode: Beginn mit einem Rollenspiel zum Hilfeplangespräch im Jugendamt

Auswertung des Rollenspiels und Sammlung weiterer Erfahrungen (eventuell in Kleingruppen)
Ausfüllen des Fragebogens

Abends noch zu Mc Donald's

Die Jugendlichen haben sich mit viel Engagement, Ernsthaftigkeit und Konzentration an dem Workshop beteiligt.

Im Folgenden werden die zentralen Ergebnisse entsprechend der oben genannten Arbeitsgruppen dargestellt, wobei die Jugendlichen zum Thema „Aktuelle Lebens- und Betreuungssituation der Jugendlichen" in zwei Kleingruppen gearbeitet haben, die sich an den verschiedenen Hilfen orientierten:

- Heime, Wohngruppen, Einzelbetreuung/Hilfen nach §§ 34, 41 und 30 KJHG
- Soziale Gruppenarbeit/Hilfe nach § 29 KJHG

2.2.1 Heime, Wohngruppen, Einzelbetreuung

Die Diskussion der ersten Leitfrage „Wie bin ich in das Heim, die Wohngruppe gekommen?" machte insbesondere die Konflikte deutlich, die durch Wechsel von Zuhause oder Betreuungen entstehen. Die Jugendlichen fühlten sich „von Zuhause 'rausgerissen" oder haben lange gekämpft, um von zu Hause wegzukommen. Sie erleben ihre Unterbringung als eine Maßnahme, die das Jugendamt veranlasst und durchgeführt hat. Es haben mehrfach Betreuungswechsel bzw. -abbrüche stattgefunden und manchmal „typische" Jugendhilfekarrieren begonnen. Der Großteil der Jugendlichen gibt an, dass für sie der Wechsel von der Familie in das Betreuungsangebot einen Abbruch zum vertrauten Lebensumfeld bedeutet hat. Deutlich sind es hier die Mädchen, die den Wechsel als Abbruch erlebten.

Die Frage, ob sie schon mehrere Betreuungsangebote vom Jugendamt erhalten haben, wird von fast allen Jugendlichen (bis auf drei Ausnahmen) bejaht. Auffällig ist, dass von fünf Mädchen vier einen Psychiatrieaufenthalt benennen, der zwar keine Hilfe zur Erziehung darstellt, für die Mädchen jedoch einen Wechsel, sich neu einzulassen, neue Personen, Ortswechsel etc. bedeuten, zumal die Mädchen erzählen, dass sie zum Teil mehrere Monate dort verbracht haben. Wenn man bedenkt, dass es ein wesentliches Ziel der Reformdiskussion zur Heimerziehung in den letzten zwanzig Jahren war, Verlegungen und Wechsel soweit wie möglich zu verhindern, weil diese mit einschneidenden Brüchen für die Kinder und Jugendlichen bzgl. Beziehungen und Lebensumfeld verbunden sind so stellen sich hier eindringlich Fragen nach den Gründen und Anlässen für die Wechsel der Hilfen. Wie ist es jeweils dazu gekommen und wie hätten solche Wechsel verhindert werden können? Zudem ergeben sich hier weitere Fragen für die Hilfeplanung: Lassen sich aus den Aussagen der Jugendlichen Rückschlüsse für die Hilfeplanung ziehen? Sind die Hilfeentscheidungen für sie transparent und nachvollziehbar? Sind die Mädchen und Jungen an der Entscheidung adäquat beteiligt worden? Hätten sie sich auch andere Interventionen vorstellen können?

Das Thema „Erzieherinnen und Erzieher" löste große Emotionalität und Betroffenheit bei den Jugendlichen aus. Vor allem drei zentrale Themenbereiche wurden von ihnen angesprochen:

1. Hohe Fluktuation der ErzieherInnen und Schichtdienst:

- Die Jugendlichen erleben sechs bis acht ErzieherInnen pro Woche im Schichtdienst.
- Große Fluktuation durch häufige Kündigungen der ErzieherInnen und Wechsel von PraktikantInnen
- Fünf bis acht verschiedene ErzieherInnen innerhalb von drei Jahren sind nach Angaben der Jugendlichen in einigen Einrichtungen normal. Ein Mädchen hat in drei Jahren im Heim zehn Kündigungen von ErzieherInnen miterlebt. Ein anderer Jugendlicher sagt, dass in seiner Einrichtung die ErzieherInnen wechseln „wie die Unterhosen". Er hat mitgekriegt, dass auf einen Schlag ein ganzes Team gekündigt hat.
- Vertrauen zu den ErzieherInnen konnte von den betroffenen Jugendlichen bedingt durch den ständigen Wechsel nicht entwickelt werden.
- Einigen Jugendlichen ist der Wechsel der ErzieherInnen allerdings auch gleichgültig.
- Auf die Frage „Wie viele Betreuungspersonen waren für Dich schon zuständig?" differieren die Angaben zwischen 1 und 25 Personen.

2. Qualifikation, Kompetenz:

- Die Jugendlichen erleben viele ErzieherInnen als Berufsanfänger, ihnen fehlen Erfahrung und teilweise Kompetenz.
- „ErzieherInnen kriegen die Signale der Jugendlichen nicht mit bzw. beachten sie nicht.“
- „ErzieherInnen gucken weg, wenn sie nicht wissen, wie sie sich verhalten sollen.“

3. Beziehungsgestaltung:

- Einige Mädchen und Jungen haben erlebt, dass die ErzieherInnen mit den Eltern sprechen, ohne sie darüber zu informieren oder dies mit ihnen abzusprechen.
- Eine Jugendliche bezeichnet sich als sehr verletzt und mitgenommen durch ihre Erlebnisse im Heim
- Die Jugendlichen haben eine/n BezugserzieherIn, die/den sie sich nicht selbst auswählen und auch nicht wechseln können, wenn sie mit ihr/ihm nicht klarkommen, es massive Konflikte gibt und sie sich darüber mit ihr/ihm nicht auseinandersetzen können. Dieses wird von mehreren Jugendlichen als ein großes und belastendes Problem erlebt und geschildert.
- Eine Jugendliche hat wegen der Konflikte mit ihrer Bezugsbetreuerin „die Tasche zum Abhauen immer gepackt“.
- Die ErzieherInnen sind o.k.
- Ein Jugendlicher unterstreicht, dass er zu seinem Erzieherpaar viel Vertrauen hat, wie in einer Familie.

Auf der anderen Seite gibt ein Großteil der Jugendlichen an, gut mit ihren ErzieherInnen reden zu können und mit ihren Problemen und Interessen ernst genommen zu werden. Danach gefragt, was ihnen in ihrer jeweiligen Betreuung gefällt, antworten die Jugendlichen: die anderen Kinder, die Pflege und die Leute dort; dass wir eine Familie sind; dass immer jemand da ist, wenn man ihn braucht; dass die Erzieher nett sind; dass man Horn blasen kann; die eigene Wohnung. Was ihnen nicht gefällt: die Erzieher; Streit; BezugsbetreuerIn; zu wenig Bekleidungsgeld; dass ich meine Betreuerin nicht jeden Tag sehe; die Ausgangsregeln; das Schreiben; gar nichts.

Mit ihren Äußerungen haben die Jugendlichen deutlich gemacht, wie groß die Bedeutung der pädagogischen MitarbeiterInnen für sie persönlich ist und wie belastend sie erlebte Beziehungsabbrüche erfahren. Diese Aspekte sollten bei der inhaltlichen Auseinandersetzung des Jugendamtes mit Einrichtungen einen größeren Stellenwert erhalten. Zum Beispiel könnte das Jugendamt in der Entwicklung von Qualitätsstandards ein deutliches Gewicht auf Ansätze und Kriterien legen, die sowohl die Fachkräfte unterstützen und qualifizieren als auch die MitarbeiterInnenfluktuation verringern, wie kontinuierliche Begleitung der MitarbeiterInnen, Fachberatung, regelmäßige Fortbildung, Teamarbeit und Supervision.

Das Thema BezugsbetreuerIn gehört ebenfalls in diesen Zusammenhang. Viele Einrichtungen teilen den Jugendlichen offensichtlich ohne eigene Einflussmöglichkeit eine Bezugsperson zu. Vor dem Hintergrund der Aussagen der Mädchen und Jungen müsste dieses System von den betreffenden Einrichtungen gründlich überdacht und dahingehend verändert werden, dass die Jugendlichen Einfluss auf die Wahl von Beziehungen haben.

2.2.2 Kontakt zum Jugendamt und Hilfeplanung nach § 36 KJHG

Der Kontakt zum Jugendamt heißt für die Jugendlichen Kontakt zu ihren zuständigen SozialarbeiterInnen. Alle geben an, ihre/n zuständige/n SozialarbeiterIn gut zu kennen und fast alle haben den Eindruck, dass diese sie auch gut kennen. Es fällt auf, dass fast alle Mädchen gern häufiger mit ihrer/m SozialarbeiterIn reden möchten, während die Jungen eher keinen häufigen Kontakt wollen. Im Gespräch festigte sich der Eindruck, dass es den Mädchen um einen persönlicheren, nicht so formalen Kontakt geht.

Die Hilfeplanung wird von den Mädchen und Jungen sehr unterschiedlich erlebt. Angeregt durch ein Rollenspiel trugen die Jugendlichen verschiedene Erfahrungen und Eindrücke zur Hilfeplanung zusammen:

- „Schreibt Eure Briefe nicht immer in diesem Bürokratendeutsch!“
- „Hilfeplangespräche sind affig: Alle reden um den heißen Brei, keiner kommt auf den Punkt, keiner traut sich mal, die Wahrheit zu sagen.“
- „Die Erfahrungen mit dem Jugendamt sind im Prinzip positiv.“
- „Die Hilfeplangespräche sind gut, wir reden über die Sachen, die gewesen sind und über meine persönliche Entwicklung.“
- „Die Eltern sind gegen meinen Willen immer dabei. Ich habe Angst, dass sie in meiner Abwesenheit etwas über mich erzählen.“
- „Die Sozialarbeiter im Jugendamt sind schlecht zu erreichen.“
- „Hilfeplangespräche sind cool, ich bekomme oft die Dinge, die ich haben will.“
- „Hilfeplangespräche sind langweilig, zu viel Gerede. Sie dauern viel zu lange.“
- Die Protokolle werden als verwirrend und unverständlich kritisiert, zu viele Paragraphen ohne Erklärung. Außerdem dauert es zu lange, bis die Protokolle fertig sind.
- Einige Jugendliche werden von ihren BetreuerInnen auf die Hilfeplangespräche vorbereitet. Das finden sie gut.
- Die jüngeren Jugendlichen verstehen oft die Formulierungen nicht, wissen gar nicht, worüber die Erwachsenen eigentlich reden.

- Ein Junge erlebt es als demütigend, dass er entweder rausgeschickt wird und die Erwachsenen allein weiterreden oder dass er öfter vor Beginn der Hilfeplangespräche teilweise über eine halbe Stunde vor der Tür warten muß, während drinnen schon über ihn verhandelt wird.
- Eine Jugendliche hat Angst, gegen ihren Willen aus ihrer Wohngruppe herausgenommen zu werden und ihre gewohnte Umgebung und ihre Freunde zu verlieren. Sie kämpft für den Verbleib in ihrer Wohngruppe. Das Vorgehen des Jugendamtes erlebt sie als wenig transparent und bedrohlich.

Auch zum Thema Hilfeplanung, dem in § 36 KJHG eine verbindliche Regelung zur Beteiligung von Kindern und Jugendlichen zugrunde gelegt ist, belegen die Jugendlichen durch ihre Aussagen, dass die Entwicklung konkreter Ansätze noch aussteht – und das, obwohl in der Fachöffentlichkeit weitgehend Übereinstimmung besteht, dass je mehr die Hilfe mit den Kindern und Jugendlichen abgestimmt wird und ihren Bedürfnissen entspricht, diese umso effektiver und erfolgreicher sein wird.

Die vorliegenden Ergebnisse zeigen, dass es erforderlich ist, die Hilfeplanung konzeptionell weiter zu entwickeln, um die Beteiligungsrechte von Mädchen und Jungen durchgängig formal, inhaltlich und methodisch zu sichern. Die Mädchen und Jungen haben in dieser Veranstaltung wichtige Hinweise gegeben, wie Hilfeplanung deutlicher adressatenorientiert gestaltet werden kann (z. B. Mitsprache bezüglich des Settings, TeilnehmeInnen, Ort, Sprache, Protokolle, Vorbereitung etc.).

2.2.3 Soziale Gruppenarbeit

Die Kleingruppe zur sozialen Gruppenarbeit setzte sich aus vier Jungen zusammen, die alle aus Kosovo-Albanien kommen. Als ein grosses gemeinsames Problem benennen sie mehrfach, dass sie schlecht deutsch können, „sprechen geht, schreiben und lesen ist schwierig“.

Sowohl die Arbeit in der Kleingruppe als auch die Beantwortung des Fragebogens machen deutlich, dass die Jungen sehr zufrieden mit der sozialen Gruppenarbeit sind. Sie verstehen sich gut mit den Betreuern, fühlen sich von ihnen ernstgenommen und schätzen die Möglichkeit, über die Inhalte der sozialen Gruppenarbeit mitbestimmen zu können. Sie sehen ihre Problem, auf der Straße herumzuhängen und sich zu langweilen durch die Gruppe gut aufgefangen. Alle vier Jungen geben an, dass es ihnen besser gehe, seit sie in der sozialen Gruppenarbeit sind und sie möchten noch lange bleiben: „Wenn wir was zu tun haben, bauen wir auch keine Scheiße“. Sehr gut finden sie die Plazierung der Sozialen Gruppenarbeit in das Jugendhaus, was ihnen den Zugang zu den anderen Angeboten erleichtert. Blöd finden sie, dass keine Mädchen in der Gruppe sind. Über Familie, persönliche oder berufliche Perspektiven nachzudenken, finden sie schwierig, da bei drei von ihnen die Aufenthalterlaubnis unklar ist. Daraufhin berichtet ein anderer Junge, dass seine Eltern immer gepackte Koffer zu Hause stehen haben, weil sie befürchten, jeden Tag abgeschoben zu werden, aber er sei nun schon viele Jahre hier und „man dürfe eben nicht darüber nachdenken, was morgen sein könne".

Über Hilfeplanung wissen die Jungen so gut wie nichts und sie sind auch kaum über sie betreffende Zuständigkeiten im Jugendamt informiert. Nach näherer Erläuterung benennen sie die Planung, die sie ca. alle drei Monate in der Gruppe über die weiteren Inhalte und Aktivitäten machen. Auf weitere Nachfrage erklären sie, schon mal bei Gesprächen im Jugendamt gewesen zu sein. Jemand vom Jugendamt sei auch bei ihnen zu Hause gewesen, worum es dabei ging, wissen sie nicht. Sie sind zwar mit den Zielen von Hilfeplanung einverstanden, fühlen sich aber vom Jugendamt ungenügend informiert. Alle fühlen sich in der Hilfeplanung von dem Betreuer aus der sozialen Gruppenarbeit am meisten unterstützt. Sie betreffende Berichte und Schreiben ihrer Erzieher an das Jugendamt haben die Jungen bisher nicht gelesen und diese werden nach ihren Angaben auch nicht mit ihnen besprochen. Hingegen würden alle die sie betreffenden Berichte und Schreiben gerne lesen. Eine wesentliche Ursache für die hier beschriebenen Probleme in der Hilfeplanung ist sicherlich in bestehenden Sprachbarrieren zu sehen. Dieses war auch während der Veranstaltung unmittelbar erlebbar. Es bedurfte immer wieder ausführlicher Erklärungen bzw. gegenseitiger Übersetzungen.

Alle Jungen gaben an, per Gerichtsauflage (über die Jugendgerichtshilfe) in die soziale Gruppenarbeit gekommen zu sein. Entsprechend ist zunächst kaum einer von ihnen freiwillig gekommen. Für sie gehören die Jugendgerichtshilfe und die soziale Gruppenarbeit zusammen. Hier stellt sich die Frage, wie deutlich die Praxis der sozialen Gruppenarbeit als Hilfe zur Erziehung von der Praxis der sozialen Trainingskurse nach dem Jugendgerichtsgesetz getrennt wird. Als Hilfe zur Erziehung muss das Angebot zum sozialen Lernen in Gruppen auf der Freiwilligkeit der Inanspruchnahme beruhen (Münder u. a. 1998, § 29 Rz 8). Münder u. a. weisen deutlich auf die notwendige Abgrenzung zu sozialen Trainingskursen nach dem JGG hin, die als gruppenpädagogisches Angebot für straffällig gewordene Jugendliche jugendrichterlich angeordnet werden können (Münder u. a. 1998, § 29 Rz 7 bis 9).

2.3 Zusammenfassung der Themen und Fragestellungen für die weitere Jugendhilfeplanung

Die Mädchen und Jungen haben im Rahmen dieser Veranstaltung engagiert und kompetent ihre Erfahrungen geschildert, die sie mit dem Jugendamt und den Einrichtungen der Erziehungshilfe machen. Folgende Themenbereiche und Fragestellungen kristallisieren sich heraus:

Information und Beratung

Die Mädchen und Jungen fühlten sich angesichts dessen, was sie in der Veranstaltung erfahren haben, insgesamt nicht ausreichend über ihre Rechte, das Hilfeplanverfahren und alternative Hilfeangebote informiert. Wie kann das Jugendamt hier seine Aufgaben nach § 8 und § 36.1 KJHG qualifizieren?

Hilfeplanung

Hilfeplanung und die Möglichkeiten der Mitgestaltung werden von den Mädchen und Jungen sehr unterschiedlich erlebt. Welches Konzept liegt der Hilfeplanung im Jugendamt zugrunde und wie wird dort Beteiligung abgesichert?

Die Erfahrungen der Jugendlichen weisen dabei auf folgende Aspekte in der Bearbeitung dieser Frage:

- Wie kann der Prozess der Hilfeplanung und Hilfeentscheidung für alle Beteiligten verständlich und nachvollziehbar gestaltet werden?
- Wie wird die Beteiligung von Mädchen und Jungen an Entscheidungsprozessen im Jugendamt konkret realisiert?
- Wie und in welcher Form möchten Kinder und Jugendliche beteiligt werden? Ist das Hilfeplangespräch der einzige Ort oder sind auch andere individuelle Beteiligungsformen sinnvoll?
- Wie kann der Hilfeplanungsprozess sprachlich und methodisch kinder- und jugendlichengemäss gestaltet werden?
- Wie können dabei geschlechtsspezifische Aspekte berücksichtigt werden?
- Wie kann der Zugang für Mädchen und Jungen einfach und attraktiv gemacht werden?

Hilfewechsel und Abbrüche

Der grössere Teil der Mädchen und Jungen hat bereits mehrere Hilfen durchlaufen. Die Jugendlichen haben deutlich gemacht, wie belastend für sie die meisten Wechsel sind. Um Wechsel möglichst zu verhindern, ist eine Analyse der Hilfeentscheidungen und der Hilfewechsel notwendig und aufschlussreich. In diesem Zusammenhang sollten auch die Anlässe der Psychiatrieaufenthalte der meisten Mädchen rekonstruiert werden. Zudem stellt sich die Frage, wie in Krisen alle Beteiligten zusammenarbeiten, um einen unnötigen Abbruch zu verhindern. Dies gilt insbesondere für die Kooperation der öffentlichen und freien Träger.

Soziale Gruppenarbeit

Für die Jungen ist die soziale Gruppenarbeit eng mit dem Jugendrichter verknüpft. Angesichts dieser Aussagen der Jungen gilt es, das aktuell praktizierte Konzept der sozialen Gruppenarbeit bzgl. seiner Abgrenzung zur Jugendgerichtshilfe zu prüfen. Damit verbunden stellt sich die Frage nach dem Zugang für Mädchen in der sozialen Gruppenarbeit.

Die ausländischen Jungen wussten kaum über das Hilfeplanverfahren und über Zuständigkeiten Bescheid, was wesentlich auf bestehende Sprachbarrieren zurückzuführen ist. Hiermit wird die Herausforderung unterstrichen, angesichts bestehender Sprachbarrieren den Hilfe(planungs)prozess so zu gestalten, dass Informationen zum Verfahren, über Beteiligungsrechte und Hilfeangebote von den AdressatInnen verstanden werden können.

Partizipation von Mädchen und Jungen in Einrichtungen der Erziehungshilfe

Zentral für die Mädchen und Jungen in den Einrichtungen sind ihre Beziehungen zu den BetreuerInnen, die Bezugsbetreuersysteme sowie die Möglichkeiten zur Mitgestaltung des Lebens- und Betreuungsalltags. Gerade im Zuge der Qualitätsentwicklung bietet sich die Möglichkeit, gemeinsam Ansätze und Kriterien der Beteiligung und Mitbestimmung von Kindern und Jugendlichen zu entwickeln und als Qualitätsstandards aufzunehmen.

Die sog. Strukturqualität ist hier von Bedeutung, als damit wichtige Voraussetzungen für stabile Beziehungen gelegt werden (z. B. Vermeidung von MitarbeiterInnenfluktuation, Fortbildung, Teamarbeit, Supervision etc.).

3. Fazit

Die Ergebnisse des Projektes wurden in einem ersten Schritt den SozialarbeiterInnen aus dem Jugendamt vorgestellt; geplant ist eine weitere Veranstaltung mit den beteiligten Einrichtungen und den freien Trägern aus der Jugendhilfeplanungs-Arbeitsgemeinschaft nach § 78 KJHG. Im ersten Schritt ist das Jugendamt bereits dabei, ein Konzept für die Hilfeplanung zu erarbeiten, dies mit den Trägern der freien Jugendhilfe so abzustimmen, dass die Zusammenarbeit, Zuständigkeitsbereich und Informationsfluss transparent und verläßlich sind. Der Aspekt der Beteiligung der Mädchen und Jungen wird dabei durchgehend große Berücksichtigung finden, auch indem wir gemeinsam mit den Mädchen und Jungen die Praxistauglichkeit solch eines Konzeptes aus ihrer Sicht prüfen.

Noch leistet die Jugendhilfeplanung mit Beteiligungsprojekten in den Erziehungshilfen Pionierarbeit und beschreitet neue Wege. Wie gesagt, zeigte sich nach der

Bewältigung der Anfangsschwierigkeiten (Scheitern des ersten Beteiligungskonzeptes), dass die Jugendlichen offen und ansprechbar für Beteiligungsprojekte sind. Sie haben intensiv, mutig und engagiert mitgearbeitet und einen nachhaltigen Eindruck bei den Organisatorinnen hinterlassen. Insgesamt hat diese Veranstaltung uns Fachkräften im Jugendamt nochmals vor Augen geführt, dass wir insgesamt zu wenig mit Kindern und Jugendlichen über unsere Arbeit reflektieren, die ja schließlich ihnen gilt. Hier hat uns das Projekt deutlich gemacht, dass es für solche Reflexionen eigene „Räume" wie dieses Seminar geben muss und das es nicht möglich ist, im Rahmen der individuellen Hilfeplanung auch noch über Erfahrungen der Zusammenarbeit mit dem Jugendamt oder der betreuenden Einrichtung nachzudenken. Positionen, die davon ausgehen, dass die Beteiligung der Mädchen und Jungen im Bereich der Hilfen zur Erziehung bereits durch die individuelle Hilfeplanung erledigt sei, sind nach diesem Projekt nicht zu halten. Die Offenheit, das Interesse und die Bereitschaft der Jugendlichen, an diesem Beteiligungsprojekt mitzuarbeiten und die in relativ kurzer Zeit ermittelten praktischen Ergebnisse des Workshops, machen die Notwendigkeit deutlich, für den Bereich der Hilfen zur Erziehung neue, adäquate Beteiligungsformen zu entwickeln. Auch für andere Bereiche und Zielgruppen der Jugendhilfe (z. B. Eltern) sollten Beteiligungsformen entwickelt und durchgeführt werden. In weiteren Projekten könnte die begonnene Auseinandersetzung fortgesetzt werden, so dass die angesprochenen Themen vertieft und weitere Themen bearbeitet werden könnten. Die AdressatInnen sollten zu einer festen Bezugsgrösse in der Jugendhilfeplanung werden.

Literatur

Jugendhilfeplanung der Stadt Wuppertal 1997: Kinderheim – Was Schlimmes?; (Da)Heim – ein neuer Anfang! Wuppertal

Kinder haben Rechte e. V. 1997: Stärkung der Rechte von minderjährigen Mädchen und Jungen und ihrer Personensorgeberechtigten in der Erziehungshilfe, 1. Zwischenbericht, Münster

Merchel, J. 1994: Kooperative Jugendhilfeplanung, Opladen

Münder, Johannes u. a. 1998: Frankfurter Lehr- und Praxiskommentar zum KJHG/SGB VIII, Münster

Beteiligung von Mädchen – warum ein Extra-Thema? Überlegungen aus Ansätzen mädchengerechter Jugendhilfeplanung

Maria Bitzan & Claudia Daigler

1. Mädchen in Erziehungshilfen – Mädchen in der Jugendhilfeplanung

In den Erziehungshilfen wurde in den letzten zehn Jahren die „doppelte Benachteiligung" von Mädchen und damit die Widerspiegelung der gesellschaftlichen ungleichen Beachtung von Mädchen und Jungen in sozialen Institutionen thematisiert (z. B. Birtsch/Hartwig/Retza (1991). Gemeint ist damit, dass Mädchen nicht nur im Alltag, sondern auch in der Heimerziehung weniger beachtet werden und die „lauten" Symptome der Jungen (auffälliges, aggressives Verhalten) die Konzepte von erzieherischen Hilfen und Krisenintervention dominieren.

Aktuelle statistische Daten aus der Tübinger Studie zu Jugendhilfeleistungen (JULE) bestätigen Daten aus den achtziger Jahren (Blandow u. a. 1986), wonach Mädchen um circa 10 % weniger an Erziehungshilfen partizipieren als Jungen und „Mädchen eher der familiäre Aufwuchsplatz erhalten wird, sie eher familiär untergebracht werden und insgesamt die Eingriffe gravierender sind" (Blandow u. a. 1986, S. 149). Mädchen und ihre Familien werden vor einer (teil-)stationären Unterbringung häufiger längere Zeit von ambulanten Diensten betreut und beraten und erhalten signifikant häufiger „sonstige Angebote" wie Kinderkuren, Familientherapie und Freizeitangebote (vgl. Finkel 1999, S. 117). Mädchen beginnen die Hilfen später, der Schwerpunkt liegt bei 15 bis 18 Jahren und sie leiten diese häufig selbst ein. Der späte Beginn hat zur Folge, dass der Maßnahmezeitraum für sie häufig (zu) begrenzt ist, da bekanntermaßen eine Hilfegewährung über das 18. Lebensjahr hinaus schwierig ist.

MitarbeiterInnen des Jugendamts berichten von *verdeckten* Konflikt- bzw. Problemlagen, d. h., dass gerade bei Mädchen lange nicht klar wird, was die eigentlichen Probleme, Themen und Konflikte sind. So sind ihnen manchmal „die Hände gebunden". In ihrem Bewältigungshandeln sind Mädchen i.d.R. unauffälliger als Jungen und weisen nicht selten eine große Leidensbereitschaft auf („was die noch aushalten, da wird mir ganz schlecht" (ASD-Mitarbeiterin). Mädchen in Erziehungshilfen weisen generell – und in eklatanter Weise in Verbindung mit Erfahrungen sexuellen Missbrauchs – häufig Psychiatrieaufenthalte auf (im Gegensatz zu Jungen).

Das späte Kommen der Mädchen macht es in der Jugendhilfepraxis oft schwierig, in intensiven Kontakt und Beziehung mit ihnen zu kommen und gemeinsame

Lösungen zu (er)finden („da ist schon so vieles passiert, so vieles ins Land gegangen"). Auf der anderen Seite ist bei den Mädchen, die sich auf die Hilfen einlassen, der Prozess meist intensiv und erfolgreich.

Festzustellen ist also eine nach wie vor bestehende mangelnde Aufmerksamkeit der Jugendhilfeinstanzen für die Problemlagen jüngerer Mädchen und eine Fixierung der professionellen Wahrnehmung auf Abweichungen von weiblichen Rollen- und Verhaltensvorgaben im Jugendalter. Aus der Erfahrung heraus, dass viele „traditionelle" Angebote die Lebenslagen von Mädchen zu wenig berücksichtigen und verstehen und in ihrer Struktur nicht „passend" sind, gründeten engagierte Fachfrauen Mädchenwohngruppen mit mädchenspezifischen Konzeptionen, niedrigschwellige Angebote für Mädchen sowie Konzepte von Mädchenhäusern als ganzheitliche und zugleich flexible Angebote[1].

Die benannten Ausblendungen weiblicher Lebensrealität in der Jugendhilfe sowie die selektive professionelle Wahrnehmung von „Auffälligkeiten" und der dahinterstehende (verkürzte) Problembegriff der Jugendhilfe müssen als veränderungswürdige Beschränkungen analysiert werden, wenn wir uns mit Fragen der Beteiligung von Mädchen und Jungen in der Jugendhilfe und Jugendhilfeplanung beschäftigen und damit nicht eine Weiterführung dieser Beschränkungen betreiben wollen. Das heißt, die eigene Wahrnehmung als Professionelle/r muss daraufhin hinterfragt werden, was wir warum als Hilfebedarf wahrnehmen und wie wir das (Bewältigungs-)Handeln von Mädchen und Jungen verstehen[2].

Mit dem KJHG liegt seit Anfang der 90er Jahre nicht nur ein Planungsauftrag vor, es wird darin auch eingefordert, dass die Bedürfnisse und Wünsche der jungen Menschen zu ermitteln sind (§ 80 KJHG) und dabei die unterschiedlichen Lebenslagen von Mädchen und Jungen zu berücksichtigen sowie der Abbau von Benachteiligung zu fördern sind (§ 9 Abs. 3 KJHG). Damit kann Jugendhilfeplanung als ein wichtiges Instrument zur Umsetzung einer geschlechterdifferenzierenden Jugendhilfe im kommunalen Raum verstanden werden. Fachlich hat sich ein Planungsverständnis im Sinne eines kommunikativen Aushandlungsprozesses durchgesetzt, das also Chancen bietet, neue Themen einzubringen bzw. „alte" Themen anders anzugehen. Die Tatsache, dass in den Jugendhilfeplänen, die Anfang der 90er Jahre vorgelegt wurden, die Geschlechterperspektive jedoch weitgehend außen vor blieb und somit eine Verlängerung der Defizite der Jugendhilfelandschaft zu konstatieren war, war Ausgangspunkt für unser Praxis- und Forschungsprojekt „Mädchen in der Jugendhilfeplanung", das wir von 1994 bis 1995 exemplarisch im Landkreis Tübingen (mit Beteiligung der Stadt, Frauenbeauftragte) durchführten. Meist wurde undifferenziert von „Kindern" und „Jugendlichen" gesprochen, Daten werden bis heute nur bedingt geschlechtsspezifisch erhoben, wenn Mädchen benannt wurden, kamen sie als spezifische Ziel- oder Problemgruppe (z. B. Thematik des sexuellen Missbrauchs) vor, wurden also als Besondere thematisiert. Bestandsaufnahmen der Jugendhilfe-Maßnahmen wurden meist quantitativ und eher affirmativ durchgeführt (Fragebogen an Einrichtungen und ggf. an Mädchen und Jungen). Bedarfsbestimmungen für weitere Maßnahmen/Einrichtungen fanden i.d.R. im Rahmen sogenannter ExpertInnenrunden statt, in denen häufig v. a. VertreterInnen von etablierten Institutionen teilnahmen. Mit dem Rückgriff auf die üblichen Akteure (Einrichtungsleiter, Amtsleiter, Verbandsvorsitzender etc.) und der Orientierung an bekannten Problembeschreibungen und Interventionsformen laufen Planungsprozesse aber Gefahr, andere Blickwinkel und neue Perspektiven außen vor zu lassen (im übrigen nicht nur im Hinblick auf die hier interessierende Geschlechterdifferenzierung, sondern z. B. in Bezug auf integrative und flexible Angebote). Es galt deshalb für uns danach zu fragen,

- wie Planung angelegt werden muss, dass sie in allen Schritten und Ebenen die unterschiedlichen Lebenslagen von Mädchen und Jungen thematisiert und deren Bedürfnisse differenziert eruiert,
- wie Fachkräfte aus der Mädchenarbeit in laufende Planungsprozesse eingebunden werden (können),
- wie Mädchen selbst, als Expertinnen ihrer Lebenssituation, zu wichtigen Informantinnen und Mitgestalterinnen in Planungsprozessen werden und ihre Bedürfnisse artikulieren können[3].

In den letzten Jahren sind konzeptionelle Überlegungen zur Planung als Dialog bzw. kommunikativer Prozess (Herrmann 1998) und zu mädchengerechter Jugendhilfeplanung ausdifferenziert und weiterentwickelt worden (vgl. Bitzan/Funk 1995, Niedersächsisches Frauenministerium 1996, Bundesministerium für Familie, Senioren, Frauen und Jugend 1996, Bitzan/Daigler/Hilke/Rosenfeld 1997). Eine aktuelle Zusammenschau theoretischer Erkenntnisse und praktischer Umsetzungswege einer Jugendhilfeplanung im Interesse von Mädchen wurde 1999 vorgelegt (Bitzan/Daigler/Rosenfeld 1999).

Unser Anliegen ist, aktuelle Erkenntnisse aus der Mädchenforschung und der Praxis der Mädchenarbeit mit der Weiterentwicklung von Jugendhilfeplanung zu verknüpfen, und damit die häufig getrennt geführten Diskurse, – hier die Mädchenarbeit, dort die Jugendhilfe – zu verknüpfen. Neuere Mädchenforschung – und damit auch mädchengerechte Jugendhilfeplanung – erschöpft sich dabei nicht mehr darin, Mädchen als Opfer der ungleichen Verhältnisse zu beschreiben, sondern fragt, wie sich Mädchen in den gegebenen ungleichen Verhältnissen verhalten, welche aktiven Bewältigungsleistungen und Integrationsversuche sie unternehmen und welche Anstrengungen sie dafür aufwenden, so „normal" zu sein, dass sie anerkannt sind. Sie fragt also nach den jeweiligen Lösungen, die Mädchen aktiv finden und die nicht selten Ergebnis unspektakulärer, aber aufwendiger Prozesse der „Passung" zwischen eigenen Wünschen/Erfahrungen und vorgegebenen Möglichkeiten sind.

2. Mädchenrealitäten heute – Leben in widersprüchlichen Anforderungen

Die Realitäten von Mädchen zeigen sich heute (da alles möglich scheint) sehr verschieden und die Anforderungen, die sich darin für sie stellen, sind unterschiedlich und unterschiedlich konflikthaft. So wird in der Mädchenforschung nicht mehr von „den Mädchen" bzw. „dem Mädchen" gesprochen, sondern es werden Ausdifferenzierungen nach ethnischer und sozialer Herkunft, Schulbildung u.v.m. vorgenommen. Wir gehen davon aus, dass auch Jungen widersprüchliche Anforderungen bewältigen müssen und ihre Leistungen darin verdeckt sind. Wir nehmen jedoch an, dass die Ausrichtungen und Inhalte bei Mädchen und Jungen unterschiedlich sind.

Zunehmend wird, auch in der Fachdiskussion, in Frage gestellt, dass bzw. ob Mädchen heute noch benachteiligt seien. Im Zuge der Individualisierung hätten sie dieselben Chancen, Möglichkeiten und Rechte wie Jungen, könnten alles genauso erreichen, sie müssten es nur wirklich wollen. Und auch Mädchen selbst fordern diese „Gleichheit" ein und haben das Gerede von der besonderen Situation von Mädchen satt – sie wollen nicht benachteiligt sein und lehnen deshalb eine solche Analyse ab. Sie wollen modern und anerkannt sein und teilhaben an allen Bereichen der Jugend. Aus der Praxis der Mädchenarbeit wird bestätigt, dass das, was bisher an Zuschreibungen an männliche Jugendliche galt (keine Probleme haben, alles im Griff haben, cool sein etc.) nun zunehmend auch für Mädchen gilt: „Probleme haben" ist out. Vielmehr wird von der Öffentlichkeit das neue selbstbewusste Mädchen gezeichnet und vermarktet und die Mädchen selbst versuchen, diesen Bildern gerecht zu werden (vgl. Stauber 1999).

„Modernes Mädchen-Sein" zeichnet sich u. a. dadurch aus, weiblich *und* unabhängig zu sein – zwei widersprüchliche Anforderungen, denen nicht wirklich genügt werden *kann*. Diese Spannung, die auch als Scheitern erlebt werden kann, nehmen sie im Gegensatz zur früheren Mädchengeneration in sich hinein und bewerten sie als eigenes, individuelles Versagen.

Tatsächlich haben sich Optionen für Mädchen in bezug auf ihre Lebensgestaltung erweitert, gleichzeitig ist Gleichberechtigung jedoch strukturell keineswegs eingelöst: Beeinträchtigungen z. B. in den beruflichen Optionen, in der öffentlichen Raumaneignung, in der Freizeitgestaltung und vor allem im Hinblick auf Gewalterfahrungen und der ständigen Bedrohung davon, werden nicht (mehr) als zu kritisierende gesellschaftliche Verhältnisse thematisiert, sondern als individuelle Inkompetenzen. Die Gleichheitserwartung steht damit in eklatantem Widerspruch zur fehlenden gesellschaftlichen Realisierung. Mädchen versuchen, diese Diskrepanzen in der eigenen Person zu überbrücken. So entsteht die „Anforderung", das Scheitern zu verbergen und sich als kompetent, normal und zufrieden zu präsentieren. Die Strategien münden nicht selten in Lösungen, in denen Mädchen das propagieren und umsetzen, was eben möglich ist, also das Überschüssige, Widersprüchliche abspalten oder die Wichtigkeit mancher Entscheidungen herunterspielen. Es sind Strategien der Umdeutungen realer Behinderungen in innere Passungen. *Wenn sie z. B. nicht die gewünschte Lehrstelle erhalten, sagen sie sich: „Ich habe ja nichts anderes gewollt" oder: „es ist eh nicht wichtig, weil ich ja demnächst was anderes machen will".*

Durch diese Individualisierung steht aber auch die Möglichkeit des ungebrochenen Protests oder der offenen Empörung nicht mehr ohne weiteres offen, eine öffentliche Thematisierung der Widersprüche ist kaum möglich. Typische Konflikte von Mädchen werden nicht benannt, weder von ihnen selbst, noch von den wichtigen Bezugspersonen wie LehrerInnen, Mütter, BeraterInnen. Lebensbewältigung von Mädchen bedeutet also, zu lernen, in solchen Zwiespälten und Widersprüchen handlungsfähig zu bleiben. Mädchen werden so zu „Expertinnen des Zwiespalts" (Funk 1993). Nach außen in Erscheinung tritt damit eine bereits geglättete Fassung der Widersprüche, gefundene Lösungen, die für Mädchen mehr oder weniger hilfreich und „gesund" sind.

Diese Erkenntnisse haben auch unmittelbare Bedeutung für die Durchführung von Erhebungen, die Feststellung von Bedarfen und damit auch für die Anlage von Beteiligungsprozessen. Ein Beispiel: Ein Großteil der adoleszenten Mädchen, die ein Jugendhaus nutzen, würde in einem Fragebogen angeben, dass sie sich mit Jungs wohlfühlen, keine Probleme mit Jungs haben und keine Mädchenräume oder spezifischen Mädchenangebote wünschen. Dieses Ergebnis bildet jedoch nur eine Teil-Wahrheit ab. Für die Interpretation muss zunächst immer auch verstanden werden, dass Mädchen über die Zugehörigkeit zu Jugend (und das heißt immer noch Jungen) Status und Normalität gewinnen. Vergleichbares ließe sich ggf. für die Frage zu einer Mädchenwohngruppe sagen. Würde jedoch Mädchen ein ihnen vertrauter Mädchenraum im Jugendhaus genommen, so könnten sie sicher formulieren, was ihnen damit fehlen würde.

Welche Wünsche und Bedarfe sich hinter der Fassade des „alles in Ordnung" verbergen, ist – so unsere Erfahrung – über andere Wege, v. a. kreativere Formen der Selbstdarstellung besser zu erfahren.

3. Beteiligung von Mädchen – Grundorientierungen

Emanzipatorische Beteiligung von Mädchen – also eine Beteiligung, die Handlungsräume für Mädchen erweitern will – zielt darauf, Widersprüchliches und Verdecktes zu entdecken und sich mit den dominanten, vordergründigen Bedeutungen nicht zufrieden zu geben. Dies betrifft zwei Ebenen:

- die individuelle, auf der es darum geht, persönliche Interessen sichtbar und artikulierbar zu machen (die pädagogische Seite),
- und die gesellschaftliche, auf der es darum geht, Bedürfnissen von Mädchen

den gleichen Status einzuräumen wie denen von Jungen (die sozialpolitische Seite bzw. die Machtebene) (vgl. Rose 1996).

Beteiligung von Mädchen unter diesen Prämissen anzugehen, bedeutet zunächst, ihnen Sprecherlaubnis zu geben, sie von dem Druck des Normalseinmüssens zu entlasten. Denn zunächst sagen Mädchen das, was erwartet wird und äußern als Wünsche das, was sie kennen, auf dem Hintergrund der Erfahrungen, die sie normalerweise machen. Das heißt, sie wünschen sich solche Arrangements, die sie im gegebenen Rahmen als angenehm kennen, z. B. Rückzugsmöglichkeiten. Hier aber fängt der spannende Erkundungsprozess erst an (auch für die Mädchen selbst). Wenn sie, in einem inszenierten Raum, andere Erfahrungen machen dürfen, wenn sie weiterreden dürfen, wenn sie „spielen" dürfen – und sich die Forschende immer noch interessiert: wie geht es ihnen dann? Was gefällt, was erweist sich als hilfreich, was ist in diesem Licht als bisherige Beeinträchtigung zu sehen? etc.

Es geht also darum, dass Raum besteht und Hilfestellungen geboten werden, damit anderes Denken und andere Wahrnehmungen zur Geltung gebracht werden können. Das geht nur im Rahmen einer als offener Prozess angelegten Jugendhilfeplanung, die ganz unterschiedliche Beteiligungsmodi sicherstellt. Und solch eine Planung muss Veränderung wollen und nicht nur Mädchen im Gegebenen beteiligen wollen. Das ist nicht so einfach.

Denn das Aufsuchen, Stützen und Aufrechterhalten anderer Perspektiven gegen dominante Sichtweisen schafft auch Konflikte, es unterbricht den regulären routinierten Ablauf, und ist damit eher unbequem. Es deckt auch bisher dethematisierte Konflikte in der Lebenswelt von Mädchen auf, schafft sozusagen weiteren Bearbeitungsbedarf. So hat die Thematisierung und Veröffentlichung von Konflikten für PädagogInnen u. a. auch zur Folge, dass sie in diese (gesellschaftlichen) Konflikte „hineingeraten", sich darin verhalten bzw. Stellung beziehen und den Mädchen Schutz bieten müssen. Beispielsweise wurde bei einem Beteiligungsprojekt mit Mädchen im Landkreis Tübingen, in dessen Kontext ein Taschenkalender von Mädchen für Mädchen zum Thema „Sexualität und Körper" hergestellt wurde, an erzürnten Reaktionen auf das Ergebnis ein typischer Doppelstandard – die Erwartung, sich auszukennen *und* zu schweigen – deutlich: Von Mädchen wird zum einen ein freier Umgang mit Sexualität erwartet, d. h. sie soll über alles Bescheid wissen, über Verhütung informiert sein, über Sexualität unverkrampft sprechen können etc. Zum anderen erfahren sie (und ihre pädagogischen Begleiterinnen) Sanktionen und Diffamierung, wenn sie ihre Fragen und Gefühle veröffentlichen, die Dinge „beim Namen nennen" und ihre Sprache benutzen.

Beteiligung verweist auf einen Aushandlungsprozess, bei dem nicht davon ausgegangen werden kann, dass Interessen geradlinig formuliert und dann umgesetzt werden können. Außerdem existieren in der Regel Interessensgegensätze, Kompromisse müssen gefunden werden. Beteiligung heißt also nicht, dass Mädchen alles zugestanden wird, was sie fordern. Beteiligung heißt aber, sich einzulassen, sich auseinanderzusetzen und transparent Position zu beziehen. Hierzu gilt es in der Anlage von Beteiligungsverfahren Möglichkeiten zu schaffen, die Mädchen Artikulations- und Aushandlungsräume geben, die aber auch PädagogInnen nicht aus der Verantwortung der „Transport- und Übersetzungsleistungen" entlassen.

Zur Umsetzung dieser Anforderungen braucht es innerliche wie äußerliche Räume: Zeit, Material und die Möglichkeit zu anderen Erfahrungen. Das erfordert Entwicklung auf mindestens drei Seiten:

1. Mädchen müssen ihre eigenen Anliegen erst entdecken und entwickeln können.
2. PädagogInnen müssen „hören" lernen, und das Überschüssige, scheinbar Nebensächliche oder Widersprüchliche aus dem Klischee herausfiltern können.
3. PlanerInnen und PolitikerInnen müssen Raum und Zeit geben und *vorab* Mädcheninteressen einen politischen Raum einplanen, sie nicht als Zusatz denken.

Beteiligungsansätze, so unsere Erfahrung, bleiben, auch wenn sie geschlechterdifferenziert vorgehen, häufig in zweifacher Weise in der Nachordnung von Mädchen verfangen. Das heißt, Mädchen werden nach wie vor häufig als Zusätzliche gesehen: als diejenigen, die sich nicht so schnell und lautstark äußern wie die Jungen, die anscheinend nicht so genau wissen, was sie wollen, die weniger Motivation haben, in die bereitgestellten Gremien zu gehen etc. Aber auch da, wo von vornherein Mädchen beteiligt werden, werden ihnen häufig die gleichen Fragen wie Jungen gestellt bzw. Interpretationen angewandt, die sich an dem Maßstab der Wünsche von Jungen orientieren: Mädchen wollen das auch oder gerade das Gegenteil. Versuche der Beteiligung von Mädchen führen sich so nicht selten selbst in die „Dominanzfalle" durch die Anwendung von Instrumenten, die ursprünglich nicht geschlechtsspezifisch konzipiert waren und somit dazu neigen, Gegebenes zu bestätigen und allenthalben ein Mehr desselben einzufordern. Darum müssen bereits die Methoden der Beteiligung neu gedacht werden.

4. Beteiligungsverfahren

Auf der Suche nach Verfahren, die nicht nur „ Professionelle", sondern Mädchen selbst an Planungsprozessen und Angebotsausgestaltungen beteiligen, haben wir im Rahmen unseres Praxisforschungsprojektes „Mädchen in der Jugendhilfeplanung" konkrete Wege zusammen mit Mädchen erprobt. Wir fragten danach, wie Lebenslagen von Mädchen erhoben und sichtbar gemacht werden und wie Mädchen als Betroffene an der Planung beteiligt werden können. Die Erfahrungen im genannten Praxisprojekt zeigen, dass Beteiligung von Mädchen innerhalb von Planungsprozessen sich auf folgendes beziehen muss:

- Die Bewertung bestehender Angebote durch die Mädchen (Was kennen sie? Was nutzen sie, warum? Was nutzen sie nicht und warum? Finden sie das Angebot gut oder schlecht? Was sind ihre (Qualitäts-)Kriterien?

- Die Erkenntnis über Bedürfnisse und daraus abzuleitenden Bedarf.
- Ideen für andere Angebote (wo sich Bedürfnisse und Überlegungen nicht nur in den bestehenden Angebotskanon einreihen, sondern etwas Neues entsteht bzw. gemeinsam zu entwickeln ist).

Eine Beteiligung von Mädchen, die wirklich ihren Interessen dienen soll, ermöglicht die Produktion von Erfahrungen, die „unerlaubten Seiten“ Gehör verschaffen. Prinzipiell sinnvoll sind kleinere, eigenständige Projekte im vertrauten Rahmen (z. B. der Wohngruppe, Tagesgruppe etc.). Die Projekte sollten sich an den Standards parteilicher Mädchenarbeit orientieren, in einem mädchenspezifischen Rahmen stattfinden, einen klar umgrenzten Zeitraum und einen Eigensinn für die Mädchen haben (z. B. Spaß). Die Gewährleistung von Schutz und Transparenz für die Mädchen ist ausgesprochen wichtig, so dass sie jederzeit wissen, dass ihre Äußerungen respektvoll behandelt werden. Beteiligung fordert einen Lernprozess aller, besonders aber auch der pädagogisch Tätigen. Sie müssen lernen, ihre (Deutungs-)Macht wirklich zu teilen, Beteiligung in ihren Konsequenzen ernstzunehmen und die Äußerungen und Darstellungsweisen von Mädchen in ihren Aussagen zu verstehen.

a. Die Durchführung kreativer Projekte, die über Sprache als Ausdrucksmöglichkeit hinausgehen, öffnet dabei den Freiraum, alternative Vorstellungen zu entwickeln. Zu denken ist hier beispielsweise an Filmprojekte, Tanzaufführungen, Theater, ein Erzählcafe oder ein Photoalbum.

b. Die laufende Praxis – gerade in den erzieherischen Hilfen, wo viel Alltag stattfindet – bietet sich als permanentes Beteiligungsfeld an. Immer sind Mädchen in ihrem gesamten Lebenszusammenhang zu betrachten, Situationen der Auseinandersetzung über die Lebensrealität (und deren Veränderung) sind anzustoßen und zu gestalten. Dabei gilt es zu versuchen, Abwertung, Tabus und Handlungsverboten entgegenzutreten und Mädchen in alle Belange des Alltags miteinzubeziehen. Um ihre Interessen (und inneren Auseinandersetzungen) kennenzulernen, ist eine sensible Aufmerksamkeit gefordert, die gerade auf „Nebensächliches“ (Tür-und-Angel-Gespräche, leise Unmutsäußerungen etc.) und Ungereimtes bzw. Irritierendes achtet und dies als Gesprächs- oder Aktivitätsanlässe nimmt. Das heißt, Beteiligung im Alltag ist fester Bestandteil professionellen Arbeitens und der Angebotsentwicklung.

   Es gibt mittlerweile auch einige Erfahrungen mit institutionalisierten Formen von Mitbestimmung wie beispielsweise einen Mädchenrat in einem Mädchentreff, der über Raumgestaltung, Programm, Personalentscheidungen, Öffentlichkeitsarbeit (Design, Pressegespräche etc.) und alle Regeln des Treffs wie auch über Konfliktregelungen zwischen Mädchen, aber auch zwischen Mädchen und Pädagoginnen, mit entscheidet.

c. Ein weiterer Zugang – die Einbeziehung der Ressourcen des Gemeinwesens – bezieht sich auf die öffentliche Wahrnehmung und die Ermöglichung von

Kontakten unterschiedlicher Erwachsener mit Mädchen. Er geht von der Erfahrung bisheriger Planungen aus, dass selbst bei kleinräumiger Anlage Mädchen immer noch nicht selbstverständlich ins Blickfeld rücken. Oft werden Bedürfnisse von Jugendlichen über die Befragung von Schlüsselpersonen erhoben (etwa LehrerInnen, Pfarrer, Vereinspersonen), ohne dass diese in einem Zwischenschritt über ihre „Geschlechterbrille" reflektieren. Im Rahmen eines Arbeitskreises „Jugendhilfe und Schule" einer Kleinstadt erstellten LehrerInnen eine Liste von Kindern, bei denen sie Jugendhilfe- bzw. Betreuungsbedarf kannten. Sie skizzierten Verhaltensweisen und „auffällige" Bewältigungsmuster, die sie wahrgenommen hatten. Von den 25 Kindern waren 20 männlich und fünf weiblich. Weder war ihnen die eingeschränkte Wahrnehmung aufgefallen, noch ihr fehlendes Wissen darüber, wie denn Mädchen mit denselben oder ähnlichen Belastungen fertig werden.

Generell finden zwischen Erwachsenen und Mädchen im Gemeinwesen selten direkte Interaktionen statt, die nicht funktionsbezogen sind (formale Autorität) und von gegenseitigem Interesse/Neugier aneinander geleitet wären. Auch Mädchenöffentlichkeiten existieren, zumindest in der Wahrnehmung, kaum, werden nicht gesucht, erhalten kein Gegenüber. Nicht nur politische Partizipationsbestrebungen, auch jugendhilferelevante Beteiligungsbemühungen sind hier gefragt – um zum einen mehr über Mädchen und ihre Konflikte zu erfahren und zum anderen andere Ressourcen in Hilfestellungen adäquat(!), d. h. den Interessen der je spezifischen Mädchen entsprechend, einbeziehen zu können.

Gute Erfahrungen konnte das Tübinger Projekt mit Regionaltagen machen, in denen Mädchen mit Lehrerinnen und Kommunalpolitikerinnen zusammen einen Tag in der Gemeinde gestalteten. Wichtig dabei war, auf bestehende Kontakte und Kompetenzen im Gemeinwesen zurückzugreifen und die Aktivitäten an den Interessen der Beteiligten zu orientieren. Mindestens einige der konkreten Bedürfnisse sollten sofort in die greifbare Planung eines Vorhabens münden (so äußerten die Mädchen beispielsweise den Wunsch, mehr über Schwangerschaft und Geburt zu wissen und es wurde ein Infotag mit Mitarbeiterinnen von Pro Familia organisiert). Weiterhin ist dabei wichtig, den Transport geäußerter und aus den Ressourcen des Gemeinwesens nicht unmittelbar befriedigbarer Bedürfnisse zu entsprechenden Jugendhilfediensten zu gewährleisten. Dies könnte eine wesentliche Aufgabe der Planungsverantwortlichen sein und stellt selbst wieder einen Schritt im Planungsprozess dar.

Generell gilt für die sozialpolitische Gewichtung solcher Vorgehensweisen und Ergebnisse:

Alle Projekte dienen neben der Information über die Bedürfnisse von Mädchen gleichzeitig der Erprobung und Umsetzung neuer „Maßnahmen", für die Ressourcen und Fachlichkeit bereitgestellt werden sollten, ggf. in Umschichtungen. Um zu relevanten Erkenntnissen zu kommen, ist es wichtig, nicht auf ein Thema beschränkt zu bleiben, weil es vielleicht das Planungskonzept so vorschreibt. Nur wenn jeweils die Offenheit für sämtliche Bezüge des alltäglichen Lebens mitgebracht wird, können sich auch die relevanten Fragen, Themen, Bedürfnisse herauskristallisieren und Krisenpunkte erkannt werden.

Wir machten die Erfahrung, dass sich Mädchen deutlich und klar äußern, wenn sie die entsprechenden Möglichkeiten dazu bekommen und wenn entsprechende Übersetzungen vorgenommen werden. Was drücken sie aus?

- Deutlich wird die Vielseitigkeit und Verschiedenheit von Mädchen. Ein Mädchen ist nicht gleich Mädchen und will zeigen: Ich bin verschieden und bin doch ein Mädchen.
- Durchgängig hören wir von der Suche nach Räumen im Innen- und Außenbereich, die ungestört und ungefährlich sind.
- Überraschend klar drücken Mädchen aus, dass sie sich auseinandersetzen wollen und zu allgemeinen Problemlösungen beitragen möchten (von wegen Politikverdruss!). Sie möchten in ihren Ideen ernstgenommen werden und Möglichkeiten für selbstgewählte Verantwortung finden können.
- Mädchen suchen Partnerinnen, vor allem erwachsene Frauen (aber auch Männer), an denen sie sich reiben, mit denen sie sich auseinandersetzen können.
- Mädchen suchen Jungen, die ihnen Partner sind, mit denen sie ihre Fragen besprechen können, anstatt nur mit ihnen rumzualbern oder zu knutschen.
- Uns wurde deutlich, dass sich Mädchen relativ bewusst mit ihren Rollenvorgaben auseinandersetzen und damit, wie sie „lernen", dass ihre Gedanken und Gefühle nicht wichtig genommen werden und deshalb kaschiert werden sollen.

Mädchenbeteiligung braucht bestimmte *zeitliche Rahmenbedingungen*. Diese einzuplanen ist Aufgabe der Planerinnen. Ebenso verlangen die meisten der Verfahren eine entsprechende *„Nachsorge"*: Die Mädchen sollten beim Einüben von Artikulation und neuen Platzeinnahmen weiter begleitet werden. Geschieht dies nicht, so werden die eroberten Räume im konkreten und übertragbaren Sinne wieder abgegeben an die dominanten Gruppen.

5. Aufdeckende Beteiligung – die Perspektive

Erfahrungswerte von Planerinnen gehen dahin, dass Beteiligungsprojekte von Mädchen deutliche Aussagen im Bereich der Bestandsaufnahme liefern können (Was wird frequentiert, was nicht? Wie zufrieden sind die Mädchen mit den Angeboten? Wie ist die Qualität des Bestandes? Wo liegen „Schwachpunkte"?). Wie anschaulich und konkret nutzbar die Angaben und Bewertungen von Mädchen für eine Bestandsaufnahme und eine darauf aufbauende Bedarfsbestimmung sind – oder anders formuliert: wie Mädchen mit wenig Aufwand selbst eine Bestandsaufnahme vornehmen und Qualitätskriterien für die Bewertung von Angeboten entwickeln – zeigt etwa das Beispiel der Freizeitstättenuntersuchung von Mädchen im Rahmen des Mädchenstadtbuches Rostock: Die Mädchen stellten zunächst jeweils das Angebot in seinen Rahmenbedingungen dar (Lage, Ausstattung, Zielgruppe etc.) und nahmen anschließend eine Bewertung vor. Dabei waren ihre Kriterien: Freundlichkeit/Haltung der MitarbeiterInnen, Alter der MitarbeiterInnen, Größe und Gestaltung der Räume, Öffnungszeiten, Angebote schwerpunktmäßig für Kinder oder Jugendliche passend („die Einrichtung fand ich kindisch"), Mädchenräume oder Jugendräume.

Die Anforderung einer lebenswelt- und dienstleistungsorientierten Jugendhilfe, nämlich die Weiterentwicklung der Angebote von den Mädchen ausgehend, ist also ohne viel Aufwand zu organisieren. Dagegen laufen Beteiligungsprojekte, die direkt auf Bedarfserhebung abzielen (im Sinne von „was wollt ihr"), häufig Gefahr, auf kommunalpolitischer Ebene als unumsetzbare Forderungen und „Wunschkatalog" zurückgewiesen zu werden, was bei den Mädchen Gefühle von Frust und Verschaukelung hinterlässt.

Deshalb braucht Beteiligung Verstehen und Übersetzungsprozesse. Um Missverständnissen und Verkürzungen vorzubeugen, muss nachgefragt werden und genau geschaut werden, für was diese Äußerung steht. Sehr deutlich wird dies an Beispielen aus einem Beteiligungsprojekt mit Mädchen einer Mädchenwohngruppe in Wuppertal: Bei einer offenen, spontanen Sammlung von Veränderungswünschen formulierten sie den Wunsch nach einem „Marmorbad". Das war für sie das Bild, mit dem sie die Bedeutung des Badezimmers, das Pflegen, Genießen, Entspannen, und „sich schön machen" zum Ausdruck brachten. Es ging dabei also nicht um den Anspruch einer kostspieligen Investition, sondern um ein Bedürfnis, das auch mit einfachen Gestaltungselementen erfüllt werden konnte. Desweiteren formulierten die Mädchen den Wunsch, in einer koedukativen Gruppe mit Betreuerinnen zu leben. Die Aussage wörtlich zu nehmen (die Mädchen wollen keine Mädchenwohngruppe mehr), hätte die Auflösung des geschlechtshomogenen Angebotes zur Konsequenz gehabt. Auf Rückfragen hin wollten die Mädchen jedoch keinen der ihnen bekannten Jungen in ihrer Wohngruppe haben. Hinter diesem Wunsch stand vielmehr – so die gemeinsame Interpretation – die Sehnsucht nach einem anderen Geschlechterverhältnis, nach liebevollen, vertrauensvollen Beziehungen zu männlichen Gleichaltrigen, in denen sie respektiert und anerkannt werden. So betont die Jugendhilfeplanerin, die das Projekt durchführte, die Wichtigkeit des Zurückfragens und des Konkretisierens: *„In der Interpretation eines solchen Beteiligungsprojektes müssen die Pädagoginnen und Planerinnen immer wieder darauf achten, die Bedeutung und das Verständnis der unmittelbaren Aussagen der Mädchen an diese zurückzuspiegeln und gegebenenfalls nochmals mit ihnen zu diskutieren. Sonst kann es leicht zu Missverständnissen und falschen Interpretationen kommen"* (Schmidt 1998, S.19).

Aussagen von Mädchen müssen also in einem mehrschichtigen Prozess korrigiert und validiert werden: – die kollektive Interpretation der Fachfrauen, – das Hinzuziehen von Fachliteratur zur Mädchenrealität und – das gemeinsame Interpretieren mit den beteiligten Mädchen selbst.

Anmerkungen

1 Ihre Erfahrungen als innovative VorreiterInnen könnten genutzt werden für die derzeitigen Umstrukturierungen hin zu Jugendhilfe-Zentren, wenn es eine Wahrnehmung des Mädchenarbeits-Diskurses in der sonstigen Jugendhilfe gäbe.

2 Ein einziger Aufsatz in einem Buch, welches das Thema Beteiligung ansonsten weitgehend geschlechtsunspezifisch behandelt, kann natürlich nicht alle Grundlagen und Begründungen wissenschaftlich herleiten und argumentativ entwickeln. Vielmehr können nur grob einige Eckpunkte weiblicher Lebensrealitäten angesprochen und Erfahrungen aus der Praxis mit Beteiligungsprojekten reflektiert werden. Im Prinzip geschieht hier jedoch das gleiche wie in der Jugendhilfe: nach der allgemeinen Behandlung eines Themas wird der Sondergruppe Mädchen noch eine kurze Aufmerksamkeit gewidmet. Genauere Zusammenhänge zum Thema mädchenspezifische Partizipationsmöglichkeiten finden sich beispielsweise in Bitzan/Funk 1995 oder Bitzan 1999)

3 Vertiefend hierzu der Abschlussbericht: Ministerium für Familie, Frauen, Weiterbildung und Kunst Baden-Württemberg (Hg.)1995

Literatur

Birtsch, V./Hartwig, L./Retza, B. (Hg.) 1991: Mädchenwelten – Mädchenpädagogik. Perspektiven zur Mädchenarbeit in der Jugendhilfe. Frankfurt a. M.

Bitzan, M. 1998: Modern und doch nicht gleich. Zur Lebenssituation von Mädchen und der Frage der Beteiligung an Planungsprozessen. In: hessische jugend, Heft 3, S. 7-11

Bitzan, M. 1999: „...ihren Fähigkeiten entsprechend zu beteiligen.“ Voraussetzungen und Möglichkeiten zur Beteiligung von Mädchen an Planungsprozessen. In: Tübinger Institut für frauenpolitische Sozialforschung e.V.: Bitzan, M./Daigler, C./Rosenfeld, E. 1999: Neue Maßstäbe – Mädchen in der Jugendhilfeplanung, herausgegeben vom Sozialpädagogischen Institut Berlin, Mädchen in der Jugendhilfe, Berlin

Bitzan, M./Funk, H. 1995: Geschlechterdifferenzierung als Qualifizierung von Jugendhilfeplanung. In: Bolay, E./Herrmann, F. (Hg.) Jugendhilfeplanung als politischer Prozess. Neuwied

Bitzan, M./Daigler, C./Hilke, G./Rosenfeld, E. 1997:Jugendhilfeplanung im Interesse von Mädchen. In: Jugendhilfe, Heft 5, S. 455-464

Blandow, J. u. a. 1986: Erzieherische Hilfen – Untersuchungen zu Geschlechtsrollentypisierungen in Einrichtungen und Diensten der Jugendhilfe. In: Freigang, Werner u. a.: Mädchen in Einrichtungen der Jugendhilfe. Opladen, S. 133-227

Finkel, M.1999: Grunddaten der Untersuchungspopulation. In: Bundesministerium für

Familie, Senioren, Frauen und Jugend (Hg.): Leistungen und Grenzen der Heimerziehung. Stuttgart – Berlin – Köln, S. 116-136

Funk, H. 1993: Mädchen in ländlichen Regionen. Theoretische und empirische Ergebnisse zur Modernisierung weiblicher Lebenslagen. München

Herrmann, F. 1998: Jugendhilfeplanung als Balanceakt. Umgang mit Widersprüchen, Konflikten und begrenzter Rationalität. Neuwied

Niedersächsisches Frauenministerium 1996: Mädchen im Blick. Mädchengerechte kommunale Jugendhilfeplanung. Handbuch (C. Wallner), Hannover

Ministerium für Familie, Frauen, Weiterbildung und Kunst Baden-Württemberg 1995: Mädchen in der Jugendhilfeplanung. Abschlussbericht, Stuttgart

Rose, L. 1996: Betroffenenbeteiligung mit Mädchen – wo liegt eigentlich das Problem? Unveröffentlichtes Vortragsmanuskript. ISS Frankfurt

Schmidt, Ch. 1998: Das Leben in einer Mädchenwohngruppe. Beteiligungsprojekt mit Mädchen im Rahmen der Jugendhilfeplanung der Stadt Wuppertal. In: hessische jugend 3/98, S. 19

Stauber, B. 1999: Starke Mädchen – kein Problem? In: beiträge zur feministischen theorie und praxis, Heft 51, Köln, S. 53-65

Strübing, S. 1996: Mädchenstadtbuch Rostock. In: Betrifft Mädchen Heft 1, Nur mit uns! Beteiligung von Mädchen und Frauen an der kommunalen Jugendhilfeplanung, S. 24-27

4. Vormundschaften und Pflegschaften

Qualititätsentwicklung im Bereich Vormundschaften und Pflegschaften

Kerstin Petersen

Minderjährige erhalten einen Vormund/eine Vormünderin, wenn die Eltern als Sorgerechtsinhaber ausfallen. Zu einem großen Teil bedeutet das, ihre Eltern konnten eine Kindeswohlgefährdung, z. B. verursacht durch Misshandlung, Missbrauch, Vernachlässigung, nicht verhindern oder sie trugen dazu bei (vgl. Schone 1997). Die Hauptaufgabe der Vormundschaft, die in Form von Amts-, Vereins- und Einzelvormundschaften ausgeführt werden können, besteht darin im Sinne des staatlichen Wächteramtes die elterliche Sorge stellvertretend wahrzunehmen. Die Betreuung des Kindes ist dabei nicht mit eingeschlossen. Vielmehr gilt es für die Umsetzung einer angemessenen Betreuung des Kindes zu sorgen und den Aufenthalt (Bestimmung des Wohnortes), die Pflege (Sorge für das leibliche Wohl, medizinische Betreuung), die Erziehung (Sorge für die sittliche und geistige Entwicklung, Religion, Aufsicht, Ausbildung u. a.), sowie das Vermögen (z. B. den Unterhalt) des Mündels entsprechend zu regeln. Gegenüber VormünderInnen übernehmen PflegerInnen nicht den gesamten Verantwortungsbereich der elterlichen Sorge, sondern nur einen bestimmten Teil, häufig z. B. die Bestimmung des Aufenthaltes des Kindes oder Jugendlichen.

Wenn also VormünderInnen (PflegerInnen sind im folgenden eingeschlossen) kraft richterlicher Anordnung bestellt werden, erhalten diese die Verantwortung für Kinder und Jugendliche, deren persönliche Entwicklung durch bedrohende Erfahrungen gekennzeichnet ist. In der Regel ist zudem mit einer Sorgerechtsregelung eine aktuelle Krisensituation verbunden. Die VormünderInnen kennen die familiären, sozialen bzw. kulturellen Hintergründe sowie die persönlichen und geschlechtsspezifischen Besonderheiten der Mädchen und Jungen zunächst nicht oder nur wenig. Hinsichtlich der Verantwortungsbereiche der elterlichen Sorge und der schwierigen Lebenssituationen der Minderjährigen wird deutlich, wie notwendig es ist, dass für die Anforderungen, die damit an die Aufgaben der Vormundschaft gestellt werden, sozialpädagogisch qualifizierte Fachkräfte zur Verfügung stehen müssen. Es erstaunt in diesem Zusammenhang, dass das Thema Vormundschaften erst neuerdings Aufmerksamkeit in der sozialpädagogischen Fachöffentlichkeit der Jugendhilfe erhält. Einige aktuelle Publikationen sowie Forschungs- und Praxisprojekte (vgl. z. B. Donatin 1995; Münder/Schone 1997; Wolf 1997; Hansbauer 1998; Petersen 1999; Rüting 1999) werfen inzwischen ein wenig Licht auf ein bedeutendes, aber bisher von der Jugendhilfe wenig beachtetes Aufgabenfeld.

Der Verein *Kinder haben Rechte e. V.* näherte sich dem Thema Vormundschaften auf verschiedenen Ebenen:

Zunächst bestätigte sich durch eine intensive Recherche der dem Thema zuzuordnenden Veröffentlichungen (vgl. Oberloskamp 1988, ebd. 1990 a, ebd. 1990 b, ebd. 1991, ebd. 1992, Salgo 1991, Münder 1993. Statistisches Bundesamt) das, was einzelne MitarbeiterInnen des Vereins *Kinder haben Rechte e. V.* in ihrer Jugendhilfepraxis bereits erfahren hatten:

- Es werden überwiegend AmtsvormünderInnen für diesen Arbeitsbereich bestellt, die nicht selten für eine so hohe Anzahl Mündel Entscheidungen treffen müssen, dass sie keinen persönlichen Kontakt zu ihren Mündeln herstellen können, ihre Aufgaben also meist nur aus verwaltungstechnischer Perspektive, d. h. vom Schreibtisch aus, wahrnehmen.
- Einzelvormundschaften, wie sie im Kinder- und Jugendhilfegesetz Priorität haben (§ 56 Abs. 4 KJHG), kamen relativ selten vor. Der systematischen Werbung und der Beratung von EinzelvormünderInnen kommen die Jugendämter nicht nach.
- Es fehlte ein veröffentlichtes fachliches Profil, aus dem ein spezifisches berufliches Selbstverständnis mit sozialpädagogischen Handlungsorientierungen für VormünderInnen abzuleiten wäre.

Da diese Aussagen durch lediglich eine Untersuchung, die in nur einem Jugendamt durchgeführt wurde (vgl. Oberloskamp 1988), begründet werden konnten, war das eigentliche Ergebnis der Literaturrecherche die Feststellung eines grundlegenden Forschungsdefizits in diesem Bereich (vgl. Hansbauer 1998).

Der Verein *Kinder haben Rechte e. V.* ging davon aus, dass der gesetzliche Vorrang der Einzelvormundschaften, der in der Praxis weitgehend ignoriert wird, gut begründet ist: EinzelvormünderInnen ist es am ehesten möglich, relativ unabhängig (von institutionellen Vorgaben) einen auf Vertrauen aufbauenden Kontakt zum Mündel herzustellen und zu pflegen und sie anstelle ihrer Eltern parteilich zu vertreten (siehe auch Raack in diesem Band). Mit der Intention Einzel- bzw. Vereinsvormundschaften gegenüber Amtsvormundschaften zu etablieren, wurden dann im Rahmen des Projektes von *Kinder haben Rechte e. V.* „Stärkung der Rechte von minderjährigen Mädchen und Jungen und ihrer Personensorgeberechtigten in der

Erziehungshilfe“ zwei Praxiszugänge gewählt, die Forschung und Praxis miteinander verbinden, d. h. durch die die schlechte Datenlage verbessert und gleichzeitig die fachliche Weiterentwicklungen unterstützt werden sollten:

Zum einen führte der Verein *Kinder haben Rechte e. V.* Kooperationen mit vier Jugendämtern (davon zwei Großstadtjugendämter), insbesondere mit den Abteilungen Amtsvormundschaften, durch, in denen in moderierten Arbeitsgruppen von AmtsvormünderInnen deren Arbeitsbedingungen und Handlungsorientierungen analysiert wurden. Auf dieser Basis konnten dann konkrete Schritte zur fachlichen und organisatorischen Verbesserung erarbeitet werden. Exemplarisch und von anderen Jugendämtern als Pilotprojekt gewertet, werden im Jugendamt Wesel inzwischen Vormundschaften an freie Träger delegiert, wobei sich Zuständigkeiten und Aufgaben im Amt sowie das professionelle Selbstverständnis der AmtsvormünderInnen verändern (siehe Brix-Leusmann und Rüting in diesem Band).

Zum zweiten initiierte der Verein *Kinder haben Rechte e. V.* über Fachtagungen zum Thema Vormundschaften den Überregionalen Arbeitskreis der AmtsvormünderInnen (vgl. Petersen 1999, siehe Wolf in diesem Band), der inzwischen in Zusammenarbeit mit 17 AmtsvormünderInnen aus 13 verschiedenen Jugendämtern und MitarbeiterInnen der Landesjugendämter Westfalen-Lippe und Rheinland ein Leistungsprofil für AmtsvormünderInnen erarbeitet hat (ausführlich im Anhang).

Die beschriebenen Aktivitäten haben maßgeblich dazu beigetragen, dass sich in der Fachöffentlichkeit inzwischen immer stärker ein fachliches Profil herausbildet, das nicht nur den rechtlichen und verwaltungstechnischen, sondern auch den sozialpädagogischen Anforderungen in der Praxis eine Orientierung bietet.

Auch der Überregionale Arbeitskreis der AmtsvormünderInnen, dem neben AmtsvormünderInnen aus verschiedenen Jugendämtern Vertreter der zwei oben genannten Landesjugendämter und des Vereins *Kinder haben Rechte e. V.* angehören, trägt entscheidend zu dieser Entwicklung bei. Das von ihm erarbeitete Leistungsprofil des Amtsvormundes und der Amtsvormünderin beinhaltet die konkreten Aufgaben nach den gesetzlichen Grundlagen, die notwendigen Qualifikationen, um diesen Aufgaben gerecht werden zu können und Hinweise für eine Qualitätsentwicklung, durch die vor allem organisatorische Rahmenbedingungen beschrieben werden, die zu einer sozialpädagogischen Aufgabenwahrnehmung beitragen. Mit der Konzipierung und Veröffentlichung des Leistungsprofils als fachliche Argumentationsgrundlage steht nun ein weiterer Schritt zur Qualifizierung der Vormundschaftsaufgaben noch aus: Die Umsetzung des Leistungsprofils in eine differenzierte und sich defizitär gestaltende Praxis, die wenig überschaubar und empirisch bisher nicht erschlossen worden ist. Um also Veränderungen tatsächlich einzuleiten, ist es notwendig, die fachlichen Argumente aus dem Leistungsprofil an die regionalen Besonderheiten bzw. die unterschiedlichen kommunalen Strukturen und professionellen Handlungsweisen anzulehnen. Dabei kommt es entscheidend auf die Frage an, wie die fachlichen Kriterien zur

Wahrnehmung der Personensorge aus den Erfahrungen und Kenntnissen der Fachkräfte heraus umgesetzt und weiterentwickelt werden können.

Die Qualitätsdiskussion bietet hierfür Orientierungen: Wird Qualität als „Konvention“ der unterschiedlichen Beteiligten verstanden, die sich auf den Ebenen der Struktur, des Prozesses und des Ergebnisses widerspiegelt (vgl. Jordan 1998), so sind die fachlichen Kriterien als Qualitätsmerkmale auf diesen drei Ebenen zu evaluieren. In diesem Sinne ist Qualität verbunden mit einer Beurteilung aller Beteiligten, also nicht nur mit der Beurteilung der Fachkräfte, sondern auch mit Einschätzungen der Mündel.

1. Zur aktuellen Praxis der Amtsvormundschaft

Durch die im Rahmen des Praxisprojektes vom *Kinder haben Rechte e. V.* durchgeführten Evaluationen in vier Jugendämtern Nordrhein-Westfalens und den initiierten ‘Überregionalen Arbeitskreis der Amtsvormünder’ können inzwischen konkretere Aussagen über die Vormundschaftspraxis erfolgen (vgl. auch *Kinder haben Rechte e. V.* 1997, ebd. 1998). Dabei können diese Ergebnisse mit denen des von PraktikerInnen erarbeiteten Leistungsprofils abgeglichen werden.

In der Praxis wird die Art und Weise der Aufgabenwahrnehmung von Vormundschaften durch drei Formen der Binnenorganisation der Jugendämter vorstrukturiert (vgl. *Kinder haben Rechte e. V.* 1997), die sich mehr oder weniger günstig für eine qualifizierte Wahrnehmung der Vormundschaftsaufgaben eignen. Insgesamt muss dabei festgestellt werden, dass Jugendämter unabhängig von ihrer Organsationsform die Aufgabe der Werbung, Beratung und Unterstützung von EinzelvormünderInnen nur in seltenen Ausnahmefällen wahrnehmen.

Trennung von de facto- und förmlicher Personensorge

Charakteristisch für die Organisationsform der Amtsvormundschaften, die in den Jugendämtern häufig angetroffen wurde, ist die Trennung zwischen der de facto-Personensorge und der förmlichen Personensorge. Es bestehen hier eigene Vormundschaftsabteilungen, die für die verwaltungstechnische Abwicklung der Vormundschaftsaufgaben, z. B. für die Vermögenssorge, das Stellen von Anträgen, das Leisten von Unterschriften u. a., zuständig sind. Die sozialpädagogischen bzw. interaktiven Hilfen leistet die Abteilung des Allgemeinen Sozialdienstes bzw. der entsprechende Spezialdienst. Auf diese Weise werden Entscheidungen, die beispielsweise den Aufenthaltsort des Kindes oder des Jugendlichen betreffen, durch die sozialpädagogischen Fachkräfte des Sozialdienstes getroffen und durch die AmtsvormünderInnen lediglich formal nachvollzogen. Kennzeichnend für diese Organisationsform ist demnach die verwaltungstechnische Ausrichung der

Wahrnehmung der Vormundschaftsaufgaben. Dementsprechend sind die Vormundschaftabteilungen überwiegend durch Verwaltungsfachkräfte besetzt. Desweiteren ist für diese Organisationform kennzeichnend, dass es zu unterschiedlichen Vermischungen verschiedener Aufgabenbereiche der Jugendhilfe kommt. Neben der formalen Erledigung der Vormundschaftsaufgaben sind AmtsvormünderInnen hier häufig ebenfalls zuständig für Beistandschaften oder auch für die wirtschaftliche Jugendhilfe oder für Beglaubigungen. Hohe zu bearbeitende Fallzahlen erübrigen kein oder nur ein geringes Zeitkontingent für den Kontakt zu den Mündeln, der im Grunde gar nicht oder nur selten hergestellt werden kann.

Mehrheitlich sind die AmtsvormünderInnen, die ihre Aufgaben im Rahmen einer organisatorischen Trennung von De facto- und förmlicher Personensorge wahrnehmen, nicht zufrieden mit ihren Arbeitsbedingungen. Sie kritisieren beispielsweise die knappen Zeitressourcen, die die Kontakte zum Mündel kaum ermöglichen, die komplizierten Organisationsstrukturen, durch die sich Zuständigkeiten überschneiden und sich Konflikte innerhalb des Jugendamtes deshalb häufig nicht vermeiden lassen. Außerdem wird kritisch betrachtet, dass die AmtsvormünderInnen für das Kind nicht eindeutig als diese identifizierbar sind, wenn beispielsweise die Vermögenssorge und die Personensorge verschiedene MitarbeiterInnen des Jugendamtes übernehmen und eine dritte MitarbeiterIn, nämlich der/die SozialarbeiterIn des Sozialdienstes, den regelmäßigen Kontakt zum Mündel herstellt.

AmtsvormünderInnen, die im Rahmen dieser Strukturbedingungen arbeiten, fehlt der regelmäßige und auf Vertrauen aufbauende Kontakt zum Mündel und somit die Basis für eine qualifizierte Aufgabenwahrnehmung der Vormundschaft. Weder eine parteiliche Interessenvertretung noch eine Identifizierung der Bedürfnisse, Interessen und Wünsche ist realisierbar.

Führung von Vormundschaften durch den Allgemeinen Sozialdienst

In einer zweiten Organisationsform ist keine eigene Abteilung für Amtsvormundschaften im Jugendamt vorgesehen. Die de facto-Personensorge mit der sozialpädagogischen Ausrichtung der Aufgabenwahrnehmung und die förmliche Personensorge werden durch den Allgemeinen Sozialdienst oder einen entsprechenden Spezialdienst des Jugendamtes wahrgenommen. In diesen Fällen besitzen die sozialpädagogischen Fachkräfte eine Vielfalt an Entscheidungskompetenzen. Sie halten den Kontakt zu den Mündeln und ihren Eltern, beantragen den Entzug der Personensorge, gestalten und erstellen Hilfepläne und sie beantragen und entscheiden über erzieherische Hilfen.

Mit diesen Arbeitsbedingungen sind die AmtsvormünderInnen relativ zufrieden. Diese Zufriedenheit kann auf der Basis der Praxiserfahrungen des Vereins *Kinder haben Rechte e. V.* – beispielsweise in seiner Einzelberatung mit Kindern und

Jugendlichen – darauf zurückgeführt werden, dass die Kopplung der leistungsbeantragenden Funktion der VormünderInnen und der fachlich beurteilenden Funktion der MitarbeiterInnen des familien- und bezirksorientierten Fachdienstes in einer Person nicht nur das Konfliktpotential in der Behörde mindert. Auch schwelende Konflikte mit den Interessen und Wünschen der Kinder und Jugendlichen werden aufgrund der machtvollen und nicht parteilich verstandenen Aufgabe der JugendamtsmitarbeiterInnen häufig nicht erkannt und zugelassen, also auch nicht auf der Basis von Aushandlungsprozessen mit den Mädchen und Jungen gemeinsam gelöst. Erfahrungsgemäß mindert dies die Beteiligungsmöglichkeiten der Minderjährigen entscheidend, da sie, weil ihre Eltern nicht willens oder in der Lage sind, ihre Interessen zu vertreten, häufig keine andere Interessensvertretung haben, es sei denn andere Personen setzten sich freiwillig für das Kind oder die/den Jugendliche/n ein.

Mit dieser Organisationsform, in der die Vormundschaften von ASD-MitarbeiterInnen geführt werden, ist der regelmäßige Kontakt zu den Mündeln zwar konzeptionell verankert und die Identifizierung der kindlichen bzw. jugendlichen Interessen, Bedürfnisse und Wünsche möglich. Dennoch steht der auf Vertrauen aufbauende Kontakt sowie die parteiliche Interessenvertretung der Mündel als Aufgabe von VormünderInnen in Widerspruch zur Aufgabe des Allgemeinen Sozialdienst für die gesamte Familie, also auch für die Eltern und die Geschwister des Mündels beratend tätig und zuständig zu sein. Es liegt nahe, dass sich dieser Rollenkonflikt auch auf die Umsetzungsmöglichkeiten der oben beschriebenen Handlungskriterien als Aspekte von Qualität in der Vormundschaftspraxis auswirkt. Gerade vor dem Hintergrund, dass Kinder und Jugendliche, die einen Vormund oder eine Vormünderin haben, häufig in einem massiven Interessenskonflikt zu ihren Eltern stehen, ist die Zuständigkeit einer Fachkraft für beide Parteien nicht förderlich für ein adressatInnen-, kompetenz- und beteiligungsorientiertes Vorgehen im Sinne einer bestimmten AdressatInnengruppe – hier der Kinder und Jugendlichen. Auch das Kinder- und Jugendhilfegesetz legt zugrunde, dass die Aufgaben der Hilfen zur Erziehung (§§ 27 ff.) und die Aufgaben der Vormundschaft (§§ 52 ff.) zwei getrennt wahrzunehmende Aufgaben sind. Die Hilfen zur Erziehung sind den „Leistungen der Jugendhilfe" zugeordnet, die Vormundschaften den „Anderen Aufgaben der Jugendhilfe".

Vereinigung der Vormundschaftsaufgaben in der Abteilung Amtsvormundschaften

In der dritten Organisationsform der Amtsvormundschaft ist die de-facto-Personensorge und die förmliche Personensorge in einer Vormundschaftsabteilung vereint. Diese übernimmt federführend die Verantwortung für die qualifizierte Wahrnehmung der Vormundschaftsaufgaben. Die AmtsvormünderInnen sind hier überwiegend als sozialpädagogische Fachkräfte ausgebildet. Manchmal sind sie gleichzeitig weisungsbefugt (z. B. Amts- oder AbteilungsleiterInnen) gegenüber den sozialpädagogischen Fachkräften im Allgemeinen Sozialdienst oder den entsprechenden Spezialabteilungen des Jugendamtes.

Die AmtsvormünderInnen, die überwiegend als sozialpädagogisch ausgebildete Fachkräfte in einer Abteilung Vormundschaften tätig sind, ohne dass ihre Aufgaben mit anderen Jugendhilfeaufgaben vermischt sind, äußern sich ebenfalls eher zufrieden mit ihren Arbeitsbedingungen. Gleichzeitig befürchten sie jedoch aufgrund von Umstrukturierungsmaßnahmen im Rahmen der „Neuen Steuerung", dass sich die Rahmenbedingungen für sie verschlechtern werden. Schon jetzt wirken sich finanzielle Kürzungen beispielsweise in Bezug auf die regelmäßigen Fahrten zu den Mündeln negativ aus. In manchen Jugendämtern wird sogar befürchtet, dass die Abteilung Amtsvormundschaften aufgelöst und in eine andere Abteilung integriert wird. Kritisch gesehen werden außerdem die fehlenden Fortbildungsangebote, die speziell für Vormundschaften gedacht sind, sowie die geringen finanziellen Möglichkeiten, die seltenen Fortbildungsangebote zu nutzen.

Trotz aller Befürchtungen der AmtsvormünderInnen eignet sich diese Organisationsform, die in der Praxis relativ selten anzutreffen ist, besonders gut für die Umsetzung fachlicher Kriterien in die Praxis. Der auf Vertrauen aufbauende Kontakt zum Mündel und damit die sozialpädagogische Ausrichtung bei der Aufgabenwahrnehmung ist grundsätzlich möglich. Auch die Rolle, als parteiliche Interessenvertretung beispielsweise in Hilfeplangesprächen oder bei Entscheidungen in Bezug auf Schule oder Ausbildung gegenüber Dritten zu fungieren, braucht nicht mit anderen Rollen und Zuständigkeiten zu kollidieren. Es gibt eine Basis, um ein professionelles Selbstverständnis zu etablieren, das den Handlungskriterien der AdressatInnen-, Kompetenz-, Prozess- und Beteiligungsorientierung gerecht wird.

Die Erfahrungen des *Kinder haben Rechte e. V.* belegen, dass die Vormundschaftsaufgaben, so wie sie sich aus den rechtlichen Grundlagen ergeben, zu einem erheblichen Teil nicht erfüllt werden können. Auffällig ist vor allem, dass der regelmäßige und auf Vertrauen aufbauende Kontakt zum Mündel sowie die Interessenvertretung der Minderjährigen in parteilicher Funktion selten in die Praxis umgesetzt werden. Hinderungsgründe liegen in einem fehlenden kombinierten rechtlich und sozialpädagogisch ausgerichteten beruflichen Selbstverständnis und in organisatorischen Rahmenbedingungen der Jugendämter, die wenig oder gar nicht zu einer Entwicklung eines entsprechenden beruflichen Profils beitragen. Entweder stehen verwaltungsrelevante Handlungsgrundlagen im Vordergrund, während die Sozialpädagogik nicht oder kaum Beachtung findet, oder aber sozialpädagogische Komponenten haben sich als Handlungsorientierungen herausgebildet, wobei ein problematischer Umgang mit gesetzlichen Vorgaben in Kauf genommen wird. Eine auf rechtlichen und sozialpädagogischen Aspekten abgestimmte und von daher qualifizierte Aufgabenwahrnehmung und dafür geeignete Organisationsform ist nicht häufig anzutreffen.

Eine Verbesserung der Vormundschaftspraxis herbeiführen zu wollen bedeutet, das Leistungsprofil als Orientierung für eine Analyse und Qualifizierung aus der Praxis heraus umzusetzen.

2. Das Leistungsprofil der Amtsvormünderin und des Amtsvormundes[1]

Im Folgenden werden die zentralen Kriterien des Leistungsprofils der AmtsvormünderInnen herausgestellt und zusammengefasst: Von zentraler Bedeutung für die Wahrnehmung der Vormundschaftsaufgaben ist es, dass sich Amts-, Vereins- und EinzelvormünderInnen ihre Funktion vergegenwärtigen. Sie besteht darin, das staatliche Wächteramt auszuführen und anstelle von Eltern als qualifizierte und erfahrene Fachkräfte die elterliche Sorge von Kindern und Jugendlichen zu übernehmen. Eine wichtige Besonderheit der Aufgabenwahrnehmung ist, dass VormünderInnen i.d.R. nicht die direkte Betreuung ihrer Mündel übernehmen, dass sie aber in allen oder bestimmten Sorgerechtsfragen Entscheidungen für ihre Mündel treffen müssen. Dazu ist es erforderlich, die Lebenssituation, die Interessen und Bedürfnisse der Mädchen und Jungen in einem Prozess zu erfassen und sie als Ausgangspunkt des fachlichen Handelns ernstzunehmen. Angesichts der Komplexität der sozialen Zusammenhänge, in denen Kinder und Jugendliche aufwachsen – Stichworte sind hier gesellschaftliche Individualisierung und Pluralisierung – ist die rechtliche Vertretung von Kindern oder Jugendlichen durch VormünderInnen um so effektiver, je stärker Mündel an den sie betreffenden Entscheidungsprozessen beteiligt werden (siehe Kap. 1 des Leistungsprofils).

Die Grundlagen für die Wahrnehmung der Vormundschaften sind vor allem im BGB (Bürgerlichen Gesetzbuch) und SGB VIII (Kinder und Jugendhilfegesetz) festgehalten. Die Vorschriften enthalten umfassende Angaben z. B. zum Eintritt einer Vormundschaft kraft Gesetzes oder kraft richterlicher Anordnung, zur Führung einer Vormundschaft und zu den Aufgaben. Insgesamt macht der Gesetzgeber darauf aufmerksam – und das ist entscheidend für die Art der Aufgabenwahrnehmung der Jugendämter – dass Einzel- und Vereinsvormundschaften den Amtsvormundschaften vorzuziehen sind. Gemäß § 53 Abs. 1 SGB VIII soll das Jugendamt dem Gericht im Einzelfall geeignete Personen oder Vereine vorschlagen. Außerdem soll die Behörde gemäß § 56 Abs. 4 SGB VIII jährlich prüfen, ob für das Kind eine geeignete Einzelperson oder ein Verein als Vormund zur Verfügung steht und gegebenenfalls ist dann das Jugendamt als Vormund zu entlassen. Die Tätigkeit des Jugendamtes im Bereich Vormundschaften richtet sich somit auf zwei Aufgabenbereiche: Zum einen auf die direkte Ausführung von Vormundschaftsaufgaben und zum anderen auf die Werbung, Beratung und Unterstützung von EinzelvormünderInnen, wie es auch in § 53 Abs. 2 SGB VIII festgeschrieben ist (siehe Kap. 2 des Leistungsprofils).

Um die damit zusammenhängenden Aufgaben fachgerecht wahrnehmen zu können, sind besondere fachliche Qualifikationen erforderlich. Neben einer Ausbildung mit abgeschlossenem Fachhochschulstudium vorzugsweise im Bereich Sozialarbeit/Sozialpädagogik müssen AmtsvormünderInnen spezifische Kenntnisse und Erfahrungen in den Bereichen Pädagogik, Recht und Verwaltung sowie in Psychologie und Soziologie aufweisen. Wichtig sind außerdem Fähigkeiten und Erfahrungen im Umgang mit Kindern und Jugendlichen sowie die Fähigkeit zur selbstkritischen Auseinandersetzung und Reflexion der beruflichen Rolle. Nicht zuletzt ist es von Bedeutung, eine positive Grundeinstellung zu Kindern und Jugendlichen zu besitzen, d. h. sie und ihre Fähigkeiten auch in Zusammenhang mit weitreichenden Entscheidungen wertzuschätzen. Dabei verstehen sich VormünderInnen ausschließlich als InteressenvertreterInnen ihrer Mündel und setzen dieses berufliche Selbstverständnis auch gegen den Widerstand der Eltern, anderer Personen und Institutionen z. B. dem Jugendamt um (siehe Kap. 3 im Leistungsprofil).

Pointiert lassen sich die Kriterien des Leistungsprofils der AmtsvormünderInnen wie folgt konkretisieren und als Basis für die Entwicklung der Qualität des professionellen Handelns von VormünderInnen formulieren:

- Aufgaben als Aspekte von Qualität in der Vormundschaft:
  1. Wahrnehmung der elterlichen Sorge: VormünderInnen nehmen die elterliche Sorge von Kindern und Jugendlichen in Stellvertretung ihrer Eltern wahr.
  2. Parteiliche Interessenvertretung von Kindern und Jugendlichen: VormünderInnen sind InteressenvertreterInnen von Kindern und Jugendlichen und setzen sich deshalb auch parteilich für sie ein.
  3. Identifizieren der Bedürfnisse, Interessen und Wünsche der Kinder und Jugendlichen: VormünderInnen identifizieren die Bedürfnisse, Interessen und Wünsche des Kindes oder des Jugendlichen, indem sie einen auf Vertrauen aufbauenden Kontakt zu ihnen herstellen und bewahren.
  4. Werbung, Beratung und Unterstützung von EinzelvormünderInnen: AmtsvormünderInnen haben gegenüber den EinzelvormünderInnen die zusätzliche Aufgabe, für Einzel- und Vereinsvormundschaften zu werben sowie EinzelvormünderInnen zu beraten und zu unterstützen.
- Handlungskritierien als Aspekte von Qualität in der Vormundschaft:
  1. AdressantInnenorientierung: VormünderInnen knüpfen an die Lebensbedingungen, d. h. das soziale, kulturelle und familiäre Umfeld der Mädchen und Jungen an. VormünderInnen zeigen deshalb in der Interaktion mit ihnen einen sensiblen und respektvollen Umgang.
  2. Kompetenzorientierung: Es werden weniger die Defizite als vielmehr die persönlichen Fähigkeiten der Kinder und Jugendlichen in den Vordergrund gestellt und als Anlass zum professionellen Handeln genommen. Es geht um eine Förderung und Unterstützung der Kinder und Jugendlichen und weniger um eine Sanktionierung.

3. Prozessorientierung: In der Interaktion mit den Kindern und Jugendlichen geht es darum, mit ihnen gemeinsam zu Entscheidungen zu kommen, d. h. im Sinne von Aushandlungsprozessen wird akzeptiert, dass das Ergebnis dieses Prozesses offen und die daraus resultierende Entscheidung in ihrer Wirkung von Ungewissheit geprägt ist.
4. Beteiligung von Kindern und Jugendlichen: Maßgeblich für Entscheidungen, die die Kinder und Jugendlichen betreffen, sind nicht nur fachliche (pädagogische) Argumente, sondern ebenso die Wünsche bzw. der Wille des Kindes bzw. Jugendlichen.

Die Aufgaben und Handlungskriterien, wie sie aus dem Leistungsprofil der AmtsvormünderInnen zusammengefasst wurden, ergeben in ihrer Gesamtheit das Profil einer qualifizierten Wahrnehmung von Vormundschaftsaufgaben. Eine erste Voraussetzung für die Praxisentwicklung, die diesem Leistungsprofil entspricht, ist die allgemeine Akzeptanz dieser Aufgaben und Handlungskriterien, wie sie sich zudem aus den Gesetzen ergeben.

Die qualifizierte Wahrnehmung von Vormundschaftsaufgaben steht in Zusammenhang mit zwei Vorannahmen, wie sie in ähnlicher Weise auch für den Allgemeinen Sozialdienst formuliert worden sind (vgl. Schrapper 1999). Es wird davon ausgegangen, dass

- die Aufgaben der Vormundschaften entsprechend der gesetzlichen Aufträge des BGB und des KJHG prinzipiell erfolgreich zu bearbeiten sind,
- die Organisationsform grundsätzlich geeignet ist, um die Aufgaben erfolgreich zu gestalten.

Durch die Erarbeitung des Leistungsprofils hat sich bereits herausgestellt, dass die gesetzlichen Vorschriften eine gute Grundlage und Orientierung für die Ausführung der Vormundschaftsaufgaben bieten, wenn ihre Inhalte auch sozialpädagogisch übersetzt werden. Was die Organisationsformen angeht, lässt sich aus der Praxis heraus evaluieren, inwieweit die bestehenden Rahmenbedingungen in den Jugendämtern für die erfolgreiche Aufgabenbewältigung von Vormundschaften geeignet sind.

3. Das Leistungsprofil der AmtsvormünderInnen in die Praxis umsetzen

Mit der Veröffentlichung des Leistungsprofils der AmtsvormünderInnen liegt den Fachkräften der Jugendämter eine Orientierungsgrundlage für das fachliche Handeln und die Beantwortung organisatorischer Fragen vor. Erfahrung des *Kinder haben Rechte e. V.* im Zusammenhang mit den o. a. Evaluationsprojekten in Kooperation mit vier Jugendämtern ist es, dass einer Qualitätsverbesserung eine Analyse der regionalen Besonderheiten vorausgehen muss. Zum Beispiel haben es

AmtsvormünderInnen, die ebenfalls Beistandschaften führen, häufig mit hohen Fallzahlen und einer verwaltungsorientierten Ausrichtung ihres Handelns zu tun, so dass wenig oder keine Zeit bleibt, um auf Vertrauen aufbauende Kontakte zu den Mündeln herzustellen. Um hier eine Qualitätsverbesserung zu erreichen, sind andere Maßnahmen notwendig als beispielsweise in einem Jugendamt, in dem die SozialarbeiterInnen des Sozialdienstes Vormundschaften wahrnehmen. Hier sind Kontakte zu den Mündeln selbstverständlich und die Höhe der zu bearbeitenden Fallzahlen möglicherweise angemessen. Dafür ist die Qualität der Aufgabenwahrnehmung dadurch gemindert, dass es den AmtsvormünderInnen wegen ihrer gleichzeitigen Zuständigkeit für die Herkunftsfamilie schwer möglich ist, parteilich für das Mündel aktiv zu werden. Wieder anders würden sich Veränderungsschritte in einem Jugendamt darstellen, in dem Amtsvormundschaften von MitarbeiterInnen der wirtschaftlichen Jugendhilfe geführt werden. In Bezug auf die Aufgabe des Jugendamtes, für EinzelvormünderInnen zu werben und diese zu beraten, ist von den innerbehördlichen Strukturen und Größenordnungen abgesehen, zu analysieren und bei Veränderungsstrategien zu berücksichtigen, wie sich die regionale Jugendhilfelandschaft einschließlich der freien Träger gestaltet und inwieweit diese sich z. B. in die zu initiierenden Fachgremien einbinden lässt. Nicht zuletzt sind die zuständigen RichterInnen mit ihrem Engagement und ihrer Bestellungspraxis in die Aktivitäten zur Qualitätsverbesserung im Rahmen von Vormundschaften mit einzubeziehen.

Vor dem Hintergrund der unterschiedlichen regionalen Voraussetzungen für die Führung von Vormundschaften sollte deutlich geworden sein, dass die Veröffentlichung des Leistungsprofils der AmtsvormünderInnen nicht per se schon eine Verbesserung der Praxisqualität herbeiführen kann, auch wenn das Leistungsprofil ein erster wichtiger Schritt in diese Richtung ist.

Wichtig ist es in einem zweiten Schritt, die Vormundschaftspraxis vor Ort, d. h. die Organisations- und Arbeitsformen der Jugendämter und freien Träger, zu analysieren. Im Abgleichen mit dem Leistungsprofil der AmtsvormünderInnen können dann die fachlichen Kriterien identifiziert werden, die sich mehr oder weniger dazu eignen, in die regionale Praxis umgesetzt zu werden. Mit einer gleichzeitigen Ursachenanalyse kristallisieren sich Defizite, aber auch Anknüpfungspunkte heraus, die für die Entwicklung von Modernisierungsverfahren relevant sind.

3.1 Perspektiven der Qualtitätsentwicklung

Qualität entwickeln zu wollen heißt gleichzeitig, sie zu beurteilen, d. h. eine Vorstellung davon zu haben, wodurch sich eine gute und eine schlechte Qualität im Bereich Vormundschaften auszeichnet. Da es jedoch „die“ Qualität nicht gibt, „sondern nur eine mehr oder weniger gelingende Annäherung an die (zwischen verschiedenen Akteuren) vereinbarten fachlichen Ergebnisse“ (Jordan 1998, S. 12), sind Qualitätsmerkmale je nach Personen, Ort, Zeit, Bezug und Veränderungen variable Größen. Insofern sind Qualitätskriterien – beispielsweise die Kriterien des Leistungsprofils der AmtsvormünderInnen – auch nicht als unumstößlicher Maßstab zu verstehen, von dem aus eine gute und schlechte Aufgabenwahrnehmung bewertet wird. Qualitätskriterien sind vielmehr Gegenstand eines Verständigungsprozesses, in dem alle Beteiligten darüber verhandeln, was situativ als Qualität beschrieben werden soll (vgl. Jordan 1998).

Die inhaltlichen Schwerpunkte von Qualität beziehen sich in der Jugendhilfe auf die Verknüpfung von fachlichen Kriterien und organisatorischen Formen, durch die fachliche Kriterien weiterentwickelt werden können (vgl. Müller 1999).

Gleichzeitig beginnt sich im Jugendhilfebereich der aus dem Gesundheitswesen stammende Mehrebenenansatz der Qualität durchzusetzen (vgl. Jordan 1998, Merchel 1999). Der Qualitätsbegriff wird bezogen auf die Ebenen der Strukturqualität, Prozessqualität und Ergebnisqualität.

Vor dem Hintergrund der Qualitätsinhalte, die derzeit in der Jugendhilfe diskutiert werden, steht die Beschäftigung mit einer Qualitätsentwicklung im Bereich Vormundschaften in der Perspektive folgender Prämissen:

– *Vorstellungen von fachlicher Qualität in der Vormundschaft*

  Durch das Leistungsprofil der AmtsvormünderInnen sind konkrete Vorstellungen darüber veröffentlicht worden, welche Qualitätskriterien in der Fachöffentlichkeit und in der Praxis zur Disposition stehen. Mit den gesetzlichen Aufträgen, ergeben sich die Vormundschaftsaufgaben, beispielsweise die stellvertretende Wahrnehmung der elterlichen Sorge als staatliches Wächteramt, die parteiliche Interessensvertretung von Kindern und Jugendlichen gegenüber Dritten, u. U. gegenüber den Eltern, oder das Identifizieren ihrer Bedürfnisse und Interessen, um die passende Hilfe auswählen zu können. Aus diesen Aufgaben lassen sich Handlungskriterien ableiten, die mit AdressatInnen-, Kompetenz-, Prozess- und Beteiligungsorientierung bezeichnet wurden. Dabei ist zu beachten, dass insbesondere VormünderInnen mit dem altbekannten Doppelmandat „Hilfe und Kontrolle" konfrontiert werden, da sie das staatliche Wächteramt ausführen und für die Auswahl der passenden Hilfe für das Kind bzw. Jugendlichen verantwortlich sind. Es wird in der Jugendhilfe dafür plädiert, diesen Widerspruch als Ausgangspunkt für das fachliche Handeln hervorzuheben, um einem Professionsmodell Vorrang zu geben, das der Vorstellung von den herkömmlichen ExpertInnen oder SpezialistInnen entgegensteht (vgl. Schütze 1992, vgl. Müller 1999). Gerade auch für die Führung von Vormundschaften kann dieser Professionsansatz eine qualitative Verbesserung bedeuten.

– *Beteiligte Personen im Verständigungsprozess um Qualität*

  Da Qualität das Ergebnis einer Konvention bzw. einer Übereinkunft darüber ist, was die Beteiligten mit einer Leistung verbinden, ist es, um Qualität herzustellen, einerseits notwendig, dass VormünderInnen und Leitungskräfte bereit und in der Lage sind, sich mit geforderten Qualitätskriterien auseinander zu setzen und sie in die Praxis umzusetzen. Dabei kommt es andererseits grundsätzlich darauf an, die AdressatInnen, d. h. die Kinder und Jugendlichen, bei der Qualitätsentwicklung mit einzubeziehen. Qualität hängt insbesondere von ihrer Beurteilung und von ihrer Kooperation in entscheidendem Maße ab (vgl. Müller 1999). Konsequenterweise ist die Identifizierung der professionellen Kriterien, die eine Qualität im Bereich Vormundschaften gewährleisten sollen, von den diesbezüglichen Aussagen der Mündel abhängig. Es ist notwendig, ihnen Raum und Möglichkeiten z. B. durch eigene, mit ihnen geplante Veranstaltungen, zur Verfügung zu stellen, damit ihre Einschätzungen Einfluß auf die Qualitätsentwicklung haben können.

- *Inhaltliche Schwerpunkte von Qualität*

  Im Unterschied zu den Qualitätsansätzen in der Industrie haben die im Dienstleistungsbereich einen anderen Schwerpunkt (vgl. Müller 1999). In der Industrie geht es darum, rationale Organisationsformen durch Elemente der Eigenverantwortung der MitarbeiterInnen zu ergänzen, um sie ein Stück weit von stupiden und sich wiederholenden Arbeitsvorgängen zu befreien. Im Dienstleistungsbereich ist das Gegenteil der Fall. Hier müssen rationalere Organisationsformen gefunden werden, durch die die Eigenverantwortung der MitarbeiterInnen (die bereits besteht) angekoppelt werden kann. Der inhaltliche Schwerpunkt von Qualität liegt demnach in der Entwicklung geeigneter Organisationsformen, durch die kontinuierlich eine fachliche Qualifizierung im Bereich Vormundschaften angeregt und umgesetzt werden kann. Diese Qualifizierung orientiert sich wiederum an den Urteilen der Mündel und deren Kooperationsbereitschaft in der Interaktion mit ihren VormünderInnen.

- *Qualitätsebenen*

  Ausgehend von einem Mehrebenenansatz wird zwischen Struktur-, Prozess- und Ergebnisqualität unterschieden (vgl. Jordan 1998, Merchel 1999).
  Die *Strukturqualität* bezieht sich auf die organisatorischen Rahmenbedingungen, in denen VormünderInnen arbeiten. Dazu gehören beispielsweise die Qualifikationen der Fachkräfte und die Aufgaben, für die sie zuständig sind, sowie die zu bearbeitenden Fallzahlen, außerdem ihre Möglichkeiten zum fachlichen Austausch und zur Reflexion z. B. in Arbeitskreisen oder in der Fallsupervision sowie ihre Entscheidungskompetenzen und Mitbestimmungsmöglichkeiten in der Organisation.
  Mit der *Prozessqualität* ist die Arbeitsweise der VormünderInnen auf der Interaktionsebene gemeint. Zum einen geht es hier um die Interaktion mit unterschiedlichen KollegInnen, zum anderen um die Interaktion mit den Mündeln. In beiden Fällen geht es um Aushandlungsprozesse. In Bezug auf die Interaktion zwischen VormünderInnen und Mündeln spielt die Beteiligung der Mündel eine entscheidende Rolle für die Prozessqualität. In einer Studie ist festgestellt wor-

den, dass Leistungen des Jugendamtes positiver bewertet werden und erfolgreicher sind, wenn Jugendliche ihre Beteiligungschancen hoch einschätzen (vgl. Petersen 1996).

Ergebnisqualität bezieht sich auf den erzielten Zustand bzw. den sichtbaren Erfolg oder Misserfolg der erbrachten Leistung durch die VormünderInnen. Ergebnisqualität kann wie die Struktur- und Prozessqualität letztlich nur unter Berücksichtigung der Perspektiven von Fachkräften und Mündel beurteilt werden. Gerade jedoch die Bewertung des Ergebnisses einer Jugendhilfeleistung ist besonders von der Einschätzung der Kinder und Jugendlichen abhängig.

Die Entwicklung von Qualität im Bereich der Vormundschaft ist insgesamt verbunden mit einer Analyse der vorhandenen Praxis. Die Entwicklung von fachlichen Kriterien, die umgesetzt werden und umgesetzt werden sollen, sowie die entsprechenden Modernisierungsverfahren werden in der folgenden Tabelle in Bezug auf die drei Ebenen der Struktur-, Prozess und Ergebnisqualität dargestellt:

Qualitätsverbesserung im Bereich Vormundschaften

	Bestandsaufnahme (Ist-Konzept)	*Kriterien der Fachlichkeit* (Soll-Konzept)	*Modernisierungsverfahren*
Strukturqualität	Welche Rahmenbedingungen sind vorhanden?	Welche Rahmenbedingungen werden benötigt?	Welche Schritte zur Strukturverbesserung sind notwendig?
Prozessqualität	Wie wird die Leistung durch die VormünderInnen erbracht? Welche Vorstellungen, Erwartungen und Beteiligungschancen haben die Mündel?	Wie sollte die Leistung aus Sicht der VormünderInnen und Mündel erbracht werden?	Was trägt zur Erhöhung der Prozessqualität bei?
Ergebnisqualität	Welche Ziele werden aus Sicht der VormünderInnen und der Mündel erreicht?	Welche Ziele sollten aus Sicht der VormünderInnen und der Mündel erreicht werden?	Welche Ziele sind neu (evtl. konkreter) aus Sicht der VormünderInnen und Mündel zu formulieren?

Im Zuge der Überlegungen zur Verbesserung der Qualität der Führung von Vormundschaften wird deutlich, dass eine Realisierung am ehesten aus der konkreten Praxis heraus zu bewerkstelligen ist. Angesichts fehlender quantitativer und qualitativer Daten über die Vormundschaftspraxis ist es umso notwendiger, gemeinsam mit den Fachkräften Konzepte und Umsetzungsstrategien zu entwickeln. Dies ist nicht zuletzt deshalb notwendig, weil die Beteiligung der Fachkräfte am ehesten zu deren Akzeptanz und Bereitschaft führen kann, die eigene Praxis zu reflektieren und verbessern zu wollen.

Anmerkung

1 Das komplette Leistungsprofils befindet sich im Anhang.

Literatur

Donatin, M. 1995: Das Jugendamt als Amtsvormund und Amtspfleger – nach Bestellung durch das Vormundschaftsgericht – In: Der Amtsvormund 1995, Sp. 47 ff.

Hansbauer, P. 1998: Aktuelle Probleme in der Amtsvormundschaft/-pflegschaft und Perspektiven zu ihrer Überwindung. In: Zentralblatt für Jugendrecht, 95. Jg., Nr. 12, S. 496-503

Jordan, E. 1998: Qualitätssicherung in der Jugendhilfe. In: Jordan E./Reismann, H. 1998: Qualitätssicherung und Verwaltungsmodernisierung in der Jugendhilfe. Münster

Kinder haben Rechte e. V. 1997: Stärkung der Rechte von minderjährigen Mädchen und Jungen und ihrer Personensorgeberechtigten in der Erziehungshilfe. 1. Zwischenbericht, unveröffentlichtes Manuskript. Münster

Kinder haben Rechte e. V. 1998: Stärkung der Rechte von minderjährigen Mädchen und Jungen und ihrer Personensorgeberechtigten in der Erziehungshilfe. 2. Zwischenbericht, unveröffentlichtes Manuskript. Münster

Merchel, J. 1999: Zwischen Effizienzsteigerung, fachlicher Weiterentwicklung und Technokratisierung: Zum sozialpolitischen und fachpolitischen Kontext der Qualitätsdebatte in der Jugendhilfe. In: Merchel, J. 1999: Qualität in der Jugendhilfe. Kriterien und Bewertungsmöglichkeiten. Münster, S. 20-42

Müller, B. K. 1999: Probleme der Qualitätsdiskussion in sozialpädagogischen Handlungsfeldern. In: Merchel, J. 1999: Qualität in der Jugendhilfe. Kriterien und Bewertungsmöglichkeiten. Münster. S. 43-60

Münder, J./Schone, R. 1997: Jugendhilfe und Vormundschaftsgerichte – Ende der Sozialpädagogik oder neuer Rahmen für neue Chancen? In: Forum Erziehungshilfen, Heft 1, S. 9 ff.

Oberloskamp, H. 1988: Mehr Einzelvormünder/Einzelpfleger statt Amtsvormünder/Amtspfleger? In: Zeitschrift für das gesamte Familienrecht (FamRZ), 35. Jg., Heft 1, S. 7-22

Oberloskamp, H. 1990 a: Vormundschaft, Pflegschaft und Vermögenssorge bei Minderjährigen (mit Nachtrag). München

Oberloskamp, H. 1990 b: Die rechtliche Stellung von Kindern und Jugendlichen nach dem

Regierungsentwurf eines Gesetzes zur Neuordnung des Kinder- und Jugendhilferechts. In: Zentralblatt für Jugendrecht (ZfJ), 77. Jg., Heft 3, S. 260-269

Oberloskamp, H. 1991: Zum Stand der Diskussion um die gesetzliche Amtspflegschaft: historische und systematische Aspekte. In: Zentralblatt für Jugendrecht (ZfJ), 78. Jg., Heft 12, S. 586-592

Oberloskamp, H. 1992: Die Zusammenarbeit von Vormundschafts-/Familiengericht und Jugendamt. In: Zeitschrift für das gesamte Familienrecht (FsmRZ), 39 Jg., Heft 11, S. 1241-1249

Petersen, K. 1996: Partizipation als Indikator responsiver Sozialer Arbeit. Die AdressatInnenperspektive in der Jugendhilfe. In: Flösser, G./Otto, H.-U.: Neue Steuerungsmodelle für die Jugendhilfe. Neuwied, Kriftel, Berlin, S. 75-87

Petersen, K. 1999: Bestellte Amtsvormundschaften und Amtspflegschaften: Möglichkeiten einer am Mündel orientierten Praxisentwicklung. In: Forum Erziehungshilfen 1/1999, S. 4-11

Rüting, W. 1999: Wir reden mit! Eine Zukunftswerkstatt mit Mündeln. In: Forum Erziehungshilfen 1/1999, S. 12-16

Salgo, L. 1991: Amtsvormundschaft/Amtspflegschaft: Verwaltung oder soziale Arbeit – Teil des Jugendamtes oder Fremdkörper? In: Kreft, D./Münder, J. (Hg.): Quo Vadis Jugendhilfe. Berichte & Materialien aus der sozialen und kulturellen Arbeit. Heft 6, Nürnberg, S. 109-121

Schone, R. 1997: Kinder in Not. Vernachlässigung im frühen Kindesalter und Perspektiven Sozialer Arbeit. Münster

Schütze, F. 1992: Sozialarbeit als „bescheidene Profession“. In: Dowe, B. u. a. (Hg.) Erziehen als Profession. Opladen

Statistisches Bundesamt: Fachserie 13, Reihe 6. Ohne Jahresangabe

Statistisches Bundesamt: Statistische Jahrbücher, Ohne Jahresangabe

Wolf, Ch. 1997: Amtsvormundschaften und Allgemeiner Sozialer Dienst. Abgrenzung und Zusammenarbeit bei der Gewährung von Hilfe zur Erziehung. In: Der Amtsvormund 1997, SP 877 ff.

Wir reden mit! – eine Zukunftswerkstatt mit Mündeln

Wolfgang Rüting

„Kommunikation heißt, Phantasien durch Informationen zu ersetzten."
(Wilfried Reifahrt, Der Elefant)

1. Ausgangslage und Fragestellung

„Nicht nur über die jungen Menschen reden, auf die sich unser berufliches Interesse richtet, sondern auch mit ihnen" wurde als Leitsatz eines Kooperationsprojektes zwischen dem *Kinder haben Rechte e. V.* und dem Jugendamt Wesel formuliert, das sich mit der aktuellen Situation und den Neugestaltungsmöglichkeiten des Aufgabenbereiches Amtsvormundschaften und Amtspflegschaften im Jugendamt Wesel beschäftigte. Dabei stand dieses Ansinnen zu Beginn der Projektarbeit noch gar nicht zur Diskussion. Vielmehr ging es zunächst darum, die aktuelle Praxis des Aufgabenbereiches Amtsvormundschaften und Amtspflegschaften zu analysieren, Standards einer zeitgemäßen Aufgabenwahrnehmung zu formulieren und nach Schwachstellen in den Organisations- und Verfahrensabläufen zu suchen. Die so gewonnenen Erkenntnisse sollten schließlich die Grundlage für die Neugestaltung des Aufgabenfeldes Amtsvormundschaften und Amtspflegschaften darstellen.

Mit all diesen Fragen und Anforderungen beschäftigte sich eine Arbeitsgruppe des Jugendamtes, zusammengesetzt aus MitarbeiterInnen unterschiedlicher Aufgabenfelder, u. a. Amtsvormundschaft, Allgemeiner Sozialer Dienst, Wirtschaftliche Jugendhilfe, Amtsleitung. Je intensiver sich die eigene Praxis dabei zum Reflexionsgegenstand entwickelte, umso deutlicher wurde der Umstand, dass sich berufliches Handeln in Organisationen in weiten Teilen an einer innerorganisatorischen Zweckmäßigkeit orientiert, bzw. ausrichtet. Die Frage: „Wie organisieren wir die Umsetzung unseres Arbeitsauftrags", richtete sich auf die Interessen der Organisation und der MitarbeiterInnen. Der Blick auf die Betroffenen, in diesem Fall Kinder und Jugendliche, die VormünderInnen haben, wird dabei häufig ausgeblendet. Wie die Mündel[1] das Jugendamt sehen, bzw. ihre VormünderInnen als Bezugspersonen wahrnehmen, bleibt Vermutungen und subjektiven Einschätzungen einzelner MitarbeiterInnen überlassen.

Dabei stellt das Führen von Vormundschaften alles andere als einen Selbstzweck der Verwaltung dar. Die VormünderInnen treten an die Stelle der Eltern (Personensorgeberechtigten), die, aus welchen Gründen auch immer, diese Funktion nicht mehr ausüben können. Sie haben die Erziehung ihrer Mündel sicherzustellen. Die Beziehungen zwischen VormünderInnen und Mündeln sind vom Gesetz her als persönliche Beziehung gewollt (Übertragung der Funktion auf einzelne Fachkräfte gemäß § 55 KJHG). Sie sichern die Beteiligungmöglichkeiten und Rechte der Kinder und Jugendlichen, die VormünderInnen haben und setzen diese notfalls mit rechtsstaatlichen Mitteln durch. Das heißt aber auch, die VormünderInnen müssen die Lebenswirklichkeit der betroffenen Mädchen oder Jungen genau kennen, Bedürfnisse, Wünsche und Interessen wahrnehmen, sich mit diesen auseinandersetzen und sie gleichermaßen an die unterschiedlichsten Stellen und Orte transportieren, die für die jungen Menschen, die unter Vormundschaft stehen, von Bedeutung sind. Das setzt in der Tat eine persönliche Beziehung voraus, die auf einer kontinuierlichen Kommunikation zwischen VormünderInnen und Mündeln beruht. Tragfähige persönliche Beziehungen, die diesem Anspruch entsprechen wollen, sind geprägt durch Gegenseitigkeit (partnerschafltiches Miteinander), Vertrauen und Sicherheit. Entwicklungsfördernde Beziehungen orientieren sich an der Subjektivität der Kinder und Jugendlichen. (Amts-)Vormundschaften, die eher noch einem „obrigkeitsstaatlichem" Denken folgen, erzeugen demgegenüber eine Über- und Unterordnungskonstruktion im gegenseitigen Verhältnis Mündel – VormünderIn. Sie verwalten die formalrechtlichen Aspekte einer Vormundschaft. Mündel sind dann Objekte des Handelns. Entwicklungsfördernde Dimensionen werden hierdurch für die Betroffen in aller Regel nur oberflächlich erschlossen.

Für die Arbeitsgruppe des Jugendamtes wurde in diesem fachlichen Kontext deutlich, dass es für die Neugestaltung des Aufgabenfeldes zwingend erforderlich sein würde, den Blick auf die Betroffenen zu richten, nämlich in diesem Fall auf die Kinder und Jugendlichen, die unter Vormundschaft stehen. Als ein wesentliches Gestaltungsprinzip des Aufgabenfeldes Amtsvormundschaft und Amtspflegschaft muss daher der folgende Grundsatz formuliert werden: *Die Frage, wie künftig bestellte Vormundschaften und Pflegschaften inhaltlich und vom organisatorischen Ablauf her zu gestalten sind, sollte sich weniger an Zweckmäßigkeiten innerhalb der Verwaltung orientieren. Vielmehr ist der Blickwinkel der betroffenen Kinder und Jugendlichen entscheidend sowie die Frage, wie Personensorgerechte personenbezogen so wahrgenommen werden können, dass Mädchen und Jungen mit VormünderInnen als Subjekte auftreten können und in ihren Rechten gestärkt werden.*

Für die Rolle der VormünderInnen ergibt sich hieraus mit Blick auf die zu betreuenden jungen Menschen eine primär sozialpädagogische Auftragslage. Die administrativen Auftagsinhalte einer Vormundschaft sind demgegenüber als zweitrangig einzuordnen. Die VormünderInnen übernehmen zwar nicht die psycho-soziale Rollenfunktion der Eltern, jedoch sind sie die Personen, die in der Ausnahmesituation „Sorgerechtsentzug" dieser „elterlichen" Bedeutung am nahesten kommen.

Die VormünderInnen nehmen alle Interessen, Rechte und Anforderungslagen der Mündel aus einer Hand wahr. Sie handeln unabhängig und sind ausschließlich dem Vormundschaftsgericht gegenüber berichtspflichtig. Für die Mündel sind

VormünderInnen die zentrale „Anlaufstelle“, die die persönlichen Belange, Anforderungen und Notwendigkeiten am besten kennen. Die VormünderInnen tragen im wesentlichen zum Gelingen der Erziehung, respektive der persönlichen Entwicklung der Mündel bei, solange die tatsächlichen Eltern nicht in der Lage sind, eine dem Wohl des Kindes entsprechenden Erziehung zu gewährleisten. Hierzu werden die Leistungen der Jugendhilfe in Anspruch genommen, sowohl die, die direkt vom öffentlichen Träger angeboten werden, als auch die in freier Trägerschaft. Im Prozess der Hilfeplanung gem. § 36 KJHG treten die VormünderInnen als Antragsteller auf, die Leistungen beantragen und aus der Vertretungskompetenz des Mündels heraus entscheiden, ob sie die vom Jugendamt letztlich angebotenen Leistungen für ihr Mündel als geeignet betrachten. Sie entscheiden im Prozess der Hilfeplanung aus der Perspektive der Betroffenen mit, nicht als Leistungsgewährende. Die VormünderInnen stellen dabei die zeitlich befristete, aber wichtigste persönliche „Schnittstelle“ der Mündel zur gesellschaftlichen Umwelt dar.

2. Beteiligung von Mündeln am Gestaltungsprozess der Amtsvormundschaften – die Zukunftswerkstatt

Ausgehend von den o. a. Überlegungen und der prinzipiellen Notwendigkeit einer Beteiligung von jungen Menschen, deren Sorgeberechtigte VormünderInnen sind, wurden konkrete Schritte zur Umsetzung dieses Anspruches geplant. Vereinbart wurde schließlich, eine Zukunftswerkstatt durchzuführen mit dem primären Ziel, eine möglichst große Gruppe junger Menschen, die VormünderInnen haben, auf diesem Wege nicht nur zu erreichen, sondern diese mit ihren Ideen und Vorstellungen in den Gestaltungsprozess einzubeziehen. Dabei standen aus Sicht der Arbeitsgruppe folgende Leitfragen an die Betroffenen im Mittelpunkt:

- Wie hast du deinen Vormund bisher persönlich erlebt? Kennst du sie/ihn und bestehen aus deiner Sicht regelmäßig Kontakte?
- Welche Erfahrungen, positive wie negative, hast du bisher mit deiner Vormundschaft gemacht?
- Hast du Ideen und Vorstellungen, wie in Zukunft die Vormundschaft besser gestaltet werden kann?

Diese Fragestellungen sowie die Methodik Zukunftswerkstatt waren Gegenstand einer Veranstaltung, zu der junge Menschen, die unter Vormundschaft stehen, persönlich eingeladen wurden.

Exkurs Zukunftswerkstatt: Die Zukunftswerkstatt ist nach Auffassung ihrer Erfinder „ein Art soziales Versuchslabor, in dem alternative Zukünfte (...) entworfen und durchdacht werden“ (vgl. Jungk 1981). In einem gruppenorientierten Setting werden dabei mit Kreativität und Fantasie zu bestimmten Fragestellungen und Problemen Lösungs- und Umsetzungsstrategien entwickelt. Die Zukunftswerkstatt stellt dabei einen methodischen Gesamtrahmen dar, innerhalb dessen weitere methodische Elemente der Jugend- und Erwachsenenbildung eingebunden werden können. Den Gesamtrahmen bilden fünf Arbeitschritte:

- Vorbereitung
- Beschwerde und Kritikphase
- Fantasiephase
- Verwirklichungs- und Umsetzungsphase
- Nachbereitung

Die drei Hauptphasen (Kritik, Fantasie- und Umsetzungsphase) folgen dem menschlichen Denken beim Auftreten eines Problems: Problem erfassen, Wunschzustand ausmalen und handeln, um diesen Zustand nach Möglichkeit zu erreichen. Üblicherweise werden diese Schritte im Alltag aber nicht getrennt. Der besondere Wert jeder Phase für die Betrachtung des konkreten Problems geht dabei oft verloren. In jeder der drei mittleren Phasen wird ausreichend Raum gegeben, um mit Blick auf eine konkrete Fragestellung unterschiedliche Aspekte, Eindrücke und Einsichten zu sammeln. In der Beschwerde- und Kritikphase wird der erlebte aktuelle Sachverhalt eines Zustandes aus Sicht der TeilnehmerInnen dargestellt. In der Fantasiephase wird ein Bild entworfen, wie es aus Sicht der TeilnehmerInnen sein sollte. In der dritten Phase schließlich werden Ideen entwickelt, wie sich das Wunschbild an die Realität anpassen kann. Durch die analytische Trennung der drei mittleren Phasen werden zu allen Bereichen Ideen und Gesichtspunkten entwickelt und nicht schon im Voraus wieder verworfen.

Zur Mitarbeit an der Veranstaltung der Jugendamtes konnten 10 Mädchen und Jungen im Alter von 13 bis 18 Jahren gewonnen werden. Durchgeführt wurde die Veranstaltung von externen ModeratorInnen des *Kinder haben Rechte e. V.* Münster. Die MitarbeiterInnen des Jugendamtes sowie die relevanten Träger der freien Jugendhilfen gingen zunächst in die Beobachterrolle. Diese Vorgehensweise wurde gewählt, um die Gefahr auszuschließen, dass die MitarbeiterInnen des eigenen Amtes bei diesem ersten Schritt einer Betroffenenbeteiligung eigene Vorbehalte und Skepsis unbeabsichtigt in den Gestaltungsprozess einfließen lassen. Eine Begegnung auf „gleicher Ebene“ (VormünderIn/Mündel) konnte so eher erreicht werden.

Das Vorhaben drückt sich im nachfolgend abgebildeten Programmablaufschema aus, das in dieser Form auch entsprechend umgesetzt wurde:

Uhrzeit	*Inhalt*	*Ziel*	*Methode*
15.00	Begrüßung: 1. Stadtverwaltung 2. Freie Träger 3. KHR e.V.	Ziel der Veranstaltung verdeutlichen: – Worum geht es? – Wer ist anwesend?	
15.15 bis 16.00	Kennenlernphase	– Die TeilnehmerInnen sollen sich kennenlernen und Vertrauen zueinander entwickeln. – Herstellen von Arbeitsgrundlagen	Kennenlernspiele: – Partnerinterview: Wer ist wer? Was haben wir gemeinsam vor? – „Steckbrief" der TeilnehmerInnen anfertigen und in der Runde vorstellen
ca. 16.00 bis 19.00	Arbeitsphase Zukunftswerkstatt	Die TeilnehmerInnen sollen sich mit ihrer Situation als Mündel auseinandersetzen: – Wie erlebst du deine Lebenslage? – Wie hast du deinen Vormund bisher persönlich erlebt? Kennst du sie/ihn und bestehen aus deiner Sicht regelmäßig Kontakte? – Welche Erfahrungen, positive wie negative, hast du bisher mit deiner Vormundschaft gemacht? – Hast du Ideen und Vorstellungen, wie in Zukunft die Vormundschaft gestaltet werden kann?	1. Wer bin ich? – Mein Lebensbild (Einzelarbeit, ca. 15 Min.) 2. – Durchführung der Zukunftswerkstatt in den 3 Phasen… – Bildung von Kleingruppen für die Arbeit in den Phasen – Auswertung der Phasen in der Großgruppe – Anleitung der Phasenarbeit durch ModeratorInnen 3. Wir reden mit! *Brief an die Leiterin des Jugendamtes*
19.00	Auswertung	Zusammenfassung der Ergebnisse, Absprachen und Abschluss	Gruppengespräch Die MitarbeiterInnen des Jugendamtes und der Träger der freien Jugendhilfe kommen zu diesem Arbeitsschritt hinzu
ab 19.30	Pizzaessen		

Die Veranstaltung wurde von den jungen Menschen angenommen und als Möglichkeit verstanden, Wünsche, Befürchtungen und Meinungen zu äußern. Bemerkenswert war die große Offenheit der TeilnehmerInnen, ihr Mut sowie ihre Kompetenz, sich klar zu allen sie betreffenden Fragen zu äußern. Gleichwohl bestand zu Beginn eine nicht zu übersehende Skepsis. Diese Skepsis wich schnell als klar wurde, dass es hier um die Mädchen und Jungen selber ging. Im Ergebnis zeigt sich, dass die Betroffenen an Erwartungen genau das zum Ausdruck bringen, was in den Monaten zuvor durch die Arbeitsgruppe des Jugendamts als fachliche Standards und Anforderungen an den Aufgabenbereich Amtsvormundschaft formuliert wurde. Dabei ist es sehr wichtig und zentral, die besondere Lebenslage junger Menschen wahrzunehmen, die „unter Vormundschaft“ stehen. Geprägt ist diese Lebenslage durch den Umstand, dass die eigenen Eltern, aus welchen Gründen auch immer, „ausgefallen“ sind. Die betroffenen Mädchen und Jungen brauchen in dieser Lebenslage Erwachsene als Bezugspersonen, die ihre Interessen erkennen und wahrnehmen, ihnen Schutz und Orientierung bieten und sie in ihrer besonderen Lebenslage ernst nehmen und akzeptieren. Das gelingt am Ende nur durch einen sehr engen Kontakt, persönliche Beziehung und Kontinuität in der Aufgabenwahrnehmung im Sinne einer Partnerschaft.

Auch aus Sicht der Fachkräfte des Jugendamtes und der Träger der freien Jugendhilfe konnte eine anfänglich sicherlich noch vorhandene Skepsis schnell überwunden werden. Sie erlebten die jungen Menschen, die VormünderInnen haben im Zuge der Veranstaltung in einem veränderten Kontext, außerhalb der Alltagsarbeit als VormünderInnen. Die Mädchen und Jungen vermittelten Einblicke in ihre Ansichten und Erlebnisse mit ihrer Vormundschaft. Vor allem kam auf diesem Wege ein Dialog zwischen den Betroffenen und den VormünderInnen über das Thema Vormundschaft und die gegenseitigen Vorstellungen hierüber in Gang. Erkenntnisse und Einsichten für die Organisation des Aufgabenfeldes und die persönliche Haltung als Vormund konnten so gewonnen werden.

3. Aussagen der Mündel zum Thema „Meine Vormundschaft“ und die Konsequenzen für das Aufgabenfeld Amtsvormundschaft

In der Systematik der drei Phasen der Zukunftswerkstatt sollen an dieser Stelle die zentralen Aussagen der jungen Menschen dargestellt werden. Die Liste der Nennungen entwickelte sich im Verlauf der Zukunftswerkstatt allerdings weitaus umfangreicher. Zum Abschluss der Veranstaltung konnte aus Sicht der TeilnehmerInnen jedoch ein Konsens hinsichtlich der dargestellten Aussagen erzielt werden.

Die Aussagen der betroffenen jungen Menschen bringen vor allem zum Ausdruck, dass sie in der Funktion der VormünderInnen einen Beziehungsort für sich sehen. Hier erwarten und fordern sie für sich Aufmerksamkeit, ernst genommen zu werden sowie Verlässlichkeit. Die Betroffenen sehen mit Blick auf die VormünderInnen zunächst keine „Amtsperson“, sondern die Persönlichkeit des Amtsinhabers. Sie bekommen aber offensichtlich häufig oft nur die „Amtsperson“ angeboten, mit der sie dann kaum etwas anfangen können. Die Folgen sind viel zu oft Resignation und Rückzug, für die meisten der betroffenen jungen Menschen zum zweiten mal, denn ihre Eltern als Bezugspersonen haben sie bereits verloren.

Phase	*Aussagen der Mündel*
Kritikphase: Was mir an meinem Vormund nicht gefällt	– Es fehlt an Beziehung und Vertrauen. – Den VormünderInnen ist die tatsächliche Lebenssituation der Mündel nicht bekannt. – VormünderInnnen und Jugendamt stecken unter einer Decke. – Die/der VormünderIn macht nur seinen Job – es besteht eine viel zu große Distanz. Es fehlt an Beziehung, Vertrauen und Verläßlichkeit. „Über meine/n VormünderIn weiß ich nichts". – Die/der VormünderIn ist zu alt. Sie/er kann das Denken junger Menschen nicht nachvollziehen. – Es werden Absprachen und Entscheidungen getroffen ohne Wissen der Mündel. – Die/der VormünderIn nimmt mich nicht ernst. Er ist nicht da, wenn ich ihn brauche. – etc.....
Fantasiephase: So stelle ich mir den Vormund vor...	– VormünderInnen sollen wie Mutter und Vater sein. – Ich möchte wissen was mein/e VormünderIn über mich denkt. – VormünderInnen sollen viel über Kinder und Jugendliche wissen, Zeit haben und zuhören können. Sie müssen viel öfter kommen und besser erreichbar sein! – Der Vormund soll sich Zeit nehmen und mit mir auch Freizeit verbringen, vielleicht sogar mit mir einige Zeit im Heim zusammenleben. Er soll sich mit mir an einem neutralen Ort treffen können. – Der Vormund darf ruhig mal Gefühle zeigen und Mensch sein. – Der Vormund soll verständlich machen, was er tut und warum er etwas entscheidet und mich dabei ernst nehmen. – Die Vormünder sollen sich viel öfter mit ihren Mündeln zusammensetzen und über ihre Arbeit mit uns sprechen. – etc...
Umsetzung: Das schlagen wir der Jugendamtleiterin für die Arbeit der VormünderInnen vor!	– Es sollen mehr jüngere Leute als Vormund bestellt werden. – Der Vormund soll ein partnerschaftliches Verhältnis zu seinen Mündeln aufbauen. – Der Vormund muss für seine Aufgabe Zeit haben und als Ansprechpartner für alle Fragen der Kinder und Jugendlichen zur Verfügung stehen. – Die VormünderInnen sollen eine vertrauensvolle Beziehung zu den Kindern und Jugendlichen pflegen. – Die betroffenen Kinder und Jugendlichen brauchen Raum für Mitsprache und müssen ernst genommen werden. – Es sollen regelmäßig Konferenzen zum Thema Vormundschaft mit den Betroffenen geben.

4. Zusammenfassung

Die Betrachtung fachlicher Zusammenhänge erfahren aus der Sicht der Mädchen und Jungen gesehen eine besondere Bedeutung. Das, was schon in den Fachgesprächen der Arbeitsgruppe vermutete werden konnte, wurde nun im wesentlichen bestätigt. Das Führen von Vormundschaften ist in erster Linie Beziehungsarbeit mit den anvertrauten jungen Menschen. Nur muss hierfür im Tagesgeschäft eines Amtes zum einen der Raum vorhanden sein und die Unabhängigkeit von den allzu oft auftretenden Sachzwängen innerhalb der Verwaltung.

Für die Beteiligten, VormünderInnen und Mündel, hat sich darüber hinaus der Aufwand, der mit der Zukunftswerkstatt in Verbindung steht, gelohnt. Die Arbeitsgruppe konnte auf die eingangs gestellten Fragestellungen Antworten bekommen, die hilfreich sind, um für die Neugestaltung des Aufgabenfeldes Orientierungen zu gewinnen. Aus Sicht der jungen Menschen wurde die Veranstaltung positiv bewertet und der Wunsch formuliert, diese in absehbarer Zeit zu wiederholen. Ohne die gewählte Form einer methodisch angeleiteten Veranstaltung zur Beteiligung junger Menschen kann es sicherlich als fraglich bezeichnet werden, ob vergleichbare Ergebnisse erzielt worden wären.

Anmerkung

1 Schon der Begriff „Mündel“ bringt eine Haltung zum Ausdruck, die eine strukturelle Unterlegenheit der Betroffene festschreibt und spezifische Beziehungsqualitäten definiert.

Literatur

Jungk, R., Müllert, N. u. a., 1981: Zukunftswerkstätten, Hamburg.

Reifarth, W. 1996: Der Elefant. Eigenverlag des Deutschen Verein, Frankfurt.

AmtsvormünderInnen und der Weg zum Überregionalen Arbeitskreis

Christa Wolf

Als ich von der Initiative des *Kinder haben Rechte e. V.* zur Gründung eines überregionalen Arbeitskreises zum Thema Vormundschaften hörte, war ich sofort fest entschlossen, mich in diesem Arbeitskreis zu engagieren. Die Gründe hierfür sind sicher persönlicher Natur, trotzdem möchte ich sie Ihnen nicht vorenthalten. Ich glaube, dass meine Motive, wenn nicht genauso, so doch in ähnlicher Form, für die meisten Mitglieder dieses Arbeitskreises gelten.

1. Über den Versuch, als Amtsvormünderin umfassend und erfahrbar Kinder und Jugendliche zu vertreten

Ich bin seit vielen Jahren Amtsvormünderin in einem kreisangehörigen Jugendamt in Nordrhein-Westfalen und habe eine Ausbildung als Diplom-Verwaltungswirtin absolviert. Bevor ich in den Bereich der Amtsvormundschaft wechselte, habe ich in vielen Ämtern der Kommunalverwaltung gearbeitet, zuletzt im Jugendamt im Sachgebiet „wirtschaftliche Jugendhilfe". Als ich in die Amtsvormundschaft wechselte, hatte ich klare Vorstellungen, wie für mich die Arbeit eines Amtsvormundes aussehen sollte. Ich stellte mir vor, AmtsvormünderInnen sind zumindest zeitweilig Elternersatz und müssen demzufolge entsprechende Handlungskompetenzen besitzen. Was ich vorfand, war etwas ganz anderes! In unserem Jugendamt wurde die noch heute häufig praktizierte Aufteilung in Mündelbetreuung durch die MitarbeiterInnen des ASD und Schreibtischarbeit durch die AmtsvormünderInnen praktiziert. Das hatte zur Folge, dass ich als Amtsvormünderin die Mündel überhaupt nicht kannte, geschweige denn deren Wünsche oder deren Rechte vertreten konnte. Alle meine zunächst zaghaften Versuche, diese Arbeitsweise zu ändern, wurden von den ASD MitarbeiterInnen, aber auch von den anderen AmtsvormünderInnen kritisch beäugt. Denn es galt der alte Verwaltungsgrundsatz „Wo kämen wir hin, wenn da jeder käme?".

In der täglichen Arbeit stellte ich schnell fest, dass diese Art der Arbeit, so völlig losgelöst von den Kindern und Jugendlichen, für mich absolut unbefriedigend war. Zugleich entwickelte ich aber auch Zweifel an der Rechtmäßigkeit meines Handelns, denn schließlich sind die AmtsvormünderInnen ja die gesetzlichen Vertreter ihrer Mündel. Die AmtsvormünderInnen müssen ihre Handlungen und Entscheidungen gegenüber dem aufsichtsführenden Vormundschaftsgericht verantworten. Wie aber sollte ich als Amtsvormünderin etwas verantworten, von dem ich überhaupt nichts wusste, z. B. die Verlegung eines Mündels von einer Pflegefamilie in ein Heim oder seine Teilnahme an therapeutischen Maßnahmen? Wie sollte ich als Amtsvormünderin die Verantwortung für Entscheidungen tragen, an deren Zustandekommen ich überhaupt nicht beteiligt worden war, wie z. B. bei der Fremdunterbringung eines Mündels oder wie bei der Regelung von Besuchskontakten?

Aus diesem meinem Unbehagen zog ich für mich Konsequenzen. Ich nahm mir vor, mich zuerst gründlich schlau zu machen und dann entsprechende Veränderungen durchzusetzen. Ich stellte mir dafür einen „Stufenplan“ auf.

Zunächst wollte ich mich intensiv mit den rechtlichen Inhalten der Amtsvormundschaft vertraut machen. Dabei merkte ich sehr schnell, dass es mit diesen Kenntnissen in keinem Fall getan ist. Wenn man tatsächlich Verantwortung für fremde Kinder aus kritischen oder schwierigen Lebensverhältnissen übernehmen will, ist man es den Kinder schuldig, so gut wie möglich für diese Aufgabe gerüstet zu sein. Es geht darum zu verstehen, was mit den Kinder geschieht, was in den Kindern vorgeht. Das ist aber nur möglich, wenn es gelingt, Möglichkeiten zu finden, mit diesen Kindern ins Gespräch zu kommen. Deshalb beschloss ich, zusätzliche Kompetenzen aus den Bereichen der Pädagogik, Psychologie, Soziologie, Kommunikation und angrenzenden Wissenschaften zu erwerben.

In meinem Bemühen um entsprechende Aus- und Fortbildungen stieß ich immer wieder an Grenzen. Sei es, dass es gar keine entsprechenden Angebote gab, sei es, dass solche Angebote zwar vorhanden, aber ausschließlich der Zielgruppe SozialarbeiterInnen vorbehalten waren. Erst nach langem Suchen, mit Hartnäckigkeit und viel Glück konnte ich den ersten Teil meines Planes verwirklichen.

Als nächstes hatte ich mir vorgenommen, meine Rolle als Amtsvormünderin in der Organisation unseres Jugendamtes zu klären. Dabei wollte ich einen intensiven Austausch mit dem ASD begründen. In meinem Bemühen um Rollenklärung hoffte ich, auf Bewährtes zurückgreifen zu können. Ich suchte nach Stellenbeschreibungen, nach Anforderungs- und Leistungsprofilen und habe mich dabei sogar an die KGst (Kommunale Gemeinschaftsstelle für Verwaltungsvereinfachung) gewandt. Die Antwort auf meine Anfragen war immer ein freundliches, aber entschiedenes Kopfschütteln. Oft endete meine Anfrage sogar mit der Antwort „...Ja, wenn Sie denn da mal was hätten, wären wir Ihnen dankbar...“. Im Übrigen habe ich auch nach Inkrafttreten des KJHG, in dem ja im § 72 das Fachkräftegebot normiert ist, versucht, etwas zu den Anforderungen an AmtsvormünderInnen zu finden. Sowohl in der Fachliteratur als auch in der einschlägigen Rechtsprechung gibt es keine entsprechenden Hinweise.

Als ich versuchte, den Austausch mit dem ASD zu initiieren, begegnete ich immer wieder den Argumenten „Vormund wird doch das Jugendamt, und Jugendamt sind wir doch alle“ oder „Du brauchst Dich doch um die Kinder nicht zu kümmern, das machen wir schon, oder traust Du uns etwa nicht?“ Zu diesem Zeitpunkt war ich noch ganz blauäugig, ich glaubte nämlich, ich könnte Schützenhilfe von den anderen AmtsvormünderInnen bekommen. Leider endete auch dieser Versuch nicht so, wie ich mir das gedacht hatte. Auch von den KollegInnen hörte ich „ ..ja, wenn Du dafür noch Zeit hast ...“, oder „wir würden ja gerne etwas ändern, aber der ASD hat so eine starke Position hier im Hause“, oder immer wieder der alte schon zitierte Verwaltungsgrundsatz „wo kämen wir hin ...“.

Da hatte ich nun meinen tollen Stufenplan und die guten Vorsätze... Schlussendlich habe ich sie dann nach und nach verwirklicht und in einem langwährenden Prozess, der immer noch nicht abgeschlossen ist, meine Vorstellungen von der Arbeit eines Amtsvormundes, einer Amtsvormünderin in unserem Jugendamt verwirklicht. Geholfen hat mir dabei die Einführung des KJHG, das viele Dinge, die ich immer schon wichtig und unverzichtbar fand, wie z. B. die Beteiligung von Kindern und Jugendlichen, aber auch die Beteiligung der Personensorgeberechtigten am Hilfeplanungsprozess, gesetzlich festgeschrieben hat. In unserem Jugendamt werden jetzt die AmtsvormünderInnen an den die Mündel betreffenden Entscheidungen beteiligt. Dabei hat sich dann herausgestellt, wie wichtig die Kompetenzen, die ich zusätzlich erworben hatte, in der täglichen Arbeit sind. Allerdings bleibt die Mündelbeteiligung noch immer verbesserungsbedürftig.

Um einige Erfahrungen und Dienstjahre reicher habe ich dann der Bitte entsprochen, meine Erfahrungen im Bereich der Amtsvormundschaft weiterzugeben. In diesem Zusammenhang habe ich viele KollegInnen in den alten und den neuen Bundesländern kennengelernt und viel über die Arbeitsweisen der einzelnen Jugendämter erfahren. Aufgrund meiner ganz persönlichen Erfahrungen und weil ich oft das Gefühl hatte, in meinen Fortbildungen den Kampf gegen Windmühlenflügel aufgenommen zu haben, war es mir immer wichtig, Kontakt zu anderen, gleichgesinnten AmtsvormünderInnen zu suchen und diesen zu pflegen. Ich habe dabei schon früh immer wieder erfahren, dass sich auf diese Weise bei mir die Kenntnisse über die Erfahrungen der anderen, deren Ideen, aber auch deren Projekte und Versuche sammelten. Dadurch habe ich wichtige Anregungen für meine Arbeit erhalten und es war mir oft möglich, anderen wichtige Hinweise zu geben, oder Gleichgesinnte miteinander ins Gespräch zu bringen. Dieser Austausch hat mich im Laufe der Jahre immer wieder bestärkt und mir Mut gemacht, den eingeschlagenen Weg weiterzugehen. Ich fand es aber ausgesprochen schade, dass dieser Austausch nur im kleinen, mehr oder weniger auf persönlichen Beziehungen basierenden Rahmen statt fand.

2. Zur aktuellen Praxis von AmtsvormünderInnen

In den vielen Fortbildungen, die ich inzwischen im Bereich Amtsvormundschaft gehalten habe, wurde deutlich, dass meine Erfahrungen als Neuling im Jugendamt sich nicht wesentlich von den heutigen Erfahrungen vieler KollegInnen sowohl in den alten als auch in den neuen Bundesländern unterscheiden. Dabei war und ist festzustellen, dass sie mit ihren Anliegen, insbesondere dem Wunsch nach Kontakt zum Mündel, immer wieder unüberwindbaren Hindernissen begegnen. Es ist deutlich zu beobachten, dass weder die Mündel noch die AmtsvormünderInnen eine Lobby haben. Die AmtsvormünderInnen sind in den meisten Jugendämtern Exoten, die in ihrem Einzelkämpferdasein von der Jugendamtsleitung, oft sogar aber auch von den eigenen KollegInnen mit ihren Anliegen nicht ernst genommen werden. Unterstützung und Hilfestellung von außen gibt es so gut wie nicht. Dafür gibt es aber Verwaltungsreformen, neue Steuerungsmodelle, Qualitätsdiskussionen und Ressourcenverknappung. Das bedeutet, die AmtsvormünderInnen müssen nun immer wieder nachweisen, dass die Kosten, die sie verursachen, auch gerechtfertigt sind. So sehr ich grundsätzlich ein Kostenbewusstsein in der öffentlichen Verwaltung begrüße, so sehr muss ich feststellen, dass dies im Sachgebiet Amtsvormundschaft nahezu skurrile Blüten treibt. Bei einer kürzlich im Bereich des Landesjugendamtes Rheinland durchgeführten Fortbildung für das Sachgebiet „Amtsvormundschaft" stellte sich heraus, dass die überwiegende Mehrzahl der AmtsvormünderInnen nur sporadischen bis gar keinen Kontakt zu den Mündeln hat. In manchen Jugendämtern können die AmtsvormünderInnen überhaupt keine Mündelbesuche machen, weil die Verantwortlichen entsprechende Fahrtkosten nicht genehmigen. Die hierfür vorgebrachten Begründungen sind vielfach einfach abenteuerlich. Die rechtliche und tatsächliche Notwendigkeit der Beteiligung von Betroffenen und die damit verbundenen Chancen für die Jugendhilfe geraten bei derartigen Arbeitsweisen völlig aus dem Blick.

Die Arbeitssituation der AmtsvormünderInnen ist nach meiner Erfahrung in ganz Deutschland geprägt von Zeit- und Geldmangel. Allerdings gibt es nach meinen Beobachtungen jetzt Hoffnungsschimmer am Horizont. Gerade in der letzten Zeit ist Bewegung in den Bereich Amtsvormundschaft geraten. Das bedeutet, dass gerade jetzt die AmtsvormünderInnen die Chance haben, ihre Aufgaben und ihr berufliches Selbstverständnis zu definieren und die Diskussion um Qualität in der Amtsvormundschaft entscheidend zu beeinflussen. Sie haben die Möglichkeit, im Rahmen der Verwaltungsreformen die Umorganisation in den Jugendämtern voranzutreiben und nach ihren fachlichen Erkenntnissen mitzugestalten. Diese Chance ist jedoch verbunden mit der Notwendigkeit, sich intensiv mit der gesamten Problematik Amtsvormundschaft und deren organisatorischer Einordnung in das Jugendamt, aber auch mit den persönlichen und fachlichen Anforderungen an die AmtsvormünderInnen auseinanderzusetzen. Dabei ist es wichtig, die gewonnen Erkenntnisse transparent zu machen und praktikable Lösungen für den jugendamtlichen Alltag zu entwickeln. Diese Lösungen und die sich daraus ergebenden Konsequenzen müssen mit den Entscheidungsträgern diskutiert werden. Die Entscheidungsträger müssen die Erfordernisse einer modernen, an den Ressourcen jedes Einzelnen orientierten Jugendhilfe und deren Chancen erkennen können und von ihrem Nutzen überzeugt werden.

3. Endlich: AmtsvormünderInnen schließen sich zusammen!

Vor dem Hintergrund meiner Erfahrungen erschien es mir sicher, dass mit diesen im Grunde fach- und berufspolitischen Aufgaben die einzelnen AmtsvormünderInnen in ihren Jugendämtern überfordert sind. Nur allen gemeinsam kann es gelingen, derartige Umstrukturierungsprozesse zu beeinflussen und positiv für die Mündel und die AmtsvormünderInnen zu nutzen. In diesem Zusammenhang war ich fest entschlossen alles mir mögliche zu tun, um diese Chance für uns AmtsvormünderInnen zu nutzen. Als ich dann von der Initiative des *Kinder haben Rechte e. V.* zur Gründung eines *„Überregionalen Arbeitskreises der Amtsvormünderinnen und Amtsvormünder"* hörte, stand für mich fest, mich dort zu engagieren. Ich hoffte, dort auf Gleichgesinnte zu treffen, die mit mir gemeinsam das Ziel, für die Mündel und die AmtsvormünderInnen bessere Bedingungen in den Jugendämtern zu schaffen, verfolgen wollen.

Es waren aber noch anderen Überlegungen, die mich bewogen haben, mich im *„Überregionalen Arbeitskreis der Amtsvormünderinnen und Amtsvormünder"* zu engagieren. Wie ich ja bereits öfter erfahren hatte, ist es mit dem beruflichen Selbstbild und dem Selbstbewusstsein von AmtsvormünderInnen, aber auch der Solidarität nicht so ganz weit her. Immer wieder versuchte ich die AmtsvormünderInnen, die an meinen Fortbildungen teilnahmen, zu mehr Selbstbewusstsein, mehr Eigeninitiative und mehr Eintreten für die eigene Sache zu bewegen. Dabei wurde mir oft der Einwand „Wir können ja doch nichts ändern" entgegengehalten. Zu versuchen, diese Resignation zu durchbrechen und Selbstbewusstsein, Eigeninitiative und Solidarität zu fördern, erschien und erscheint mir als ein lohnenswertes Ziel. Dazu bedarf es aber mehr als nur guten Willens. Es bedarf der Diskussion des beruflichen Selbstverständnisses, der Feststellung von möglichst verbindlichen beruflichen Vorbildungen und Standards, es bedarf der ständigen Diskussion und Auseinandersetzung mit dem Thema Vormundschaft, es bedarf der Akzeptanz in der Berufsgruppe und mit all diesen Zielen fest verbunden der gezielten und offensiven Öffentlichkeitsarbeit.

Ich stellte mir vor, dass in einem solchen Arbeitskreis genau diese Diskussionen und Auseinandersetzungen stattfinden bzw. in Gang gesetzt werden könnten. Ich hoffte, dass dort eine Koordination der Informationen über einzelne überregionale Aktivitäten, Forschungsprojekte und Erfahrungen stattfinden könnte und ich hoffte, dass mit Hilfe gezielter Öffentlichkeitsarbeit das Thema Amtsvormundschaft zu einem öffentlich diskutierten Thema gemacht werden könnte. Ich hatte die Vision, dass auf diese Weise alle Kräfte und alles Wissen engagierter AmtsvormünderInnen gebündelt und weitergegeben werden kann und dass aus einem solchen Arbeitskreis neue Impulse für die Arbeit der AmtsvormünderInnen insbesondere im Bereich der Mündelbeteiligung hervorgehen könnten. Ich hoffte, dass es dadurch gelingen könnte, all denen Mut zu machen und Hilfestellung zu leisten, die als EinzelkämpferInnen in den Jugendämtern sich täglich aufs Neue mit den Unzulänglichkeiten ihres Arbeitsalltags auseinandersetzen müssen. Ich stellte mir vor, dass es in diesem Arbeitskreis gelingen könne, die persönlichen und fachlichen Anforderungen, die an die AmtsvormünderInnen gestellt werden, zu erarbeiten und sie darzustellen. Ich habe damit die Hoffnung verbunden, es möge gelingen, eine möglichst bundes-, zumindest aber landeseinheitliche Aus- oder Weiterbildung zum (Amts-)Vormund zu initiieren und für die Zukunft zu etablieren. Ich hoffte aber auch, dass es durch diesen Arbeitskreis gelingen wird, gleichgesinnte AmtsvormünderInnen miteinander ins Gespräch zu bringen und vielleicht den Grundstein für die Bildung weiterer Arbeitskreise, evtl. für die Einzugsbereiche der anderen Landesjugendämter, zu legen. Damit wäre das Fundament für einen fruchtbringenden fachlichen Austausch auf nationaler Ebene gelegt.

4. Der „Überregionale Arbeitskreis der Amtsvormünderinnen und Amtsvormünder"

Als ich zum ersten Treffen der AmtsvormünderInnen nach Münster kam war ich beeindruckt, wie viele KollegInnen sich dort zusammengefunden hatten. Sie kamen aus ganz Nordrhein-Westfalen, also beiden Landesjugendamtsbereichen und sogar KollegInnen aus Hessen waren anwesend. Als ausgesprochen bereichernd habe ich dabei empfunden, dass sowohl „gelernte" Verwaltungskräfte als auch SozialarbeiterInnen und -pädagogInnen im dieser Runde vertreten waren. Bei einem kurzen Erfahrungsaustausch stellte sich heraus, dass nahezu alle Anwesenden ihre Arbeitssituation als unbefriedigend empfanden, aber auch, dass die Situation in den einzelnen Jugendämtern so gut wie nicht vergleichbar waren. Gleichzeitig bestätigten die KollegInnen meine Erfahrungen, dass in den einzelnen Jugendämtern dem Bereich der Amtsvormundschaft wenig bis keine Aufmerksamkeit entgegengebracht wird und sich die AmtsvormünderInnen deshalb allein gelassen und mit ihren Anliegen nicht ernst genommen fühlen. Sehr schnell stellten wir Anwesenden fest, dass uns ein gemeinsames Ziel, nämlich die Verbesserung der Situation von Mündeln und AmtsvormünderInnen verband. Es bestand deshalb Einigkeit darüber, dass dieser *„Überregionale Arbeitskreis der Amtsvormünderinnen und Amtsvormünder"* gegründet werden sollte.

Nach einer ersten ausführlichen Diskussion waren wir uns dann auch darüber einig, dass es wichtig ist, erst einmal die Aufgaben der AmtsvormünderInnen und die damit verbundenen persönlichen, fachlichen und organisatorischen Anforderungen darzustellen. Die Idee, ein Leistungsprofil für AmtsvormünderInnen zu entwickeln, war geboren. Das Leistungsprofil sollte die unverzichtbaren Bestandteile der Arbeit von AmtsvormünderInnen aufzeigen und die idealen Arbeitsbedingungen von AmtsvormünderInnen darstellen. Das Leistungsprofil sollte sich dem Ideal der Aufgabenerfüllung annähern, ohne Rücksicht auf strukturelle oder finanzielle Gegebenheiten und ohne Rücksicht auf personelle und finanzielle Ressourcen. Das Leistungsprofil liegt inzwischen in seiner endgültigen Fassung vor und wird in Kürze in der Fachzeitschrift „Der Amtsvormund" erscheinen. Im Zuge organisatorischer Überlegungen zur Umsetzung dieser Idee wurde deutlich, dass ein solches Vorhaben der Unterstützung offizieller Stellen bedarf. Diese wurde durch die Einbeziehung der Landesjugendämter Westfalen-Lippe und Rheinland erreicht. Die Beteiligung der Landesjugendämter hat sich in vielerlei Hinsicht als äußerst wertvoll erwiesen. Die Vertreter dieser Landesjugendämter nahmen regelmäßig an den Sitzungen des Arbeitskreises teil und leisteten wertvolle Beiträge zur inhaltlichen Arbeit. Durch ihre Einbeziehung konnte eine Sensibilisierung für die Belange der Mündel und der AmtsvormünderInnen auf Landesebene erreicht werden. Die organisatorische Unterstützung stellte sicher, dass das Leistungsprofil allen Jugendämtern im Lande zur Verfügung gestellt wurde. Es hat bereits erste, von den Landesjugendämtern organisierte Veranstaltungen gegeben, in denen das Leistungsprofil öffentlich vorgestellt und diskutiert wurde. Weitere Veranstaltungen sind geplant. Es ist dadurch gelungen, auch auf der Ebene der JugendamtsleiterInnen Interesse und Problembewusstsein zu wecken. Als direkte Folge der Zusammenarbeit wird nun in beiden Landesjugendämtern erwogen, die Umsetzung des Leistungsprofils in den Jugendämtern als Praxisentwicklungsprojekt modellhaft zu fördern. Das Modellprojekt soll vom *Kinder haben Rechte e. V.* wissenschaftlich begleitet werden. Allein schon das Leistungsprofil ist mehr, als ich von dem *„Überregionalen Arbeitskreis der Amtsvormünderinnen und Amtsvormünder"* zu erhoffen gewagt hatte. Wenn auch noch das Modellprojekt zustande kommt, von dem ich mir wichtige Erkenntnisse für die tägliche Praxis der Jugendämter erhoffe, werden meine Erwartungen weit übertroffen.

Während der Arbeiten am Leistungsprofil kam zwischen den Mitgliedern des Überregionalen Arbeitskreises eine wichtige Diskussion zur Mündelbeteiligung in Gang. Über alle Professionen hinweg herrschte Einigkeit darüber, dass der Kontakt zu den Mündeln als einer der wichtigsten Bestandteile der Arbeit von AmtsvormünderInnen betrachtet wird. Aus diesem Grund wurde diesem Thema ganz besondere Aufmerksamkeit gewidmet. Auch dieses Ergebnis, das sich im Übrigen bisher auch in allen anderen Fortbildungen bestätigte, erschien mir ganz wichtig festgehalten zu werden. Ich bin fest davon überzeugt, dass die Darstellung der Notwendigkeit von Mündelkontakt und Mündelbeteiligung im Leistungsprofil auch in den Köpfen der Jugendamtsleitung einen Umdenkungsprozess in Gang setzt.

Dadurch, dass in dem Arbeitskreis sowohl Fachkräfte aus dem mehr juristisch, als auch dem mehr pädagogisch ausgerichteten Bereich vertreten sind, wurden in der Diskussion beide Aspekte sehr ausführlich behandelt. Das führte dazu, dass sich in dem Leistungsprofil auch alle beteiligten Professionen mit ihren spezifischen Fähigkeiten wiederfinden können und damit hoffentlich ein alter Streit, wer denn nun die besseren VormünderInnen sind, beigelegt werden konnte. Durch die ausführliche Diskussion konnte auch erreicht werden, dass all die persönlichen und fachlichen Voraussetzungen, die für eine Eignung zum Amtsvormund, zur Amtsvormünderin nötig sind, erstmals formuliert werden konnten. Sicher müssen bei einem derartigen Leistungsprofil immer auch Kompromisse gemacht werden. Trotzdem ist es meiner Meinung nach mit der Darstellung der Eignungskriterien gelungen, die Grundlage für die Anforderungen an künftige fachbezogene Aus- und Fortbildungen zu legen. Ich hoffe, dass die AmtsvormünderInnen in Zukunft diese Fortbildungen auch einfordern werden. Ich hoffe aber auch, dass diejenigen, die entsprechende Stellen zu besetzen haben, sich an diesen Qualifikationen orientieren bzw. diese auch von den Bewerbern einfordern. Zu den zukünftigen Fortbildungen gibt es bereits Ideen.

Als außerordentlich wichtig empfand ich die Diskussion über Qualitätsentwicklung und -sicherung. Mit diesem Thema hatte ich mich vorher nur beiläufig befasst. Wie mir ging es vielen Mitgliedern des Arbeitskreises und sicher auch vielen anderen AmtsvormünderInnen. Das hatte zur Folge, dass die Qualitätsdiskussionen in den Jugendämtern oft ohne die AmtsvormünderInnen geführt wurden. Ein unbefriedigender Zustand, denn wer wäre besser geeignet, derartige Diskussionen zu führen, als diejenigen, die sich täglich mit den Besonderheiten dieser Arbeit auseinandersetzen müssen? Durch den Austausch im *„Überregionalen Arbeitskreis der Amtsvormünderinnen und Amtsvormünder"* habe ich meine Arbeit und meine Arbeitsbedingung noch einmal unter ganz anderen Aspekten betrachtet und dadurch neue Erkenntnisse für meine Arbeit gewonnen. Der „Überregionale Arbeitskreis der Amtsvormünderinnen und Amtsvormünder" hat der Qualitätsdiskussion neue Impulse gegeben. Im Leistungsprofil wurde diesem Kapitel besondere Aufmerksamkeit gewidmet; es wurden dort die Idealvorstellungen einer qualitätsvollen Arbeit im Bereich Amtsvormundschaft aufgezeigt. Die AmtsvormünderInnen haben die Möglichkeiten, sich aktiv an der Diskussion um Qualitätsentwicklung und -sicherung zu beteiligen und auch diesen Entwicklungsprozess innerhalb der Jugendämter mitzugestalten. Sie können neue Ideen zum Thema Leistungs- und Zielvereinbarungen einbringen und damit die Interessen der Mündel und der AmtsvormünderInnen in ihren Jugendämtern vertreten.

5. Perspektiven der gemeinsamen Arbeit

Für die Zukunft kann ich mir vielfältige Aufgaben für den *„Überregionalen Arbeitskreis der Amtsvormünderinnen und Amtsvormünder"* vorstellen. Im Rahmen der Neuen Steuerungsmodelle sind in vielen Jugendämtern bereits Produktbeschreibungen für den Bereich der Amtsvormundschaft erstellt worden. In anderen Jugendämtern steht diese Aufgabe noch bevor. In einem nächsten Schritt werden dann Zielvereinbarungen eingeführt. Diese Zielvereinbarungen sollen überprüfbare Ziele nennen, die im Rahmen der Amtsvormundschaft erreicht werden sollen.

Ich finde es auch für diesen Bereich ausgesprochen wichtig, im *„Überregionalen Arbeitskreis der Amtsvormünderinnen und Amtsvormünder"* Konzepte zu entwickeln. Diese Konzepte sollten es den AmtsvormünderInnen ermöglichen, die im Rahmen der neuen Steuerungsmodelle anfallenden neuen Aufgaben fach- und praxisgerecht durchzuführen. Ein Anfang ist mit der Qualitätsdiskussion ja bereits gemacht. Als eine weitere interessante und ganz sicher lohnende Aufgabe könnte ich mir auch die Entwicklung eines „Leitfadens zur Beteiligung von Kindern und Jugendlichen an sie betreffenden Entscheidungen" vorstellen. Ebenso wichtig erscheint mir die Erarbeitung eines Konzeptes zur zertifizierten Aus- bzw. Fortbildung zum (Amts-)Vormund; und auch den Themenbereich Werbung, Schulung und Beratung von Einzelvormündern finde ich bearbeitenswert. Ganz sicher wird es der intensiven Diskussion zwischen den Mitgliedern des Überregionalen Arbeitskreises bedürfen, um dessen Aufgaben für die Zukunft im Einzelnen zu definieren. Ich bin mir aber sicher, dass die Beteiligten alle an einer weiteren Zusammenarbeit interessiert sind.

Der *„Überregionale Arbeitskreis der Amtsvormünderinnen und Amtsvormünder"* hat im Land Nordrhein-Westfalen für die AmtsvormünderInnen eine bedeutende Funktion erfüllt. Er hat darüber hinaus mit dem Leistungsprofil eine Arbeitshilfe vorgelegt, die bereits jetzt weit über die Grenzen Nordrhein-Westfalens hinaus Beachtung findet. Schon jetzt haben andere Landesjugendämter Interesse an diesen Arbeitsergebnissen bekundet. Ich wünsche mir für die Zukunft das Fortbestehen dieses Arbeitskreises, aber auch die Gründung weiterer Arbeitskreise auf der Ebene der anderen Landesjugendämter. Ich wünsche mir den Austausch mit diesen Arbeitskreisen, um auf diese Weise die begonnenen Diskussionen fortzusetzen. Ich wünsche mir eine Vernetzung aller mit Vormundschaften befassten Professionen zum Nutzen der uns anvertrauten Mündel. Ich bin überzeugt, dass es nur auf diese Weise gelingen kann, das Anliegen der AmtsvormünderInnen weiterzubringen und Unterstützung für die gemeinsame Sache zu finden. In diesem Sinne hat der *„Überregionale Arbeitskreis der Amtsvormünderinnen und Amtsvormünder"* für alle Beteiligten bisher nur positive Auswirkungen gehabt. Ich habe meine Mitarbeit bisher nicht bereut und hoffe noch auf eine weitere lange, fruchtbringende Zusammenarbeit im Arbeitskreis.

Vormundschaften – Stiefkind der Jugendhilfe?

Ila Brix-Leusmann

Dieser Beitrag über den Arbeitsbereich der Amtsvormundschaften wird sich nicht mit den theoretischen Höhenflügen der (notwendigen!) fachlichen Anforderungsprofile und der (sinnvollen) Qualitätssicherung befassen, sondern mit den Niederungen der praktischen Arbeit vor Ort. Die Zähigkeit, mit der Veränderungsprozesse angestoßen und umgesetzt werden, hält die verehrte Leserschaft hoffentlich nicht davon ab, diesen Bericht zu lesen. Es soll deutlich werden, wie Spielräume zur Veränderung, auch in Zeiten knapper Kassen, genutzt werden können. Zur Einschränkung sei gleich bemerkt, dass hier ein Weg zur qualitativen Verbesserung der Arbeit gefunden wurde, dieser Weg jedoch noch nicht bis zum Ende gegangen ist. Dazu aber später noch einmal.

1. Das Jugendamt, eine Welt für sich

Der Arbeitsbereich „Vormundschaften" ist im Jugendamt der Stadt Wesel am Rhein (64.000 Einwohner) noch „streng" nach innerorganisatorischen Zweckmäßigkeiten strukturiert. Die Personensorge der 60 bis 70 Mündel wird in der Abteilung „Allgemeiner Sozialer Dienst (ASD)/Pflegekinderwesen" wahrgenommen, die Vermögenssorge wird von den MitarbeiternInnen der Abteilung „Beistandschaften" vertreten.

Im Bereich der Personensorge liegt die Betreuung bei den SozialarbeiterInnen, die rechtliche Vertretungsbefugnis liegt bei der Sachgebietsleiterin ASD und der Mitarbeiterin im Pflegekinderwesen. Der ASD arbeitet sozialraumorientiert, die Abteilung Beistandschaften arbeitet nach dem Buchstabenprinzip. Alles klar?

Darüber hinaus gibt es in Wesel zwei freie Träger, die je ca. 10 Vereinsvormundschaften führen. Die Übernahme dieser Vormundschaften ist vertraglich geregelt und wird vom Jugendamt finanziert.

Für Menschen, die nicht mit Strukturen von Behörden vertraut sind, gar noch für junge Menschen ist das ein nicht durchschaubarer Dschungel. Über diese Situation kann ja noch trefflich gestritten werden, aber muss man deshalb umorganisieren?

Das Alltagsgeschäft des Jugendamtes ist quantitativ und qualitativ fordernd, so dass die Motivation und Energie für sinnvolle und notwendige Veränderungen letztlich oft auf der Strecke bleiben, zumal das öffentliche Interesse an diesem Thema gering ist. Schlagzeilen in der Jugendhilfe machen die Tageseinrichtungen für Kinder, die Erlebnispädagogik, die Kids mit kriminellem Verhalten oder zerstrittene Eltern. Aber wer oder was sind „Mündel"? Und obwohl die Kinder und Jugendlichen, für die eine Vormundschaft eingerichtet wird, schweres Gepäck aus ihren Lebensgeschichten mit sich herumtragen, wird die Bedeutung, die die Vormundschaften für die jungen Menschen haben, in der Arbeit der Jugendämter häufig nicht ernst genug genommen.

Wäre da nicht noch dieser rechtswidrige Zustand, dass die MitarbeiterInnen des ASD und des Pflegekinderwesen gleichzeitig Beteiligte im Hilfeplanverfahren für das Jugendamt und als persönliche VertreterInnen für die Mündel auftreten, reichte der Veränderungswille wegen „Kundenunfreundlichkeit" alleine wahrscheinlich nicht aus. Diese Doppelfunktion hat jedoch immer wieder zu unerträglichen Konflikten geführt, die von den SozialarbeiterInnen skandaliert wurden.

So gab es die klassische Situation, dass SozialarbeiterInnen als Vormund Hilfe zur Erziehung beantragten – aus der Mündelperspektive heraus folgerichtig –, jedoch nach dem im Jugendamt festgelegten Verfahren der Gremienentscheidung über Hilfe zur Erziehung eine Ablehnung vertreten mussten. Gemäß § 16, I, Nr. 3 SGB X dürfen MitarbeiterInnen in einem Verwaltungsverfahren für eine Behörde nicht tätig werden, wenn sie Beteiligte kraft Gesetzes oder Vollmacht allgemein oder in diesem Verwaltungsverfahren vertreten.

Diese Konflikte waren selten. Wenn sie jedoch auftraten, erschütterten sie als Krise das Jugendamt. Vor allem die betreffenden SozialarbeiterInnen kamen an die Grenzen ihrer professionellen Ambiguitätstoleranz. Auch andere beteiligte MitarbeiterInnen (Beistandschaften/Wirtschaftliche Erziehungshilfe/Unterhaltsvorschussgesetz) und die dazugehörigen Sachgebietsleitungen waren damit befasst, Arbeitszeit wurde gebunden für das Abarbeiten eines selbstgemachten Konfliktes, der von allen als negativ bewertet wurde.

Die bisherige Vermeidungsstrategie verfolgte die Absicht, Vormundschaften auf einen freien Träger zu übertragen, möglichst bevor sich ein Konflikt am Horizont abzeichnete. In einigen strittigen Fällen ist das auch rechtzeitig gelungen. Bei den oben skizzierten Konflikten waren die Verbände aus Kapazitätsgründen nicht willens und in der Lage, die Vormundschaften zu übernehmen.

Die freien Träger, die Vereinsvormundschaften bisher auch nur als Anhängsel ihrer eigentlichen Arbeit, nämlich erzieherische Hilfen anbieten, prüfen bei Übernahme von Vormundschaften auch ihre berechtigten Eigeninteressen. Die konflikthaften Fälle „riechen" von vorneherein nach hohem Zeitaufwand und großer Arbeitsintensität. Da die freien Träger für das Führen von Vormundschaften pro Fall pauschal bezahlt werden, versuchen sie bei der Übernahme durch eine gute Mischung von zeitintensiven und weniger aufwendigen Vormundschaften die Refinanzierung ihrer MitarbeiterInnen zu sichern.

Nach Interessenkonflikten, die nicht rechtzeitig abgewendet werden konnten, setzte sich im Jugendamt die Einsicht durch, dass die Organisation der Vormundschaften grundsätzlich verändert werden muss, um strittige Einzelfälle gar nicht erst entstehen zu lassen.

Darüber hinaus äußerten alle SozialarbeiterInnen eine große Unzufriedenheit, die sich auf die zu knappe für Mündel zur Verfügung stehende Zeit bezog.

Das Alltagsgeschäft des ASD hat sich in den letzten Jahren quantitativ und qualitativ so verändert, dass Vormundschaften inzwischen als „Restarbeit" auf der Strecke bleiben. Mit Mühe und Not gelingt es – auch nicht immer – einmal im Jahr einen rein persönlichen Kontakt herzustellen: Zum Geburtstag werden den Mädchen und Jungen die inzwischen legendären „Mündelgeschenke" überreicht. Die Mittel für die Geschenke (50,00 DM pro Geburtstag) mussten in den letzten Jahren mehrfach gegenüber der Verwaltung verteidigt werden. (Was das für Zeit gekostet hat!) Manchmal bekommen die Kinder und Jugendlichen auch nur ein Päckchen mit Karte vom Jugendamt, weil „ich Dich aus terminlichen Gründen leider nicht besuchen kann".

2. Die Erkenntnis ist der erste Schritt zur Veränderung

Wegen der dauernden Unzufriedenheit und noch unter dem „Leidensdruck" des letzten Konfliktes stehend, waren alle beteiligten MitarbeiterInnen des Jugendamtes gerne bereit, mit dem Verein *Kinder haben Rechte e. V.* zusammenzuarbeiten. Ziel war es, die bestehenden Arbeitsstrukturen zu analysieren und Wege zur Veränderung aufzuzeigen. TeilnehmerInnen der Arbeitsgruppe waren MitarbeiterInnen des ASD, der Abteilung Beistandschaften, die Sachgebietsleiterinnen der Abteilungen, die Amtsleiterin des Jugendamtes und partiell, wenn thematisch angezeigt, die freien Träger, die Vormundschaften führen.

In den Arbeitsgruppensitzungen konnte das dumpfe Unwohlsein zu dem Arbeitsbereich Vormundschaften an konkreten Punkten festgemacht und fachlich begleitet aufgearbeitet werden. In den gemeinsamen, sehr konstruktiven Sitzungen wurden quer „durch die Hierarchie" Fehleinschätzungen zugegeben, Verständnis für die Ursachen entwickelt und Lösungen erarbeitet. Positiv wurde von allen Beteiligten die Begleitung durch den Verein „Kinder haben Rechte" gesehen. Die Moderation der Arbeitsgruppe durch eine externe Person war Garant für ein offenes Arbeitsklima.

Folgende Ziele wurden in diesen Arbeitsgruppensitzungen erarbeitet:

(1) Die Vormundschaften, die in verschiedenen Abteilungen bearbeitet werden, sollen wieder zusammengeführt und die verschiedenen Funktionen von einer Person wahrgenommen werden, die dann auch von außen, besonders für die betroffenen Mündel, klar als ihr Vormund erkennbar ist. Auch die rechtliche Vertretung muss an die Person gebunden werden, die die Betreuung übernimmt.

(2) Die Doppelfunktion der SozialarbeiterInnen als Vormund und als Beteiligte im Hilfeplanverfahren ist aufzuheben. Die Vormundschaften sollen in einer eigenen Abteilung geführt werden, die unabhängig von den Zielen und der Arbeit des ASD ist. Jedoch ist die Kooperation zwischen Vormund und ASD eng zu verzahnen. Die SozialarbeiterInnen des ASD spielen in der Betreuung – qua originärem Auftrag – weiterhin eine erhebliche Rolle für die Mündel.

(3) Die Innenschau der Jugendamtsarbeit soll ergänzt werden durch eine Betroffenenbeteiligung: Wie erleben die Mündel ihre gesetzlichen VertreterInnen im Jugendamt und bei den freien Trägern?

Als favorisierte Lösung bei der Zielvorgabe „für Mündel erkennbarer Vormund" wurde die Bündelung aller Kompetenzen in der Abteilung „Beistände" gesehen. Sowohl die Vermögenssorge (wie bisher), als auch die Personensorge (Betreuung und rechtliche Vertretung) sollte hier angesiedelt werden. Der Vormund soll idealer Weise sozialpädagogische Fachkenntnisse haben, damit der persönliche Bezug zu den Mündeln hergestellt und gesichert werden kann. In einem gemeinsamen Diskussionsprozess hat die Arbeitsgruppe von dieser favorisierten Lösung Abschied genommen, da Arbeitsabläufe zur Zeit noch nicht so zusammengefasst werden können, dass eine Person für diese Aufgaben freigestellt werden kann. Die Beistandschaften, die dann umverteilt werden müssen, können in der Abteilung nicht aufgefangen werden.

3. Der Weg ist das vorläufige Ziel

Nachdem die von allen favorisierte Lösung als erst langfristig zu realisierendes Ziel deklariert werden musste, suchten wir gemeinsam nach Möglichkeiten, die Durchführung von Vormundschaften auf rechtlich einwandfreien Boden zu stellen und qualitativ für die Mündel zu verbessern.

Eine weitere Möglichkeit wurde diskutiert und konkretisiert: Im Rahmen der bestehenden Verträge mit den freien Trägern sollen die Vormundschaften auf diese übertragen werden, bei denen das Jugendamt eine Doppelfunktion ausübt und die deshalb Interessenkonflikte in sich bergen.

VertreterInnen der freien Jugendhilfeträger wurden in die Arbeitsgruppensitzungen mit eingebunden, um die inhaltlichen Ziele abzugleichen und Umsetzungen und Vorschläge zu erarbeiten. Vorrangig wurde gemeinsam festgelegt, dass für die Mündel ein „Mensch" als Vormund erkennbar sein sollte, der Zeit für die persönliche Beziehung aufbringt und seine Arbeit transparent machen kann. Infolge dieser Zielvereinbarung wurde von den VertreterInnen der freien Träger die Frage aufgeworfen, ob die Zeitbemessung, die in den Verträgen festgelegt war, für die Ziele angemessen sei. Der Vertrag mit den freien Trägern sieht keine Leistungsbeschreibung für die Führung von Vormundschaften vor, sondern regelt lediglich die formalen Kriterien: Eine BAT IV b Kraft übernimmt 50 Vormundschaften, die Refinanzierung der Vereinsvormundschaften wird dementsprechend umgerechnet, da die freien Träger in der Regel ca. 10 Vormundschaften führen. Die Jahresarbeitsstunden der Kraft sind in Anlehnung an die Vorgaben der Kommunalen Gemeinschaftsstelle (KGSt) festgelegt.

Die freien Träger zeigten die Schwierigkeiten auf, im Rahmen der vorgegebenen Zeit den erarbeiteten pädagogischen Standards zu folgen, nämlich für die Mündel ansprechbar zu sein und eine persönliche Beziehung zu ihnen aufzubauen. Die Frage war: Ist dieses Ziel bei ca. 2 bis 3 Stunden Zeit im Monat zu erreichen, wenn schon mindestens ein Viertel der Zeit im Jahr durch formale Aufgaben der rechtlichen Vertretung (z. B. Hilfeplangespräche) benötigt wird? An dieser Stelle der Diskussion wurde die Kollision zwischen fachlich bedingten Ansprüchen und haushaltsbedingter Realität besonders deutlich. Ein interkommunaler Vergleich hat ergeben, dass die Fallrelation (ein/e Mitarbeiter/in führt 50 Vormundschaften) im oberen Drittel des Zeitansatzes liegt, der in der Bundesrepublik normalerweise für das Führen einer Vormundschaft zur Verfügung steht. Daher schien es nicht vertretbar, für diesen Arbeitsbereich mehr Zeit und damit Geld einzusetzen.

Zu beachten war auch noch der Gleichbehandlungsaspekt von MitarbeiterInnen des öffentlichen Trägers und der freien Träger, die Vormundschaften führen. Schon bei einer Fallrelation von 1 : 50 wurde den Verbänden mehr Zeit für die Vormundschaften zugesprochen, als den MitarbeiterInnen des Jugendamtes zur Verfügung steht. Sollte diese Schieflage weiter verstärkt werden?

Die Bewertung dieser Fragen wurde in den Arbeitsgruppen von den MitarbeiterInnen im Jugendamt eindeutig zu Gunsten der Mündel abgegeben. Das Bedauern über die eigene mangelnde Zeit für die einzelnen Kinder und Jugendlichen ist mehrfach ausdrücklich betont worden. Wenn es jedoch über eine andere Organisationsform die Möglichkeit gäbe, qualitativ bessere Vormundschaften zu führen, sollte diese Möglichkeit realisiert werden.

An dieser Stelle wurden die politischen Vorgaben diskutiert, die in den letzten Jahren dazu führten, den freien Trägern expandierende Arbeitsbereiche zu übertragen und diese zu refinanzieren. Eine auch noch so geringfügige Ausweitung von Ressourcen beim öffentlichen Träger ist nicht durchzusetzen, es sei denn eine Stelle „rechnet sich", z. B. eine Controllingstelle, die Alternativen für stationäre Unterbringung aufspürt und so ihr Geld „reinfährt".

Die Zusammenarbeit mit den freien Trägern und die Vielfalt der Angebote in Wesel wurde grundsätzlich positiv gesehen. Problematisch ist das Auslagern von Kernbereichen der Arbeit des Jugendamtes wie z. B. das Führen der Vormundschaften. Letztlich ist für die Weiterentwicklung der fachlichen Arbeit „ein Stamm" an MitarbeiterInnen in verschiedenen Arbeitsbereichen erforderlich. Ein rudimentärer Jugendhilfebereich kann sich nur schwer in den Gesamtinteressen einer Stadtverwaltung behaupten. Aus diesem Grund ist die erste Priorität „Zusammenführen der Vormundschaften“ bei den MitarbeiterInnen außerhalb des ASD auch nicht aufgegeben, sondern als langfristig zu verwirklichendes Ziel eingestuft worden.

Dieser Exkurs in die Organisationsentwicklung von Jugendhilfeaufgaben ändert jedoch nicht die Marschrichtung: Wenn die fachlich notwendige Qualität nur mit weiteren Übertragungen von Vormundschaften auf freie Träger möglich ist, dann müssen die notwendigen Schritte dafür getan werden.

Dieses Ziel wurde noch abgestützt durch das Ergebnis einer gemeinsamen Veranstaltung mit Mündeln (siehe hierzu auch den Beitrag von Wolfgang Rüting). Die Veranstaltung war methodisch so geplant und vorbereitet, dass die eingeladenen Kinder und Jugendlichen in der Lage waren, sich über ihren Vormund offen zu äußern. Die kritischen Äußerungen der Mündel deckten sich mit den Einschätzungen der MitarbeiterInnen: „Zu wenig Zeit“, mit all den negativen Konsequenzen, die sich daraus ergeben, wenn Kinder und Jugendliche zwischen Tür und Angel abgefertigt werden.

Auch die Wünsche der Mündel an ihren Vormund deckten sich mit den zuvor erarbeiteten fachlichen Standards: Erkennbar sein für Mündel, transparent arbeiten, vertrauensvolle Beziehung aufbauen („Wer seid Ihr eigentlich?“, „Was macht Ihr eigentlich?“, „Ich will Dich sprechen können, wenn ich Dich brauche!“).

Die MitarbeiterInnen der freien Träger, die Vormundschaften führten, schnitten in der Bewertung der Kinder und Jugendlichen deutlich besser ab als die MitarbeiterInnen des Jugendamtes. Auch das deckt sich mit der Arbeitsrealität und der zur Verfügung stehenden Zeit, die bei den Trägern und beim Jugendamt unterschiedlich ist.

Die Kinder und Jugendlichen haben sehr deutlich gemacht, wie wichtig ihnen der Vormund als Interessenvertreter ist, da sie in ihren mit Brüchen versehenen Biografien eine feste Orientierung benötigen. Da die Bezugspersonen in den Hilfesystemen auch wechseln, gibt die kontinuierliche Begleitung durch den Vormund einen festen Bezugsrahmen.

Einige Kritikpunkte der Mündel, die alltägliche Unachtsamkeiten betrafen, konnten sofort abgestellt werden. Zum Beispiel wurde von den Mädchen und Jungen kritisiert, dass die Treffen mit dem Vormund nur im Büro stattfinden und „dort klingelt immer das Telefon und mein Vormund unterbricht das Gespräch und telefoniert“. Sie bemängelten auch, als Person nicht ernst genommen zu werden, z. B. äußerten sie: „Sobald meine Unterschrift unter dem Hilfeplan ist, muss mein Vormund wieder weg – nie hat er Zeit, mal zu fragen, wie es mir geht!“

Das Fazit, das wir daraus gezogen haben, kann man mit dem Satz umschreiben: „Wenn schon knappe Zeit, dann bitte volle Aufmerksamkeit!“ Das Bewusstwerden solcher (und anderer) kleiner alltäglichen Begebenheiten wurde von den MitarbeiterInnen des Jugendamtes positiv bewertet, da sich in der Alltagshektik Unachtsamkeiten einschleichen.

4. Zwischenergebnisse zeichnen sich ab

Diese kleinen Verhaltensveränderungen enthoben uns jedoch nicht der Verantwortung für strukturelle Veränderungen: Verhandlungen mit den freien Trägern, um die Situation zu entlasten. In dem Zwiespalt zwischen fachlichen Anforderungen und Wirtschaftlichkeit zeichnete sich ein Weg ab.

In den Verhandlungen wurde herausgearbeitet, dass die VormünderInnen für die kontinuierliche Begleitung junger Menschen zuständig sein sollen und dass es dann besonders wichtig ist, wenn die jungen Menschen zwischen den verschiedenen Institutionen und Hilfeformen hin- und her pendeln. VormünderInnen obliegt aber nicht die sozialpädagogische Betreuung; diese Aufgabe ist im Rahmen von Hilfe zur Erziehung an Pflegepersonen abgegeben. Der ASD hat in der Organisation des Hilfearrangements für die jungen Menschen eine wichtige Rolle und soll diese auch behalten.

Unter diesen Vorgaben erklärten sich die freien Träger bereit, grundsätzlich weitere Vormundschaften zu übernehmen, ohne die vertraglich geregelte Fallzahlrelation zu verändern. Der gemeinsame Diskussionsprozess hat auch bei den freien Trägern dazu geführt, der Arbeit mit Mündeln mehr Bedeutung zu geben, möglich zu machen, was (wirtschaftlich) noch vertretbar ist.

5. Weitere Schritte sind erforderlich

Parallel zu den Vertragsverhandlungen mit den freien Trägern versuchen wir zur Zeit BerufsvormünderInnen zu gewinnen (siehe hierzu auch den Beitrag von Dr. Raack). Analog zu den Betreuungen können Vormundschaften gemäß dem Gesetz über die Vergütung von BerufsvormünderInnen (vom 01.07.1998) geführt und über die Justizkasse abgerechnet werden. Eine Führung und Abrechnung von Vormundschaften bei den freien Trägern ähnlich wie die der Betreuungen in den Betreuungsvereinen scheint derzeit nicht möglich. Da jedoch die Übertragung auf BerufsvormünderInnen rechtens ist, suchen wir zur Zeit geeignete Menschen für ca. 10 Mündel, bei denen eine Übertragung sowohl von der Lebensgeschichte als auch von der derzeitigen Lebenssituation möglich erscheint.

Selbstverständlich haben wir die Möglichkeit der ehrenamtlichen Vormundschaften auch stets im Blick und prüfen gem. § 56 KJHG jährlich, ob Vormundschaften abgegeben werden können. Immer da, wo Pflegeeltern oder geeignete andere Einzelpersonen die Aufgabe der gesetzlichen Vertretung übernehmen können, wird die Vormundschaft übertragen. Leider sind diese Konstellationen sehr selten und erfordern viel Aufwand. Die grundsätzliche Schwierigkeit, ehrenamtliche MitarbeiterInnen zu gewinnen, setze ich als bekannt voraus und soll hier nicht weiter erörtert werden.

Abschließend sei ein persönlicher Eindruck von mir wiedergegeben, den ich auf einer Arbeitstagung für AmtsvormünderInnen gewinnen konnte. Die Situation im Jugendamt der Stadt Wesel ist keineswegs ein Einzelfall. Es ist eher so, dass eine für Mündel befriedigende Regelung die Ausnahme ist. Aber selten habe ich so engagierte MitarbeiterInnen erlebt, die sich im Bewusstsein der Bedeutung für ihre Klientel bis an die Grenzen der Belastungsfähigkeit einsetzen (z. B. durch Überstunden und private Erreichbarkeit). Deutlich ist geworden, dass diese Arbeit für die MitarbeiterInnen einen hohen ideellen Wert hat. Es ist auch offensichtlich geworden, dass man mit dem Einsatz für Mündel keinen Blumentopf, keine öffentliche Anerkennung, sprich: keine Wahl, gewinnen kann. Dieser Umstand macht das Geschäft, Arbeitsabläufe für diese Aufgaben zu bündeln und gemäß ihrer Bedeutung zu erweitern, sehr schwierig, aber nicht unmöglich.

Die Bestellung von BerufsbetreuerInnen zu VormünderInnen von Minderjährigen

Wolfgang Raack

Die unterschiedlichen Funktionen des Jugendamtes als Amtsvormund einerseits und als Träger sozialer Leistungen andererseits können zu Interessenkollisionen führen, wie sich heute im Zeitalter von Steuerung und Controling besonders deutlich zeigt. Aus den verschiedensten Regionen Deutschlands werden Fälle berichtet, bei denen Jugendämter als Kostenträger gegen das Votum der AmtsvormünderInnen Kinder aus Heimen oder Pflegestellen reißen und sie unter fachlich nicht nachvollziehbaren Gründen in die Herkunftsfamilien zurückführen möchten. Die AmtsvomünderInnen gehen im Interesse ihrer Mündel selten dagegen vor, weil sie i.d.R. nicht gegen ihre eigenen „Dienstherren“ klagen. Spätestens nun ist es an der Zeit, vom Jugendamt unabhängige EinzelvormünderInnen zu bestellen, wie es im übrigen § 56 Abs. 4 KJHG vorsieht. Aber nachdem die Verbände und Vereine der freien Träger anders als im Betreuungsrecht keine Vergütung für die Leistung eventueller VereinsvormünderInnen erhalten, finden sich keine qualifizierten EinzelvormünderInnen mehr, wie landläufig behauptet wird.

Diese Behauptung macht einmal mehr deutlich, dass im Bereich der Jugendhilfe weder das am 1.1.1992 in Kraft getretene Betreuungsrecht noch seine zum 1.1.1999 in Kraft getretene Novelle hinreichend bekannt sind. Bis zum Inkrafttreten des Kindschaftsreformgesetzes am 1.7.1998 vereinten sich im Dezernat des Vormundschaftrichters Jugendhilfe- und Betreuungsrecht.

Dem Vormundschaftsrichter war daher bekannt, dass sich im Bereich des Betreuungsrechts in den letzten sieben Jahren ein hochqualifizierter neuer Berufsstand herausgebildet hat: der Betreuer.

Die BetreuerInnen sind die gesetzlichen Vertreter der betreuten Menschen im Rahmen ihres Aufgabenkreises – und das sind schließlich die AmtsvormünderInnen im Rahmen der ihnen übertragenen Aufgabenkreise auch. Es liegt also nahe, auf das Potential der BetreuerInnen zurückzugreifen. Diese sind zudem als SozialarbeiterInnen zumeist glücklich, ein Gegengewicht zu der bedrückenden Arbeit mit in der Regel altersverwirrten betreuten Menschen zu bekommen. In dem vom Verfasser zusammen mit dem Berufsbetreuer Jürgen Thar herausgegebenen Leitfaden „Das Betreuungsrecht“, der sich besonders auch an die Angehörigen der sozialen Berufe wendet, wird dieser neue Berufsstand der BetreuerIn ausführlich dargestellt, wobei neben der Schilderung ihrer Aufgaben und der rechtlichen Voraussetzungen die Vermittlung grundsätzlicher Erkenntnisse über die Kommunikation einen breiten Rahmen einnimmt. Dies macht sehr deutlich, dass es hier nicht um eine „Mündelverwaltung“ geht, sondern darum, Menschen in ihren Beschränkungen und Behinderungen in unserer Gesellschaft mit ihren Anliegen und Wünschen Gehör zu verschaffen.

Nicht zuletzt das im Betreuungsrecht geltende Erfordernis des Aufbaus einer persönlichen Beziehung zu dem betreuten Menschen zeigt, dass auch im Jugendhilferecht der Berufsstand der BetreuerInnen in einer speziellen Ausprägung als Berufsvormund eine willkommene Betätigung finden kann.

Dem im Vormundschaftsrecht geltenden Prinzip der *perpetuatio fori*, also Fortdauer des Gerichtsstandes, auch wenn der Betroffene seinen Wohnsitz ändert, folgend ergab sich für den Vormundschaftsrichter jedenfalls bis zum 1.7.1998 ein sehr langer Zeitraum, in dem sich die Einzelfälle entwickelt haben und es ergab sich eine Vielzahl von Kontakten zu Jugendämtern in ganz Deutschland, die überwiegend positiv auf die Anfrage des Gerichts reagiert haben, ob anstelle des Amtsvormunds und Amtspflegers ein Einzelvormund bzw. Einzelpfleger aus dem Bereich der BerufsbetreuerInnen eingesetzt werden könnte.

Diese positive Reaktion erklärt sich vor allem aus einer Strukturschwäche der Amtsvormundschaft, die darin besteht, dass es innerhalb des Jugendamtes offenbar in vielen Fällen Schwierigkeiten macht, die Eigenständigkeit der Amtsvormundschaft zu bewahren; hat der mit ihr betraute Mitarbeiter weitere Zuständigkeiten im Bereich der Jugendhilfe, kann es neben den geschilderten finanziellen Interessenkollisionen sogar zu rechtlich äußerst bedenklichen Insich-Geschäften kommen. Bei einer zu starken Abgrenzung gegenüber den Mitarbeitern des allgemeinen sozialen Dienstes überwiegt andererseits schnell die Verwaltungsfunktion, wobei der tatsächliche Kontakt zum Mündel dem allgemeinen sozialen Dienst überlassen wird. In der Gerichtspraxis der letzten 10 Jahre ist in derartig festgefahrenen Fällen zunächst mit jungen Anwältinnen und Anwälten und dann mit den aufkommenden Berufsbetreuern ein klarer Weg gefunden worden, der zu überraschenden Lösungen geführt hat. Natürlich ist die hier vorliegende Fallzahl nicht ausreichend, um generelle Schlussfolgerungen ziehen zu können.

Es zeigt sich jedoch, dass in manchen Fällen Betriebsblindheit und Erstarrung auf Seiten der Amtsvormundschaft eine Lösung verhindert haben, die anschließend durch den Einzelvormund problemlos gefunden wurde. Darüber hinaus dürfte es auch einleuchten, dass in anderen Fällen ein Einzelvormund aus familiensystemischer Sicht gerade als Nichtamtsperson gefragt war.

Die Vergütung der Arbeit der Berufsvormünder erfolgt bei den mittellosen Mündeln seit dem 1.1.1999 nach Maßgabe des Gesetzes über die Vergütung von Berufsvormündern aus der Justizkasse.

Nun stellt sich jedoch die Frage, wie das Gericht veranlasst werden kann, den für gut befundenen Einzelvormund oder Pfleger einzusetzen, zumal die Rechtspfleger mitunter dazu neigen, die Justizkasse zu schonen, da die Leistung vom Jugendamt ja zum Nulltarif zu haben ist.

In der Tat eine schwierige Frage, zumal die Konzentration der hier interessierenden Fälle beim Vormundschaftsgericht seit dem 1.7.1998 weggefallen ist und heute eine weitgehende Aufteilung auf viele Abteilungen des Familiengerichts eingetreten ist, sofern nicht wie in Kerpen ein entsprechendes familiengerichtliches Sonderdezernat eingerichtet worden ist (vgl. KindPrax 98, 49). Hier kann daher schon recht frühzeitig vom Jugendamt im Vorfeld der Entscheidung der zukünftige Einzelvormund benannt werden, der dann sozusagen von Anfang an mit im Boot sitzt.

Das ist leider anderswo bisher noch nicht der Fall, aber die Auswertung der positiven Erfahrungen beim Amtsgericht Kerpen wird vielleicht doch noch einen Erfolg in dieser Richtung bringen – einen Erfolg, weil die Jugendämter aufgrund ihrer neuen Struktur dringend auf eine Bündelung der Fälle in der Hand konkreter Ansprechpartner angewiesen sind. Insoweit sei nur auf die Ausführungen von Tauche in KindPrax Heft 4, 1998 verwiesen, die ein vernetztes Vorgehen dahingehend fordert, dass die unterschiedlichen Aufgaben, Vorgehensweisen und Ziele den jeweiligen Partnern bekannt sind und deren Mindeststandards wechselseitig eingefordert werden können. Die Grundlage hierfür ist Kommunikation, gegenseitige Respektierung und gemeinsame Zielausrichtung.

Bisher stehen sich allerdings noch abweisend gegenüber das Prinzip der Jugendhilfe der Prozessbegleitung mit einer Tendenz, den jeweiligen Fall entgegen § 50 Abs. 3 KJHG nicht aus der Hand zu geben, und die Forderung der Richterschaft, einen aufbereiteten Fall zur Entscheidung zu einem bestimmten Zeitpunkt mit konkretem Antrag oder einer Anregung vorgelegt zu bekommen bzw. als Gericht „angerufen“ zu werden, um dann mit größtmöglicher Entscheidungsfreiheit den Fall zu lösen – einer größtmöglichen nur an Gesetz und Recht gebundenen Entscheidungsfreiheit. Damit sei der Blick zurückgewendet auf den Begriff „Anrufung des Gerichts“. Hierzu führen Münder und Schone in Forum Erziehungshilfen 1997, 9 ff. aus: Diese Anrufung ist ein deutlicher Schritt hinaus aus der sozialpädagogischen Handlungsebene in eine Prozedur, bei der das Gericht als Instanz mit Entscheidungsgewalt beteiligt wird – es sitzt jemand mit am Tisch, der Entscheidungsgewalt hat – so verstanden wird das Familiengericht nicht angerufen, sondern in das „Verfahren einbezogen“.

Was sollte nun aber den Familienrichter oder Rechtspfleger veranlassen, seine außerordentliche Entscheidungsfreiheit zugunsten der Teilnahme an einem oft mühsamen, sehr zeitaufwendigen Entscheidungsfindungsprozess am runden Tisch mit anderen Professionen einschränken zu lassen, in dem die Entscheidungen an dem Ergebnis anderer gemessen, revidiert und erneut abgestimmt werden müssen?

Er wird es nur dann tun, wenn ihm wie der Jugendhilfe Qualitätssicherung, Optimierung und Kundenorientierung vertraute Denkmuster werden, die es ihm ermöglichen, angeregt durch die Jugendämter, wie Münder und Schone (a.a.O.) ausführen, auf fantasievollere und differenziertere Wiese Maßnahmen zu treffen.

Eine Beeinflussung des Entscheidungsverhaltens der Entscheidungsträger der Justiz erfolgt in Nordrhein Westfalen sowohl durch die Schaffung einer neuen Binnenstruktur im Rahmen der Justiz 2003 mit der Einrichtung umfassender Serviceeinheiten als auch einer Kooperationsorientierung nach außen und einer entsprechenden Bürger- bzw. Kundenorientierung, wie sie im Rahmen-Leitbild für die Landesverwaltung ihren Ausdruck findet. Hierzu heißt es in Nr. 7 Kooperationsorientierung:

Die Landesregierung arbeitet bewusst und gezielt mit Bürgerinnen und Bürgern, Kommunen, Unternehmen, Bürgerinitiativen, sonstigen Organisationen und gesellschaftlichen Gruppierungen zusammen, um ihre Leistungen bedarfsgerecht anbieten zu können und vermeidbare Reibungsverluste durch unabgestimmte Maßnahmen zu minimieren.

Bürgerorientierung

Mit der gezielten Strategie der Kooperation verbindet sich eine konsequente Bürgerorientierung der Landesverwaltung. Die Bürgerinnen und Bürger haben Anspruch darauf, dass die Landesverwaltung Dienstleistungen von hoher Qualität wirtschaftlich erbringt, ihre Interessen ernst nimmt, sie kompetent und umfassend berät, ihre Anliegen zügig bearbeitet und sie im Rahmen eines partnerschaftlichen Zusammenwirkens freundlich und zuvorkommend behandelt.

Wenn auch dieses Rahmen-Leitbild nicht die Rechtsprechung im engeren Sinne betrifft, so gilt sie für die die Rechtspflege und Rechtsgewährung erst ermöglichende Justizverwaltung und wird zu einem unaufhaltsamen Umdenkungsprozess führen, der auch die Art und Weise der Rechtsgewährung mitbestimmen wird.

Es wird somit demnächst ein entsprechend kundenorientierters Jugendamt auf ein ebenso organisiertes Gericht stoßen, dessen Entscheidungsträger es gewohnt sind, partnerschaftlich die für das betroffene Kind „beste Lösung" zu suchen, wobei die Person und die Qualifizierung des Vormundes wieder den erfolgsentscheidenen Rang bekommen wird.

Literatur

Münder, J./Schone, R. 1997: Jugendhilfe und Vormundschaftsgerichte – Ende der Sozialpädagogik oder neuer Rahmen für neue Chancen? In: Forum Erziehungshilfen, Heft 1, S. 9 ff.

Raack, W. 1998: Plädoyer für ein familiengerichtliches Sonderdezernat. In: KindPrax, Heft 2, S. 49 ff.

Raack, W./Thar, J. 1999: Betreuungsrecht. Bonn

Tauche, A. 1998: Synergieerzeugung – eine Aufforderung aus dem Rechtssystem an die scheidungsbegleitenden Berufe. In: KindPrax, Heft 4, S. 110 ff.

Der Berufsvormund als neues Professionsmodell in der Vormundschaft

Peter Hansbauer

Auch wenn sich seit dem Beginn der 90er Jahre – als Salgo (1991) mit Vehemenz auf diesen Mangel hingewiesen hatte – die Forschungs- und Datenlage im Bereich der Amtsvormundschaft/Pflegschaft[1] kaum wesentlich verbessert hat, gibt es inzwischen deutliche Anzeichen dafür, dass der Bereich der Amtsvormundschaft allmählich in Bewegung gerät: So hat der Landesjugendhilfeausschuss des Landes Brandenburg bereits 1996 Empfehlungen für die Durchführung der Amtsvormundschaft herausgegeben (vgl. Landesjugendamt Brandenburg 1996, S. 26 ff.). Diesem Vorgehen sind inzwischen weitere Bundesländer gefolgt (z. B. Sächsisches Landesjugendamt 1998, S. 29 ff., Thüringer Landesjugendamt für Soziales und Familie, S. 11 ff.). Unabhängig davon mehren sich in letzter Zeit Beiträge, die sich kritisch mit der aktuellen Rolle der AmtsvormünderInnen in den Jugendämtern auseinandersetzen und/oder Vorschläge machen, wie die Vormundschaft im Jugendamt weiterzuentwickeln sei (z. B. Wolf 1997; Hansbauer 1998; Kaufmann 1998; Petersen 1999; Rüting 1999). An der Universität Frankfurt sowie der Technischen Universität Berlin (vgl. Münder u. a. 1997) werden aktuell Forschungsprojekte durchgeführt, die sich – zumindest in Teilen – mit dem Bereich der Amtsvormundschaft befassen und nicht zuletzt hat auch der *Verein Kinder haben Rechte e. V.* in Münster unlängst mehrere Evaluationsprojekte im Bereich der Amtsvormundschaft durchgeführt. Dies alles sind Beispiele dafür, dass im Zuge einer sich in der Jugendhilfe allmählich durchsetzenden Dienstleistungsorientierung nun offensichtlich auch die Vormundschaft einer Inventur unterzogen wird.

Da adäquate Daten bisher fehlen, können Entwicklungen und Probleme innerhalb des Vormundschaftswesens für Minderjährige leider nur sehr unzureichend beschrieben werden. Dennoch scheinen sich zwei Trends deutlich abzuzeichnen (vgl. Hansbauer 1998; Oberloskamp 1998, S. 11 ff.): Erstens, nimmt man gesetzliche und bestellte Amtsvormundschaften zusammen, so ist die Zahl der Vormundschaften von 1981 bis 1995 zwar leicht auf insgesamt ca. 45.000 Minderjährige zurückgegangen, gleichzeitig hat sich der Anteil der bestellten Vormundschaften im gleichen Zeitraum kontinuierlich von etwa 65 auf 75 Prozent erhöht. Bei aller gegebenen Vorsicht lässt sich deshalb formulieren: Offensichtlich erfolgt die Übertragung der Personensorge in steigendem Maße auf familienrichterliche – bzw. früher: vormundschaftsrichterliche – Anweisung hin. Dies bedeutet, dass der relative Anteil von Minderjährigen, die vermutlich aus belasteten und konflikthaften Lebenssituationen heraus unter Vormundschaft gestellt werden, deutlich gestiegen ist. Zweitens ist bereits seit den 70er Jahren ein deutlicher, bis heute ungebrochener Rückgang der Vereins- und Einzelvormundschaft zu beobachten (vgl. auch Münder 1997, S. 61). Demnach ließe sich als weiterer Entwicklungstrend festhalten: Offensichtlich erfolgt immer häufiger die Übertragung des Personensorgerechts ganz oder teilweise auf die Jugendämter auf Kosten der Vereins- und Einzelvormünder.

Nimmt man zu diesen beiden Entwicklungstrends zum einen noch eine gewandelte Rechtslage, zu der etwa die Reform des Sorgerechts (1980), die Einführung des KJHG (1990/91) oder das neue Kindschaftsrecht zählen, lässt sich daraus ein zunehmend behutsamerer Umgang mit Eingriffen in die elterliche Sorge ablesen. Vermutlich dürfte die Eingiffschwelle für einen Entzug der elterlichen Sorge nach § 1666 BGB deshalb heute höher liegen als noch vor zwei Jahrzehnten. Ist dies allerdings der Fall, so ist vermutlich auch die „Problembelastung" bei Minderjährigen höher, die inzwischen unter Vormundschaft gestellt werden. Vergegenwärtigt man sich zum anderen eine Reihe gesellschaftlicher Entwicklungen, die die Vormundschaft unmittelbar tangieren (Zunahme des vererbbaren Vermögens; Anstieg der Drogenabhängigkeit; Zunahme nicht-deutscher Minderjähriger usw.), dann braucht es nicht viel Fantasie, um daraus die Vermutung abzuleiten, dass sich die Anforderungen an die Qualität der Tätigkeit von AmtsvormünderInnen verändert haben und sich noch weiter verändern werden. Dies betrifft nicht nur die zu einer verantwortlichen Berufsausübung notwendigen Rechtskenntnisse, sondern mehr noch die notwendigen sozialpädagogischen Kenntnisse. Oder konkreter formuliert: Wenn (teilweise) Entzüge der elterlichen Sorge zunehmen, weil beispielsweise die Mutter des Kindes drogenabhängig ist, dann erfordert dies vom Vormund, an den die Personensorge übertragen wurde, vermehrt sozialpädagogisches „Know-how". Wie anders sollte er beispielsweise sonst in der Lage sein, die Situation des Kindes angemessen zu beurteilen, um dessen Interessen, wozu er als Inhaber der Personensorge aufgefordert ist, im Hilfeplanverfahren nach § 36 SGB VIII qualifiziert vertreten zu können?

Damit stellt sich nun die Frage, ob die gestiegenen Anforderungen an die Amtsvormundschaft im Rahmen der bisherigen Praxis der Amtsvormundschaft noch eingelöst werden können oder ob nach rund einem Dreivierteljahrhundert, während dem die Amtsvormundschaft beinahe unverändert überdauert hat, nun der Zeitpunkt gekommen ist, auf ein verändertes Professionsmodell und eine andere Arbeitsorganisation umzustellen. Im Bereich des Erwachsenenbetreuungsrechts ist dies vor einigen Jahren bereits geschehen mit durchaus positiven Folgen (vgl. Bundesministerium für Gesundheit 1996). Nachfolgend wird deshalb versucht, ein Zukunftsszenario zu skizzieren, wie die Vormundschaft mittel- bis langfristig umgestaltet werden könnte, so dass einerseits die Professionalisierung der Vormundschaft vorangetrieben und andererseits das Kompetenzprofil von VormünderInnen modernisiert und den gewandelten sozialen Bedingungen angepasst werden kann. Bei dem nachfolgend in Umrissen skizzierten Professionsmodell handelt sich allerdings um kein eigentlich neues Modell, sondern vielmehr um eine Zusammenfassung verschiedener Elemente, die teilweise in anderen Professionen oder auch im Betreuungswesen für Erwachsene fester Bestandteil der Berufsausübung sind oder allmählich zu einem solchen werden. Vereinzelt werden diese aber auch im Rahmen der Amtsvormundschaft schon erprobt.

1. Auftrag und Organisation der neuen Berufsvormundschaft

Auch in einem veränderten Professionsmodell entspricht der formale Auftrag der Berufsvormundschaft weitgehend den bisherigen, gesetzlich festgelegten Inhalten der Vormundschaft. Deutlich klarer zu akzentuieren wären jedoch die anwaltschaftlichen Funktionen der Vormundschaft im Sinne einer parteilichen Interessenvertretung für das Mündel. Aus dieser Parteilichkeit unmittelbar ableiten ließe sich eine wesentlich stärkere Rolle der VormünderInnen im Verfahren zur Hilfegewährung: Diese würden nun zunehmend zu „case managern", die in Abstimmung mit den Fachkräften des Jugendamtes die verschiedenen Dienstleistungen des Jugendamtes – i.d.R. Hilfen zur Erziehung nach §§ 27 ff. SGB VIII – für die Mündel in Anspruch nehmen. Das eigentliche Hilfeplanverfahren wäre davon nicht berührt; es sichert bereits jetzt den Inhabern der Personensorge eine relativ starke Stellung (ibs. § 36 Abs. 1 Satz 4 SGB VIII) und erlaubt ohne weiteres die Übernahme des „case managements" durch die VormünderInnen. Gleichzeitig haben die VormünderInnen die verfahrenstechnisch saubere und zeitlich angemessene Abwicklung des Hilfeplanverfahrens zu prüfen und gegebenenfalls im Interesse der Mündel Beschwerde- oder Rechtsmittel einzulegen, wenn hier offensichtliche Verfahrensfehler oder erhebliche Verzögerungen vorliegen.

Soweit es die Ausgestaltung des unmittelbaren Verhältnisses zwischen Mündel und Vormund betrifft, hätten die VormünderInnen im Rahmen eines Erstgespräches das Mündel altersgemäß schriftlich und mündlich über ihre Aufgaben sowie die Rechte des Mündels ihnen gegenüber (und soweit notwendig auch gegenüber dem ASD sowie gegenüber der Einrichtung, in der das Mündel untergebracht ist) zu informieren. Insbesondere hätten sie das Mündel darüber in Kenntnis zu setzen, an wen es sich gegebenenfalls wenden kann, wenn es sich über seine VormünderIn beschweren will (siehe übernächsten Abschnitt). Der allgemeine Umgang der VormünderIn mit den Mündeln müsste sich dabei im wesentlichen an Kriterien orientieren, die Maja Heiner (1996, S. 221 ff.) vor einiger Zeit einmal als Merkmale guter sozialer Arbeit beschreiben hat. Hierzu zählen u. a. Transparenz, Partizipation, Zugänglichkeit, Informiertheit, Vertraulichkeit und Freundlichkeit. So lange die Vormundschaft andauert, hätten die VormünderInnen die Mündel in regelmäßigen, ungefähr halbjährlichen Abständen persönlich zu einem Gespräch aufzusuchen oder sich mit ihnen zu treffen, sofern nicht besondere Bedingungen vorliegen (z. B. Einrichtungswechsel), die häufigere Kontakte erforderlich machen. Darüber hinaus sollten die VormünderInnen für ihre Mündel in persönlichen Krisensituationen ansprechbar und deshalb auch zu erreichen sein (Mobiltelefon, Anrufbeantworter usw.). Bei Urlaub oder Krankheit wäre für dringliche Fälle eine Vertretung sicherzustellen, wie es beispielsweise in Arztpraxen allgemein üblich ist. Der größte Teil dieser Aufgaben und Verhaltensweisen wäre durch die Profession selbst verbindlich zu regeln und festzulegen (siehe übernächsten Abschnitt).

Vorstellbar wäre, dass, wie bisher auch, eine ehrenamtliche oder „aufwandfinanzierte" Vormundschaft neben einer professionell betriebenen und entsprechend bezahlten Vormundschaft besteht. (Genauer zu klären wären in diesem Fall die Beratungsmöglichkeiten für ehrenamtliche Vormünder.) Analog zum Betreuungsrecht für Erwachsene wären die bezahlten BerufsvormünderInnen entweder freiberuflich oder in einer Art „Gemeinschaftspraxis" tätig, die man sich aber eher als Vereinigung freiberuflicher BerufsvormünderInnen vorstellen müßte. Voraussetzung für die Berufsausübung wäre die staatliche Zulassung (Approbation) als Berufsvormund, die nach noch festzulegenden Kriterien zu regeln wäre, ähnlich wie aktuell beispielsweise die Zulassungsvoraussetzungen für PsychotherapeutInnen im Psychotherapeutengesetz (PsychThG). Jedoch ist an die Approbation nicht zugleich die „Niederlassungsfreiheit" gekoppelt, vielmehr empfiehlt sich eine Begrenzung der Zahl der BerufsvormünderInnen innerhalb eines bestimmten Gebiets, wie sie vom Taxi- bis zum Notarsgewerbe bekannt ist.

Die BerufsvormünderInnen würden persönlich durch Vormundschafts- und Familiengerichte eingesetzt. Allerdings sind hierbei die Wünsche der Minderjährigen mit zu berücksichtigen, d. h. ab einem bestimmten Alter müssen Kinder oder Jugendliche die Möglichkeit haben, ihre BerufsvormünderIn mitzubestimmen; dies könnte beispielsweise bedeuten, dass den Kindern oder Jugendlichen mindestens drei BerufsvormünderInnen vorgeschlagen werden, von denen sich das Mädchen oder der Junge eine oder einen auswählt, bevor die endgültige Bestellung erfolgt. Die Zahl der BerufsvormünderInnen, die für ein bestimmtes Gebiet zugelassen werden, wäre deshalb so zu wählen, dass die Zahl der zugelassenen VormünderInnen immer geringfügig über dem tatsächlichen Bedarf liegt, so dass Wahlmöglichkeiten auch tatsächlich realisiert werden können. Orientiert an dem Anteil von Mädchen und Jungen unter den Mündeln sollten entsprechende Frauen und Männer als VormünderInnen zur Verfügung stehen. Für eine Finanzierung der BerufsvormünderInenn aus dem Etat der Jugendhilfe besteht nach diesem Modell keine direkte Notwendigkeit mehr. Es wäre deshalb zu überlegen, ob und wie eine Finanzierung über die Gerichte abgewickelt werden kann.

2. Kompetenzen und Kompetenzerwerb der neuen BerufsvormünderInnen

Aufgrund der Komplexität des Tätigkeitsfeldes müssten die BerufsvormünderInnen über eine spezielle fachliche Eignung verfügen. Hierzu zählen zunächst Kenntnisse über die Lebenswelt von Mädchen und Jungen. Dabei sind insbesondere auch geschlechtsspezifische Lebens- und Problemlagen zu berücksichtigen. So haben z. B. Schone u. a. 1997 „Problemgruppen" identifiziert, die zum Entzug der elterlichen Sorge führten. Ein Viertel davon waren Mädchen, die im pubertären Alter nicht mehr mit ihren Eltern zurecht kamen (Autonomiekonflikte). Zu dem gehört neben allgemeinen Kenntnissen über die Methoden/Konzepte der Sozialen Arbeit auch ein Fundus an methodischen Kenntnissen zur Gestaltung von Interaktion (Moderationstechniken, Gesprächsführung, Mediationstechniken, Evaluationstechniken usw.) sowie vor allem an Rechts- und Verfahrenskenntnissen dazu. Unabdingbar mit beruflicher Fachlichkeit verbunden ist die Fähigkeit zum reflexiven Umgang mit vorhandenem Wissen und Können, d. h. vorhandenes Fachwissen ist immer wieder an die konkrete Situation anzupassen und auf seine Angemessenheit hin zu überprüfen. Da sich die Inhalte der Arbeit immer wieder verändern, ist die Bereitschaft zur Fort- und Weiterbildung eine Voraussetzung für eine qualitativ gute Arbeit. Hierzu ist es ebenfalls notwendig, dass die Entscheidungskriterien für eine bestimmte Handlungsweise jederzeit schriftlich und mündlich transparent gemacht werden können und die Entscheidung somit für Dritte nachvollziehbar wird, denn nur so kann sie durch Dritte auf ihre Angemessenheit hin geprüft werden. Notwendig wäre deshalb die Entwicklung eines verbindlichen Berufsprofils, wie es beispielsweise der Überregionale Arbeitskreis der AmtsvormünderInnen für Amtsvormundschaft (1999) oder Verband freiberuflicher BetreuerInnen (1997) für den Bereich des Betreuungsrechts bereits vorgelegt hat.

Der Nachweis der fachlichen Eignung sollte durch ein eigenständiges, viersemestriges (berufsbegleitendes) Aufbaustudium entweder an einer Universität oder Fachhochschule erfolgen. Neben grundlegenden Kenntnissen in Psychologie, Pädagogik, Recht sowie über institutionelle Zusammenhänge und Verfahren der Jugendhilfe und angrenzender Bereiche wären dabei insbesondere Fertigkeiten des „Selbstmanagements" zu vermitteln; hierzu zählen beispielsweise der vernünftige Umgang mit Zeit („Zeitmanagement" und Arbeitsorganisation), die selbständige Beschaffung einschlägiger Information (Kenntnis relevanter Zeitschriften, von „Grundlagentexten", Internet usw.) oder Grundlagen des Rechnungswesens. Daneben müssten, wie schon betont, grundlegende Kenntnisse beispielsweise in Gesprächsführung, Verfahren der Selbst- und Fremdevaluation oder weiterer Bereiche vermittelt werden, die für die Tätigkeit der VormünderInnen relevant sind. Die Eignung für ein solches Aufbaustudium sollte nachgewiesen werden durch ein einschlägiges Fachhochschul- oder Universitätsstudium der Sozialarbeit/Pädagogik oder der Verwaltungswissenschaften (und verwandter Berufe); durch eine mindestens dreijährige Berufspraxis in den Tätigkeitsfeldern der Sozialen Arbeit oder der Sozialverwaltung; durch eine ausführliche schriftliche Darlegung der Gründe für eine Aufnahme des Studiums und der daran geknüpften Erwartungen sowie ein mündliches Gespräch, auf dessen Grundlage über eine Aufnahme entschieden wird. Von einem solchen Aufnahmeprocedere dürfte eine hohe präselektive Wirkung ausgehen, die sich positiv auf den Verlauf des Studiums auswirken dürfte.

3. Aufbau und Funktion einer Standesorganisation

Neben dem bereits Geschriebenen ist der Aufbau einer starken Standesorganisation der BerufsvormünderInnen ein wichtiger Pfeiler des eben skizzierten Professionsmodells.[2] Die wesentlichen Aufgaben dieser Standesorganisation lassen sich in vier Punkten zusammenfassen: a) Normierungsfunktionen, b) Schiedsfunktionen, c) das Führen von Entgeltverhandlungen und schließlich Aufgaben der Beratung sowie der beruflichen Fort- und Weiterbildung.

ad a): Mit Normierung ist hier erstens der Versuch einer Vereinheitlichung von Ausbildunscurricula an verschiedenen Ausbildungsstätten durch die Standesorganisaton gemeint und zweitens die Entwicklung eines berufsständischen Verhaltenskodex (*code of ethics*), wie er in angelsächsischen Ländern in vielen sozialen Berufsfeldern schon seit längerem üblich ist (vgl. Banks 1995), und wie er beispielsweise unlängst vom Deutschen Berufsverband für Sozialarbeit (1997) für den Bereich der sozialen Arbeit vorgelegt wurde. Ein solcher Verhaltenskodex schreibt etwa grundlegende Wert- und Verhaltensorientierung bei der Berufsausübung vor oder regelt beispielhaft das Verhalten gegenüber KlientInnen, KollegInnen, Angehörigen anderer Berufe oder der Öffentlichkeit (s.o.). Die Anerkennung dieser Regeln wäre ebenso Teil der staatlichen Zulassung wie eine entsprechende berufliche Qualifikation (s. o.). Grobe Verstöße gegen diesen Verhaltenskodex könnten mit dem Entzug der staatlichen Zulassung bestraft werden.

ad b): Soweit es die gesetzlich geregelten Angelegenheiten betrifft, erfolgt zwar die Kontrolle der BerufsvormünderInnen durch die Gerichte, will man jedoch ein bestimmtes Niveau der Gewährleistung auf Dauer sicherstellen, dann muss es darüber hinaus eine professionsinterne Gerichtsbarkeit geben, eine Art „Standesgericht der BerufsvormünderInnen", über dessen genaue personelle Zusammensetzung noch zu diskutieren wäre. Dieses Standesgericht wäre zunächst die Instanz, die über Beschwerden von Mündeln oder Fachkräften aus Jugendämtern über vermeintlich fehlerhaftes oder fahrlässiges Verhalten zu befinden hätte. In gravierenden Fällen könnte das Standesgericht einen Entzug der staatlichen Zulassung beantragen. Darüber hinaus wäre es zugleich Berufungsinstanz für das Mündel in inhaltlichen Streitfällen mit dem Vormund; wäre hier eine Schlichtung nicht möglich, so könnte das Standesgericht die staatlichen Gerichte bitten, die Vormundschaft auf eine andere Person zu übertragen oder sie mit bestimmten Auflagen zu versehen.

ad c): Das Einkommen der BerufsvormünderInnen wäre, wie bei „entwickelten“ Professionen üblich, teilweise abhängig von den erbrachten Leistungen, also der Zahl der Vormundschaften und dem je Vormundschaft zu leistenden Aufwand. Vorstellbar wäre hier ein Einkommensmodus, der sich je zur Hälfte nach der Zahl der Mündel und dem zu leistenden Arbeitsaufwand bemisst, um so die nicht intendierten Effekte einer reinen Leistungsentlohnung zu vermeiden, wie sie von freiberuflichen Ärzten hinlänglich bekannt sind. Dies würde jedoch nicht nur Vereinbarungen darüber voraussetzen, was als Pflichtleistung gilt – notwendig hierzu wäre wiederum ein Berufsprofil (s. o.) – und was als besonderer Arbeitsaufwand abgerechnet werden könnte, sondern auch darüber, wieviel Mündel ein/e BerufsvormünderIn überhaupt betreuen kann bzw. darf, ohne dass die Qualität der erbrachten Leistung darunter leidet. Dabei wären diese Obergrenzen sowie die Entgeltvereinbarungen insgesamt so zu gestalten, dass das Einkommen de BerufsvormünderInnen bei voller Auslastung ungefähr dem eines Hochschulabsolventen im öffentlichen Dienst entspräche.

4. Resümee

Die Notwendigkeit eines funktionierenden Vormundschaftswesens für Minderjährige wird sicherlich niemand bezweifeln. Dass dieser Bereich – trotz erheblicher gesellschaftlicher Veränderung allein in den letzten beiden Dekaden sowie des paradigmatischen Wechsels in der sozialen Arbeit – jahrzehntelang fast unverändert geblieben ist, überrascht deshalb. Nicht überraschen kann jedoch, dass sich in verschiedenen Bereichen ein Reformbedarf abzeichnet. Auf diesen sich abzeichnenden Reformbedarf hat dieser Beitrag versucht zu reagieren, wobei manche der eben geschilderten Elemente eines neuen Professionsmodells für BerufsvormünderInnen sicherlich „Zukunftsmusik“ sind und es vielleicht auch bleiben werden. Auch wird manches von dem, was vorgeschlagen wurde, nicht ohne Veränderungen auch in anderen Bereichen – etwa den Fachhochschulen – umzusetzen sein. Im Detail ist deshalb noch vieles zu diskutieren und genau auf seine Auswirkungen hin zu prüfen. Gleichzeitig benötigt man bei Reformen ein Ziel, eine Vorstellung davon, wie alles einmal aussehen soll, denn ohne eine solche Perspektive bleibt jede Reform nur Aktionismus. Hier hat der Beitrag versucht, neue Impulse zu liefern, auch wenn die einzelnen Elemente des entwickelten Professionsmodells so visionär nicht sind, sondern in anderen Berufsfeldern teilweise fester Bestandteil des beruflichen Alltags. Nun gilt es in die Diskussion darüber einzutreten, ob ein solches Modell überhaupt wünschenswert ist oder ob nicht alternative Modelle vielleicht besser geeignet sind, Antworten auf die aufgeworfenen Fragen zu liefern.

Anmerkungen

1 Aus Gründen der besseren Lesbarkeit wird nachfolgend der Begriff der Amtsvormundschaft/-pflegschaft nicht immer ausgeführt. Wenn deshalb von der Amtsvormundschaft die Rede ist, so sind damit *immer*, wenn dies nicht ausdrücklich anders vermerkt wird, sowohl die ***bestellten Amtsvormundschaften*** als auch die ***bestellten Amtspflegschaften*** gemeint. *Nicht* aber *gesetzliche Vormundschaften* und – vor dem Inkrafttreten des neuen Kindschaftsrechts – *gesetzliche Pflegschaften*.

2 Eine solche scheint sich etwa im Bereich des Betreuungsrechts mit dem „Verband freiberuflicher BetreuerInnen e. V." aktuell zu entwickeln.

Literatur

Banks, S. 1995: Ethics and Values in Social Work, Basingstoke.

Bundesministerium für Gesundheit (Hg.) 1996: Modellmaßnahmen zur Förderung der ehrenamtlichen Tätigkeit im Betreuungswesen: Abschlußbericht 1991-1995, Baden-Baden.

Deutscher Berufsverband für Sozialarbeit, Sozialpädagogik und Heilpädagogik e.V. 1997: Berufsethische Prinzipien des DBSH, Beschluss der Bundesmitgliederversammlung vom 21.-23. November 1997 in Göttingen, o.O.

Hansbauer, P. 1998: Aktuelle Probleme in der Amtsvormundschaft/-pflegschaft und Perspektiven zu ihrer Überwindung. In: Zentralblatt für Jugendrecht (ZfJ), 85. Jg., Heft 12, S. 496-503.

Heiner, M. 1996: Ziel- und kriterienbezogenes Qualitätsmanagement in der sozialen Arbeit. In: Merchel, J./Schrapper, C. (Hg.): Neue Steuerung: Tendenzen und Organisationsentwicklung in der Sozialverwaltung, Münster, S. 210-230.

Kaufmann, F. 1998: Das Jugendamt als Vormund und als Sozialbehörde – Probleme der Doppelfunktion. In: Der Amtsvormund, Juni 1998, S.482-492.

Landesjugendamt Brandenburg 1996: Hinweise zu Aufgabenstrukturen und Verfahrensweisen auf dem Gebiet des Vormundschaftswesens. In: Landesjugendamt Info-Nr. 5, S. 26-36.

Münder, J. u. a. (Hg.) 1993: Frankfurter Lehr- und Praxiskommentar zum KJHG, 2. überarb. Aufl., Münster.

Münder, J. u. a. 1997: Forschungsprojekt: Kindeswohl zwischen Jugendämtern und Vormundschaftsgerichten, Zwischenbericht für den Zeitraum 1.4.1996 – 31.3.1997, Berlin.

Oberloskamp, H. (Hg.) 1998: Vormundschaft, Pflegschaft und Beistandschaft bei Minderjährigen, München, 2. Aufl.

Petersen, K. 1999: Bestellt Amtsvormundschaften und Amtspflegschaften: Möglichkeiten einer am Mündel orientierten Praxisentwicklung. In: Forum Erziehungshilfen 1/1999, S. 4-11.

Rüting, W. 1999: Wir reden mit – Eine Zukunftswerkstatt mit Kindern. In: Forum Erziehungshilfen 1/1999, S. 12-16.

Sächsisches Landesjugendamt 1998: Empfehlungen des Sächsischen Landesjugendamtes zur Stellung und zum Wirkungsbereich eines Amtsvormundes/Amtspflegers. In: SLJA – Mitteilungsblatt, Nr. 1, S. 29-47.

Salgo, L. 1991: Amtsvormundschaft/Amtspflegschaft: Verwaltung oder soziale Arbeit – Teil des Jugendamts oder Fremdkörper? In: Kreft, D./Münder, J. (Hg.), Quo Vadis Jugendhilfe, Berichte & Materialien aus der sozialen und kulturellen Arbeit Heft 6, Nürnberg, S. 109-121.

Schone, R. u. a. 1997: Kinder in Not, Münster

Thüringer Landesjugendamt für Soziales und Familie, (ohne Jahreszahl): Arbeitsorientierungen des Landesjugendamtes Thüringen zu den Arbeitsbereichen Beistandschaften, Pflegschaften, Vormundschaften.

Verband freiberuflicher Betreuer/innen e.V. 1997: Berufsbetreuer/in – Berufsbild, Beschluß der Mitgliederversammlung des Verbandes am 6. Juni 1997 in Köln, o.O.

Wolf, Ch. 1997: Die Zukunft des Amtsvormundes im Jugendamt, unveröffentl. Redemanuskript zum Tag der sächsischen Amtsvormünder.

Anhang

Das Leistungsprofil der Amtsvormünderin und des Amtsvormundes – Arbeits- und Orientierungshilfe

erarbeitet vom überregionalen Arbeitskreis der Amtsvormünderinnen und Amtsvormünder (Stand: 26.04.1999)

Vorwort

Mit dem nachfolgenden Text wollen wir Sie neugierig machen. Wir hoffen, dass Sie nicht nur diese kurze zusammenfassende Einleitung lesen und dann das Papier wieder weglegen, sondern dass Sie angeregt werden, die im Folgenden aufgeschriebenen, von engagierten Praktikern ausgearbeiteten Überlegungen, ausführlicher lesen zu wollen.

Wenn uns das gelungen ist, würden wir uns freuen, wenn Sie uns Ihre Gedanken zu der Arbeits- und Orientierungshilfe mitteilen, da bereits die Diskussionen während der Erstellung des Leistungsprofils gezeigt haben, wie vielfältig die Vorstellungen der einzelnen Arbeitskreisteilnehmer waren und wie unterschiedlich die Arbeitsstrukturen in Jugendämtern im Arbeitsbereich Vormundschaft, Pflegschaft, Beistandschaft sind. Aufgabenvermischungen sind in vielen Jugendämtern Praxis. Insoweit wird nicht eine Idealvorstellung dargestellt, sondern die Umsetzung der gesetzlichen Grundlagen beschrieben.

Wir gehen daher davon aus, dass die Arbeits- und Orientierungshilfe als Grundlage dafür dienen kann örtliche Strukturen zu überdenken und das in den einzelnen Kapiteln der Arbeitshilfe abgebildete Raster dazu zu nutzen Überlegungen für mögliche neue Orientierungen anstellen zu können.

Das vorliegende Leistungsprofil beschäftigt sich in vier Kapiteln
- mit dem *Wesen der Vormundschaft,*
- der *Leistungsbeschreibung des Arbeitsfeldes* auf der Grundlage der geltenden Gesetze,
- den *fachlichen Qualifikationen,* die Mitarbeiter des Jugendamtes besitzen müssen, die in diesem Arbeitsbereich tätig sind und
- mit den heute wichtigen Fragen, in welcher *Qualität* diese Leistung des Jugendamtes zu erbringen und wie sicherzustellen ist, dass die Qualität dieser Leistung auch auf Dauer gewährleistet werden kann.

Das KJHG (SGB VIII) und die Kindschaftsrechtsreform stellen auch für den Bereich des Vormundschafts- und Pflegschaftsrechts einen Paradigmawechsel – eine neue Betrachtungsweise – dar, der die Praxis der Jugendhilfe in einen neuen Bedingungszusammenhang stellt. Wesentliche Einflüsse ergeben sich auch aus den Bestrebungen der Verwaltung, ihre Aufgabenwahrnehmung zu modernisieren. Das Verhältnis von Aufwand und Zielerreichung (Effektivität) und der Grad der Zielerreichung (Effizienz) sind heute Aspekte, die eine immer wichtigere Rolle bei der Ausgestaltung von Aufgaben der öffentlichen Verwaltung einnehmen. Dieses gilt uneingeschränkt auch für den Bereich des Jugendamtes, der einen wesentlichen Teil des staatlichen Wächteramtes repräsentiert.

Kinder- und Jugendhilfe soll die Bedürfnisse und Interessen von Kindern und Eltern im Blick haben. Besonders Kinder und Jugendliche, die noch nicht in der Lage sind sich selber zu vertreten, brauchen eine wirksame Interessenvertretung. Jugendhilfe versteht sich deswegen auch als „Anwalt von Kindern und Jugendlichen“. In der Person eines Vormundes oder Pflegers hat das Jugendamt diese Aufgabe tatsächlich wahrzunehmen. Hierin drückt sich das Wesen der Vormundschaft aus.

Um diesem Anspruch – dieser Zielsetzung – gerecht werden zu können, sind in dieser Arbeits- und Orientierungshilfe die Aufgaben des Jugendamtes auf der Grundlage der derzeit geltenden Rechtsvorschriften dargestellt. Diese betreffen im Wesentlichen die Führung der Vormundschaft und -pflegschaft sowie die Rechtsstellung des Amtsvormundes/-pflegers.

Das Aufgabenprofil der Vormundschaft/Pflegschaft ist durch das BGB und das SGB VIII vorgegeben. Das Leistungsprofil des Aufgabengebietes leitet sich hieraus direkt ab. Dieses bestimmt in welcher Qualität die Aufgabe wahrzunehmen ist. Sie wird maßgeblich dadurch mitbestimmt, welche soziale Struktur örtlich vorfindbar ist, welche Hilfeangebote vor diesem Hintergrund insbesondere im präventiven, ambulanten und auch im stationären Bereich bestehen und gewollt sind und ob es sich um einen städtischen oder eher ländlich strukturierten Bereich handelt.

Die Arbeits- und Orientierungshilfe kommt zu Aussagen zu den für notwendig erkannten fachlichen Qualifikationen, die bestimmt werden durch Ausbildung, Fortbildung, die Erweiterung fachlicher Grundkenntnisse im pädagogischen, rechtlichen, psychologischen und soziologischen Bereich und durch praktische Erfahrungen mit Umgangsformen und Strukturen in der Verwaltung und den Gerichten sowie durch Fähigkeiten, die sich als Anforderungen an die einzelne Fachkraft aus der Arbeit ergeben. Erheblichen Einfluss können auch persönliche Grundeinstellungen des Einzelnen haben, die z. B. das eigene Selbstverständnis, seine Kooperationsbereitschaft, Flexibilität, Belastbarkeit etc. betreffen.

Einen großen Raum nehmen dann die Überlegungen zur Qualitätsentwicklung ein. Eingegangen wird auf die Aspekte:
- Strukturqualität: Wie können organisatorische Rahmenbedingungen optimiert werden?
- Prozessqualität: Wie können geeignete fachliche Aktivitäten ausgebildet werden?
- Ergebnisqualität: Wie kann das Erreichte beurteilt werden?

Diese zusammenfassende erste Kurzdarstellung des Inhalts der Arbeits- und Orientierungshilfe hat Sie hoffentlich neugierig gemacht, sie insgesamt zu studieren. Wir würden uns freuen, wenn sie bei Ihnen den Anlass dazu gäbe in Ihrem Hause in einen Diskussionsprozess einzutreten, der möglicherweise zu einer Projektarbeit führte den Arbeitsbereich Vormundschaften, Pflegschaften und Beistandschaften neu zu konzipieren. Freuen würden wir uns außerdem, wenn Sie uns Ihre Gedanken, Anregungen, Ergänzungen, Hinweise oder Verbesserungsvorschläge mitteilen.

1. Das Wesen der Vormundschaft

„Pflege und Erziehung der Kinder sind das natürliche Recht der Eltern und die ihnen zuvörderst obliegende Pflicht. Über ihre Betätigung wacht die staatliche Gemeinschaft." (Art. 6 Abs. 2 GG, § 1 Abs. 1 SGB VIII)

Wenn die Eltern dieser Pflicht nicht oder nicht zum Wohle der Kinder nachkommen, muss der Staat den Schutz der Kinder gewährleisten. Er hat dieses mit Einführung der Vormundschaft in unsere Rechtsordnung getan.

„Ein Minderjähriger erhält einen Vormund, wenn er nicht unter elterlicher Sorge steht oder wenn die Eltern weder in den die Person noch das Vermögen betreffenden Angelegenheiten zur Vertretung des Minderjährigen berechtigt sind." (§ 1773 Abs. 1 BGB).

Die Vormundschaft ist dem Elternrecht nachgebildet und orientiert sich an deren Inhalten. Der Vormund ist ausschließlich dem Wohl des Mündels verpflichtet. *Geht man davon aus, dass Minderjährige nur dann einen Vormund erhalten, wenn die Eltern als Sorgerechtsinhaber ausfallen, ist es unerlässlich, dass dem Mündel eine qualifizierte, erfahrene Fachkraft als Vormund oder Pfleger zur Verfügung steht.*

Die Vormundschaft geht zurück auf römisches Recht. Bereits dort kannte man die „Tutela" (Fürsorge, Vormundschaft), bei der nichtgeschlechtsreife Mädchen und Jungen, soweit sie nicht unter väterlicher Gewalt standen, von einem „Tutor" (Vormund) betreut wurden. Er hatte die Aufgabe, die gesetzliche Vertretung und die Vermögensverwaltung seines Mündels wahrzunehmen und dessen Erziehung zu überwachen. Das Amt des Tutors wurde meist durch Verwandte, aber auch durch vom Gerichtsherrn ernannte Personen ausgeübt.

Im deutschen Recht hat sich ähnliches herausgebildet. Die Fürsorge und Aufsicht stand der gesamten Sippe („munt") zu, wurde jedoch von einem einzelnen, dem nächsten männlichen Verwandten ausgeübt. Der Vormund wurde zunächst durch die Sippe, später auch durch Verwandte, durch Testament oder durch die Obervormünder bestimmt. Auch hier waren es grundsätzlich die Verwandten, die dieses Amt ausübten.

Mit der Einführung der Vormundschaft in das Bürgerliche Gesetzbuch (BGB) im Jahre 1900 wurde das Vormundschaftsgericht quasi zum Obervormund. Ihm stand als Helfer der Gemeindewaisenrat zur Seite. Dort wurden die Vormundschaften, die nicht von Verwandten wahrgenommen wurden, geführt. 1922 wurden die Aufgaben des Gemeindewaisenrates dem Jugendamt übertragen. Mit dem Familienrechtsänderungsgesetz von 1961 und dem im selben Jahr in Kraft getretenen Jugendwohlfahrtsgesetz entstand die heutige Form der Vormundschaft.

Obwohl das Arbeitsgebiet seit nunmehr 38 Jahren unverändert besteht, gibt es kaum einen Bereich der öffentlichen Jugendhilfe, über den mit Blick auf die Tätigkeit des Amtsvormundes weniger Daten bekannt sind und über den es eine geringere Menge an Informationen und Publikationen gibt, außer zu rechtlichen Fragestellungen. Es scheint immer die Gefahr zu bestehen, dass diejenigen, um die es eigentlich geht, nämlich die Kinder und Jugendlichen, aus dem Blickfeld geraten. Erst in neuerer Zeit gibt es Versuche, dies zu ändern. Hinweise geben neuere Untersuchungen[3] der Universitäten Frankfurt und Berlin, die von Professorin Zenz und Professor Münder durchgeführt wurden. Die daraus zu entnehmenden Hinweise sind um so wichtiger, als sich in der öffentlichen Jugendhilfe mit der Einführung des KJHG und fortgesetzt durch die Kindschaftsrechtsreform ein Paradigmawechsel – eine neue Betrachtungsweise – ergeben hat. Der Schritt weg von der Eingriffs- und ordnungsrechtlich geprägten Intervention, hin zur helfenden Beziehung, weg vom Diktat der Jugendhilfe, hin zum partnerschaftlichen Miteinander, der Mitwirkung und Mitbestimmung der Betroffenen, prägt das moderne Bild der Jugendhilfe. Dieser Wandel macht auch vor dem Arbeitsfeld der Vormundschaft nicht halt. Für eine Reihe von Arbeitsbereichen der Jugendhilfe wurden inzwischen Leitlinien und Arbeitshilfen entwickelt und vorgelegt. Für das Arbeitsfeld Vormundschaften besteht insoweit Nachholbedarf.

Das vorliegende *Leistungsprofil der Amtsvormundschaft* soll als Orientierung für diejenigen dienen, die im Fachbereich Vormundschaft/Pflegschaft tätig sind. Ziel ist es vor allem, Leitungskräften und Praktikern fachliche Kriterien und Hinweise für eine Erneuerung der Vormundschaftspraxis anzubieten und dazu beizutragen, dass das am Mündel orientierte, professionelle Selbstverständnis des Vormundes gestärkt wird.

Ausgangspunkt für dieses Leistungsprofil sind die §§ 1793 und 1629 Abs. 2 BGB. Diesen Vorschriften ist zu entnehmen, dass der Vormund oder Pfleger an Stelle der Eltern die elterliche Sorge für das Kind oder den Jugendlichen übernimmt.

Der Vormund muss bei seiner Arbeit eindeutig Partei für das Kind oder den Jugendlichen sein. Dieses ist eine Besonderheit der Wahrnehmung der Vormundschaftsaufgabe. Dazu ist erforderlich die Lebenssituation, die Interessen und Bedürfnisse des Kindes und des Jugendlichen zu erfassen und zum Ausgangspunkt des fachlichen Handelns zu machen.

In diesem Zusammenhang sind die Ergebnisse einer Untersuchung von Bedeutung, in der festgestellt werden konnte, dass richterliche Entscheidungen für einen (teilweisen) Entzug der elterlichen Sorge auf Grund einer Kindeswohlgefährdung zu Stande kommen. Tatbestände sind z. B. Kindesmisshandlung, sexueller Missbrauch, Vernachlässigung von Kindern oder Autonomiekonflikte Jugendlicher, vor allem ausländischer Mädchen, mit ihren Erziehungsberechtigten (vgl. Schone/Gintzel u. a. 1997). Aus diesem Grunde befinden sich die betroffenen Kinder und Jugendlichen zum Zeitpunkt der Bestellung eines Vormundes häufig in einer ausgesprochen schwierigen Lebenssituation. Diese ist von unterschiedlichen familiären und kulturellen Hintergründen sowie von Alters- und geschlechtsspezifischen und persönlichen Besonderheiten des Kindes oder Jugendlichen geprägt. Es bilden sich demzufolge auf ihrer Seite individuelle Kommunikationsgewohnheiten, Wertesysteme und Zukunftsvorstellungen sowie persönliche Bedürfnisse, Interessen und Fähigkeiten aus, die nicht vorab definierbar sind.

Die Vertretung des Kindes und Jugendlichen durch einen Vormund ist angesichts der Komplexität der sozialen Zusammenhänge um so effektiver und effizienter, je ernster Mädchen und Jungen mit ihren Interessen und Bedürfnissen genommen werden. Diese Behauptung kann durch eine weitere Studie belegt werden. In mehreren Großstadtjugendämtern wurde festgestellt, dass Jugendliche erhaltene Jugendhilfeleistungen positiver beurteilen und als erfolgreicher ansehen, wenn sie an den Entscheidungsprozessen im Jugendamt beteiligt werden. Werden sie nicht oder nur scheinbar beteiligt, werden die Leistungen negativ und als wenig hilfreich bewertet (vgl. Petersen, 1996).

2. Grundlagen, Führung und Aufgaben der Vormundschaft

2.1 Gesetzliche Grundlagen

Wenn die Eltern ihr Recht auf Pflege und Erziehung ihrer Kinder missbrauchen oder nicht ausüben können oder wollen, ist die staatliche Gemeinschaft als Wächter über das Wohl der Kinder aufgerufen. Dieses – staatliche – Wächteramt des Artikels 6 II GG wird in der Regel durch das Jugendamt und die Vormundschafts- und Familiengerichte wahrgenommen. In bestimmten Fällen kommt es kraft Gesetzes oder durch richterliche Anordnung dazu, dass die Eltern die elterliche Sorge nicht mehr ausüben können oder dürfen. An ihre Stelle tritt ein Vormund, der die elterliche Sorge ausübt (§§ 1793, 1626, 1800 i.V. 1631-1633 BGB).

2.1.1 Vormundschaft kraft Gesetzes

- Ruhen der elterlichen Sorge bei rechtlichem Hindernis, z. B. Kind einer nicht verheirateten minderjährigen Mutter (§§ 1673 Abs. 1, 1791 c Abs. 1 BGB);
- Ruhen der elterlichen Sorge mit der Einwilligung zur Adoption, (§ 1751 Abs. 1 BGB).

2.1.2 Vormundschaft kraft richterlicher Anordnung

- Ruhen der elterlichen Sorge bei tatsächlichem Hindernis (z. B. unbekannter Aufenthalt, Inhaftierung) (§§ 1674, 1773 BGB);
- Tod des sorgeberechtigten Elternteils oder der sorgeberechtigten Eltern (§ 1773 Abs. 1 BGB);
- Entzug der elterlichen Sorge bei Gefährdung des Kindeswohls (§ 1666 BGB);
- Familienstand des Kindes oder Jugendlichen ist nicht zu ermitteln (§ 1773 Abs. 2 BGB).

2.2 Führung der Vormundschaft

Vormund kann eine natürliche Person, ein Verein oder das Jugendamt werden (§ 1773 ff. BGB, § 55 Abs. 1 SGB VIII).

Im Einzelfall geeignete Personen oder Vereine werden dem Vormundschaftsgericht nach § 53 Abs. 1 SGB VIII vom Jugendamt vorgeschlagen. Diese haben Anspruch auf regelmäßige, individuelle Beratung und Unterstützung (§ 53 Abs. 2 SGB VIII). Wird ein Vormund durch das Jugendamt gestellt, hat das betroffene Kind oder der Jugendliche einen Amtsvormund. Das Jugendamt als Amtsvormund kann nur durch natürliche Personen tätig werden. Aus diesem Grund werden die Aufgaben des Vormundes nach § 55 Abs. 2 SGB VIII einzelnen Angestellten oder Beamten des Jugendamtes übertragen. Das Jugendamt bleibt als Institution allerdings gesetzlicher Vertreter des Kindes (§ 1791 b BGB).

Der Vormund ist den Erziehungsgrundsätzen des § 1 Abs. 1 SGB VIII sowie den Regeln des Gesetzes zur religiösen Kindererziehung verpflichtet. Seine Tätigkeit wird vom Vormundschaftsgericht beaufsichtigt (Fachaufsicht, § 1837 BGB), dem der Vormund mindestens jährlich Bericht erstatten muss (§ 1840 BGB). Neben dieser Fachaufsicht, begründet durch § 55 Abs. 2 SGB VIII, übt der Dienstherr gegenüber dem Vormund die Dienstaufsicht im Rahmen der Übertragung aus. Im Übrigen handelt der Vormund weisungsfrei. Er erledigt seine Aufgaben selbstständig und eigenverantwortlich zum Wohl des von ihm vertretenen Kindes oder Jugendlichen. Das Kindeswohl ist ein unbestimmter Rechtsbegriff. Er orientiert sich an der individuellen Lebenssituation und den Bedürfnissen der Kinder und Jugendlichen. Bei Entscheidungen des Vormundes dürfen nur die berechtigen Interessen des Mündels handlungsleitend sein. Dies gilt auch in Bezug auf die Beantragung von Hilfen zur Erziehung gem. §§ 27 ff. SGB VIII. Als Antragsteller stehen ihm in diesem Verfahren die Rechte wie jedem anderen Personensorgeberechtigten zu.

Das Jugendamt hat in der Regel jährlich zu prüfen, ob für das Kind eine geeignete Einzelperson oder ein Verein als Vormund zur Verfügung steht. Ggf. ist das Jugendamt als Vormund zu entlassen (§ 56 Abs. 4 SGB VIII). Ansonsten endet die Vormundschaft in den durch das BGB vorgesehenen Fällen (§ 1882 BGB).

2.3 Aufgaben der Vormundschaft

Kraft Gesetzes oder richterlicher Anordnung hat der Vormund folgende Aufgaben:
- Wahrnehmung der elterlichen Sorge für das Kind durch Kontakt und Beziehung (Mündelbeteiligung) sowie die Umsetzung der Leitlinien für Erziehung und des religiösen Bekenntnisses sowie des Umgangs gem. § 1626 BGB, § 1 Abs. 1 SGB VIII (s. a. Ziff. 4.2 Kontakt zum Mündel);
- Wahrnehmung der Personen- und Vermögenssorge des Kindes nach außen – gesetzliche Vertretung – (§ 1629 BGB),
- Beantragung und Inanspruchnahme von Sozialleistungen, z. B. Antrag auf Hilfe zur Erziehung, Mitwirkung bei der Planung und Entscheidung über die zu gewährende Hilfe (Wunsch- und Wahlrecht), Mitwirkung im Hilfeplanverfahren, Sicherstellen der Beteiligung des vertretenen Kindes.

Die Wahrnehmung der elterlichen Sorge umfasst im Einzelnen folgende Bereiche:

- *Aufenthalt:* Bestimmung von Wohnort und Wohnung (z. B. Abschluss von Mietverträgen);
- *Pflege:* Sorge für das leibliche Wohl (z. B. Nahrung, Kleidung, Unterkunft, Körperpflege, Gesundheit);

	Medizinische Betreuung (z. B. Sorge für die notwendige medizinische Betreuung, Verantwortung für die Gesundheit, Einwilligung in Operationen, regelmäßige Gesundheitsvorsorge);
– *Erziehung:*	Sorge für die sittliche und geistige Entwicklung (z. B. Bestimmung der Erziehungsziele, Beaufsichtigung der Erziehung, Wahl des Kindergartens, der Schule, Antragstellung auf Gewährung von Hilfe zur Erziehung, Wahrnehmung des Wunsch- und Wahlrechts gem. § 5 SGB VIII, Beteiligung im Hilfeplanverfahren als Personensorgeberechtigter); Religion (z. B. Einwilligung zur Taufe); Aufsicht (z. B. Schutz vor Schäden an Leib und Leben, an seelischer Entwicklung auch durch Dritte, die Mündel erleiden oder verursachen); Ausbildung; (z. B. Auswahl von Ausbildungsstellen und Abschluss von Ausbildungsverträgen);
– *Vermögen:*	Anlage und Verwaltung des Mündelvermögens Unterhalt (z. B. Geltendmachung und Realisierung des Unterhaltsanspruches des Mündels); Versicherung (z. B. Abschluss von Versicherungsverträgen); Versorgung; (z. B. Geltendmachung von Rentenansprüchen); Erbschaft (z. B. Regelung von Erbschaftsangelegenheiten); Sozialleistungen.

3. Fachliche Qualifikationen

An die Aufgabenwahrnehmung des Vormundes sind spezifische, berufliche Mindestanforderungen gestellt. Die Anforderungen beziehen sich auf
- eine Ausbildung mit abgeschlossenem Fachhochschulstudium, vorzugsweise im Bereich Sozialarbeit/Sozialpädagogik oder im Bereich Verwaltung (s. Ziff. 3.1),
- besondere Kenntnisse und Erfahrungen in den Bereichen Pädagogik, Recht und Verwaltung Psychologie, Soziologie (s. Ziff. 3.2),
- besondere Fähigkeiten (s. Ziff. 3.3) und
- persönliche Grundeinstellungen und Anforderungen (s. Ziff. 3.4).

3.1 Ausbildung/Fortbildung

3.1.1 Ausbildung

Die öffentlichen Träger der Jugendhilfe bestimmen im Rahmen ihrer Organisationshoheit die personelle Ausstattung der Jugendämter. Sie beschäftigen hauptberuflich Personen, die eine für diese Aufgaben entsprechende Ausbildung haben (Fachkräfte), sich für die jeweilige Aufgabe nach ihrer Persönlichkeit eignen oder auf Grund besonderer Erfahrungen in der sozialen Arbeit in der Lage sind die Aufgaben zu erfüllen (§ 72 SGB VIII).

Zur Führung der Vormundschaft bedarf es kompetenter Fachkräfte, die auf Grund ihrer Ausbildung nicht nur spezifische Rechts- und Verwaltungskenntnisse haben, sondern vor allem auch umfassendes pädagogisches, psychologisches und soziologisches Wissen besitzen. Insofern ist ein abgeschlossenes Fachhochschulstudium im Bereich Sozialpädagogik/ Sozialarbeit bzw. Verwaltung oder eine vergleichbare Ausbildung im Angestelltenbereich erforderlich. Dabei sollten Diplom-Verwaltungswirte bzw. Verwaltungsangestellte unbedingt zusätzliche sozialpädagogische, psychologische und soziologische, Diplom-Sozialpädagogen bzw. -Sozialarbeiter rechtliche und verwaltungstechnische Kenntnisse und Erfahrungen besitzen, bevor sie zum Amtsvormund bestellt werden. Fehlen Teile dieser Voraussetzungen, ist eine entsprechende berufsbegleitende Zusatzausbildung – möglichst – mit Zertifizierung anzustreben.

3.1.2 Fortbildung

Ferner sollten regelmäßig einschlägige Fortbildungsangebote verfügbar sein, die sich auf alle Bereiche der elterlichen Sorge (Ausübung der Personensorge, Vermögenssorge, gesetzliche Vertretung) erstrecken und spezifische Fragen und Probleme der Vormundschaft aufgreifen (§ 72 Abs. 3 SGB VIII).

3.2 Kenntnisse und Erfahrungen

Fachkenntnisse und praktische Erfahrungen sind in spezifischen Bereichen des Rechts und der Verwaltung sowie der Pädagogik, Psychologie und Soziologie erforderlich.

3.2.1 Recht und Verwaltung

Im Zivil- und Verwaltungsrecht sind sichere Kenntnisse, insbesondere in folgenden Rechtsbereichen erforderlich:
- Bürgerliches Gesetzbuch (BGB)
- Sozialgesetzbuch (SGB), und zwar insbesondere in den Teilen I, VIII und X
- Bundessozialhilfegesetz (BSHG)
- Gesetz über Angelegenheiten der freiwilligen Gerichtsbarkeit (FGG)
- Zivilprozessordnung (ZPO)
- Verwaltungsrecht u. a. m., beispielsweise Ausländer- und Asylrecht
- Kenntnisse und Erfahrungen mit der Aufbau- und Ablauforganisation von Verwaltungen und bei den Gerichten und hier insbesondere bei den Jugendämtern und Familien-/Vormundschaftsgerichten, sind vorteilhaft.

3.2.2 Pädagogik, Psychologie und Soziologie

Neben pädagogischem, psychologischem und soziologischem Grundwissen über die Entwicklung und Erziehung von Mädchen und Jungen, insbesondere zu der Frage, auf welche Weise Fähigkeiten, Stärken, Begabungen und Interessen von Kindern und Jugendlichen erkannt und gefördert werden können, sollten Kenntnisse u. a. in folgenden Bereichen vorhanden sein:
- Kommunikationspsychologie, vor allem über die Gesprächsführung mit Kindern und Jugendlichen;
- Trennungs- und Verlusterlebnisse von Kindern;
- Sexueller Missbrauch;
- Vernachlässigung;
- Misshandlung von Kindern;
- Schule;
- Berufsausbildung;
- Ambulante und stationäre erzieherische und therapeutische Hilfen für Kinder und Jugendliche und deren spezifische Problematik, z. B. Vollzeitpflege.

3.2.3 Praxiserfahrungen

Praktische Erfahrungen sind in folgenden Bereichen erforderlich:
- Beratung und pädagogische Begleitung von Kindern und Jugendlichen, insbesondere in belasteten Lebenssituationen;
- Hilfeplanung und Mitwirkung unter Berücksichtigung der Beteiligung der Kinder und Jugendlichen nach §§ 36 und 37 SGB VIII

3.3 Fähigkeiten

Vormünder sollten folgende Fähigkeiten besitzen:
- Sensibilität und Wertschätzung im Umgang mit Kindern/Jugendlichen, ihren Eltern und anderen Personen ihres Umfeldes;
- verbale, nonverbale und spielerische Kommunikationsfähigkeit mit Kindern und Jugendlichen;
- aktives Zuhören, im Gespräch nicht nur die sachliche, sondern auch die gefühlsmäßige Ebene der Beteiligten wahrnehmen;
- Kreativität bei der Gestaltung von Kontakten, aber auch bei den Angeboten zur Kontaktaufnahme seitens der Kinder/Jugendlichen ist erforderlich;
- Alleinverantwortliche Entscheidung treffen und diese transparent machen können;
- Kooperations- und Verhandlungsfähigkeit;
- Fähigkeit zur selbstkritischen Auseinandersetzung und Reflexion der beruflichen Rolle und des eigenen Handelns (berufliche Distanz halten können).

3.4 Persönliche Grundeinstellungen und Anforderungen

- *Grundeinstellungen*

  Die grundlegende Bereitschaft zur regelmäßigen Reflexion, zur kollegialen Praxisberatung, Supervision, Fort- und Weiterbildung müssen vorhanden sein.

- *Anforderungen*

  Kooperationsbereitschaft
  Die Bereitschaft mit Fachkräften, Eltern oder anderen Bezugspersonen des Mündels zusammenzuarbeiten ist vor allem notwendig, um mit Hilfe unterschiedlicher Informationen zum Aufbau entwicklungsfördernder Beziehungen und Bedingungen für das Kind oder den Jugendlichen beizutragen.

  Flexibilität
  Handlungsstrategien und Problemlösungskonzepte müssen flexibel an der Persönlichkeit, den Bedürfnissen und dem Enwicklungsstand des Kindes/Jugendlichen ausgerichtet sein bzw. diesen angepasst werden.

  Physische und psychische Belastbarkeit
  Der Vormund muss belastende Situationen aushalten und damit umgehen können, z. B. Anfeindungen und Druck durch Dritte (Eltern, Presse, Politik). Frustrationserlebnisse unterschiedlichster Art, vor allem auch bedingt durch die Arbeit mit Kindern und Jugendlichen in sehr schwierigen Lebensverhältnissen, sind emotional zu verarbeiten und weiterführende und neue Motivationsansätze zu entwickeln.

Verantwortungsbereitschaft
Entscheidungen für wichtige Lebensfragen des Kindes/Jugendlichen sind zu treffen. Der Vormund muss bereit sein für diese Entscheidungen die alleinige und umfassende Verantwortung zu übernehmen.

Kenntnis der persönlichen und fachlichen Grenzen
Der Vormund sollte sich seiner persönlichen und fachlichen Grenzen bewusst sein. Er muss in der Lage sein, sich ggf. Beratung und Hilfestellung zu holen.

Respekt vor der Person des Kindes
Grundsätzlich ist die Wertschätzung gegenüber den Fähigkeiten von Kindern/Jugendlichen die Basis für eine qualifizierte Führung der Vormundschaft (keine Defizit-, sondern Kompetenzorientierung), d. h. im Zentrum des Erziehungsverständnisses steht nicht die Veränderung bestimmter Verhaltensweisen des Kindes/Jugendlichen, sondern die Förderung und Stärkung seiner Persönlichkeit sowie Gestaltung eines für das jeweilige Mündel entwicklungsfördernden, sozialen und materiellen Umfeldes.

Selbstverständnis als Interessenvertreter des Kindes
Der Vormund vertritt ausschließlich die Interessen des Kindes/Jugendlichen, auch gegen den Widerstand von Eltern, anderer Personen und Institutionen.

Kongruentes Verhalten
Entscheidungsprozesse in Bezug auf wichtige Lebensfragen des Mündels müssen offen erfolgen, transparent gestaltet werden, nachvollziehbar sein und unter Beteiligung des Kindes/Jugendlichen erfolgen.

4. Qualitätsentwicklung

Um Qualität und Qualitätskriterien in der Aufgabenwahrnehmung der Vormünder entwickeln zu können ist es notwendig, sich mit deren beruflichen Vorstellungen und beruflichen Praxis auseinanderzusetzen. Verbesserung von Qualität ist eng verbunden mit den Möglichkeiten der Vormünder zum fachlichen Austausch über das Thema. Es ist notwendig die komplexen Probleme im Berufsalltag der Vormünder in kontinuierlich stattfindenden fachlichen Aushandlungsprozessen zu reflektieren. Dabei muss die Perspektive der Kinder und Jugendlichen eine wichtige Orientierung bleiben.

Wird dementsprechend ein professionelles Selbstverständnis zu Grunde gelegt, in dem die Mündelperspektive bzw. der auf Vertrauen aufbauende Kontakt zum Mündel Handlungsbasis ist, besitzt das professionelle Handeln dann Qualität,

- wenn sensibel und respektvoll mit Kindern und Jugendlichen und ihrer Herkunftsfamilie sowie mit anderen Bezugspersonen umgegangen wird (*Adressatenorientierung*),
- wenn vor allem die Förderung der kindlichen und jugendlichen Fähigkeiten und Interessen und weniger die Beseitigung ihrer Defizite im Vordergrund des Interesses stehen (*Kompetenzorientierung*),
- wenn im Vorhinein der fachlichen Entscheidungen Offenheit und Ungewissheit akzeptiert werden (*Prozessorientierung*),
- wenn es gelingt das Kind oder den Jugendlichen an den Entscheidungsprozessen des Jugendamtes (z. B. den Hilfeplangesprächen) zu beteiligen (*Beteiligung*).

Diese Kriterien sind variabel.

In der Literatur bezeichnet Qualität *„eine Eigenschaft, eine Besonderheit, die einem Gegenstand (Produkt), einer Leistung, einem Vorgang, einem Ereignis etc. zugesprochen wird bzw. von diesem erwartet wird. Qualität ist dabei das Ergebnis einer 'Konvention', einer Übereín-*

kunft darüber, was relevante Gruppen mit dem Gegenstand, der Leistung etc. verbinden wollen. Qualitätskriterien sind somit nicht raum-zeitlich unabhängig wirkende bzw. feststellbare Merkmale, sondern können sich je nach Ort, Zeit und Veränderungen bei den definitionsmächtigen Akteuren ändern. Dies bedeutet, dass es 'die' Qualität nicht gibt, sondern nur eine mehr oder weniger gelingende Annäherung an die (zwischen verschiedenen Akteuren) vereinbarten fachlichen Ergebnisse." (Jordan 1998, 12).

Bei der Differenzierung des Qualitätsbegriffs hat sich die Aufteilung in Strukturqualität, Prozessqualität und Ergebnisqualität durchgesetzt. Diese soll deshalb hier ebenfalls ihre Anwendung finden:

- Die *Strukturqualität* (s. Ziff. 4.1) bezieht sich auf die organisatorischen Rahmenbedingungen, d. h. die Voraussetzung für eine verantwortliche Aufgabenwahrnehmung in den Jugendämtern sowie die Möglichkeiten des fachlichen Austausches in regionalen Arbeitskreisen und (3) die Möglichkeiten des fachlichen Austausches in Fachteams .
- *Prozessqualität* (s. Ziff. 4.2.) meint die Aktivitäten, die geeignet und notwendig sind, um ein bestimmtes Ziel – hier die Umsetzung des Rechts von Kindern und Jugendlichen auf Förderung ihrer Entwicklung und Erziehung zu einer eigenverantwortlichen und gemeinschaftsfähigen Persönlichkeit zu erreichen. Mit der Umsetzung des § 1 SGB VIII sind auch die Aktivitäten gemeint, die die Beteiligung der Kinder und Jugendlichen nach § 8 SGB VIII ermöglichen.
- *Ergebnisqualität* (s. Ziff. 4.3) ist angesprochen, wenn der erzielte Zustand, also ein sichtbarer Erfolg oder Misserfolg betrachtet wird. Auch hier spielen immer zwei Perspektiven eine entscheidende Rolle bei der Beurteilung, nämlich zum einen die betroffenen Kinder und Jugendlichen und zum anderen die zuständigen Fachkräfte.

4.1 Strukturqualität: Organisatorische Rahmenbedingungen optimieren

In der praktischen Umsetzung eines professionellen Selbstverständnisses nehmen

- *der auf Vertrauen aufbauende Kontakt zum Mündel sowie*
- *die gesetzlichen Grundlagen*

einen zentralen Stellenwert ein. Ohne die geeigneten organisatorischen Rahmenbedingungen ist dies nur schwer möglich. Notwendig ist vor allem die Klärung der verantwortlichen Aufgabenwahrnehmung im Jugendamt und die Bildung von Fachteams, bestehend aus den Personen, die mit der Führung von Vormundschaften beauftragt sind.

4.1.1 Klärung der verantwortlichen Aufgabenwahrnehmung

Vormünder müssen mit anderen Fachdiensten innerhalb und außerhalb des Jugendamtes kooperieren. Vor allem die Zusammenarbeit mit dem Sozialdienst, durch den der Erstkontakt zur Herkunftsfamilie zu Stande kommt, ist für die Arbeit des Vormundes von Bedeutung. Besonders an dieser Schnittstelle im Jugendamt ist eine Aufgabentrennung erforderlich, um Interessenkollisionen, Überschneidungen und Konflikte zu vermeiden.

Gemäß § 7 Abs. 1, Nr. 5 SGB VIII ist der Vormund Personensorgeberechtigter und hat demzufolge Anspruch auf Hilfen zur Erziehung gemäß §§ 27 ff. SGB VIII. Insofern ist der Vormund Antragsteller und damit für die Wahrnehmung der Interessen und Rechte des Kindes bzw. des Jugendlichen und vor allem für seine Beteiligungsrechte z. B. bei der Hilfeplanung nach § 36 SGB VIII verantwortlich. Der Sozialdienst bleibt für die Arbeit mit der Herkunftsfamilie zuständig. Daran orientiert prüfen der Mitarbeiter des Sozialdienstes und der Vormund, welche Aufgabenteilung vorgenommen und welche Vorhaben, z. B. Besuche in Heimen oder Pflegefamilien, sinnvollerweise gemeinsam durchgeführt werden sollen.

Rechtlich sind die beiden Aufgabenbereiche dadurch getrennt, dass die Hilfen zur Erziehung zu den „Leistungen der Jugendhilfe“ (§ 2 Abs. 2 SGB VIII) gehören und die Vormundschaften zu den „Anderen Aufgaben der Jugendhilfe“ (§ 2 Abs. 3 SGB VIII) – siehe Ziff. 2.1 –.

Die Aufgabe des Vormundes als gesetzlicher Vertreter und Antragsteller von Hilfen zur Erziehung zu fungieren erfordert, dass die Führung der Vormundschaft von der die Hilfe gewährenden Stelle, die über die Gewährung der Hilfe entscheidet und den Leistungsbescheid zustellt (Gewährleister der Hilfe), zu trennen ist (zur Dienst- und Fachaufsicht s. Ziff. 2.2).

Mit dem SGB VIII als Bestandteil des SGB sind auch die Vorschriften des SGB I und SGB X anzuwenden. § 16 SGB X regelt, dass Personen, die Beteiligte am Verwaltungsverfahren sind, an Entscheidungen in diesem Verfahren nicht mitwirken dürfen. Der Vormund stellt als Personensorgeberechtigter den Antrag auf Gewährung von Hilfe zur Erziehung nach dem SGB VIII. Damit ist er Beteiligter im Sinne von § 16 SGB X und vom Mitwirkungsverbot betroffen. Daraus folgt, dass Mitarbeiter der sozialen Dienste nicht gleichzeitig auch Vormünder sein können; soziale Dienste und Vormundschaft sind daher strikt zu trennen (vgl. Kaufmann).

Die Träger der öffentlichen Jugendhilfe sollen nach § 72 SGB VIII hauptberuflich nur Personen beschäftigen, die sich für die jeweilige Aufgabe nach ihrer Persönlichkeit eignen und eine dieser Aufgabe entsprechende Ausbildung erhalten haben (Fachkräfte) oder auf Grund besonderer Erfahrungen in der sozialen Arbeit in der Lage sind die Aufgabe zu erfüllen. Diese Personen müssen auch fortgebildet werden. § 79 Abs. 2 SGB VIII verpflichtet die Träger der öffentlichen Jugendhilfe, die zur Erfüllung der Aufgaben nach dem SGB VIII erforderlichen Dienste, also auch Vormünder, zur Verfügung zu stellen.

4.1.2 Fallzahlbemessung

Maßstab für eine Fallzahlbemessung sind

- der Schwierigkeitsgrad der Einzelfälle sowie
- der Umfang und die Intensität der Einzelfallbetreuung, wie z. B. Häufigkeit und Dauer der Gespräche mit dem Mündel, Kontakte zu
  - leiblichen Eltern,
  - Vormundschafts- und Familienrichtern,
  - Fachkräften des Jugendamtes,
  - Fachkräften in Einrichtungen,
  - Pflegepersonen,
  - Lehrern,
  - Ärzten etc.,
- Häufigkeit von Stellungnahmen und Berichten;
- Öffentlichkeitsarbeit;
- Arbeit mit Einzelvormündern;
- Wegezeiten;
- das örtlich festzulegende Leistungsprofil des Aufgabenbereiches Vormundschaft/Pflegschaft im Gesamtspektrum der vom Jugendamt zu erbringenden Leistungen und anderen Aufgaben für junge Menschen und ihre Familien in Problemlagen.

4.1.3 Bildung eines „Fachgremiums Vormundschaften"

Beim Jugendamt sollte analog zu § 4 Landesbetreuungsgesetz NRW ein Fachgremium gebildet werden, um die Wahrnehmung der Vormundschaftsaufgaben regional besser aufeinander abstimmen und vereinheitlichen zu können. Mitglieder dieses „Fachgremiums Vormundschaften" sollten örtliche Richter und Rechtspfleger, ehrenamtliche Einzelvormünder sowie die Vormünder des Jugendamtes und die Vormünder bei den freien Trägern, Berufsvormünder (vgl. § 1836 Abs. 2 BGB) und ggf. Gäste sein. Die strukturellen Unterschiede in den einzelnen Kommunen, z. B. Anzahl der zuständigen Gerichte oder die Größe der Jugendamtsbezirke sind dabei zu berücksichtigen.

Das Fachgremium hat das Ziel die Qualitätsentwicklung und die Qualitätssicherung im Bereich der Vormundschaftsaufgaben zu gewährleisten. Gleichzeitig soll dieses Fachgremium zur Verbesserung der Kommunikation und Kooperation aller im Vormundschaftswesen tätigen Berufsgruppen dienen und die Interessen der unterschiedlichen Professionen vernetzen.

Für eine Optimierung der Umsetzung gesetzlicher Vorgaben kann das Fachgremium folgende Aufgaben übernehmen:

- Es kann durch verbindliche Absprachen und/oder Erstellung eines Kriterienkatalogs dafür Sorge tragen, dass bei der Überprüfung der Geeignetheit von Personen als Vormund einheitliche Maßstäbe angelegt werden.
- Es kann sich im Bereich der Aus- und Fortbildung als ein Bindeglied zwischen Praxis und Fortbildungsinstitutionen begreifen. Es soll den örtlichen Fortbildungsbedarf ermitteln, ggf. unterschieden nach Personen, die in die Problematik eingeführt werden und solche, die Kenntnisse auffrischen und vertiefen möchten. Das Fachgremium kann Impulse für Fortbildungskonzepte geben und entsprechenden Fortbildungsbedarf beim Landesjugendamt anmelden.
- Es kann, unter Beachtung der einschlägigen Vorschriften, zur Vorbereitung auf Beruf oder Ehrenamt Interessierten die Möglichkeit vermitteln, bei geeigneten Institutionen zu hospitieren.
- Es kann sowohl an der Erstellung von Konzepten berufsbegleitender Aus- und Fortbildung zum Vormund mitarbeiten, als auch eigene Ressourcen nutzen und fremde Angebote sammeln und darüber informieren.
- Bezogen auf Einzelvormünder, die ehrenamtlich oder beruflich tätig werden können, kann es die Aufgabe der Gewinnung, Schulung, Beratung und die Öffentlichkeitsarbeit anregen und fördern.
- Da die Einzelvormünder einer intensiven und fachgerechten Vorbereitung auf ihre Tätigkeit bedürfen, kann es die Aufgabe übernehmen, diese Vorbereitung und Begleitung konzeptionell vorzubereiten und deren Durchführung ggf. zu begleiten. Besonderer Wert sollte darauf gelegt werden, dass auch Vormünder für Personen mit speziellem Betreuungsbedarf z. B. für ausländische Kinder und Jugendliche gefunden werden.
- Um für eine am Mündel orientierte Wahrnehmung der Vormundschaftsaufgaben bessere Voraussetzungen zu schaffen ist es empfehlenswert, dass es regelmäßig gemeinsame strukturierte Veranstaltungen mit Mündeln organisiert und in diesem direkten Kontakt zu Kindern und Jugendlichen in einer ihrem Alter entsprechenden Umgebung und vertrauensvollen Atmosphäre eine einzelfallunabhängige Austauschmöglichkeit erhält.

4.1.4 Fachlicher Austausch in Fachteams (Reflexion)

Um die beruflichen Aufgaben der Vormundschaft erfüllen zu können ist ein regelmäßiger fachlicher Austausch – ***Supervision, Selbstevaluation und kollegiale Beratung*** (s. Literaturhinweise) – notwendig. Leitgedanke ist die individuellen Handlungsvollzüge des Vormundes durch eine eingeübte und eigene 'Gütekontrolle' oder Überprüfung zu begleiten. Im professionellen Austausch bringt der Vormund seinen Handlungsprozess in einem spezifischen Fall zur Sprache und vergegenwärtigt sich sein Vorgehen. Er ist nicht mehr Akteur, sondern wird zum Beobachter seiner eigenen beruflichen Erfahrung. Auf diese Weise werden beispielsweise Belastungen des beruflichen Alltags, die den Zugang zum Fall verstellen können, erkennbar. Die neue Position des Beobachters ermöglicht es, die eigenen Erfahrungen zu durchdenken, ihnen eine neue Bedeutung zu geben und u. U. Ideen zur Weiterführung oder Änderung zu entwickeln. Diese Reflexion des eigenen beruflichen Handelns kann auf verschiedene Weise, zu Anfang mit Hilfe von externen Team- oder Organisationsberatern oder Supervisoren, eingeübt werden.

4.2 Prozessqualität: Geeignete fachliche Aktivitäten ausbilden

Der Vormund sollte eigene Aktivitäten entwickeln, die der Umsetzung eines professionellen Selbstverständnisses gerecht werden, in dem der auf Vertrauen aufbauende Kontakt zum Mündel einen zentralen Stellenwert hat. Dies ist notwendig, um den Arbeitsalltag mit einem sicheren beruflichen Selbstverständnis bewerkstelligen und optimieren zu können. Die eigenen Voraussetzungen für die Wahrnehmung der Vormundschaftsaufgaben sollten anhand des folgenden Kriterienkatalogs überprüft werden. Sie bilden die Grundlage der Tätigkeit. Es handelt sich um Schlüsselprozesse der Leistungserbringung. Diese bedürfen der konkreten Beschreibung und eignen sich dann auch als Maßstab und Bezugsgrößen der Qualitätsentwicklung.

4.2.1 Handlungskriterien

- *Kontakt zum Mündel*
  Grundvoraussetzung für die qualifizierte Führung einer Vormundschaft ist, dass der Vormund das Kind oder den Jugendlichen persönlich kennt. Getragen von der Wertschätzung der Person des Kindes oder Jugendlichen sollen regelmäßig Treffen zur schrittweisen Entwicklung einer auf Vertrauen aufbauenden Beziehung auch über die Hilfeplangespräche hinaus stattfinden. Es soll dabei darauf geachtet werden, dass die personelle Kontinuität in diesem Verhältnis gewährleistet ist.
- *Kontakt zu Bezugspersonen des Kindes oder Jugendlichen*
  Um das Kind oder den Jugendlichen angemessen vertreten und in seinem Sinne entscheiden zu können ist auch der Kontakt zu wichtigen Bezugspersonen des Kindes oder Jugendlichen von Bedeutung. In jedem Fall sollte der Vormund die Personen kennen, die aktiv an der Erziehung des Kindes oder Jugendlichen beteiligt sind.
- *Parteilichkeit im Sinne des Kindeswohls*
  Der Vormund nimmt insofern eine Sonderstellung im Jugendamt ein, als er unabhängig von organisatorischen Vorgaben und Pflichten parteilich für das Kind oder den Jugendlichen und in dessen Sinne zu entscheiden hat.
- *Reflektieren der eigenen Rolle*
  Der Prozesscharakter der zu fällenden Entscheidung macht es erforderlich die eigene Rolle und Aufgabe immer wieder neu zu reflektieren. Dieses erfordert eine fachliche Di-

stanz und Offenheit für den Prozess sowie eine ständige Bereitschaft zur Aktualisierung von Fachkenntnissen.

- *Kooperation und Kommunikation*
  Wichtiger Bestandteil der Aufgabe des Vormundes ist der Fachaustausch und die Zusammenarbeit mit allen im Einzelfall Beteiligten. Grundsätzlich ist es notwendig die unterschiedlichen Aufgaben der agierenden Personen zu akzeptieren. Über das Zusammenwirken sollten einzelfallübergreifend verbindliche Regelungen und im konkreten Einzelfall klare Vereinbarungen getroffen werden.

Der Vormund ist Beteiligter im Hilfeplangespräch gem. § 36 SGB VIII.[4]

Die regelmäßige Kooperation mit Institutionen und Einrichtungen sowie den dort tätigen Kräften ist, über das Hilfeplanverfahren hinaus, anzustreben, und zwar mit
- Fachdiensten des Jugendamtes,
- Erziehungshilfeeinrichtungen öffentlicher und freier Träger,
- Pflegepersonen (§ 1688 BGB),
- Schulen,
- Kindergärten,
- Verfahrenspflegern,
- Gerichten etc.

- *Fachlicher überregionaler und regionaler Austausch*
  Der Vormund sollte zu einer qualifizierten Praxisentwicklung beitragen und dazu den Austausch mit Fachkollegen anregen und wahrnehmen.
- *Regelmäßige Teilnahme an Fortbildungsveranstaltungen*
  Es ist notwendig für den Bereich Vormundschaften den eigenen Fortbildungsbedarf festzustellen, z. B. in Bezug auf spezielles pädagogisches, psychologisches, soziologisches und rechtliches Grundlagenwissen und an Fortbildungsveranstaltungen teilzunehmen.
- *Beteiligungsmöglichkeiten an organisatorischen Entscheidungsprozessen*
  Der besonderen Rechtstellung und Aufgabenzuweisung sollte der Vormund Rechnung tragen und zu wichtigen organisatorischen Fragen die speziellen fachlichen Anliegen einbringen.
- *Sensibilisierung für die Mündelperspektive*
  Ein Kind oder Jugendlicher hat regelmäßig sehr konkrete Vorstellungen von und Wünsche an seinen Vormund, die es/er in Bezug auf das Jugendamt auch formulieren kann. Mit Mündeln sollten deswegen Zukunftswerkstätten veranstaltet werden, in denen Mädchen und Jungen in einer Kritikphase ('Was finde ich an meinem Vormund gut und was nicht so gut?'), einer Phantasiephase ('Wie wünsche ich mir meinen Vormund?') und einer Phase der Verbesserungsvorschläge ('Was sollte der Vormund oder das Jugendamt besser machen?') ihre Vorstellungen und Wünsche auch artikulieren können (s. Literaturverzeichnis).

Als weitere Möglichkeit ist die Durchführung regelmäßiger schriftlicher oder mündlicher Befragungen der Mündel in altersgemäßer Formulierung sinnvoll.

4.3 Ergebnisqualität: Beurteilung des Erreichten

Ergebnisqualität bezieht sich auf die Frage, inwiefern fachliche Ziele, d. h. Ergebnisse erreicht worden sind (vgl. Jordan, 1998).

Zu Beginn des Entscheidungsprozesses, in dem über eine Unterstützung durch die Jugendhilfe mit Kindern und Jugendlichen sowie ihren Eltern und/oder gesetzlichen Vertretern verhandelt wird, sind Vereinbarungen über das zu erreichende Ziel und/oder das Ergebnis zu treffen. Dies kann vorläufig sein und für einen bestimmten Zeitraum mit Einverständnis aller Beteiligten festgelegt werden. Die damit verbundenen Auseinandersetzungen sollten nicht gescheut werden.

Für die Vormundschaft können folgende Ziele als eine überprüfbare Ergebnisqualität gelten, die aus dem Blickwinkel aller Beteiligten (Kinder und Jugendliche, Vater, Mutter, zuständige Fachkraft des Sozialdienstes, verantwortlicher Vormund, u. U. Pflegeeltern oder Mitarbeiter freier Träger) beurteilt werden. Exemplarische Ziele können sein:

- Steigerung des Selbstwertgefühls,
- Verbesserung der Beziehungsfähigkeit,
- verbesserte Alltagsbewältigung,
- Besuch von Schule bzw. Ausbildungsstätte,
- Steigerung der subjektiven Zufriedenheit,
- Verbesserung der Lebensqualität, u. a.

Werden die vorab ausgehandelten Ziele (für einen bestimmten Zeitraum) festgelegt, stehen messbare Kategorien zur Verfügung. In diesem Zusammenhang muss noch einmal darauf hingewiesen werden, dass die Ziele revidierbar sind und dass ihre Überprüfung aus der Sicht aller Beteiligten, insbesondere der Kinder und Jugendlichen, die von der Jugendhilfemaßnahme betroffen sind, vorgenommen wird.

Die Geschichte des überregionalen Arbeitskreises:

Die Initiative zur Gründung eines überregionalen Arbeitskreises der Amtsvormünderinnen und Amtsvormünder ging von dem Verein „Kinder haben Recht“ e. V., Grevener Straße 89 – 91, 48159 Münster, aus. Die Kooperation mit dem Landesjugendamt beim Landschaftsverband Westfalen-Lippe, Warendorfer Straße 25, 48133 Münster, begann im Jahre 1997.

Am 30.6.1997 fand im Plenarsaal des Landeshauses in Münster, eine Fachveranstaltung statt, die sich mit den Perspektiven für die bestellte Vormundschaft und Pflegschaft befasste. Die Teilnehmer dieser Veranstaltung regten an einen überregionalen Fachaustausch zu ermöglichen. Der Verein „Kinder haben Rechte“ und das Landesjugendamt Westfalen-Lippe griffen diese Anregung auf. So kam es am 30. Oktober 1997 zur Gründung des „Überregionalen Arbeitskreises der Amtsvormünderinnen und Amtsvormünder“. Mitglieder des Arbeitskreises sind Vertreter des Vereins „Kinder haben Rechte“ e. V., Münster, der Landesjugendämter Westfalen-Lippe, Münster, und Rheinland, Köln, sowie Mitarbeiter von Jugendämtern aus Westfalen-Lippe und dem Rheinland. Ein Teilnehmer kommt aus Hessen. Die Geschäftsführung liegt wechselnd bei dem Vertreter des Vereins „Kinder haben Rechte“ und den Vertretern der Landesjugendämter Westfalen-Lippe und Rheinland.

Als Arbeitsergebnis legt der Arbeitskreis hiermit die Arbeits- und Orientierungshilfe: *„Das Leistungsprofil der Amtsvormünderin und des Amtsvormundes“* vor.

Die Mitglieder des überregionalen Arbeitskreises der Amtsvormünderinnen und Amtsvormünder:

Bangert, Wolfgang	Stadtjugendamt Wesel
Bohn, Klaus-Dieter	Kreisjugendamt Siegen-Wittgenstein
Ditges, Matthias	Stadtjugendamt Düsseldorf

Donatin, Manfred	Stadtjugendamt Hamm
Hentschel, Sieghard	Kreisjugendamt Soest
Horster, Michael	Stadtjugendamt Düsseldorf
Kleimenhagen, Volker	Stadtjugendamt Wuppertal
Krause, Gregor	Stadtjugendamt Gladbeck
Lammers, Lutz	Stadtjugendamt Hamm
Mail, Rudolf	Kreisjugendamt Soest
Murrenhoff, Rosalie	Stadtjugendamt Gladbeck
Peters, Ulrich	Stadtjugendamt Münster
Simon, Josef	Stadtjugendamt Wesel
Terp, Christel	Stadtjugendamt Lemgo
Tiedeken, Josie	Stadtjugendamt Essen
Volkenborn, Wolf	Stadtjugendamt Düsseldorf
Wolf, Christa	Stadtjugendamt Bergheim
Zitelmann, Maud	Universität Frankfurt
Dr. Petersen, Kerstin	Verein „Kinder haben Rechte“ e. V., Münster
Pütz, Hans-Werner	Landesjugendamt Rheinland, Köln
Wiedau, Reimund	Landesjugendamt Westfalen-Lippe, Münster

Anmerkungen

1 Im folgenden Text wird an Stelle des Begriffspaares „Amtsvormünderin und Amtsvormund“ das Wort „Vormund“ oder „Vormundschaft“ (vgl. § 1773 BGB) verwendet, es beinhaltet immer auch die Begrifflichkeit Amtspflegschaft

2 Der Arbeitskreis ist insbesondere mit Vertretern aus den Bereichen beider nordrhein-westfälischer Landschaftsverbände, aber auch darüber hinaus besetzt. Er wird in Kooperation des Vereins „Kinder haben Rechte“ e. V., Münster sowie den Landesjugendämtern Westfalen-Lippe und Rheinland geführt.

3 Technische Universität Berlin, Prof. Dr. Johannes Münder: Das Vormundschaftswesen aus der Sicht der Vormundschaftsgerichte; Johann Wolfgang Goethe Universiät, Frankfurt, Prof Dr. Gisela Zenz: Die Situation des Mündels und professionsrelevante Aspekte des Vormundschafts-/pflegschaftswesens.

4 Empfehlungen der Landesjugendämter Rheinland und Westfalen-Lippe zum Hilfeplanverfahren gemäß § 36 SGB VIII vom 06.05.1996/02.04.1996

Literatur

Berker, P./Buer, F., 1998: Praxisnahe Supervisionsforschung. Felder – Designs – Ergebnisse, Münster

Donatin, M., 1995: Das Jugendamt als Amtsvormund und Amtspfleger – nach Bestellung durch das Vormundschaftsgericht –, In: Der Amtsvormund 1995, PS. 47 ff.

Donatin, M., 1995: In Anschluss an den vorstehenden Titel, In: Der Amtsvormund 1995, PS. 301 ff.

Donatin, M./Wulfert, W., 1990, 2. Auflage 1993: Pflegschaft und Vormundschaft für Kinder und Jugendliche, In: Gernert (Hg.), Das Kinder- und Jugendhilfegesetz 1993

Hansbauer, P., 1998: Aktuelle Probleme in der Amtsvormundschaft/-pflegschaft und Perspektiven zu ihrer Überwindung. In: Zentralblatt für Jugendrecht (ZfJ) , 95. Jahrgang, Heft 12/98, 496-503

Jordan, E., 1998: Qualitätssicherung in der Jugendhilfe. In: Institut für soziale Arbeit e.V. (Hg.), 1998: Qualitätssicherung und Verwaltungsmodernisierung in der Jugendhilfe, Münster

Kaufmann, F., 1998: Das Jugendamt als Vormund und als Sozialleistungsbehörde – Probleme und Doppelfunktion –. In: Der Amtsvormund, Juni 1998, 482-491

Kinder haben Rechte e.V., 1998: Stärkung der Rechte von minderjährigen Mädchen und Jungen und ihrer Personensorgeberechtigten in der Erziehungshilfe. 2. Zwischenbericht, unveröffentlichtes Manuskript

Landesjugendamt Brandenburg, 1996: Empfehlungen/Richtlinien. Hinweise zu Aufgabenstrukturen und Verfahrensweisen auf dem Gebiet des Vormundschaftswesens. Landesjugendamt Info-Nr. 5, 1996

Landesjugendämter Rheinland und Westfalen-Lippe, 1996: Empfehlungen der Landesjugendämter Rheinland und Westfalen-Lippe zum Hilfeplanverfahren gemäß § 36 SGB VIII, Münster und Köln

Landesjugendamt Thüringen, 1998: Arbeitsorientierungen des Landesjugendamtes Thüringen zu den Aufgabenbereichen: Beistandschaften, Pflegschaften, Vormundschaften

Münder, J./Jordan, E. u. a., 1998: Frankfurter Lehr- und Praxiskommentar zum KJHG/SGB VIII, Münster

Oberloskamp, H., 1990: Mehr Einzelvormünder/Einzelpfleger statt Amtsvormünder/Amtspfleger? In: Zeitschrift für das gesamte Familienrecht (FamRZ), 35.Jg., Heft 1, S.7-22

Oberloskamp, H., (Hg.), Vormundschaft, Pflegschaft und Beistandschaft für Minderjährige, 2. Auflage, C. H. Beck, München

Petersen, K., 1996: Partizipation als Indikator responsiver Sozialer Arbeit. Die AdressatInnenperspektive in der Jugendhilfe. In: Flösser, G./Otto, H.-U., 1996: Neue Steuerungsmodelle in der Jugendhilfe, Neuwied, 75-87

Petersen, K., 1999: Bestellte Amtsvormundschaften und Amtspflegschaften: Möglichkeiten einer am Mündel orientierten Praxisentwicklung. In: Forum Erziehungshilfen 1/1999, 4-11

Rüting, W., 1999: Wir reden mit! Eine Zukunftswerkstatt mit Mündeln. In: Forum Erziehungshilfen 1/1999, 12-16

Sächsisches Landesjugendamt; 1998: Empfehlungen des Sächsischen Landesjugendamtes zur Stellung und zum Wirkungsbereich eines Amtsvormundes/Amtspflegers, SLJA-Mitteilungsblatt 1/98

Schone, R./Gintzel, U. u. a., 1997: Kinder in Not. Vernachlässigung im frühen Kindesalter und Perspektiven Sozialer Arbeit, Münster

Spiegel, von, Hiltrud, 1993: Aus Erfahrung lernen. Qualifizierung durch Selbstevaluation, Münster

Wolf, Ch., 1997: Die Zukunft des Amtsvormundes im Jugendamt, Thesen zur Führung der Amtsvormundschaft, unveröffentlichter Vortrag, gehalten anlässlich des ersten Tages der Vormünder in Sachsen 1997

Wolf, Ch., 1997: Amtsvormundschaft und Allgemeiner Sozialer Dienst, Abgrenzung und Zusammenarbeit bei der Gewährung von Hilfe zur Erziehung, In: Der Amtsvormund 1997, Sp. 877 ff.

Die Autorinnen und Autoren

Bitzan, Maria, Dr., geb. 1955, Diplom-Pädagogin, Wissenschaftliche Mitarbeiterin am Institut für Erziehungswissenschaft der Universität Tübingen und am Tübinger Institut für frauenpolitische Sozialforschung

Blandow, Jürgen, Dr., geb. 1940, Professor für Sozialpädagogik an der Universität Bremen mit den Schwerpunkten Jugendhilfe und lokale Sozialpolitik

Boomgaarden, Theo, geb. 1952, Studium der Sozialwissenschaften, Germanistik und Pädagogik, Gymnasiallehrer, Geschäftsführer der „Outlaw gGmbH", Greven

Brix-Leusmann, Ila, geb. 1955, Diplom-Politologin, Leiterin des Jugendamtes der Stadt Wesel

Daigler, Claudia, geb. 1963, Diplom-Sozialarbeiterin, Diplom-Pädadagogin, Geschäftsführerin der Landesarbeitsgemeinschaft Mädchenpolitik Baden-Würtemberg e.V., Wissenschaftliche Mitarbeiterin am Tübinger Institut für frauenpolitische Sozialforschung

Gintzel, Ullrich, geb. 1948, Sozialarbeiter und Diplom-Pädagoge, Professor an der Ev. Hochschule für Soziale Arbeit Dresden (FH), Vorstandsmitglied des Kinder haben Rechte e.V.

Hansbauer, Peter, Dr. rer. soc., geb. 1964, Diplom-Sozialpädagoge FH, Diplom-Soziologe seit 1995 wiss. Mitarbeiter im Institut für Soziale Arbeit, Vorstandsmitglied des Kinder haben Rechte e.V. Münster

Kalscheuer, Mareile, geb. 1961, Diplom-Pädagogin, ISA Planungs- und Entwicklungs-GmbH, stellv. Vorsitzende des Kinder haben Rechte e.V. Münster

Kriener, Martina, geb. 1960, Diplom-Pädagogin, Wissenschaftliche Mitarbeiterin des Kinder haben Rechte e.V. Münster mit den Schwerpunkten Heimerziehung, Hilfeplanung, Jugendhilfeplanung, Beratung und Fortbildung

Lauer, Huberts, Dr. jur., geb. 1942, Professor an der Fachhochschule in Lüneburg Nordostniedersachsen, Fachbereich Sozialwesen

Muhle, Maria, geb. 1955, Diplom-Sozialarbeiterin, Jugendhilfeplanerin und Jugendpflegerin im Jugendamt der Stadt Greven

Peters, Daniela, geb. 1980, Redakteurin im Landesheimrat Hessen, Wiesbaden

Petersen, Kerstin, Dr. phil., geb. 1959, Diplom-Pädagogin, Wissenschaftliche Mitarbeiterin des Kinder haben Rechte e.V. Münster mit den Schwerpunkten Vormundschaft, Verfahrenspflegschaft, Beratung und Fortbildung

Pfeiffer, Klaus-Peter, geb. 1954, Diplom-Sozialpädagoge, Supervisor DGSv, stellvertretender Heimleiter in des Ev. Kinder- und Jugendheimes Overdyck, Bochum

Raack, Wolfgang, Dr. jur., geb. 1941, Richter, Direktor des Amtsgerichtes Kerpen

Rüting, Wolfgang, geb. 1958, Diplom-Sozialpädagoge, Leiter eines Allgemeinen Sozialen Dienstes, Vorsitzender des Kinder haben Rechte e.V. Münster

Sohst-Westphal, Petra, geb. 1966, Diplom-Sozialpädagogin, Mitarbeiterin „Jugendwohnen und Flexible Betreuung" der Stiftung Abendroth-Haus, Hamburg

Schäfer, Klaus, geb. 1945, Sozialarbeiter und Diplom-Pädagoge, Gruppenleiter des Bereiches Jugend im Ministerium für Frauen, Jugend, Familie und Gesundheit des Landes Nordrhein-Westfalen in Düsseldorf

Walta, Petra, geb. 1958, Diplom-Sozialpädagogin, Supervisorin, Heimleiterin des Ev. Kinder- und Jugendheimes Overdyck, Bochum

Westerholt, Matthias, geb. 1963, Rechtsanwalt, Bremen, stellv. Vorsitzender des Kinder haben Rechte e. V.

Wolf, Christa, geb. 1949, Diplom-Verwaltungswirtin, Amtsvormünderin, Jugendamt Stadt Bergheim

Kriener/Petersen (Hg.) · Beteiligung in der Jugendhilfepraxis